D1734903

Kirsten Schultz

SCHLESWIGER PROFILE

Bürger unserer Zeit

Widmung

Kirsten Schultz

SCHLESWIGER PROFILE

2009

„Schleswiger Profile"
Autorin: Kirsten Schultz
ISBN: 978-3-941294-00-4

Herausgeber:
Verlag Elmar Zinke
Tannhöfer Allee 21
19061 Schwerin
Telefon: 0385/5727651
E-Mail: verlag-zinke@t-online.de

Druck und Einband: Druckhaus Berlin-Mitte GmbH, Schützenstraße 18, 10117 Berlin

4

Vorwort

Innerhalb unseres Verlages legen wir erstmals einen Profile-Band für die Stadt Schleswig vor. In diesem Buch schreiben wir über Menschen, die, auf welchem Gebiet auch immer, beispielhaft für das stehen, was unsere Gesellschaft gegenwärtig in hohem Maße kennzeichnet - eigenständiges, verantwortungsbewusstes Engagement. Eine Vielzahl von Personen geben in diesem Buch Auskunft über ihr Leben. Zum größten Teil sind es Menschen, die ihre Wurzeln seit mehreren Generationen in diesem Landstrich haben. Zugleich kommen Neuankömmlinge zu Wort, die sich hier mittlerweile wohl fühlen, die Stadt bewusst als neue Heimat empfinden. Wir haben versucht, Personen aus allen Bereichen des gesellschaftlichen Lebens zu berücksichtigen. Im Ergebnis entstand ein bunter Gesellschafts-Mix.

Die Bände unterstreichen die Bedeutung des Einzelnen für die Gemeinschaft. Durch das Festhalten zahlreicher Lebenswege skizzieren wir ein aussagekräftiges Bild der Stadt, zugleich reflektieren die Bände Zeit-Geschichte. Im neuen Jahrtausend, in Zeiten einer immer schneller werdenden Medienflut, dienen die Bücher als Nachschlagewerk über Mitbürger. Späteren Generationen wollen sie in einer journalistisch-literarischen Dimension ganz individuell Auskunft geben über die Lebenswege der Bürger eines lokal stark eingeengten Gebietes.

Die Bücher stellen eine einmalige Lektüre für all jene dar, die sich für die Menschen vor Ort interessieren. Gerade in unserer immer hektischer und anonymer werdenden Zeit fördern sie durch ein Mehr an Wissen über den Nächsten das Mehr an Miteinander, ausdrücklich sollen unsere Profile-Bücher das Wir-Gefühl stärken. Nicht unwesentlich trägt unsere Lektüre zur Erweiterung geschäftlicher Beziehungen bei. Sie schafft neue Verbindungen oder frischt alte Kontakte auf, sie dient als Kommunikationshilfe auf öffentlicher, privater und/oder geschäftlicher Ebene.

Wir danken allen, die mit Offentheit und Vertrauen zum Gelingen des vorliegenden Buches beigetragen haben.

Schwerin/Schleswig, im Oktober 2009

ELMAR ZINKE   *KIRSTEN SCHULTZ*

5

Einleitung

Nur eine gute Autostunde nördlich von Hamburg und rund 40 Kilometer vor der dänischen Grenze liegt die Stadt Schleswig. Inmitten einer von Hügeln, Seen und Wäldern gekennzeichneten Endmoränenlandschaft umschließt das Stadtgebiet das Ende des Ostseefjordes Schlei. Die Nähe zum Wasser, eine über 1.200 Jahre alte Geschichte, die vielerorts noch greifbar ist, und ein beachtliches kulturelles Angebot prägen das Profil der 24.000-Einwohner-Stadt.

Mit einer Vielzahl von Museen, Archiven, verschiedenen kulturellen Gesellschaften und Verbänden sowie mehreren Theaterbühnen wird die Stadt Schleswig ihrem Ruf als freundliche Kulturstadt gerecht. Als Musikfreund kann man in Schleswig z.B. Veranstaltungen des Schleswig-Holsteinischen Musikfestivals, die Sommerkonzerte im Dom oder den Schleswiger Jazzherbst erleben. Im Hofe des Schloß Gottorf finden alljährlich als Freilufttheater die Sommerspiele statt. Ein Theatergenuss besonderer Art ist der Besuch einer der beiden niederdeutschen Bühnen. Weitere kulturelle Erlebnisse sind Stadtfeste zum Thema Mittelalter oder Wikingerzeit, die eindrucksvoll das Leben früherer Epochen zeigen.

Neben historischen Sehenswürdigkeiten hat Schleswig auch moderne Highlights zu bieten. So sind der neu gestaltete Schleswiger Stadthafen oder die Parkanlage auf den Königswiesen mit dem Luisenbad beliebte Treffpunkte für Einheimische und Gäste.

Schleswig – einst Handelsplatz der Wikinger, später Residenzstadt, heute Sitz der Landesgerichtsbarkeit und der Stiftung Schleswig-Holsteinische Landesmuseen Schloß Gottorf, Bischofssitz und Austragungsort der ersten Landesgartenschau Schleswig-Holsteins – ist eine Stadt voller Historie, Kunst und jeder Menge Potenzial.

Geschichte der Stadt Schleswig

Schleswig wird 804 erstmalig in den Fränkischen Reichsannalen als „Sliesthorp" erwähnt. Dieses „frühe" Schleswig war auch unter dem Namen Haithabu bekannt und lag am Haddebyer Noor. An der engen und wasserreichen Verbindung zwischen Nord- und Ostsee war diese Niederlassung der Wikinger zu einem der wichtigsten Handelsplätze in Nordeuropa geworden.

Vermutlich um 1000 n.Chr. wurde eine neue Siedlung gegenüber am Nordufer der Schlei gegründet; ein Ort, der sich nach der Zerstörung Haithabus 1066 rasch entwickelte und die Funktion als bedeutendstes Fernhandelszentrum im Ostseeraum übernahm. Sieht man in dieser städtischen Siedlung die unmittelbare Fortsetzung der zerstörten Wikingersiedlung, dann darf man Schleswig als die älteste Stadt nördlich der Elbe bezeichnen. Auch wenn Schleswig mit dem Aufkommen der Hanse seit der Mitte des 12. Jahrhunderts seine Stellung an Lübeck verlor, spielte es als Herzogs- und Bischofssitz und Zentrum der preußischen Provinzialregierung weiter eine bedeutende Rolle in der Landesgeschichte.

Nach 1544 entwickelte sich das Schloß Gottorf außerhalb der Stadt zu einer großen Residenz mit den selbständigen Siedlungen Friedrichsberg, Lollfuß, Hesterberg und Hühnerhäuser. 1711 wurden die genannten Siedlungen zur kombinierten Stadt Schleswig zusammengeschlossen. Sie wurde im 19. Jahrhundert Ausgangspunkt der nationalen Entwicklung in Schleswig-Holstein – in den Ständeversammlungen im Ständesaal des Rathauses von 1836 bis 1846 begann der nationale Konflikt zwischen Deutschen und Dänen. 1844 entstanden in Schleswig das Schleswig-Holstein-Lied und die blau-weiß-rote Fahne. 1868 wurde Schleswig nach heftigen Auseinandersetzungen Hauptstadt der preußischen Provinz Schleswig-Holstein. 1945/46 wurde die Regierung nach Kiel verlegt, die Stadt erhielt im Gegenzug dafür die Landesgerichtsbarkeit und verschiedene kulturelle Einrichtungen des Landes.

Mit der Stiftung Schleswig-Holsteinischen Landesmuseen Schloß Gottorf und Haithabu sowie dem Landesarchiv und Prinzenpalais gilt die Schleistadt heute als Kulturmetropole des Landes.

Textauszüge mit Genehmigung der Stadtverwaltung Schleswig

Runensteine und die Waldemarsmauer am Danewerk zeugen noch heute von der Bedeutung des historischen Handelsplatzes.

Die Altstadt von Schleswig mit ihren engen Gassen und der historischen Bebauung liegt zu Füßen des mittelalterlichen Domes. Diese Kirche und sein berühmter Bordesholmer Altar - der bedeutendste Altar Norddeutschlands - sind besonders sehenswert. Hans Brüggemann schnitzte dafür in den Jahren 1514 - 1521 fast 400 Eichenholzfiguren.

Auch die Fischersiedlung auf dem Holm ist schon für das Mittelalter nachweisbar. Der Holm mit seinen pittoresken Häuschen und dem malerischen Friedhof ist heute Anziehungspunkt für zahlreiche Touristen.

In der Nähe des Domes befindet sich der Rathausmarkt, ehemals das Zentrum der Altstadt, und das klassizistische Rathaus, das mit einem ehemaligen Franziskanerkloster verbunden ist.

Stiftung Schleswig-Holsteinische Landesmuseen Schloß Gottorf

Seit dem Jahr 1999 fasst die Stiftung Schleswig-Holsteinische Landesmuseen Schloß Gottorf unter dem Dach der ehemaligen Residenz der Herzöge von Schleswig-Holstein-Gottorf das Landesmuseum für Kunst und Kulturgeschichte und das Archäologische Landesmuseum zusammen.

Mit ihren Dependancen - dem Barockgarten mit Globushaus und Gottorfer Riesenglobus, dem Wikinger Museum Haithabu, dem Volkskunde Museum Schleswig, mit dem Jüdischen Museum Rendsburg, dem Eisenkunstguss Museum Büdelsdorf und dem Kloster Cismar bei Grömitz an der Ostsee - beherbergen die Landesmuseen Schleswig-Holsteins Exponate aus rund 120000 Jahren Menschheitsgeschichte - vom archäologischen Fund der Steinzeit bis zur Kunst der Gegenwart.

Das Schloß Gottorf erlebte seine große Blütezeit im 17. Jahrhundert, als Kunst und Wissenschaft am Hofe der Gottorfer gepflegt und Schloss und Garten großzügig ausgebaut wurden.

Ausstellung im Volkskundemuseum

Globushaus

Barockgarten

Fotos: Schloß Gottorf

Originalgetreu rekonstruierte Wikingerhäuser im Wikinger-Museum Haithabu

Die Schleswiger Schützengilden und Beliebungen

Eine zentrale Rolle im gesellschaftlichen Leben der Stadt Schleswig spielen die Gilden und Beliebungen.

In Schleswig existieren drei Schützengilden: Die Altstädter St. Knudsgilde, die Friedrichsberger Schützengilde und die Lollfußer Schützengilde. Jede dieser Gilden wurde in unterschiedlichen Ortsteilen zu unterschiedlichen Zeiten gegründet, als die Stadt noch nicht „combiniert" war.

Jede Gilde hat deshalb ihre ureigenen Riten und Bräuche, die traditionsbewusst gepflegt und gelebt werden. Freundschaftliche Einigkeit besteht dennoch, wenn es um den Fortbestand der Gilden oder das Wohl Schleswigs geht.

Höhepunkt im Gildejahr ist das Schützenfest, das die Gilden im dreijährigen Wechsel ausrichten und das mit der Proklamation des Schützenkönigs endet. Für Schleswig und seine Bürger bedeutet das, jedes Jahr ein Schützenfest feiern zu können. Mit ihren musikbegleiteten Umzügen und dem bunten Treiben auf dem Festplatz bezieht die jeweils feiernde Gilde die ganze Stadt in ihr Fest ein, die beiden Schwestergilden kommen zum Tanz.

Glanzlichter sind auch die Empfänge in Rat- und Kreishaus durch Bürgermeister und Landrat. Die Altstädter feiern auf dem Netzetrockenplatz hinter dem Holm, die Friedrichsberger auf der Schlossinsel und die Lollfußer auf der Schützenkoppel.

Das Markenzeichen aller Schleswiger Gildebrüder ist der schwarze Anzug mit weißen Handschuhen, Zylinder und roter Rose im Knopfloch.

Oberster Repräsentant der Gilde ist der Schützenkönig. „Seine Majestät" bleibt jeweils für 3 Jahre im Amt und ist gleichzeitig oberster „Offizier" des Offizierskorps, das für die Ordnung im Gildeleben verantwortlich ist.

Die Geschicke der Gilde vertritt die Vorsteherschaft mit dem 1. und 2. Ältermann, dem Vermögensverwalter, dem für die Durchführung von Veranstaltungen verantwortlichen 1. und 2. Schaffer und dem Sekretär, der sämtliche Korrespondenz erledigt.

Die Festumzüge der Schleswiger Schützengilden und Beliebungen prägen das Leben der Stadt. *Foto: privat*

Das Gildefrühstück ist traditioneller Bestandteil des Gildefestes. *Foto: privat*

„Antreten zur Parade". Die Lollfußer Schützenbrüder bitten auf dem Holm um Durchlass zum St. Johanniskloster. Foto: privat

Eine Besonderheit, die in Deutschland ihresgleichen sucht, sind auch die vier Schleswiger Beliebungen, die auf eine über 300-jährige Geschichte zurückblicken.

Mit der Niederlage des Dänenkönigs Christian IV. während des Dreißigjährigen Krieges brachten kaiserliche Truppen Seuchen und Not ins Land.

1629 grassierte in Schleswig eine grausame Pestepidemie. Wegen der großen Sterblichkeit und Ansteckungsgefahr übernahmen die Nachbarn die sonst üblichen Hilfeleistungen nicht mehr selbstverständlich. Die Toten wurden meist nachts schnell und lieblos verscharrt, ein „ehrliches" Begräbnis war kaum noch möglich.

Um sich in diesen katastrophalen Zeiten gegenseitig Beistand und Hilfe zu gewährleisten, taten sich Bürger verschiedener Stadtteile „aus freiem Belieben" zusammen. Sie sorgten für ein christliches Begräbnis und kümmerten sich um die Hinterbliebenen. Das Fundament der Beliebungen war der christliche Glaube.

Noch heute existieren in Schleswig vier Beliebungen, sie alle wurden im 17. Jahrhundert gegründet. Es sind:

- Die Alte Beliebung von 1629

- Die Friedrichsberger Beliebung von 1638

- Die Holmer Beliebung von 1650

- Die Lollfußer Beliebung von 1651

Symbol der Alten Beliebung von 1629.   *Foto: privat*

Peter Baumann

Er hat 35 Filme für das ZDF, unter anderem auch für die Reihe Terra X, gemacht. Mit Tierfilmer Heinz Sielmann zusammen schrieb er ein Buch mit dem Titel „Das Abenteuer, Tiere zu retten". Für den WDR drehte er die neunteilige Serie „Die Sprache der Tiere", mit 72 Werken ist er in der Nationalbibliothek registriert und seit seinem sechzigsten Geburtstag schreibt er zudem Romane.

Peter Baumann hat fast die ganze Welt gesehen, seine Reisen haben ihn stets inspiriert und zu fruchtbaren Ergebnissen geführt. So entdeckte er während der Suche nach geeigneten Drehorten für eine Dokumentation über die Geschichte der Hanse-Kogge seine Liebe zu Schleswig-Holstein, Recherchen zu einem Film über Alexander von Humboldt inspirierten ihn zu seinem 2002 erschienenen Erfolgs-Roman „Das Leben der Isabel Godin".

Peter Baumann wurde am 18.05.1939 in Berlin als Sohn eines Pianisten und Orchesterleiters geboren, aufgewachsen ist er im Harz. Wie viele seiner Mitschüler begann er als 17-Jähriger eine Lehre im Bergbau. Die Erlebisse in dieser für die meisten Menschen unbekannten Welt unter Tage schilderte er in einem Zeitungsartikel, der prompt gedruckt wurde. Ein zweiter Text erschien seitenfüllend. Erfolg und Honorar motivierten den jungen Schreiber zum Weitermachen, per Fernstudium eignete er sich journalistisches Handwerkszeug an.

Nach einem Volontariat in einem Ludwigsburger Zeitschriftenverlag erhielt er eine Stelle bei der Schwäbischen Zeitung in Ravensburg. „Hier habe ich gründliche und humane Redakteure kennengelernt, die dem Menschlichen sehr zugetan waren", sagt er über seine prägende Zeit als Lokalredakteur. Die Liebe führte ihn schließlich nach Berlin, wo er nach einer Zwischenstation bei der „Berliner Zeitung" zum Chefredakteur bei der Kulturzeitschrift „Berliner Leben" und zum Verantwortlichen Redakteur beim Berliner „Tagesspiegel" avancierte. Auf eine von ihm im Tagesspiegel veröffentlichte Serie „Reise zum Sonnentanz", die vom heutigen Leben der Sioux erzählt, erhielt er die ersten Angebote von Buchverlagen. Seit 1974 ist er selbständiger Buch- und Filmautor.

Neben dem Interesse für Kultur und Archäologie gilt seine Leidenschaft der Jazz-Musik. Bereits zu Berliner Zeiten knüpfte er als Musikkritiker Kontakte zu Größen wie Paul Kuhn und Eugen Cicero, für zwei 60-minütige Filme über Jazz für 3sat besuchte er zahlreiche amerikanische Künstler. Und er hat es geschafft, diese Kontakte aufrecht zu erhalten. Vor einiger Zeit hat er auch James Last in seinem Haus in Florida besucht. Mit den „Jazz-Romances" macht Peter Baumann selbst Musik, als Veranstalter und Gastgeber hat er viele große Stars nach Schleswig gebracht – Hazy Osterwald gehört dazu. Auf der 2009 erscheinenden Doppel-CD „Unsere Story vom Jazz" präsentieren die „Jazz Romances" 100 Jahre Jazzgeschichte auf ihre eigene Weise, mit dabei viele Gäste, die teilweise selbst Jazzgeschichte geschrieben haben.

In seinem Reetdachhaus in Ellingstedt bei Schleswig genießt Peter Baumann die ländliche Idylle – aufmerksam beobachtet er die Nachbarskatze, die seinem Fischteich verdächtig nah kommt, Ehefrau Olga Juferewa-Baumann bringt Kaffee mit russischer Kondensmilch und eigentlich könnte er mit nunmehr 70 Jahren etwas leiser treten.

Doch Ruhe ist nichts für den rastlosen Geist, der immer neue Ideen hervorbringt.

21 Konzertauftritte hat er deutschlandweit noch bis Ende des Jahres geplant. Auf dem Tisch liegt zudem das fertige Cover für die „Legende des Ozeanpianisten", einer Videoaufzeichnung des gleichnamigen, von ihm bearbeiteten Bühnenstücks. Daneben das Manuskript zu einem Stück über Marcel Reich Ranicki, an dem er zusammen mit Schauspieler Franz Krachtowill arbeitet. Parallel schreibt er an seinem vierten Roman, einer frechen Geschichte über den Erfinder Groschenhefte mit dem vielsagenden Titel „Die allmächtige Feder".

Wenn der schleswig-holsteinische Kosmos Peter Baumann zu eng wird, weicht er nach Berlin aus, wo er seit zehn Jahren wieder einen Wohnsitz hat, oder er trommelt einfach ein paar Monate auf La Gomera, auch eine weitere Reise nach Amerika kann er sich vorstellen. Hauptsache ist, er kommt zurück an die Ufer der Schlei. Denn hier hat man ihn bereits als „Kulturbotschafter des Nordens" (Zitat Innenminister) für das Bundesverdienstkreuz vorgeschlagen.

Buch- und Filmautor • Dorfstraße 5 • 24870 Ellingstedt • Telefon: 04627-1597

Ulrike & Thomas Beck

„Es ist unser Anliegen, uns auf die Wünsche unserer Kunden einzulassen, auch neue Möglichkeiten aufzuzeigen, Anregungen zu geben und Mut zu machen für eigene Entscheidungen", beschreibt Thomas Beck sein berufliches Selbstverständnis. Bereits in 4. Generation führt er das Schleswiger Traditionsunternehmen Bestattungen Beck. Seit Urgroßvater Ernst Beck das Unternehmen 1904 in der Bismarckstraße gründete, hat sich allerdings vieles geändert. Gehörten Bestattungen früher als handwerkliche Sonderleistung zum Tischlereibetrieb, steht heute der Dienstleistungscharakter im Vordergrund. „Kundenservice" war für den am 25.08.1963 in Schleswig geborenen Thomas Beck längst kein Fremdwort mehr, als er im Juli 1997 den Familienbetrieb übernahm.

Nach dem Besuch der Bruno-Lorenzen-Schule hatte der Bruder von zwei Geschwistern eine Banklehre absolviert. Nach seiner Ausbildung bei der Kreissparkasse zog es ihn in die Großstadt, im Sommer 1988 begann er bei der Commerzbank in Berlin. „Von meinem Büro in der Kochstraße sah ich direkt auf die Mauer, die uns von der DDR trennte. Es war sehr ungewöhnlich, als ich wenig später ohne Probleme täglich quer durch Ostberlin fuhr, weil das der kürzere Arbeitsweg war", erinnert sich Thomas Beck an einen „lang andauernden Ausnahmezustand". Doch weder der Bankberuf noch die sirrende Großstadtluft Berlins konnten ihn wirklich überzeugen. Die Sehnsucht nach dem Land zwischen den Meeren überwog – und er beschloss, nach Schleswig-Holstein zurückzukehren. Ein Zufall wollte es, dass gerade zu dieser Zeit sein Freund Ulrich Tiedje eines seiner zwei Sportgeschäfte abgeben wollte. Thomas Beck, passionierter Tischtennisspieler und noch heute Vorsitzender des TTC Rot-Weiß Schleswig, übernahm das Geschäft in Kiel und blieb dort sieben Jahre.

Ende 1996 begann der damals 61-jährige Vater Ernst Beck sich Gedanken über einen künftigen Ruhestand zu machen. Da die Geschwister kein Interesse an einer Geschäftsübernahme hatten, beschloss Thomas Beck, der nach einer Scheidung mittlerweile allein erziehender Vater war, in seine Heimatstadt zurückzukehren. Die gemeinsame Autofahrt zu einem Patricia-Kaas-Konzert in Hamburg führte ihn mit seiner heutigen Frau Ulrike zusammen. „Wir waren uns schon viele Jahre zuvor einmal begegnet, aber es musste erst soviel Zeit verstreichen, bis es zwischen uns gefunkt hat", erinnert sich Ulrike Beck. Umso schneller stand fest, dass beide zum zweiten Mal den Bund der Ehe eingehen wollten – dieses Mal an einem ganz besonderen Ort: Die Hochzeit fand auf dem Leuchtturm in Falshöft statt. „Das war schon immer mein Traum", schwärmt Ulrike Beck. Schließlich ist sie hier, im benachbarten Gammeldamm, auf dem Hof ihrer Eltern aufgewachsen. Da auch Ulrike zwei Kinder aus erster Ehe mitbrachte, war schnell klar, dass das Haus in der Bismarckstraße nicht ausreichend Räume für die neue Familie bot, deshalb wurde in Schaalby gebaut. In der Gemeinde ist Ulrike Beck im DRK aktiv und 2. stellvertretende Bürgermeisterin.

Mit der neuen Lebens-Situation kamen auch Licht und Farbe in die Räume des

Unternehmens. Dunkle Vertäfelungen sind einem hellen, freundlichen Anstrich gewichen; und da, wo früher Thomas Becks Kinderzimmer war, ist heute ein weiterer Beratungsraum. Seit 2003 ist Ulrike Beck mit im Unternehmen tätig. Ganz bewusst hat sie sich entschieden, nicht nur die Buchhaltung zu machen, sondern auch als Bestatterin mit auf die Trauerfeiern und Beerdigungen zu gehen. „Mittlerweile hat man sich daran gewöhnt, dass auch eine Frau diesen Beruf ausüben kann", sagt die gelernte Bankkauffrau, die auch aktives Mitglied des Schleswiger Arbeitskreises der „UnternehmerFrauen im Handwerk" ist. Es sind der intensive Kontakt zu den Menschen und das Gefühl, wirklich helfen zu können, die Ulrike Beck an ihrem neuen Beruf motivieren.

„Es gibt so viele Dinge, die die Menschen nicht wissen, wenn sie unvorbereitet mit einem Trauerfall konfrontiert werden. Es ist gut, wenn wir sie beraten können. Ganz wichtig ist bei uns: Es ist nichts verboten", betont sie. So dürfen genauso Fotos wie Plüschtiere mit in den Sarg gegeben werden und in der geschmackvoll eingerichteten Trauerhalle, in der die Verwandten die Möglichkeit haben, in aller Ruhe Abschied zu nehmen, stehen eine Orgel und ein CD-Player zur Verfügung. „Wir haben hier auch schon Meat Loaf gespielt. Wenn das das ist, was zum Verstorbenen gehörte, sollte es ihn auch beim Abschied begleiten dürfen", sagt die Bestatterin.

Mittlerweile weiß Ulrike Beck alles, was das Thema Bestattungen angeht – und sie weiß auch, wie hilfreich es ist, sich rechtzeitig mit dem Thema auseinanderzusetzen. Deshalb hat sie die ungewöhnliche Idee gehabt, einen Tag der offenen Tür einzuführen – und tatsächlich war der Besucherandrang groß. „Wir wissen, dass viele Menschen das Wort „schön" für eine Bestattung nicht passend finden. Aber wenn das Wort schon nicht erlaubt ist, dann soll wenigstens das Gefühl so sein", sagt die Unternehmersfrau, die sicher auch eine gute Hochzeitsplanerin geworden wäre.

Bestattungen Beck • Bismarckstraße 21 • 24837 Schleswig • Telefon: 04621-25644 • www.bestattungen-schleswig.de

Anton Bischoff Schleischifffahrt

Was wäre die Schlei ohne die Schleischifffahrt und im besonderen ohne ihr Flaggschiff der „Wappen von Schleswig". Die Historie des ehemaligen Eisbrechers, der heute ein beliebtes Ausflugsschiff ist, ist eine ganz besondere. Ebenso wie die Geschichte der Familie Anton Bischoff.

Die Geschichte beginnt in Königsberg. Dort war der damals 14-jährige Anton Bischoff bei der Firma Gustav und Emil Fechter zunächst als Schiffsjunge, später als Maschinist tätig. Das Schiff, auf dem er arbeitete, war 1926 als Fahrgast- und Schleppschiff gebaut worden und kam auch als Eisbrecher zum Einsatz.

Im Zuge der großen Ostflucht gelangte die Familie Bischoff 1945 nach Schleswig, das Schiff kam zunächst nach Lübeck.

Im Jahr 1949 eröffnete Anton Bischoff in Schleswig seinen ersten Bootsbetrieb, wo er zunächst Ruder- und Segelboote und später auch Motorboote vermietete.

1968 wurde der Betrieb an den Berliner Unternehmer Becker verkauft. Dieser brachte ein eigenes Schiff mit, das unter dem Namen „Wappen von Schleswig" auf der Schlei lief. Ein beinahe unglaublicher Zufall wollte es, dass dieses Schiff eben jener Königsberger Eisbrecher war, auf dem Anton Bischoff als Junge angefangen hatte.

1972 kaufte Anton Bischoff das Unternehmen zurück; heute liegt die Fortführung des Geschäftes in den Händen seiner Töchter Gisela Boyer und Hertha Nelius.

Nach dem Besuch der Lollfußer Mädchenschule waren beide Schwestern zunächst ihre eigenen Wege gegangen. Hertha Nelius war in einem Fotolabor beschäftigt, nach ihrer Hochzeit im Jahr 1965 wohnte sie in der Nähe von Rendsburg. Gisela Boyer erlernte den Beruf des Großhandelskaufmanns und zog 1971 mit ihrem Mann und den drei Töchtern nach Flensburg, wo sie im Kraftfahrtbundesamt tätig war.

Dennoch war es für beide Frauen keine Frage, ihren Vater im Schleswiger Unternehmen zu unterstützen.

Mittlerweile sind beide wieder nach Schleswig gezogen. Seit 1991 leiten Hertha Nelius und Gisela Boyer zusammen den Familienbetrieb. Sie sind froh, heute so eng zusammen arbeiten zu können. „Wir haben uns schon immer gut verstanden", sagen sie.

Die Aufgaben im Unternehmen teilen sich die beiden. Während Gisela Boyer das Büro managt, ist Herta Nelius an Bord beschäftigt: „Ich habe schon als Mädchen die Ruderboote wieder reingeholt, wenn sich mal jemand verschätzt hatte", erinnert sie sich schmunzelnd, während sie mit geübten Handgriffen die Wappen von Schleswig am Anleger festmacht. Am Steuer des Schiffes steht Sohn Stefan als Kapitän.

Die Nähe zum Wasser gehört zum Leben der Bischoffs und trotz der vielen Arbeit sieht man den schwungvollen Unternehmerinnen an: Das Fahrgastgeschäft macht ihnen Spaß. „Der Betrieb ist stetig gewachsen und mit ihm die Aufgaben", erzählen die

beiden. Dankbar sind sie dabei für die Unterstützung, die sie von ihren Ehemännern auch in der Erledigung häuslicher Arbeiten erhalten.

Es sind vor allem die schönen, menschlichen Begegnungen, die ihnen Freude machen – und davon haben sie im Laufe der Jahre so einige erlebt. „Wir hatten schon viele Gäste, die feststellten, dass sie andernorts schon einmal auf diesem Schiff gefahren sind", erzählt Hertha Nelius. Als besonders rührenden Moment haben sie die Feier zum 50-jährigen Todestag von Emil Fechter in Erinnerung. Um dieses Ereignis gemeinsam an Bord der Wappen von Schleswig zu begehen, waren die Nachkommen des ursprünglichen Schiffseigners extra an die Schlei gereist. Aber auch zahlreiche andere Passagiere verbinden mit dem Ausflugsschiff ganz besondere Erlebnisse – und kommen gerne wieder, um die Erinnerungen aufleben zu lassen.

Wenn dann am Abend die Gäste von Bord sind, genießen Gisela Boyer und Herta Nelius gerne in aller Ruhe eine Tasse Kaffee an Deck. Schon unzählige Male haben sie ihre Blicke über den Ostseefjord schweifen lassen und doch sind sie immer wieder fasziniert von dem sich stetig wandelnden Gesicht der Schlei.

Gottorfer Damm 1 • 24837 Schleswig • Telefon: 04621-23319 • www.schleischifffahrt.de

Christian Blöcker

„Ich freue mich jeden Morgen, wenn ich dieses Gebäude betrete und das Gefühl habe, dass Theodor Fontane mir vom Balkon aus zuwinkt", sagt Christian Blöcker, seit 2001 Direktor des Amtsgerichts in Schleswig.

Nach dem Abitur 1974 hatte der am 18.11.1955 in Eckernförde geborene Sohn einer Kaufmannsfamilie das Studium der Rechtswissenschaften begonnen. Ein Stipendium des Deutschen Akademischen Austauschdienstes ermöglichte ihm einen einjährigen Aufenthalt an der Universität Genf. Nach dem 1. Staatsexamen in Kiel erwarb er dank eines weiteren Stipendiums den zusätzlichen akademischen Grad „Master of Laws" an der University of Virginia. Im Anschluss an seine Referendariatszeit in Schleswig-Holstein und das 2. Staatsexamen war er ein gutes halbes Jahr als Anwalt in einer alteingesessenen Kanzlei in Hamburg tätig. Als er jedoch 1984 das Angebot erhielt, Richter am Kieler Landgericht zu werden, zögerte er nicht lange. „Das Abwägen entspricht einfach mehr meiner Mentalität", begründet Christian Blöcker seine Entscheidung für das Richteramt.

Nach einer Station am Amtsgericht Neumünster wurde er 1992 zum Richter am Schleswig-Holsteinischen Oberlandesgericht in Schleswig ernannt. Als ständiger Vertreter des damaligen Direktors Kuno Vöge lernte er im Schleswiger Amtsgericht ab 1994 die Abläufe der Verwaltung von der Pike auf kennen.

Die Gestaltungsmöglichkeiten im Rahmen der Verwaltung faszinierten ihn.

Mit seinem ersten eigenen Verwaltungsprojekt brachte Christian Blöcker das Amtsgericht auch technisch auf den Weg in die Neuzeit: Im Jahr 2000 wurden Schreibmaschinen und Füllfederhalter durch moderne Informationstechnologie ersetzt. Neben einer Neuorganisation der Abteilungen erforderte diese Umstellung auch Fortbildungen und ein neues Selbstverständnis vor allem der Mitarbeiter im bisherigen Schreibdienst.

In dieser Phase waren Organisationstalent und vor allem Kommunikationsstärke gefragt, um Ängste und Verunsicherungen abzubauen. Inzwischen ist die EDV aus dem Büroalltag gar nicht mehr wegzudenken. „Wenn heute bei uns der Server ausfällt, stehen die Räder still", lacht Christian Blöcker, der ansonsten von Stillstand gar nichts hält.

Verwaltung müsse sich stetig weiterentwickeln, ihre Aufgabe sei es, eine effektive Rechtsprechung zu ermöglichen, erklärt er. Eine möglichst große Transparenz zwischen Richtern und Verwaltung ist ihm deshalb wichtig. Ein hohes Maß an Offenheit, Kommunikationsbereitschaft, die frühzeitige Einbindung von Personalrat und Gleichstellungsbeauftragter sowie die abteilungsübergreifende Einbindung der Mitarbeiter helfen bei der Bewältigung einer zunehmenden Dichte von Aufgaben.

Statt dem Muff staubiger Akten weht deshalb ein frischer Wind durch die Korridore des Amtsgerichts, Kaffeegeruch und angeregte Geschäftigkeit dringen aus den offen stehenden Bürotüren. „Wir sind ein tolles Team", freut sich der Chef von mittlerweile 110 Mitarbeitern. Gern genutzte Gelegenheit zu Gesprächen ist auch die jährliche Weihnachtsfeier in der Kaminhalle. Wegen der großen Beliebtheit mussten zwischenzeitlich Tische und Stühle platzsparenderen Garnituren weichen.

Kommunikation ist ein Thema, das Christian Blöcker auch außerhalb des Gerichts bewegt. „Wir müssen uns extrovertiert zeigen und unser Haus auch in der Öffentlichkeit darstellen", sagt der Verwaltungschef. Die breite Akzeptanz der Justiz sei wichtig, Urteile müssten verständlich gemacht werden, Entscheidungen vernünftig erklärt werden, appelliert der langjährige Vorsitzende des Schleswiger Richtervereins. Soziales Engagement, Austausch und gegenseitiges Lernen schätzt er auch in den regelmäßigen Treffen des Schleswiger Rotary Clubs, dessen Präsident er im Jahre 2007/2008 war. Dass Christian Blöcker Richter aus Leidenschaft ist, zeigt sich auch in seiner Freizeit: Bis Anfang 2009 war der begeisterte Pferdesportler als Preisrichter auf zahlreichen Turnieren tätig. Die Leidenschaft für Pferde teilt er mit seiner Frau Ursel, die er 1979 im Schleswiger Dom geheiratet hat - hoch zu Ross versteht sich. Heute tauscht er die Aktivität auf dem Turnierplatz lieber gegen gemeinsame Zeiten mit der Familie. Während Sohn Ken als Politologe in Berlin lebt, absolviert Tochter Jana ihr Rechtsreferendariat in Schleswig-Holstein. So kommt Christian Blöcker in den Genuss, viel Zeit mit Enkelkind Stine zu verbringen. Bis die Kleine den Trakehner der Großmutter reiten kann, werden noch einige Jahre ins Land gehen, doch schon jetzt übt sie fleißig auf dem braunen Schaukelpferd, auf dem auch Mutter Jana ihre ersten Reiterfahrungen machte.

Der Sportsgeist des Direktors ist auch in der Verwaltung des Amtsgerichts spürbar: Die Mitarbeiter entwickelten einen wahrhaft sportlichen Ehrgeiz im Wetteifer mit dem Amtsgericht Elmshorn um die Digitalisierung von Daten. Mit Erfolg, denn im Jahr 2008 ist das Amtsgericht Schleswig das 1. Amtsgericht in Schleswig-Holstein geworden, das alle Grundbücher elektronisch verfügbar hat.

Und auch für die Standortsicherung spielt die Nutzung der Informationstechnologie eine zentrale Rolle. Seit September 2002 ist das Amtsgericht Schleswig zentrales Mahngericht für alle elektronischen Mahnverfahren und seit dem 01.11.2006 sind alle Mahnverfahren aus Schleswig-Holstein beim Amtsgericht Schleswig konzentriert.

Direktor des Amtsgerichts • Lollfuß 78 • 24837 Schleswig • Telefon: 04621-815-0

Das Schleswiger Amtsgericht

1754 errichtete Christian Friedrich von Heespen, Richter in Schleswig, das Gebäude am Fuße des Hesterberges. Es zählte zu den schönsten Barockgebäuden der Stadt und wurde im Volksmund „Heespen Hof" genannt. Nach wiederholtem Eigentümerwechsel wurde das Palais 1869 an die Justiz vermietet, 1887 kaufte der preußische Justizfiskus das Gebäude und nutzte es als Amtsgericht.

1981 – 1983 wurde das Haus restauriert und durch einen Anbau erweitert.

Die prächtige Kaminhalle bietet den stilvollen Rahmen für festliche Anlässe wie Weihnachtsfeiern oder die jährlichen Kaminabende des Ministeriums.

Heute sind am Amtsgericht 110 Mitarbeiter beschäftigt, davon 12 Richterinnen und Richter. Die örtliche Zuständigkeit umfasst die Städte Schleswig, Kappeln und Arnis sowie 88 Umlandgemeinden. In das Aufgabengebiet des Schleswiger Amtsgerichts fallen Zivilsachen, Strafsachen und Familiensachen sowie Betreuungs-, Vollstreckungs-, Nachlass- und Grundbuchsachen. Seit September 2002 ist das Amtsgericht Schleswig zudem zentrales Mahngericht für alle elektronischen Mahnverfahren und seit dem 01.11.2006 sind alle Mahnverfahren aus Schleswig-Holstein beim Amtsgericht Schleswig konzentriert. Im Jahr werden hier cirka 220.00 Mahnverfahren bearbeitet.

Christoph Boockhoff

Die heutige Malerei und das Lackiercentrum Boockhoff können auf eine über 100-jährige Firmengeschichte zurückblicken: Bereits im Frühjahr 1899 hatte Gründungsvater Christoph Boockhoff seinen Malerbetrieb im Stadtweg eröffnet, wenig später siedelte er an den Kornmarkt um. 1934 erwarb er das Grundstück im Stadtweg 89 und richtete im Hinterhaus einen Malereibetrieb und Farbenhandel ein.

Sein Sohn Karlheinz Boockhoff folgte trotz des ursprünglichen Wunsches, Landwirt zu werden, dem väterlichen Vorbild. Er absolvierte eine Malerlehre in Flensburg, 1935 legte er seine Meisterprüfung in München ab und führte anschließend gemeinsam mit seinem Vater den Betrieb. Maler- und Fassadenarbeiten an Großprojekten wie dem Schloß Gottorf gehörten zu den Aufgaben der Firma, die sich in Schleswig bald einen sehr guten Ruf erworben hatte. 1926 hatte sich Christoph Boockhoff sogar die Erfindung einer neuartigen Farbe patentieren lassen.

Im Jahr 1968 erfolgte mit dem Bau des Geschäftshauses im Stadtweg ein entscheidender Schritt in der Unternehmensentwicklung. In einem Artikel in den „Schleswiger Nachrichten" hieß es damals:

„Die Firma Christoph Boockhoff – Inhaber Karlheinz Boockhoff – eröffnet heute ihren neuen Laden in dem großen, neugebauten Hause Stadtweg 91. Die 13 m breite Straßenfront des Erdgeschosses ist ganz in Glasflächen aufgelöst; sie geben durch die Schaufenster den Blick in den 240 Quadratmeter großen Laden frei und ermöglichen sogar einen Durchblick bis zur Domschule … Mit diesem Neubau hat Karlheinz Boockhoff zum zweiten Mal seinen Beitrag zur Modernisierung des Stadtbildes geleistet; sein Wohnhaus an der Schleistraße gilt allgemein als eines der schönsten im Gebiet der Innenstadt."

Mit Bernd Boockhoff übernahm 1975 die dritte Generation das Ruder im Familienunternehmen, im selben Jahr wurde auch die Lackiererei Gröning in den Betrieb integriert. Bei Malermeister Lietzkow auf dem Holm hatte Bernd Boockhoff gelernt. Nach den Gesellenjahren, die er in der Schweiz verbrachte, bestand er 1964 in Flensburg seine Meisterprüfung.

Und das, obgleich er eigentlich lieber Schiffskoch geworden wäre, wie er 1999 in seiner Rede zum 100-jährigen Firmenjubiläum gestand.

Das Manuskript dieser Rede hebt Christoph Boockhoff, heute Firmeninhaber in

vierter Generation, sorgfältig auf. Es zeigt den Humor seines im Jahr 2000 verstorbenen Vaters und auch dessen Dankbarkeit seiner Frau Ingrid gegenüber, die sich stets mit sehr viel Elan für das Geschäft eingesetzt hatte. Und es enthält viele kostbare Erinnerungen. So berichtet der Senior darin von seiner Großmutter Rosine, einer „sehr resoluten Person, die stadtbekannt war, wenn sie mit ihrem Trainingskleid und der schottschen Karre die Waren vom Bahnhof holte."

Der Großvater, so heißt es weiter, musste des öfteren beim Kolonialwarenhändler Muhs im Vorderhaus Pralinen als „Drachenfutter" besorgen, wenn er vom Skatspiel aus dem Schipperhus nach Hause kam.

An den Kolonialwarenhändler Muhs, der später als Verkäufer im Farbengeschäft angestellt gewesen war, erinnert sich auch der am 21.09.1963 in Schleswig geborene Christoph Boockhoff gut. Ebenso wie an den Schriftenmaler Rudi Weitz, der in akkuratester Handarbeit dekorative Schriftzüge auf Werbe- und Firmenschilder zauberte.

Schon als Kind war der nach seinem Urgroßvater benannte Christoph Boockhoff von den vielen Behältnissen im Keller fasziniert gewesen. Ein Foto zeigt ihn, wie er als Jugendlicher den Kran des Schlei Segel Clubs mit einem blauen Anstrich versieht.

Nach dem Abschluss an der Bruno-Lorenzen Schule ging er bei dem renommierten Maler Ludolf Carstensen in Husum in die Lehre, nach einem Jahr Ausbildung in

Raumgestaltung und Farbtechnik folgten zwei Lehrjahre im dualen System.

1984 bestand er seine Gesellenprüfung als Innungsbester. Anschließend erlangte er die Fachhochschulreife und absolvierte in Kiel die Prüfung zum Wirtschaftsassistenten in Organisation und Rechnungswesen. Seine Gesellenjahre verbrachte er - wie schon sein Vater - in der Schweiz, wo er besondere Malertechniken und den Umgang mit hochwertigen Materialien erlernen konnte. 1989 legte er seine Meisterprüfung ab und war anschließend in verschiedenen Betrieben in Flensburg und in Hamburg tätig. Im Hinblick auf den geplanten Einstieg in die Schleswiger Firma absolvierte er in Hamburg ein Praktikum in der Lackiererei Peters.

Obgleich sich der erfahrene Meister hier beim Teileschleifen kaputte Finger wie zu Lehrlingszeiten holte, ist er von der Wichtigkeit dieses Schrittes überzeugt. „Es gibt nichts Schlimmeres, als wenn man von der Materie seiner Mitarbeiter keine Ahnung hat", sagt er. 1994 kehrte er nach Schleswig zurück und führte gemeinsam mit seinem Vater das Unternehmen. Nach dessen Tod ging der gesamte Betrieb auf ihn über.

Seit Generationen nun führen die Boockhoffs das Unternehmen. Seit Generationen haben sie das Unternehmen erfolgreich an die Bedürfnisse ihrer Zeit angepasst. Und bis auf den Firmengründer wollten sie eigentlich alle zunächst andere Berufe erlernen. Ein Gedanke, der auch Christoph Boockhoff nicht unbekannt ist: „Ich bin jemand, der gerne anderen Menschen hilft. Ich hätte mir auch vorstellen können, im sozialen Bereich tätig zu werden", sagt er.

Wie schon Generationen vor ihm entschied er sich aber zur Fortführung des Familienbetriebes. „Der Farbgeruch liegt einem eben einfach in der Nase", hatte schon sein Vater gesagt. Heute sind die Malerei und das Lackiercentrum Boockhoff mit Sitz am Ratsteich ein modernes Unternehmen mit einer Leistungspalette, die sich auf alle Bereiche des Gestaltens von Fassaden und Innenräumen sowie die Lackierung von PKWs oder Segelyachten erstreckt.

Die Malerarbeiten in der Domschule oder in den neu eröffneten Räumen des Modehauses I.D. Sievers sind nur einige der aktuelleren Projekte in Schleswig.

Mit seiner Heimat fühlt sich Christoph Boockhoff eng verbunden. Wie schon seine Eltern und Großeltern ist er passionierter Segler, als Offizier der Altstädter St. Knudsgilde pflegt er Schleswiger Brauchtum und Geselligkeit, als überzeugter Rotarier zeigt er soziales Engagement. „Es sind die Menschen hier und die Nähe zum Wasser, die etwas ganz Besonderes sind", sagt er; wann immer möglich genießt er die Spaziergänge mit seinem Appenzeller Sennenhund am Haddebyer Noor.

Fotos: privat

**Malerei + Lackiercentrum Boockhoff • Ratsteich 3 - 5 • 24837 Schleswig •
Telefon: 04621-9625-0 • www.boockhoff.de •**

Ulf Brakelmann

„Es geht immer darum, den Königsweg zu finden", sagt Ulf Brakelmann über seine Arbeit mit geistig und psychisch behinderten Menschen. Ganz bewusst spielt er damit auf die Doppeldeutigkeit des Namens der Facheinrichtung für Psychiatrie an der Flensburger Straße, ehemals Königsweg, an. Seit 1986 leitet der am 13.01.1955 in Schleswig geborene Agrarwirt den Hof Königsweg in privater Trägerschaft. Der Umgang mit psychisch kranken Menschen ist dem Sohn eines Nervenarztes seit frühester Kindheit vertraut gewesen. „Ich bin praktisch im Landeskrankenhaus aufgewachsen. Der Kontakt zu den Patienten gehörte für mich genauso zum Alltag wie das Spiel mit kleinen Flößchen auf dem Mühlenbach", erinnert sich Ulf Brakelmann an seine Kindheit, die er bis zu seinem elften Lebensjahr zusammen mit seinen zwei Geschwistern in Schleswig verbrachte. Im Jahr 1966 zog die Familie nach Kiel, wo der Vater als Referent für Psychiatrie im Innenministerium tätig wurde. In zahlreichen Reisen nach England und Skandinavien machte er sich mit in Deutschland noch unbekannten Betreuungsformen bekannt, bevor er schließlich zum Ärztlichen Direktor der Psychiatrischen Klinik in Heiligenhafen benannt wurde. Nachdem Ulf Brakelmann 1974 sein Abitur in Oldenburg in Holstein gemacht hatte, verbrachte er zunächst einige Zeit in verschiedenen europäischen Ländern und in Kanada. Als Segellehrer in Heiligenhafen verdiente er sich einen Teil des Studiums, das er an der Hochschule in Kassel Witzenhausen absolvierte.

Die von ihm gewählte Fachrichtung war nicht die Psychologie – zu deutlich stand ihm die Belastung des Vaters vor Augen. Stattdessen hatte er sich für ein Landwirtschaftsstudium entschieden, um eines Tages den landwirtschaftlichen Betrieb des Großvaters auf Nordstrand weiterzuentwickeln. Gemüse anbauen, Unterkünfte mit Vollpension und evtl. auch psychologische Betreuung anbieten, lautete sein Plan.

Durch den Kontakt zur Familie Kühl, die damaligen Besitzer des Hofes Königsweg, kam dann alles etwas anders als ursprünglich geplant: Statt auf einem großen Bauernhof auf Nordstrand eine kleine psychiatrische Einheit zu etablieren, übernahm Ulf Brakelmann ein großes Heim mit kleiner Landwirtschaft.

Nach einer gut einjährigen Übergangszeit begann er mit zahlreichen Veränderungen: Der einstige Krankenbetrieb wurde in einen Heimbetrieb umgewandelt, aus 4- bis 6-Bettzimmern wurden Einzel- und Doppelzimmer, Wohngruppen mit gemeinsamer Küche und Wohnzimmer wurden geschaffen. Moderne Therapieformen, wie Gesprächstherapie, Ergotherapie und der bewohnerzentrierte Ansatz, sind tägliche Grundlage der Arbeit geworden. Entscheidend für die erfolgreiche Arbeit ist die Öffnung des Hauses, verknüpft mit einer Liberalisierung der inneren und äußeren Abläufe. Die Bewohner lernen für sich mehr Verantwortung zu übernehmen. Die Ausgangsregelungen oder die Einführung von regelmäßigen Veranstaltungen, zu denen auch Gäste geladen werden, seien hier beispielhaft genannt.

Für Ulf Brakelmann und seine Frau Edeltraud ist der Hof Königsweg längst zum

Foto:privat

Zuhause geworden, die Bewohner sind ihnen ans Herz gewachsen. So der 90-jährige Willi. Der gelernte Elektriker – als das jüngste Kind einer Familie mit sieben Kindern - kam kurz nach dem zweiten Weltkrieg in die Einrichtung. Auch neuere Bewohner finden hier Anschluss in familienähnlichen Gemeinschaften. Entscheidend ist: Wer hierher kommt, kommt freiwillig, ein mehrtägiges Probewohnen gehört dazu. Im jahrelangen Umgang mit den Menschen und in zahlreichen berufsbegleitenden Fortbildungen hat Ulf Brakelmann sich profundes therapeutisches Wissen angeeignet. In seiner Arbeit geht es ihm immer um das Verstehen der Menschen und das Erkennen dessen, was hinter den Dingen steckt. „Ich versuche immer, die Logik hinter dem fremd wirkenden Verhalten zu erfassen", sagt er. Dass die Dinge oft nicht so sind wie sie scheinen, hat er schon häufig beobachtet; besonders die Darstellung von Schein und Wirklichkeit in der Geschichte faszinieren ihn. Philosophische Ansätze bringt er auch in seine Arbeit ein, so nutzt er gerne bildhafte Vergleiche. Er ist überzeugt: Wer das Paradoxe versteht, hat einen guten Zugang zu seinen Gefühlen. Wie sehr es sich manchmal lohnt, genauer hinzusehen bzw. hinzuhören, zeigt der Fall von Rüdiger: Jahrelang wurde er in anderen Einrichtungen nicht verstanden, bis sich herausstellte, dass er dänisch sprach. Heute ist es Rüdigers ganze Freude, Ulf Brakelmann dänische Wörter beizubringen.

Bei so viel persönlicher Anbindung und Verwurzelung ist Ulf Brakelmann die Mobilität wichtig. Am Wochenende einfach mal rauszufahren und Abstand zu gewinnen, dies hat für ihn und seine Frau eine hohe Bedeutung. Für viele der Bewohner sind Ulf und Edeltraud Brakelmann Identifikationsfiguren - und auch für ihr Leben auf dem Hof gilt es, das richtige Maß zu finden zwischen Nähe und Distanz. Den Königsweg eben.

Hof Königsweg • **Flensburger Straße** 49 • **24837 Schleswig** • **Telefon: 04621-4841948** • **www.hofkoenig.de**

Hof Königsweg

Mehrere Aktenordner voller Aufzeichnungen zeugen von der bewegten Geschichte des Hofes Königsweg. Ein Dokument hebt Ulf Brakelmann ganz besonders sorgsam auf: Es ist die Original-Urkunde der Königlich Regierung, die dem Landwirt Johann Greve am 02.03.1885 die Konzession erteilt, am Schleswiger Königsweg eine preußische Irrenanstalt zu eröffnen. 25 Patienten des ehemaligen Landeskrankenhauses fanden hier Unterkunft und die Möglichkeit einfacher Beschäftigung in der Landwirtschaft. „Jeder Kranke soll 10 Kubikmeter Luftraum haben", heißt es in einer Verfügung – die Folge waren hohe Räume auf kleiner Grundfläche.

Ein weiteres Dokument berichtet von der Eröffnung einer Molkerei zur Herstellung von Kindermilch im Jahr 1907.

Inzwischen hat sich Vieles geändert. Aus dem einstigen Königsweg ist die Flensburger Straße geworden und die ehemalige Krankenanstalt hat sich zu einem modernen Wohnheim für geistig- und psychisch behinderte Menschen entwickelt.

„Vom Leidbild zum Leitbild: Wege ins Leben" lautet das Motto der Facheinrichtung für Psychiatrie, die seit 1986 durch Ulf Brakelmann in privater Trägerschaft geleitet wird.

Neben zahlreichen Modernisierungsmaßnahmen und räumlichen Umgestaltungen wie der Einführung von Wohneinheiten mit Einzel- und Doppelzimmern standen in den letzten Jahren vor allem die Öffnung der Einrichtung und die Integration der Bewohner in das Leben der Stadt im Vordergrund. Heute leben auf dem Hof Königsweg 66 Menschen mit unterschiedlichen Behinderungen. Neben dem traditionellen Heimbereich mit 29 Plätzen stehen 37 Wohngruppenplätze in insgesamt acht Wohnungen zur Verfügung. Passgenau und professionell, mit Herz, Hand und Verstand zu helfen, das ist das Anliegen der Mitarbeiter: „Freiheit in Verantwortung leben" lautet die Zielsetzung.

Eine sinnvolle Tagesstrukturierung gehört ebenso dazu wie sich in seiner Wohngruppe zu Hause zu fühlen oder die Freude an abwechslungsreicher Freizeitgestaltung zu erleben. In der hauseigenen Werkstatt werden unterschiedliche Beschäftigungsmöglichkeiten angeboten, es werden Gummiteile entgratet, Holzteile geschliffen, Rohrschellen zusammengesetzt und natürlich wird auch gemalt und gebastelt. Im Gewächshaus werden Stauden herangezogen und der Öffentlichkeit zum Verkauf angeboten. Veranstaltungen wie die Weihnachtsfeier oder die jährlich im Gewächshaus stattfindende Lichterlesung sind Teil der integrativen Arbeit der Einrichtung.

Die „Werbegemeinschaft rund um den Schliekieker" e.V.

Mit dem Neubau des Fernmeldeturms in dem „Schleswiger Gewerbegebiet Nord" wuchs 1992 das Interesse der Geschäftsleute, sich in einer Interessengemeinschaft für Ihre Belange einzusetzen. Nach einer erfolgreichen Turmtaufe im Mai 1992 machten die ansässigen Firmen mit einer Turmwoche auf sich aufmerksam. Aufgrund dieser erfolgreichen Veranstaltungswoche vereinbarten die Kaufleute, eine Werbegemeinschaft zu gründen. 14 Firmenvertreter trafen sich am 9. November 1993 bei „Möbel Neumann" und beschlossen, die „Werbegemeinschaft rund um den Schliekieker" ins Leben zu rufen und zwar als eingetragenen Verein.

Seit dieser Zeit hat die Werbegemeinschaft fünf Jahre „Kultur am Turm" durchgeführt, eine Open-Air-Veranstaltung, die ein buntes Programm aus Musik, Tanz, Gesang und anderen kurzweilige Vorführungen bot und zahlreiche Besucher aus Schleswig und dem Umland anlockte. Bis zu 400 Akteure zeigten auf drei Bühnen ihr Können. Mit dem wachsenden Angebot anderer Veranstaltungen in der Stadt verlor dieses Fest jedoch an Bedeutung. Die Werbegemeinschaft setzte deshalb auf kleinere Veranstaltungen.

Die Lichterlesung, die vom Literaturhaus Kiel unterstützt wird, ist seit einigen Jahren ein echter Höhepunkt für Literaturfreunde, zumal diese Veranstaltung im Gewächshaus des Hof Königsweg in einer zauberhaften Atmosphäre stattfindet.

Neben dem „Aderlass der Schleswiger Wirtschaft" und dem „Laternelaufen" bieten die Schliekieker in der Adventzeit besondere Weihnachtsveranstaltungen an. Ob Puppentheater, Märchenstunden oder Hexenhausbasteln, viele Ideen sorgten in der Vergangenheit für ein paar vorweihnachtliche Stunden. Außerdem findet in dieser Zeit auf Initiative von Klaus-Dieter Lemmermann das Stollenbacken für die „Schleswiger Tafel" statt.

Aber nicht nur Veranstaltungen prägen das Vereinsleben dieser Werbegemeinschaft. Mit dem Slogan „Chancengleichheit unter dem Schliekieker" haben die Verantwortlichen Vorschläge hinsichtlich baulicher Einschränkungen und der Nutzung ihres Gewerbegebietes erarbeitet. Diese Aktion ist Bestandteil der Bemühungen, das Gewerbegebiet unter dem Schliekieker attraktiver zu machen.

Zusätzlich arbeiten „Schliekieker" im Schleswiger Stadtmarketing in den unterschiedlichsten Arbeitsgruppen mit. Die Werbegemeinschaft hat heute 17 Mitglieder, Vorsitzender ist Ulf Brakelmann.

Inge Brix

„Dat Lewen gifft to knacken
uns veele, harte Nööt,-
Un doch, - ut mennig Ecken
Lacht Glück uns in de Mööt." *(Hans Hansen Palmus)*

Dass das Leben nicht immer einfach - und Gesundheit nicht selbstverständlich - ist, weiß Inge Brix aus eigener Erfahrung. Und doch – oder vielleicht gerade deshalb genießt die gebürtige Schleswigerin das Leben aus ganzem Herzen. Wenn sie voller Unternehmungslust von den Reisen, die sie gemeinsam mit ihrem Mann im Wohnmobil unternimmt, berichtet oder strahlend von dem schönen Verhältnis zu ihren drei Kindern und dem Urvertrauen der Enkelkinder erzählt, mag man kaum glauben, dass ihr Geburtstag der 02.08.1938 ist.

Ihre gesamte Kindheit hat sie in Süderfahrenstedt verbracht. Als der Vater während des Krieges vermisst wurde, stand sie als einziges Kind häufig mit der Mutter in der elterlichen Backstube. Sie half im Verkauf und lauschte den Gesprächen der Landwirte, die sich zum Klönen in der Backstube einfanden. Mit 17 Jahren machte sie mittels einer Sondergenehmigung den Führerschein, um die Backwaren in die umliegenden Orte ausfahren zu können. Vor allem die Touren an Heiligabend haben sich ihr eingeprägt: „Während ich noch Gebäck ausfuhr, brannten in den Wohnstuben schon die Kerzen am Weihnachtsbaum. Wenn ich dann endlich nach Hause kam, war ich oft viel zu müde, um noch Bescherung zu feiern."

Mit 18 machte sie ihre Gesellenprüfung in der Bäckerei Dierks im Schleswiger Lollfuß. 1960 heiratete sie ihren heutigen Mann Peter, den sie in Süderfahrenstedt kennen gelernt hatte. Die Bäckerei wurde schließlich verkauft und 1961 wurde Sohn Sönke geboren. 1963 zog die junge Familie nach Schleswig, wo 1965 Tochter Anke und 1967 auch Tochter Gyde zur Welt kamen.

Die Liebe zum Backen hat Inge Brix nie verloren. 17 Jahre lang hat sie in einer Bäckerei am Gallberg gearbeitet und noch heute sind ihre Kuchen und Torten bei Freunden und der Familie heiß begehrt. Eine zweite Leidenschaft, deren Wurzeln ebenfalls in ihrer Kindheit liegen, ist die plattdeutsche Sprache. „Natürlich sprachen wir in Süderfahrenstedt Plattdeutsch. Für viele von uns war Hochdeutsch damals die erste Fremdsprache", erzählt sie. Als Gasthörerin verfolgte sie später die Vorlesungen in Niederdeutsch an der Universität in Kiel und als sie von der Leitung der Dannewerkschule angesprochen wurde, ob sie bereit wäre, die Kinder in einer Plattdeutsch-AG zu unterrichten, nahm sie mit Freude an. Bei der engagierten Lehrerin haben selbst Kinder aus dem Libanon oder aus Polen Platt gelernt.

Seit dem folgten zahlreiche Kurse an der Volkshochschule, über 20 Jahre lang

lehrte Inge Brix an der Familienbildungsstätte; als „Kreisbeauftragte für Niederdeutsch für Schulen im Kreis Schleswig-Flensburg" setzte sie sich unermüdlich für die Förderung der niederdeutschen Sprache ein.

Und auch heute noch ist der Terminkalender von Inge Brix eng beschrieben. Einmal monatlich kommt der „Busdörper Krink" zum Lesen, Spielen und Schnacken zusammen; im Domcafé betreibt sie mit einem kleinen Damenkreis Wortschatzarbeit, dann werden alte Vokabeln aktiviert und Erinnerungen niedergeschrieben. Zudem ist sie Leiterin der Plattdeutsch AG „Schleswigsche Geest", die inzwischen von 40 auf über 100 Personen angewachsen ist. Die leidenschaftliche Sprachförderin hat plattdeutsche Kinderbücher herausgebracht; und eine von ihr verfasste Kriminalkurzgeschichte wurde in der renommierten „Zeitschrift für plattdeutsche Sprache" abgedruckt. Selbst das NDR-Fernsehteam von „Talk op Platt" hat Inge Brix schon beim Brotausfahren im Friedrichsberg begleitet. 1999 erhielt sie als Anerkennung für ihr langjähriges Wirken sogar den Sonderpreis der Stadt Schleswig. Das Allerwichtigste aber sind ihr der Spaß an der Sache und das Gespräch mit den Menschen. Denn Platt-Sprechen bedeutet auch Geselligkeit, die Inge Brix auf ihren beliebten Lesungen von Husum über Schleswig und Kappeln bis nach Flensburg genießt.

„In Schleswig kommt man mit Platt durch die ganze Stadt", freut sich Inge Brix darüber, dass es in fast jedem Geschäft und auf den Behörden jemanden gibt, der Platt spricht. „Die Menschen freuen sich, wenn sie in ihrer alten Muttersprache angesprochen werden – das muss überhaupt nicht perfekt sein", ermutigt sie jeden, einfach mal Platt zu schnacken. Dass sie nun in der Klaus-Groth-Straße wohnt, ist Zufall, könnte aber passender nicht sein.

Huusfru, Bäckergesellin und Platt • Klaus-Groth-Straße 22 • 24837 Schleswig • Telefon: 04621-27186

Stephan Brumm

Samstagvormittag in der Breslauer Straße 9: „Einmal waschen und legen bitte", wünscht die ältere Dame - am Sonntag erwartet sie ihre Enkelkinder zu Besuch. Mit geübten Handgriffen verhilft Renate Brumm den Haaren ihrer Kundin zum perfekten Sitz, nebenbei werden Familiennachrichten ausgetauscht. Renate Brumm kennt ihre Kunden, ein nettes Gespräch gehört zum Friseurbesuch wie das Haarewaschen.

1972 hatte die Friseurmeisterin hier ihren ersten Salon eröffnet. Heute hat sie sich weitgehend aus dem Berufsleben zurückgezogen, doch einmal in der Woche steht sie noch selbst im Geschäft; dann ist es hier ein bisschen wie früher.

„Damals standen freitags und samstags die Kunden vor der Tür Schlange", erinnert auch Stephan Brumm. Seit 1996 führt der am 04.08.1968 in Schleswig geborene Friseurmeister zusammen mit seiner Frau, der Friseurmeisterin Danila Brumm, das Stammhaus. Seit 2009 die Geschäfte aller mittlerweile vier Salons in Schleswig. Schon Ende der 70er Jahre hatte seine Mutter einen zweiten Salon in Brodersby übernommen, 1986 kam der Betrieb in der Schleswiger Shopzeile bei Real hinzu, in den Jahren 2001 und 2006 folgten der City-Friseur Salon im Schlei-Center und der Lizenzbetrieb „Hairkiller" im Stadtweg.

„Es war vor allem mein Vater Wolfgang, der meine Mutter mit seiner Dynamik und seinem Ideenreichtum ermutigte, die Geschäfte zu führen", erzählt Stephan Brumm.

Am Mittagstisch verfolgte er als Kind die Gespräche der Eltern, die sich naturgemäß häufig um geschäftliche Belange drehten; und so ist es nicht verwunderlich, dass sich der einzige Sohn nach dem Realschulabschluss für eine Friseursausbildung entschied. Seine Lehrjahre absolvierte er - wie viele Friseurkinder - bei Peter Polster in Hamburg. „Das war damals ein großer Schritt aus der behüteten Welt des Elternhauses", erinnert er sich an seine Ausbildung bei einem der bekanntesten Friseure der Hansestadt.

Als Kind aus der Kleinstadt musste er lernen, sich dort durchzusetzen. Dennoch will er diese Zeit nicht missen. „Peter Polster hatte seine Launen, er hat seine Mitarbeiter gefordert, aber er hat sie auch mitgenommen", sagt er.

Vor allem die Einbeziehung der Mitarbeiter in betriebswirtschaftliche Erwägungen und die Dynamik des damals schon über 50-Jährigen haben den Schleswiger beeindruckt. Obgleich Stephan Brumm bereits 1986 im Salon seiner Mutter einstieg, schickten ihn seine Eltern während seiner Gesellenjahre zu zahlreichen externen Unternehmen.

In Duisburg, in Lörrach und im Hamburger Wella-Studio konnte er so zahlreiche, wertvolle Erfahrungen sammeln und auch die Arbeitnehmerseite kennen lernen. Nach seiner Gesellenprüfung arbeitete er drei Jahre in Hamburg, wo er auch seine Meisterprüfung ablegte. 1996 kehrte er endgültig nach Schleswig zurück.

Noch heute ist es die Kombination aus Handwerk und unternehmerischem Handeln, die ihn an seinem Beruf fasziniert; längst hat er seinen eigenen Stil gefunden „Man muss immer sehen, was der Kunde wünscht, mit aktuellen Trends und Werbemaßnahmen attraktiv bleiben", betont er. Die Verantwortlichkeit gegenüber den Mitarbeitern ist ihm ebenso wichtig wie Einflussnahme und die Möglichkeit der eigenen Gestaltung. Fortbildung und Qualifikation werden bei Stephan Brumm großgeschrieben. Und die Maßstäbe, die er für seine Mitarbeiter anlegt, gelten auch für ihn. Gerade hat er in einer zweijährigen Wochenendausbildung die Zusatzqualifikation zum Betriebswirt im Handwerk erlangt.

Wertvolle Hilfe in beruflichen wie privaten Belangen ist ihm seine Frau Danila. Schon 1986 hatte er die damalige Friseurin in Eckernförde kennen gelernt, 1996 folgte die Hochzeit, ein Jahr später kam Tochter Finja zur Welt. Auch wenn Stephan Brumm gemeinsame Ausflüge mit der Familie nach Hamburg oder nach Sylt genießt, fühlt er sich in Schleswig zuhause. Im Kreise seiner Jugendfreunde liefert er sich heute manches Match auf dem Tennis- oder Golfplatz. Dass der sportliche Friseurmeister stets als letzter aus der Dusche kommt, weil er noch seine Haare stylen muss, kennen seine Freunde schon von früher, als Stephan Brumm noch eine üppige Föhnwelle trug.

Friseurmeister • Breslauer Straße 9 • 24837 Schleswig • Telefon: 04621-25921

Ruyman Cano Domínguez

„Hacer las cosas con amor" - „Die Dinge mit Liebe tun", lautet das Motto von Ruyman Cano Domínguez, der mit seiner „Tasca" im Stadtweg 65 seit 2008 spanische Lebensart nach Schleswig bringt.

„Tapas y màs", lautet das Angebot der modernen Tapas-Bar; spanische Köstlichkeiten wie Gambas in Knoblauch oder Fleischspieße mit Salz-Kartoffeln und kanarischer Soße verwöhnen den Gaumen und lassen Urlaubserinnerungen wach werden. Liebe zum Detail zeigt sich auch in der gelungenen Einrichtung: Ein ausgewogenes Lichtkonzept, kunstvolle Fliesen aus Sevilla und ästhetisch klare Linienführung ergänzen sich zu einem harmonischen Ganzen. Und es war auch die Liebe, die den am 07.12.1978 in Las Palmas geborenen Kanario nach Deutschland führte. Mit 18 Jahren ging der Sohn einer Geschäftsfrau und eines Versicherungsmaklers nach Fuerteventura, wo er ein Jahr als Barmann im Robinson-Club arbeitete. Der Kontakt mit den Menschen, vor allem mit den Touristen, begeisterte ihn und so belegte er verschiedene Kurse, um sich im Gastronomie- und Hotelgewerbe fortzubilden. Mit 19 war er bereits Geschäftsführer im italienischen Restaurant eines Aparthotels im beliebten Ferienort El Castillo. „Der erste deutsche Satz, den ich beherrschte, hieß: Sie können Ihre Karte an der Information aufladen", berichtet Ruyman Cano lachend – mittlerweile in nahezu einwandfreiem Deutsch. Schnell war dem zielstrebigen Gastronomen klar geworden, dass Sprachkenntnisse der Schlüssel zum Erfolg sind. 1999 beschloss er deshalb, nach Cambridge zu gehen, wo sein Freund Antonio einen Friseursalon betrieb. Am St. John´s College, das als eines der angesehensten Colleges der Universität Oxford gilt, servierte er formvollendet mit weißen Handschuhen. Um Deutsch zu lernen, reiste er nach Köln. Der Zufall wollte es, dass er bei Kölns Top-Italiener „Il Piatto" am Rudolfplatz eine Stelle bekam. So lernte er zunächst statt deutsch perfekt Italienisch und bediente Promis wie Michael Schumacher und die Fernsehleute von RTL. Nur acht Monate später wurde er als Geschäftsführer eingesetzt. „Inhaber Bruno Rizzo hat mir gezeigt, was Arbeit, aber auch, was wahre Freundschaft ist", erinnert sich noch heute an seine Zeit am Rhein. Seine Italien-Kontakte führten ihn in ein fünfmonatiges Abenteuer in Mailand, danach kehrte er nach Fuerteventura zurück. Nach einer Zwischenstation als Barchef im Fünfsterne-Hotel Kempinski in Corralejo erfüllte er sich 2004 einen Traum: Mit der Café-Bar Jazz eröffnete er sein erstes eigenes Geschäft.

Das Schicksal hielt für ihn die Erfüllung eines weiteren Traumes bereit: 2005 lernte er auf Fuerteventura die aus Flensburg stammende Melanie kennen. Aus dem ersten Kontakt und gemeinsamen Inselrundfahrten entwickelte sich ein inniges Verhältnis, das auch nicht abriss, als Ruyman nach Barcelona wechselte. Wie schon in Köln bediente er in der spanischen Metropole die High Society. In der Brasserie Tenorio am Paseo de Gracia zählten Ronaldino und der Sohn von Anthony Quinn zu seinen

Gästen. Täglich hielt er Kontakt zu Melanie in Flensburg - und schließlich trat er die Reise in die nördlichste Stadt Deutschlands an. „Den Namen der Stadt kannte ich nur aus den Kfz-Papieren", erklärt der Selfmade-Man, denn auch der Fahrzeugtransfer von Deutschland nach Gran Canaria gehörte zu den Einnahmequellen des findigen Geschäftsmannes.

Dann erlebte er im WM-Jahr 2006 den Märchensommer schlechthin. Deutschland im Fußballfieber, Beach Partys am Strand von Flensburg und ein wohlgesonnener Wettergott ließen ihn sein Heimweh schnell vergessen. Er entschloss sich, zu bleiben. „Da wusste ich noch nicht, dass das ein absoluter Ausnahmesommer war", lacht er heute. Dennoch: Norddeutschland gefällt ihm. „Mit Liebe geht alles", erklärt er mit sonnigem Gemüt auch an verregneten Tagen. Er sei eben ein durch und durch positiver Mensch - und habe immer einen glücklichen Stern gehabt.

Die Kontakte aus seiner anfänglichen Tätigkeit in der „Tasca" in Flensburg brachten ihm schließlich das Angebot, in Schleswig ein eigenes Restaurant zu eröffnen - und Ruyman nahm an. Er baute die Geschäftsräume vollständig um und zog mit Freundin Melanie, die inzwischen ihr Referendariat in Büdelsdorf angetreten hat, nach Schleswig.

Nach nur eineinhalb Jahren ist die Tasca längst zum beliebten Anlaufpunkt der Freunde spanischer Lebenskultur geworden. Neben dem köstlichen Essen, das der Chef teilweise selbst kocht, ist es vor allem das ungezwungene Ambiente, das die Gäste anlockt. Selbst Salsa kann man hier lernen, zur Belohnung erwartet die Tanzschüler eine riesige Paella. Als Sponsor des Sportvereins Schleswig 06 und mit Veranstaltungen wie der Organisation des Fußballturniers „La Tasca Cup" entfacht spanisches Feuer auch außerhalb der Tapas-Bar.

La Tasca • Stadtweg 65 • 24837 Schleswig • Telefon: 04621-484209

Ronald Theodor Carius

Hätte Ronald T. Carius nicht im Jahre 1993 zufällig auf einer Segeltour von Maasholm Station in Schleswig gemacht – und hätte er nicht auf dem Weg zum Hinterhoflokal „Patio" eine Postwurfsendung aus einem fremden Briefkasten gefischt, um sich die Zeit bis zum Abendessen zu vertreiben – dann gäbe es sie wohl heute nicht: Die Brauerei Schleswig. Denn in besagter Post las der Diplombraumeister aus Oldenburg von einem städtebaulichen Wettbewerb, in dem auch das Gelände des ehemaligen Güterbahnhofes zur Disposition stand.

Kurz entschlossen entwickelte er Pläne für die Projektierung einer eigenen Brauerei, erhielt den Zuschlag der Stadt und zog 1994 an die Schlei. Von Anfang April bis Mitte Oktober entstand in der großen Halle eine urig gemütliche Gaststätte, in historischen Sudgefäßen aus dem Jahre 1889 wurde nach den strengen Regeln des Deutschen Reinheitsgebotes von 1516 das erste Schleswiger Bier gebraut. Noch heute erinnert sich Ronald T. Carius an den großen Moment, als er am 23.10.1994 um 17.00 zum ersten Mal die Türen der Brauerei für das Publikum öffnete. Der Andrang war riesig und mit dem Schleswiger Braunbier und dem St. Petri Pils war offenbar der Geschmack der Schleswiger getroffen.

Zunächst braute man nur Fassbier zur Belieferung der Gastronomie und für den eigenen Ausschank. 1996 wurde auch die Flaschenproduktion aufgenommen und damit eine neue Marke eingeführt: ASGAARD – das göttliche Bier der Wikinger. Heute werden in den Kesseln der mittlerweile drittgrößten Brauerei Schleswig-Holsteins rund 350000 Liter Bier hergestellt.

Eigentlich war es eher Zufall, dass der am 09.04.1956 in Osnabrück geborene Kaufmannssohn Braumeister wurde. 20-jährig hatte er das Gymnasium vorzeitig abgebrochen und war zum Entsetzen der Eltern zur See gefahren. Seine erste Reise führte ihn auf einem Frachtschiff von Hamburg nach Nigeria. Vier Jahre lang bereiste er die Weltmeere, bevor er beschloss, doch wieder festen Boden unter den Füßen haben zu wollen und Mikrobiologie und Biochemie an der Universität Oldenburg studierte. Während der anschließenden Tätigkeit am „Institut für Chemie und Biologie des Meeres" in Wilhelmshaven nahm er Kontakt zur nahe gelegenen Brauerei in Jever auf. Seine bis dahin gewonnenen Kenntnisse in Gärungsprozessen nützten ihm dort wenig: Das Labor gehörte ausschließlich den Brauereimeistern. Also absolvierte Ronald T. Carius ein Schnellstudium der Brauereitechnologie in Berlin. Es folgten etliche Berufsjahre in der Schweizer Feldschlösschenbrauerei und der „Hengelbräu" in Oldenburg. Dann kam Schleswig.

Richtig heiß wird es in den Räumen der Brauerei Schleswig, wenn der Geschäfts- mann Krawatte und Sakko an den Nagel hängt und mit seiner Band „v-blue ltd. … the northern blues attack" auftritt. Mit einer schweißtreibenden Mischung aus erdigem Blues, mitreißendem Swing und fetzigem Rock'n Roll bringt das Trio das Publikum zum Kochen. Thomas Reichardt singt und spielt Gitarre, für den richtigen Groove sorgen Hans C. Christiansen am Schlagzeug und Ronald T. Carius am Double Bass.

Den nordischen Wind lässt sich der Vater von zwei Kindern am liebsten auf seiner roten Nimbus, einem Motorrad mit Kultstatus aus dem Jahre 1948, um die Nase wehen – oder eben beim Segeln. Denn da scheinen die göttlichen Winde ihm besonders hold zu sein: Sie trieben ihn nicht nur nach Schleswig, sondern auch in den Hafen der Ehe. Seine heutige Frau Katrin hat er während des Studiums bei einem Segelkurs kennen gelernt. „Wir saßen schon damals in der selben Jolle", lacht er mit finsterem Blick auf die Regenwolken, die über Schleswigs Himmel ziehen. Denn das Nass von oben mag der Wasserfreund gar nicht.

ASGAARD • Brauerei Schleswig • Königstraße 27 • 24837 Schleswig • Telefon: 04621-29206

Prof. Dr. Claus von Carnap-Bornheim

Wer den einzigen Adligen mit Gesellenbrief als Maurer und Habilitation sucht, findet ihn - mit etwas Glück - entweder auf Schloß Gottorf oder auf Schloß Annettenhöh, denn das sind die Schleswiger Arbeitsplätze von Claus von Carnap-Bornheim. Im Jahr 2009 hat der gebürtige Hesse die Nachfolge von Prof. Dr. Herwig Guratzsch als Leitender Direktor der Stiftung Schleswig-Holsteinische Landesmuseen Schloß Gottorf angetreten, seit 1999 ist er bereits Direktor des archäologischen Landesmuseums. Seit dem 01.02.2004 ist er außerdem Leiter des Archäologischen Landesamtes mit Hauptsitz in Schleswig.

Zudem lehrt er als Professor für Ur- und Frühgeschichte an der Christian-Albrecht-Universität zu Kiel. Mit gut 100 Veröffentlichungen hat er sich längst das Renommee eines international anerkannten Wissenschaftlers erworben. Sein Spezialgebiet ist die Archäologie Mittel- und Nordeuropas im 1. nachchristlichen Jahrtausend.

Claus von Carnap-Bornheim wurde am 10.11.1957 im hessischen Schwalmstadt als Sohn einer dänischen Mutter und eines deutschen Vaters geboren. Die Liebesgeschichte der Eltern bietet besten Filmstoff: „Mein Vater reiste 1939 als 17-Jähriger in der Lederhose per Anhalter durch Süd-Schweden. In einem Lastwagen traf er auf vier dänische Mädchen, darunter meine Mutter. Für meinen Vater war es Liebe auf den ersten Blick, die Version meiner Mutter lautet: Er hat alle unsere Schmalzbrote aufgegessen. Acht Jahre später, bei ihrem vierten Treffen, heirateten die beiden", erzählt Professor Claus von Carnap-Bornheim.

Nach dem Abitur machte er zunächst eine Reise nach Südamerika, wo er zahlreiche archäologische Fundstätten besuchte. Tief beeindruckt besichtigte er die einige Jahre später zum Weltkulturerbe erklärten Stätten Chavín und Chan Chan in Peru, fasziniert wandelte er auf den Spuren der Inka-Kultur. Zurück in Deutschland absolvierte er zunächst eine Maurer-Lehre, die ihm als Grundlage für ein Architekturstudium dienen sollte. Die Eindrücke seiner Südamerikareise jedoch ließen ihn nicht los: 1982 begann er ein Studium der Ur- und Frühgeschichte in Marburg, wo er anschließend als Dozent tätig wurde. Als Gastdozent lehrte er außerdem in Krakau, Warschau und Wien.

Seine Studienarbeiten hatten ihn bereits 1986 nach Schleswig geführt, wo er mit Unterstützung von Professor Schietzel Archiv-Recherchen für Promotion und Habilitation betrieb. Damals hätte er sich nicht träumen lassen, dass er eines Tages die Nachfolge des renommierten Museumsleiters übernehmen sollte.

Die familiäre Nähe zu Skandinavien spiegelt sich auch im beruflichen Interesse des Archäologen wieder. Schon als Student beteiligte er sich an Ausgrabungen im jütländischen Illerup.

Derzeit widmet sich ein großes deutsch-dänisches Forschungsprojekt, das durch das Nationalmuseet Kobenhavn, das Moesgard Museum und das Archäologische Landesmuseum in Schleswig getragen wird, der wissenschaftlichen Auswertung der großen Kriegsbeuteopfer-Funde in Jütland. Ein deutsch-russisches Grabungsprojekt befasst sich mit der Lokalisierung der Siedlung im Umfeld des wikingerzeitlichen, skandinavisch geprägten Gräberfeldes von Wiskiauten im ehemaligen Ostpreußen.

Ein Schwerpunkt seiner Tätigkeit im Landesmuseum in Schleswig ist die wissenschaftliche Beschäftigung mit der frühmittelalterlichen Wikinger-Siedlung in Haithabu. „Das ist ein Weltfund", schwärmt Claus von Carnap-Bornheim und ist überzeugt, dass das Museum in einigen Jahren ins Weltkulturerbe aufgenommen werden wird. Um die wissenschaftlichen Erkenntnisse erlebbar zu machen, sind auf dem Gelände sieben Wikingerhäuser originalgetreu nachgebaut worden. Grundlage für diese Arbeit waren die Erkenntnisse aus jahrzehntelanger wissenschaftlicher Arbeit und dem Einsatz modernster Technik. „Die Geophysik erlaubt es uns heute, einen genauen Einblick in das Bild einer mittelalterlichen Stadt zu bekommen", sagt der erste Archäologe des Landes. Trotz seiner Leidenschaft für Ausgrabungen ist er überzeugt, dass nicht jeder Schatz auch gehoben werden muss. „Jede Ausgrabung zerstört den Befund", sagt Professor von Carnap-Bornheim. Alles müsse in kleinen chirurgischen Schritten geschehen, die Konservierung sei oft ausgesprochen schwierig und verschlinge jede Menge Geld. Dennoch: „Man darf seine Neugier nicht verlieren", betont er. Eine Region, die ihn für Forschungsarbeiten sehr reizen würde, sind die Tiefen vor Helgoland, denn dort vermutet er eine archäologische Schatzkammer.

Archäologie interessiert sich für Menschen und gesellschaftliche Phänomene, die sich aus historischen Funden erschließen lassen.

Claus von Carnap-Bornheim wirft auch einen analytischen Blick auf die Gegenwart: „Schleswig dürfte in Relation zur Einwohnerzahl eine der größten Professorendichte einer nicht-universitären Stadt haben", lautet seine Beobachtung. Wenn er eines Tages in den Ruhestand geht, dürfte diese Statistik um eins nach unten korrigiert werden müssen. Denn seinen privaten Ruhesitz sieht er nicht unbedingt im Land der Wikinger, sondern an der Westküste auf Amrum oder in der Innenstadt Neapels - Hauptsache, es finden sich dort Muße zum Lesen und ein dritter Mann zum Skat.

Leitender Direktor der Stiftung Schleswig-Holsteinische Landesmuseen Schloß Gottorf sowie Direktor des Archäologischen Landesmuseums und Leiter des Archäologischen Landesamtes • 24837 Schleswig • Telefon: 04621–813301

Wikingerkultur als Weltkulturerbe

Im nördlichen Schleswig-Holstein liegen zwei Großdenkmale der Wikingerkultur, das Befestigungswerk Danewerk und der frühstädtische Handelsplatz Haithabu. Diese archäologischen Plätze sind herausragende Zeugnisse der Wikingerzeit. Sie stehen im Zusammenhang mit bedeutenden anderen Stätten dieser Epoche im skandinavischen und nordatlantischen Raum und sollen im Zuge einer länderübergreifenden Nominierung als Welterbe der UNESCO eingetragen werden. Das Danewerk und Haithabu bilden das südliche Portal Skandinaviens. Sie knüpfen über Nord- und Ostsee sowie über den Nordatlantik hinweg an weitere herausragende, bereits zum UNESCO-Weltkulturerbe ernannte Plätze wie Jelling (Dänemark), Birka und Hovgården (Schweden), Thingvellir (Island) und L´Ánse aux Meadows (Kanada) an.

Das Archäologische Landesamt Schleswig-Holstein ist als obere Landesbehörde für den Schutz und Erhalt der archäologischen Denkmale Danewerk und Haithabu zuständig. Das Amt ist von der Landesregierung Schleswig-Holstein betraut worden, den Antrag zur Aufnahme der Stätten in die UNESCO Welterbeliste für Schleswig-Holstein zu koordinieren und vorzubereiten. Island übernimmt mit seiner Welterbestätte „Thingvellir National Park" die Federführung bei der länderübergreifenden Nominierung.

Der Halbkreiswall von Haithabu.

Das Danewerk bei Kurburg.
Fotos: copyrightALSH2007.

Das Archäologische Landesamt Schleswig-Holstein Obere Denkmalschutzbehörde

Das Archäologische Landesamt Schleswig-Holstein hat als Obere Denkmalschutzbehörde den Auftrag, archäologische Denkmäler und Denkmalbereiche zu erhalten, zu erforschen und für den Schutz des kulturellen Erbes in unserem Land zu sorgen.

Schleswig-Holstein kommt aufgrund seiner geografischen Lage zwischen Nord- und Ostsee, Kontinent und Skandinavien eine zentrale kulturgeschichtliche Bedeutung zu. Diese Transitlage spiegelt sich in den archäologischen Denkmälern, den Befunden und Funden wider. So ist die schleswig-holsteinische Archäologie mit vielen Beispielen ein wichtiger Schlüssel zum Verständnis europäischer und skandinavischer Entwicklung und Geschichte.

Der Arbeitsbereich umfasst das Land Schleswig-Holstein (mit Ausnahme des Gebietes der Hansestadt Lübeck) sowie die angrenzenden Seegebiete bis zur Grenze der 12-SM-Zone. Zugleich ist das Archäologische Landesamt Fachaufsichtsbehörde für die unteren Denkmalschutzbehörden in den Kreisen und kreisfreien Städten des Landes.

In den Archiven des Archäologischen Landesamtes befinden sich Informationen zu über 100.000 Fundstellen aus ca. 120.000 Jahren archäologisch belegter Landesgeschichte. Die archäologischen Denkmäler werden in der Archäologischen Landesaufnahme registriert und seit 2001 in ein GIS (Geografisches Informations-System) übertragen. Das Archäologische Landesamt ist als Träger öffentlicher Belange für die Pflege der archäologischen Denkmäler durch geeignete Maßnahmen (Bewuchs-Regelungen, Erosionsreparatur) verantwortlich.

Die Sicherung des Denkmalbestandes erfolgt durch Planungskontrollen und bei akut und chronisch gefährdeten Denkmälern durch wissenschaftliche Ausgrabungen. Zu den Kernaufgaben gehören auch die Erschließung und die Präsentation der Denkmäler sowie die Publikation der Arbeits- und Forschungsergebnisse für Wissenschaft und breite Öffentlichkeit.

Hauptstelle Schleswig: Schloss Annettenhöh

Das Schloss Annettenhöh in Schleswig wird seit seiner Sanierung und Restaurierung von 1991 an als Dienstsitz des Archäologischen Landesamtes genutzt. Das Land Schleswig-Holstein hatte den Besitz Annettenhöh 1985 von der Gräfin Ehrengard zu Rantzau auf Noer gekauft und das Anwesen grundlegend sanieren lassen.

Der Besitz Annettenhöh wurde in den 30er Jahren des 19. Jh. durch Dr. jur. Christian Ulrich Hans Baron von Brockdorff, der 1811 zum Obergerichtsrat und Landrat der Herzogtümer Schleswig und Holstein ernannt worden war, erworben. Er benannte den Besitz nach seiner Gemahlin Annette von Brockdorff, geb. von Lowtzow. Auf den Ländereien befand sich auch ein kleines Gartenhäuschen, das Baron von Brockdorff häufig mit seiner Gemahlin Annette und seinem einzigen Sohn, Ludwig Ulrich Hans, besuchte. Während der Kämpfe im Rahmen des deutsch-dänischen Konfliktes wurde dieses Gartenhaus 1848 zerstört und an seiner Stelle 1864 das Herrenhaus Annettenhöh von Dr. jur. Ludwig Ulrich Hans Freiherr von Brockdorff erbaut.

Heute besitzt das Herrenhaus Annettenhöh mit seinem Ende der 1980er Jahre aufwändig restaurierten Saal einen Veranstaltungsraum für rund 100 Personen. Der Saal wird nicht nur für Dienstbesprechungen, sondern auch für wissenschaftliche Veranstaltungen und Tagungen vielfach genutzt. Im Hauptgebäude befinden sich auch die Büros der Mitarbeiter des Archäologischen Landesamtes. Im benachbarten Gebäude sind Werkstätten und Garagen untergebracht.

Schloss Annettenhöh.   *Foto: copyrightALSH2007.*

Kaj-Uwe Dammann

Er ist aus der Schleswiger Gastronomie- und Veranstaltungsszene eigentlich gar nicht mehr wegzudenken. Fast zwanzig Jahre lang hat Kaj-Uwe das „Patio" geführt. Aber auch mit Projekten wie den Wikingertagen, dem Louisenbad, der Diskothek Ela Ela und seit neuestem der Club Lounge Jazil war oder ist er eng verbunden.

Kaj-Uwe Dammann hat in Schleswig viele Trends gesetzt – und das war nicht immer ganz einfach. „Die Uhren ticken hier anders", weiß der Gastronom aus eigener Erfahrung. Was nur wenige wissen, ist, dass Kaj-Uwe Dammann eigentlich Fahrzeugbauingenieur ist. „Ich habe oft am Scheideweg gestanden. Häufig haben mich die Wissbegierde und auch wirtschaftliche Notwendigkeiten dazu gebracht, neue Wege zu gehen", sagt er.

Kaj-Uwe Dammann wurde am 26.02.1955 in Flensburg geboren. Schon als Junge galt seine Begeisterung der Technik, der monatlich stattfindende Sperrmüll war für ihn eine wahre Fundgrube. Unzählige der alten Volksempfänger, auch „Hitlerschnauzen" genannt, hat er wieder zum Laufen gebracht; sein ganzer Stolz war ein selbstgebauter hausinterner Sender. Zur Technikleidenschaft kam die Begeisterung für Autos hinzu. In Hamburg schrieb er sich für ein Fahrzeugbau-Studium ein, seine „Bastel-Erfahrungen" aus Kindertagen kamen ihm dabei sehr zugute. Nach nur acht Semestern legte Kaj-Uwe Dammann 1982 die Diplomprüfung ab.

Sein Wunsch, als Fahrzeugbauingenieur zu arbeiten, ließ sich allerdings aufgrund der schlechten allgemeinwirtschaftlichen Lage nicht so einfach umsetzen. Nach diversen Aushilfs-Jobs erhielt er schließlich 1983 eine Zusage beim Kraftfahrtbundesamt. Nach eineinhalb Jahren aber war für den Praktiker klar: Der Bürojob war für ihn nicht das Richtige; und so musste er sich neu orientieren.

In Flensburg schrieb er sich an der Pädagogischen Hochschule ein – ein nahe liegender Schritt für den Spross einer Lehrerfamilie. Um sich seinen Lebensunterhalt zu verdienen, eröffnete er 1988 zusammen mit zwei Kommilitonen den ersten Fahrradladen mit Trekkingrädern und Rennrädern in Flensburg. Ein weiteres Standbein während des Studiums war die Tätigkeit in der Gastronomie. Schon seit 1984 hatte er zweimal wöchentlich im Schleswiger „Patio" gejobbt, das damals dem Flensburger Gaststättenbetreiber Jochen Güstrau gehörte.

In fünf Jahren als Servicekraft wuchsen ihm das Patio und das Team ans Herz. Als bekannt wurde, dass das Lokal zum Verkauf stand, musste Kaj-Uwe Dammmann ein

weiteres Mal in seinem Leben eine grundlegende Entscheidung treffen. Am 1.1.1989 übernahm er zusammen mit einer Partnerin das Schleswiger Lokal, das er bis zum 31.12.2007 geführt hat.

Das Patio entwickelte sich schnell zur Szenekneipe, wo man sich traf. Besonderes Flair entstand auch durch die angrenzende Galerie Könning. Hochrangige Künstler und Fernsehteams mischten sich unter die Gäste, die sich im lauschigen Hinterhof tummelten oder einfach auf den Stufen der benachbarten Häuser hockten. „Das Patio schlug ein wie `ne Bombe", erinnert sich Kaj-Uwe Dammann, „wir konnten an die Erfolge unseres Vorgängers anknüpfen und wir haben eine gute wirtschaftliche Lage erwischt". Der wirtschaftliche Umschwung kam 1996 mit dem Weggang der Bundeswehr, 50-prozentige Umsatzverluste rissen tiefe Löcher in die Kasse. Überlegungen, in den alten Ingenieurs-Beruf zurückzugehen, erwiesen sich aber wegen der technischen Veränderungen als unrealistisch. Also beschloss Kaj-Uwe Dammann, sich dem neuen Puls der Zeit anzupassen, Investitionen in Neues - wie einen damals höchst innovativen und kostspieligen Kaffeeautomaten mit Einzelbrühung - gehörten zum Konzept.

1998 ließ Kaj-Uwe Dammann sich auf eine weitere Herausforderung ein: Zusammen mit fünf Partnern übernahm er die Wikingertage. Das Konzept lautete: Weg von der Musik, hin zum Theater. Unter professioneller Regie wurde mit vier ausgebildeten Schauspielern und 100 Laiendarstellern ein hochkarätiges Theaterstück nach dem Vorbild der dänischen Wikingerspiele in Jels auf die Beine gestellt.

In seiner Funktion als Produktionsleiter und als Sohn einer dänischen Mutter gelang es Kaj-Uwe Dammann, die Unterstützung der dänischen Veranstalter zu gewinnen. Zahlreiche Requisiten aus Jels wie das Wikingerschiff, der Königsthron, Kostüme und vieles mehr bereicherten als Leihgabe die Schleswiger Aufführung. Schließlich war alles vorbereitet - und dann kam der große Regen: Am Tag der Premiere standen die Königswiesen vollständig unter Wasser. Mithilfe kommunaler Fahrzeuge, jeder Menge Rindenmulch und Plastikfolie gelang es, die Vorführung trotz allem stattfinden zu lassen.

Mit der Bespielung der Königswiesen wurde eine Idee geboren, die 2008 erfolgreich im Rahmen der Landesgartenschau weiterentwickelt wurde: Die Einrichtung einer Freilichtbühne mit herrlichem Blick auf die Schlei.

2002 war das Jahr eines weiteren Neuanfangs: Mit Tom Zilch übernahm Kaj-Uwe Dammann die Diskothek Ela Ela im Schleswiger Gewerbegebiet St. Jürgen, die ebenfalls mit dem Weggang der Bundeswehr zu kämpfen hatte. Nach einem Umbau wurde die Diskothek in neuem Look zum Erfolg. Alte Gäste kamen wieder und neue kamen hinzu. Der neu installierte Tanzkäfig mit Gogo-Girls war damals der Hit in Städten wie Hamburg und Berlin, in Schleswig eine kleine Sensation.

Dem Trend zu kleineren, intimeren Locations folgend, eröffneten die

Ela-Betreiber im Sommer 2008 zusätzlich die Club-Lounge Jazil und brachten damit wieder mal ein Stück Elb- und Spree-Metropole an die Schlei.

„Wir haben viele Sachen gemacht, die anders und neu waren", sagt Kaj-Uwe Dammann. „Dass ich in meinem Leben aber so viel Neues gemacht habe, lag auch daran, dass viele Wünsche in meinem Leben nicht erfüllt worden sind", resümiert er. Denn nicht Schnelllebigkeit, sondern Beständigkeit ist ihm wichtig. Manchmal träumt er davon, ein Familienunternehmen zu leiten, Traditionen fortzuführen, Historisches zu erhalten und sich auf alte Handwerkskunst rückzubesinnen. Der dänischen Gemütlichkeit und der Familie fühlt er sich eng verbunden, bei großen Familienfesten ist das Haus der Großmutter in Dänemark Dreh- und Angelpunkt des Geschehens. Ein Traum, den er sich gegen sehr viele Widerstände erfüllt hat, steht in Füsing: Der vierhundert Jahre alte Bauernhof, in dem er heute mit seiner Frau Bettina und den Kindern Michel und Kjell lebt, stammt aus Holland. Jeden der 22000 Steine hat er mit den Kumpels aus seiner Handballmannschaft dort abgebaut, verladen und wieder aufgebaut.

„Wenn irgendwann gar nichts mehr geht", sagt Kaj-Uwe Dammann, „bleibt mir immer noch die Möglichkeit, um unser Haus herum eine Manufaktur aufzubauen."

Fahrzeugbauingenieur & Gastronom • Winningmay 2a • 24882 Schaalby/Füsing • Telefon: 04622-2071

Robert Davids

Das erste Haus, das Robert Davids baute, war ein Baumhaus auf dem elterlichen Grundstück in Berend. Heute vereint er als Inhaber und Geschäftsführer der Schleswiger Bauunternehmen Lorenzen und Stadelmann sowie der Dachdeckerei Bothmann drei Traditionshäuser unter einem modernen Dach.

Schon früh interessierte sich der am 16.03.1964 in Schleswig geborene Sohn eines Maurers für handwerkliche Tätigkeiten, besonders Holzarbeiten faszinierten ihn. Nach Abschluss der Bruno Lorenzen Schule begann er deshalb im Januar 1982 eine Zimmerer-Lehre bei der Firma Brodersen, heute Lorenzen. Dem 1947 gegründeten Traditions-Unternehmen, das er von der Pike auf kennen gelernt hat, ist er bis heute treu geblieben. 1983 legte er seine Gesellenprüfung ab, drei Jahre später bestand er die Meisterprüfung. Schon bald übernahm der Zimmerermeister leitende Tätigkeiten auf den Baustellen. Als der Wunsch nach Selbständigkeit wuchs, wandte er sich deshalb nicht etwa vom Unternehmen ab, sondern machte dem Geschäftsinhaber Günther Lorenzen den Vorschlag, sich an der Firma zu beteiligen.

1997 wurde das Unternehmen in eine GmbH umgewandelt, an der Robert Davids zu 50 Prozent beteiligt war. Als Günther Lorenzen am 01.01.1999 aus der Firma ausschied, übernahm Ellen Davids die zweite Hälfte der Anteile. Solidität und Qualität sind Werte, die Robert Davids besonders wichtig sind und die auch von der 35 Mann starken Crew aus Zimmerleuten, Maurern, Bautischlern und Bürofachkräften gelebt werden.

Bauten für die NOSPA mit dem Tonnendach am Capitolplatz, die Kreisfeuerwehrzentrale, das Verwaltungsgebäude der VR-Bank oder der Ausbau des Kreuzstalls im Schloß Gottorf sind nur einige der Projekte, die die Firma Lorenzen durchgeführt hat.

Mit der Firma Stadelmann hat Robert Davids am 01.01.2008 ein zweites Traditionsunternehmen übernommen. Das Bauunternehmen wurde bereits 1924 gegründet und führt seit über 80 Jahren Arbeiten im Hoch- und Tiefbau aus. Zu den Vertragspartnern gehören neben der Stadt und den Schleswiger Stadtwerken die EON-Hanse, die Telekom, LEG, GMSH, Gewoba, verschiedene Landes- und Kreisbauämter sowie Architekten- und Ingenieurbüros und auch private Kunden.

Mit der Dachdeckerei Heinrich Bothmann ist 2009 ein weiteres starkes Unternehmen in den Verbund gekommen. „Die Pflege von Tradition und Qualität, das gepflegte Erscheinungsbild und das Auftreten der Handwerker in einheitlicher Kluft passten zu meiner Einstellung zum Handwerk", sagt Robert Davids. Sein kaufmännisches Wissen hat er sich selbst erarbeitet, und auch wenn er als Geschäftsführer gleich dreier Unternehmen viel Zeit am Schreibtisch verbringt, ist er so oft wie möglich auf der Baustelle. „Ich möchte die Praxis weiter verfolgen, zudem ergeben sich auf der Baustelle ganz andere Gespräche als im Büro", sagt der Chef, dem der Kontakt zu seinen insgesamt

65 Mitarbeitern wichtig ist. Tradition – Handwerk – Stärke sind die drei Pfeiler, auf denen das Unternehmen aufbaut. Bodenständigkeit, eine klare Linie, laufende Fortbildungen und der solide Kontakt zum Kunden bestimmen das Handeln von Robert Davids. Entscheidend ist für ihn auch seine Verwurzelung in der Heimat. Er schätzt die Begegnungen mit Freunden aus Kindertagen und die Zuverlässigkeit der Menschen dieser Region. „Hier gilt noch das gesprochene Wort", weiß der Kaufmann. Auch außerhalb der Firma übernimmt Robert Davids deshalb Verantwortung für die Region: So ist er seit Sommer 2000 Aufsichtsratsmitglied der Team AG und bis Januar 2009 war er Sicherheitsbeauftragter der Feuerwehr Berend.

Sein Berufsethos, den Anspruch an Qualität und die Traditionen des Handwerks gibt er als Obermeister der Schleswiger Bauinnung an die nachfolgenden Generationen weiter, seit Herbst 2008 ist er außerdem stellvertretender Kreishandwerksmeister.

Wichtige Beraterin in privaten, aber auch beruflichen Fragen ist seine Frau Ellen, die ihm als gelernte Bankkauffrau eine kompetente Partnerin ist. Die Führung der drei Betriebe lässt beiden wenig Zeit zum Luftholen, doch wenn es die Zeit zulässt, tauchen die beiden auch mal gemeinsam ab. Das im wahrsten Wortsinne, denn über den Tauchsport haben sie sich kennen gelernt, Robert Davids ist Gründungsmitglied des Tauchsportclubs „Krabbe". Farbenpracht und Artenvielfalt sind besonders in Tauchgebieten wie dem Roten Meer faszinierend, aber auch in den heimischen Gewässern wie an der Eckernförder Bucht gibt es Heringe, Seenadeln oder Seehasen zu bestaunen. Auch die Kinder Marcel und Myrna genießen die gemeinsamen Ausflüge und auch beruflich gibt es Gemeinsamkeiten: Im Herbst beginnt Tochter Myrna ihre Lehre im Unternehmen.

Inhaber & Geschäftsführer • Bauunternehmen Lorenzen • Bauunternehmen Stadelmann • Dachdeckerei Heinrich Bothmann • Margarethenwallstraße 10-12 • 24837 Schleswig • Telefon: 04621-48530 • www.lorenzen-bauunternehmen.de

Peter Dernehl

„Ich habe schon als 13-Jähriger mit meinem Freund Hans-Jürgen Michelsen in Schaalby angefangen Gitarre zu spielen", sagt Peter Dernehl, Gründungsmitglied und Band Leader von Conventional Sound. 1962 war der am 05.10.1949 in Hamburg geborene Sohn eines Handelsvertreters nach Schaalby gekommen, nachdem er einen Großteil seiner Kindheit in Krefeld verbracht hatte. Den anfänglichen Schock des Wechsels von der Großstadt aufs Land überwand er mithilfe seiner, von der Mutter gestifteten, E-Gitarre. Über die Schule lernte er schnell neue Freunde kennen, die seine Leidenschaft zur Musik teilten. Zusammen mit seinem Schaalbyer Freund Hans-Jürgen, dem Bassisten Bernd Mielewski und einem Schlagzeuger war bald eine Vier-Mann-Band gegründet. Geübt wurde in der Garage von Hans-Jürgens Eltern, bis der „Sheriff" kam. Ihren ersten Auftritt hatte die Schülerband mit dem heldenhaften Namen „The Knights" im Dorfkrug in Schaalby, zahlreiche kleinere Auftritt u.a. im Musikkeller des Prinzenpalais schlossen sich an. Mit dem Beitritt von Sänger Holger Lehmann benannte sich die Band 1965 in „Conventional Sound" um, es folgten größere Auftritte in zahlreichen Orten. Der durch den Kreisjugendring veranstaltete Jugendtanz im Hotel Hohenzollern bot gute Auftrittsmöglichkeiten, ebenso das „Lido" in der damaligen Schleihalle.

Trotz seiner Begeisterung für die Musik ist das Band-Dasein stets zeitintensives Hobby geblieben. Im „wirklichen" Leben ist Peter Dernehl Berufsschullehrer für Kfz-Mechatroniker. Nach dem Besuch der Schleswiger Bruno Lorenzen Schule absolvierte er zunächst eine Lehre als Kfz-Mechaniker und arbeitete anschließend als Flugzeugmechaniker auf dem Flugplatz Jagel, zwei Jahre verbrachte er mit seiner Einheit auf Sylt. Schon während der Bundeswehr-Zeit war Peter Dernehl als Ausbilder und Fachlehrer tätig gewesen. 1974 begann er deshalb in Kiel ein Technikerstudium für Maschinenbau, mit dem Ziel Berufsschullehrer zu werden. Seit dem 01.02.1977 unterrichtet er an der Kreisberufsschule, heute Berufsbildungszentrum, in Schleswig.

Obgleich „Conventional Sound" sich 1969 wegen der unterschiedlichen beruflichen Wege aufgelöst hatte, blieb der Kontakt der Musiker über die Jahre erhalten. Zwanzig Jahre später traf sich die Band anlässlich eines Revival-Konzertes in leicht veränderter Besetzung in der Schleswiger Diskothek Ela Ela wieder. Zu den drei Altmitgliedern Peter Dernehl, Bernd Mielewski und Holger Lehmann kamen Hans-Jürgen Paulsen als Solo-Gitarrist und Thomas Kalinowski am Schlagzeug hinzu.

Das Revival-Konzert schlug ein wie der Blitz. „Wir waren schon vor dem Auftritt völlig nass geschwitzt und während des Konzerts spielten wir vor lauter Aufregung so schnell, dass wir Zwei-Minuten-Stücke in 1´30 schafften", lacht Peter Dernehl. Das flotte Tempo scheint niemanden gestört zu haben, zum Tanzen war im randvollen Raum sowieso kein Platz und das Publikum war hellauf begeistert. Kurz nach diesem fulminanten Auftritt folgte ein weiteres Konzert im Kasino des Schlei-Klinikums und spätestens nach der Silvesterfeier im Ela Ela war klar: Conventional Sound ist wieder da.

1990 kam der erste Auftritt bei „Swinging City" in Schleswig, seitdem ist kein Jahr vergangen, in dem Conventional Sound nicht fest zum Programm dieses mittlerweile weit über die Grenzen Schleswigs hinaus bekannten Musikevents gehört hätte. Zu den Highlights gehören die durch die Gruppe organisierten Oldie-Nights im Hotel Ruhekrug. Immer wieder gelingt es der Band, das Publikum mit seiner Mischung aus Oldies, Pop & Rock zu begeistern, unfehlbar im Programm der Klassiker „Pretty Woman". Aus Anlass der 25. Schleswiger Oldie Night wurde die Band vom Bürgermeister der Stadt Schleswig für ihre Verdienste um das Kulturleben ausgezeichnet. Es ist aber eine andere der mittlerweile 33 Musiknächte, die Peter Dernehl in besonderer Erinnerung geblieben ist. Während eines Konzerts auf der Oldie Night 1999 sprang der Funke zwischen Bühne und Publikum ganz besonders über: Jedenfalls zwischen dem Bandleader und seiner heutigen Frau. „Ich war mit Freunden auf dem Konzert, als ich Peter auf der Bühne sah. Als die Band „Pretty Woman" spielte, hatte ich alles um mich herum vergessen", erzählt Martina Dernehl und der Funke strahlt noch immer aus ihren Augen. Nach einem gemeinsamen Drink an der Bar waren die Anstrengungen des Konzerts bei Peter Dernehl wie weggeblasen, Martina stellte als zweifache Mutter schnell klar: „Alleine kriegst Du mich nicht" und alles andere ergab sich wie von selbst. Am 06. August 2002 um 16.30 Uhr Ortszeit heirateten beide in Las Vegas, zur Patchwork-Familie gehören Tochter Corinna aus Peters erster Ehe sowie Ann-Kathrin und Jörn.

Im Sommer 2009 geht Peter Dernehl in den Vorruhestand. Langweilig wird ihm sicher nicht, denn seit März 2008 ist er Vorsitzender des Schleswiger Musikclubs. Mit 12-15 Veranstaltungen im Jahr gibt es neben zahlreichen administrativen Aufgaben jede Menge zu organisieren. Zudem hat sich der neue Mann an der Spitze das ehrgeizige Ziel gesetzt, neben dem Schwerpunkt Jazz verstärkt die Musikrichtungen Rock, Blues und Folk ins Programm aufzunehmen. Außerdem hat Amerika-Fan Peter Dernehl zahlreiche Reisen geplant, natürlich nur in Begleitung seiner Pretty Woman.

Berufsschullehrer und Bandleader • Dorfstraße 50a • 24879 Idstedt • Telefon: 04625-189648

Conventional Sound

Conventional Sound gehört zu Schleswigs Musikszene wie die Heringe in die Schlei. Seit nunmehr 20 Jahren stehen die fünf Vollblut-Musiker wieder ununterbrochen live auf der Bühne und sorgen immer wieder für ausverkaufte Hallen. In traditioneller Besetzung mit Solo-, Bass-, Rhythmusgitarre, Schlagzeug und Satzgesang präsentieren sie dem begeisterten Publikum Pop, Rock, Oldies und Evergreens vom Feinsten. Wer sich für „ I saw her standing there" begeistert, bei „California Blue" träumt, nach den Hits der Searchers, CCR und Status Q ausgelassen tanzen will, der ist richtig bei Conventional Sound. Mit ihrem unverwechselbaren Beat lassen sie die Erinnerungen an die damaligen Tanztees, die erste Freundin oder den ersten Freund, Lebensfreude und Liebesleid Revue passieren.

Mit dem Opener „Pretty Woman" beginnt eine musikalische Zeitreise durch die „ Roaring Sixties" bis in die heutige Zeit und lädt zum Träumen, Tanzen und Abrocken ein. „Von der Schüler- zur Rentnerband" betitelt Bandleader Peter Dernehl spaßhaft die jahrzehntelange Bandgeschichte. Schon vor 45 Jahren wurde Conventional Sound 1964 als Schülerband gegründet. Als „The Knights" hatte die Band um Peter Dernehl und Hans-Jürgen Michelsen ihren ersten Auftritt im Dorfkrug in Schaalby, 1965 kam Sänger Holger Lehmann dazu und es folgten größere Auftritte in Sörup, Treia und anderen Orten. Im Hotel Hohenzollern, der Schleihalle und dem Lido spielte Conventional Sound zum Tanz. Aufgrund der verschiedenen beruflichen Wege der Bandmitglieder wurde die Gruppe 1969 aufgelöst, der Kontakt untereinander blieb jedoch bestehen. 1988 hatten dann Schaufi Wegener und Larry Woggan von den legendären „Beatniks" die Idee, alle alten Schleswiger Bands zusammenzutrommeln und ein Revival-Konzert zu veranstalten. Natürlich durfte Conventional Sound bei dieser Veranstaltung nicht fehlen. Zu den drei Altmitgliedern Peter Dernehl, Bernd Mielewski und Holger Lehmann kamen Hans-Jürgen Paulsen als Solo-Gitarrist und Thomas Kalinowski am Schlagzeug hinzu. Das Konzert in der Schleswiger Diskothek Ela-Ela war ein solcher Erfolg, dass wenig später ein zweiter Auftritt folgte. Schnell war der Virus auf alle Bandmitglieder übergesprungen und spätestens nach der Silvesterfeier im Ela-Ela war klar: Conventional Sound ist wieder da. 1990 kam dann der erste Auftritt bei „Swinging City" in Schleswig, seitdem ist kein Jahr vergangen, in dem Conventional Sound nicht fest zum Programm dieses mittlerweile weit über die Grenzen Schleswigs hinaus bekannten Musikevents gehört hätte.

Zu den Highlights gehören auch die durch die Gruppe organisierten Oldie-Nights im Hotel Ruhekrug. Aus Anlass der 25. Schleswiger Oldie Night wurde Conventional Sound vom Bürgermeister der Stadt Schleswig für die Verdienste um das Schleswiger

Kulturleben ausgezeichnet. Eine weitere Auszeichnung erhielt die Band für ihr soziales Engagement mit dem Sozialpreis der Stadt Schleswig 2003. Die größte Auszeichnung aber bleibt die Begeisterung des Publikums. Seit 1998 gibt es sogar einen offiziellen „CS-Fan-Club". Conventional Sound, das sind heute: Peter Dernehl (E-Gitarre und Percussion), Holger Lehmann (Lead Vocal und Akustikgitarre), Bernd Mielewski (Bass und Vocal), Hans- Jürgen Paulsen (Lead Gitarre und Vocal), Wilfried Seewald (Drums und Vocal). Auch auf CD ist Conventional Sound zu hören. Bisher sind 3 CDs veröffentlicht: Conventional Sound Live No.1 (ausverkauft), Conventional Sound Live ha(e)ftig, Conventional Sound Live No.3.

Conventional Sound • Telefon: 04625-189648 • www.conventional-sound.de

Monika und Karl Josef Esch

Wenn rheinischer Frohsinn und Pellwormer Charme in Schleswig aufeinander treffen, kann nur Gutes dabei herauskommen. Es hat ein bisschen gedauert, bis Monika und Karl Josef Esch sich gefunden haben, doch heute sind die beiden Gastronomen ein perfektes Team und bereichern den Schleswiger Stadthafen nicht nur in kulinarischer Hinsicht.

Karl Josef Esch wurde am 19.10.1953 in Aachen als Sohn eines Gärtnermeisters und einer Floristin geboren. Die Freude am Umgang mit Menschen liegt dem Rheinländer im Blut und noch heute schwärmt er von den Sonntagen, an denen er gemeinsam mit dem Vater am Aachener Dom Blumen verkaufte.

Nach dem Volksschulabschluss begann der 14–Jährige eine Ausbildung zum Einzelhandelskaufmann. Den ersten Schritt an die Küste tat der Rheinländer 1972, als er zur Bundeswehr nach Eckernförde ging. Seine Begeisterung für Technik, die er schon als Junge verspürt hatte, konnte er während der Bundeswehrzeit für eine Umschulung zum Flugzeugmechaniker einsetzen. Während seines sechsjährigen Dienstes beim Marinefliegergeschwader in Jagel lernte er seine erste Frau kennen. Den 29. Juni 1978 hat Karl Josef Esch in besonderer Erinnerung, denn dieser Tag war der letzte seiner Bundeswehrzeit und der erste im Leben seines Sohnes Michael. Die nächsten Stationen seines Berufslebens waren die Firma Eugen Hein, die Hochdruckreiniger in Kropp produzierte, und die Eisfabrik in Ellingstedt. Als seine erste Ehe 1988 auseinander ging, zog Karl Josef Esch von Ellingstedt nach Schleswig, wo er zunächst im Straßenbau und dann zehn Jahre lang beim Bau- und Gartenmaschinenverleih Udo Petersen tätig war. In Schleswig lernte er seine heutige Frau Monika kennen, 1995 wurde geheiratet. Die gebürtige Pellwormerin brachte mit drei Kindern jede Menge Schwung in sein Leben. Neben der Liebe verband die beiden eine weitere Leidenschaft: die Gastronomie. Monika Esch hatte schon in Husum Gastronomie-Erfahrungen gesammelt und in Schleswig jahrelang das „Freizeitheim" am Kattenhunder Weg geführt. Und auch für Karl Josef Esch war die Branche bekanntes Terrain, denn seine Mutter hatte über 20 Jahre lang eine Gaststätte in Aachen geführt.

So fiel die Entscheidung den beiden nicht schwer, 1997 den Verkaufswagen Holm-Fisch am Hafen zu übernehmen. 2003 wurde aus dem Verkaufswagen ein Container und seit 2007 ist „Esch am Hafen" ein geschmackvolles Bistro für Fisch und Meeresfrüchte, das Einheimische und Gäste gleichermaßen anzieht. Bis heute ist neben den Fischbrötchen der „Krabbenschmaus" höchst begehrt. Für das Bratkartoffel-Rührei-Gericht mit Krabben kommen die Gäste selbst aus Eckernförde und Flensburg an die Schlei. Statt den Farben Blau und Weiß bestimmt nun ein warmes Terrakotta das Ambiente, angenehme Atmosphäre und gemütliche Sitzgelegenheiten laden zum Verweilen ein. Im Bistro ist heute ein ausgebildeter Koch für die Küche verantwortlich,

doch zuhause schwingt Karl Josef Esch weiter den Kochlöffel. Natürlich kommt Fisch regelmäßig auf den Teller, aber auch Lamm oder Aufläufe gehören auf den privaten Speisezettel.

Bei sieben Tagen Arbeit in der Woche bleibt wenig Freizeit. Ein gemütlicher Spaziergang gilt da schon als Luxus, doch selbst auf der Promenade in Eckernförde trifft der Gastronom zahlreiche Bekannte. In der kurzen Winterpause genießen Monika und Karl Josef Esch die Sonne auf Gran Canaria – und das am liebsten im Kreise der ganzen Familie. Dann kommen sie aus allen Himmelsrichtungen: Der Bruder aus Aachen samt Frau und Sohn, Sohn Michael, Sohn Frieso, die Töchter Marion und Regina und natürlich Enkelkind Erik Linus. Doch selbst auf der Kanareninsel hat Karl Josef Esch schon Bekannte aus Schleswig getroffen. Man kennt ihn eben: In Aachen als Jupp, in Schleswig als Kalle und auf Gran Canaria als Carlo.

Zukünftig wollen die Eschs nur noch fünf Tage selbst im Betrieb arbeiten, dafür hat Karl Josef Esch aber schon das nächste Projekt: Zusammen mit Gastronom Uwe Lüth organisiert er in der Sommersaison regelmäßig Comedy- und Musikveranstaltungen. „Wir wollten den Schwung der Landesgartenschau erhalten – und wenn die Stadt das nicht macht, dann nehmen eben wir das in die Hände", sagt er. Kein Zweifel: Da weht frischer Wind durch den Schleswiger Hafen.

Esch am Hafen • Am Schleswiger Stadthafen • 24837 Schleswig • Telefon: 04621-290207

Jürgen Fischer

Er ist erster Ältermann der Holmer Beliebung, er lebt in der einstigen Fischersiedlung auf dem Holm, aber - obgleich sein Name es vermuten ließe - Fischer ist er nicht. Jürgen Fischer ist Beamter am Schleswiger Amtsgericht.

Der einzige Sohn eines Fischers wurde am 21.07.1948 auf dem Holm vor Schleswig geboren. Seine Kindheit hat er in bester Erinnerung. „Wir waren damals viele Kinder, von morgens bis abends spielten wir draußen", erzählt er. Besonderer Beliebtheit erfreute sich damals der große Netzetrockenplatz neben dem St. Johanniskloster. An hölzernen Pfählen hingen dort die Wadennetze der Fischer in langen Reihen zum Trocknen und boten ideale Möglichkeiten zum Herumtollen und Versteckspielen.

Ab und an durfte Jürgen Fischer seinen Vater zur Wadenfischerei begleiten. „Das waren sehr aufregende Erlebnisse, wenn wir nachts gemeinsam rausfuhren", erinnert er sich.

Auf der damals regelmäßig zugefrorenen Schlei legte er einen Teil seines Schulwegs auf Schlittschuhen zurück, mit einem kleinen Kahn ruderte er zum Haddebyer Noor. Die dort gesammelten Rohrkolben wurden gegen ein kleines Taschengeld an ein Blumengeschäft verkauft. Trotz dieser romantischen Seiten des Lebens am und mit dem Wasser waren die aus Berlin stammende Mutter, aber auch der Vater sich einig, dass Jürgen Fischer das vor allem unter wirtschaftlichen Aspekten immer schwieriger werdende Fischerei-Handwerk nicht weiterführen sollte. Nach dem Erreichen der Mittleren Reife und einem Jahr Höherer Handelsschule schlug Jürgen Fischer den Weg zum Rechtspflegeranwärter am Amtsgericht ein. Darauf aufbauend absolvierte er in Hildesheim und Flensburg das Fachhochschulstudium. Nach dem Examen 1974 war er zunächst sechs Jahre lang als Rechtspfleger bei der Staatsanwaltschaft in Flensburg tätig. Für den Holmer, der seit seinem 21. Lebensjahr Mitglied der Holmer Beliebung ist, blieb allerdings immer klar: Er wollte zurück nach Schleswig.

1980 wurde seinem Versetzungsgesuch entsprochen, seitdem ist er am Schleswiger Amtsgericht tätig.

Zwei Jahre später lernte er in Schleswig seine heutige Frau Kirsten kennen, die er im Oktober 1986 heiratete. Zusammen mit den drei Kindern Jan-Erik, Lisa, und Viola lebt die Familie heute im Haus der Großeltern auf dem Süderholm. Während sich vorne die Touristen mit Blick auf das Klingelschild fragen, wie so viele Personen in dem nur sechs Meter breiten Häuschen leben können, genießen Kirsten und Jürgen

Fischer ihren Kaffee im modernen Hinterhaus. Am Ende des zwar schmalen, aber langen Grundstücks, das sich bis ans Ufer der Schlei erstreckt, ragt ein Holzsteg direkt ins Wasser. Darauf bietet ein Strandkorb den idealen Ort für Muße. „In stillen Stunden denkt man schon noch an früher, an die Fischerei und das ganz besondere Gefühl der Freiheit und Naturverbundenheit, das dazu gehört", erzählt Jürgen Fischer. Jedes Jahr Ende Februar geht sein Blick auf die Schlei. Wenn das Wasser anfängt zu sprudeln, dann sind die Heringe da, weiß er.

Rechtspfleger • und 1. Ältermann Holmer Beliebung • Süderholm 42 • 24837 Schleswig • Telefon: 04621-23396

Die Holmer Beliebung

„Die vorzüglich kräftigen Menschen, welche ausschließlich Fischerei betreiben, weichen in ihren Beschäftigungen, ihren Sitten und ihrer Lebensweise von den übrigen Bewohnern der Stadt ab. Sie bilden nicht nur durch ihre zünftige Verfassung, sondern auch durch ihre Privatverhältnisse einen ganz abgeschlossenen Verein …" So hieß es einst in einer Beschreibung über die Holmer.

Inzwischen hat sich vieles verändert Es gibt zwar immer noch Fischer und die Fischerzunft auf dem Holm; es gibt aber darüber hinaus eine Bevölkerungsstruktur, die im Vergleich zum übrigen Teil der Stadt Schleswig, was die Vielfältigkeit der ausgeübten Berufe angeht, nicht auffällig abweicht. Sie weicht aber sehr wohl ab durch die geschlossene Wohnlage und gepflegte Traditionen, insbesondere in der seit 1650 bestehenden Holmer Beliebung.

Das Gründungsjahr 1650 lag zwei Jahre nach dem Ende des Dreißigjährigen Krieges. Während und nach dieser Katastrophe wurde auch Schleswig durch herumziehende Truppen und deren Gefolge zu einem unsicheren und lebensgefährlichen Ort. Diese Menschen brachten Seuchen in die Stadt, die sich durch die schlimmen hygienischen Verhältnisse der damaligen Zeit schnell verbreiteten. Entsetzliche Höhepunkte dieser Jahre und Jahrzehnte waren mehrere Pestepidemien, die unzählige Todesopfer forderten.

Die - wie es in alten Überlieferungen heißt - „giftige Seuche der Pestilenz" hatte dermaßen um sich gegriffen, dass christliche und damit nach damaliger Auffassung „ehrliche" Begräbnisse kaum noch möglich waren. Die vielen Toten wurden zumeist nachts schnell und lieblos verscharrt. Gegenseitiger Beistand und Nachbarschaftshilfe drohten in Vergessenheit zu geraten.

Vor diesem Hintergrund fanden sich auf dem Holm und anderen Schleswiger Wohnquartieren Männer „aus freiem Belieben" - also ohne Anordnung der „Obrigkeit" - zusammen, um den traurigen Zuständen zu begegnen, den Verstorbenen ein ehrbares und christliches Begräbnis sowie den Angehörigen Hilfe und Anteilnahme zu gewähren.

Rechtlich sind die Beliebungen heute „Kleine Versicherungsvereine auf Gegenseitigkeit". Aus dem bürgerschaftlichen Leben der Stadt Schleswig ist die Holmer Beliebung auch im 21. Jahrhundert nicht wegzudenken.

Eine lebende und aktive Gilde wie die Holmer Beliebung, deren Mittelpunkt der in ihrem Eigentum stehende Holmer Friedhof ist, fördert nachbarschaftliches Denken und Solidarität in unnachahmlicher Weise. In der Beliebung wird generationsübergreifend von den Alten gefordert, dass sie den Jungen Hilfe und Unterstützung geben, während die Jungen Verantwortung und Pflichten zu übernehmen haben.

In einer immer kleiner werdenden Welt ist für die Holmerinnen und Holmer schön, aber auch verpflichtend, dass es ihre Beliebung gibt, die einen festen Platz in ihrem Leben hat.

Uta Fölster

„Unser oberster Richter – wieder ein Frau", titelten die Schleswiger Nachrichten im Januar 2008 nach der Wahl von Uta Fölster zur neuen Präsidentin des Oberlandesgerichts in Schleswig.

„Ich habe durch die Frauenrolle nie Nachteile zu spüren bekommen", sagt die große, gut aussehende Frau mit dem offenen, selbstbewussten Blick. Gegen den anfänglichen Protest des Vaters hatte die am 09.02.1956 geborene Bauerntochter aus Aukrug nach dem Abitur ein Jura-Studium in Kiel absolviert – und anschließend eine steile Karriere in der Berliner Justiz hingelegt.

Für die Rolle der erfolgreichen Frau hatte sie dort gleich zwei Vorbilder: Jutta Limbach, die Uta Fölster 1991 zur Pressesprecherin der Berliner Justiz machte, und Lore Maria Peschel-Gutzeit, Nachfolgerin von Limbach als Justizsenatorin. „Beide hielten uns immer vor Augen, dass die Gleichberechtigung erst durch die Generation vor uns erkämpft wurde und mahnten uns, darauf zu achten, dass diese Entwicklung weitergehe", erinnert sich Uta Fölster an eine Zeit, in der ein „ich kann das nicht" keine Geltung hatte.

Anzupacken hatte die Schleswig-Holsteinerin schon während ihrer Kindheit auf dem Lande gelernt. „Beim Kartoffelsammeln entwickelten wir wahren Ehrgeiz; denn mein Vater fuhr mit dem Auto voraus und darin spielte das Radio, das wir so gerne hörten. Wir setzten alles daran, schnell hinterher zu kommen", erzählt sie. Als ihr Vater als CDU-Kreis- und Landtagsabgeordneter in die Politik ging, war es die Mutter, die allmorgendlich zum Kühe melken rausging, bevor sie den vier Kindern das Frühstück machte und sie auf den Schulweg schickte.

Der Eintritt ins Gymnasium bedeutete für das Mädchen vom Lande den ersten Schritt aus dem gewohnten Umfeld heraus. „Neumünster war für mich damals die Großstadt und ich war fasziniert von der Ordnung, die im Vergleich zum elterlichen Bauernhof in der Wohnung einer Freundin herrschte", erinnert sich Uta Fölster. Vergnügt zeigt sie ihr aufgeräumtes Büro, das ganz klar bekundet: Ein ausgeprägter Ordnungssinn ist der Richterin bis heute geblieben.

Die Entscheidung für das Gerichtswesen war keinesfalls zwangsläufig gewesen. „Ich wollte einfach etwas machen, was man uns in der Schule bis dahin nicht beigebracht hatte. Und zu Beginn erschienen mir die Vorlesungen doch etwas befremdlich, zum Beispiel als man uns beibrachte, wie viele Verträge durch das bloße Kaufen der

Morgenzeitung geschlossen werden", berichtet sie von den Kieler Anfängen. Umso mehr genoss sie das Studentendasein in der zweiten Großstadt ihres Lebens.

Nach dem 2. Staatsexamen 1983 wagte sie den großen Sprung in die Metropole Berlin – und gewann. Nach dreijähriger Tätigkeit in der Berliner Justiz wurde sie schließlich zur Richterin auf Lebenszeit ernannt. Die ersten Jahre sieht sie nicht unkritisch: „Man sitzt als junger Mensch ganz alleine da und wird mit Lebenssachverhalten konfrontiert, die man nur aus Büchern kennt", erinnert sie sich an die Last der ersten Strafgerichtsfälle, die sie zu entscheiden hatte.

Etwas unvorbereitet trafen sie auch die historischen Ereignisse an ihrem ersten Tag als Pressesprecherin. „Es war furchtbar", lacht sie heute, „ein Journalist der Bildzeitung rief an und sagte, er habe gehört, dass Honecker auf dem Weg nach Moskau sei. Und ich saß allein in meinem Büro mit zwei Telefonen", beschreibt sie die turbulente Situation um die Flucht des Ex-DDR-Staatschefs in die chilenische Botschaft. Irgendwie hat sie diesen Tag gemeistert – und auch alle darauf folgenden Herausforderungen. 1996 holte Jutta Limbach sie an das Bundesverfassungsgericht nach

Karlsruhe. Dort beackerte sie als erste Sprecherin überhaupt das Feld der Pressearbeit und gab den bis dahin Laien einigermaßen unverständlichen Pressemitteilungen eine eher umgangssprachliche Prägung.

Menschen zuzuhören und ihnen einfach und verständlich zu antworten, ist eine der Stärken von Uta Fölster. „Ich denke, der vielfache Umgang mit Nichtjuristen hat mich vor dem Abgleiten in die Juristensprache bewahrt", sagt sie. Bodenhaftung ist ihr wichtig und noch heute pflegt sie engen Kontakt zu ihrer Familie und genießt den Anblick der gelben Rapsfelder. „Heimat ist das wiederzusehen, was man kennt", definiert sie. Mit der Berufung an das Schleswiger Oberlandesgericht ist ihr Wunsch, eines Tages nach Schleswig-Holstein zurückzukehren, erfüllt worden. „Ich bin ein Glückskind", sagt sie, „ich habe mich mit allem, was ich gemacht habe, immer wohlgefühlt". Dennoch weiß sie: Im Leben geht es rauf und runter, damit müsse sie umgehen, genauso wie mit ihrem unerfüllten Kinderwunsch, gibt sie unumwunden zu.

Für den Erfolg in ihrem Leben nennt sie drei Dinge: Selbstbewusstsein, glückliche Umstände und Netzwerke. Der Umgang mit Menschen, der vertrauensvolle Austausch und das Verständnis für die Probleme fremder Welten bedeuten ihr viel. Die Mitgliedschaft u.a. im Gottorfer Rotary-Club und auch im landesweiten Behördenleiterinnen-Kreis sind ihr deshalb wichtig.

In ihrem Leben hat Uta Fölster schon oft Neuland betreten; wo immer sie war, hat sie einiges in Bewegung gebracht. Jetzt ist sie in Schleswig angekommen. Innerhalb der Justiz setzt sie sich für das Projekt der Selbstverwaltung ein und auch für ihre neue Heimat sieht sie noch viel Potenzial, zum Beispiel in der Möglichkeit gemeinsamer Veranstaltungen von Kirche und Justiz.

Zeit, Berlin zu vermissen, hat sie kaum, allerdings wünscht sie sich mehr Möglichkeiten für einen gemütlichen Kaffee am Ufer der Schlei, so wie sie diese früher in Berlin an der Spree gerne genossen hat. Die Currywurst in der Kantine des OLG schmeckt aber ebenso gut wie die am Potsdamer Platz, fügt sie schmunzelnd hinzu, als sie ihren Mantel überzieht, um vor der Tür eine Zigarette zu rauchen.

Präsidentin des Schleswig-Holsteinischen Oberlandesgerichts • Gottorfstraße 2 • 24837 Schleswig • Telefon: 04621-861298

Schleswig und die Gerichtsbarkeit

Nachdem die Herzogtümer Schleswig und Holstein preußische Provinz geworden waren, wurde die Stadt Schleswig durch Erlass vom 20. Juni 1868 zum Sitz des Oberpräsidenten und des Regierungspräsidenten bestimmt. Mit Genehmigung Wilhelms I. wurde 1875 mit Planung und Bau eines repräsentativen Backsteinbaus begonnen.

Nach Ende des zweiten Weltkrieges wurde die gesamte Landesregierung nach Kiel verlegt. Als Ausgleich für die Stadt Schleswig wolle man „Wege finden, vornehmlich wieder Behörden von besonderer Bedeutung nach Schleswig zu verlegen", schrieb Ende 1946 der stellvertretende Ministerpräsident Hermann Lüdemann an den damaligen Schleswiger Bürgermeister Hermann Clausen.

Am Ende dieser Bemühungen stand neben der Verlegung der Landesmuseen auch der Umzug des Oberlandesgerichts von Kiel nach Schleswig.

Oberlandesgericht

Das Oberlandesgericht in Schleswig

„Roter Elefant" nennen die Schleswiger den markanten Bau in der Gottorfstraße 2. Darüber, wie der heutige Sitz des Oberlandesgerichts zu diesem Namen gekommen ist, gibt es unterschiedliche Interpretationen. Von Beginn an stand das Gebäude wegen seiner Ausmaße und opulenten Gestaltung in der Kritik.

Das Oberlandesgericht ist unter anderem zuständig für Berufungsverfahren in Zivil- und Familiensachen.

Zur Zeit sind in Schleswig 155 Mitarbeiter beschäftigt, davon 54 Richterinnen und Richter. Das Oberlandesgericht verfügt über 16 Zivilsenate und 2 Strafsenate. Im Jahr 2008 sind rund 1.600 Berufungen in Zivilstreitigkeiten und rund 1.100 Berufungen in Familiensachen eingegangen. Heute sind in Schleswig neben dem Generalstaatsanwalt auch das Landesverfassungsgericht, das Oberverwaltungs- und das Verwaltungsgericht, das Landessozial- und das Sozialgericht sowie das Amtsgericht Schleswig angesiedelt.

Die „Schleswiger Gesellschaft Justiz und Kultur e.V."

Kultur und Justiz haben in Schleswig ihren festen Platz.

Die „Schleswiger Gesellschaft Justiz und Kultur e.V." hat es sich zum Ziel gesetzt, diese beiden Elemente zu verbinden. Der Verein wurde am 23. Januar 1998 von 11 Richterinnen und Richtern sowie Bürgerinnen und Bürgern aus Schleswig gegründet. Neben Ausstellungen sind es in erster Linie literarische Lesungen, die ein immer größer werdendes Publikum anziehen. Vor allem aufgrund der Initiative der ehemaligen OLG-Präsidentin Konstanze Görres-Ohde konnten schon namhafte Autoren wie Richard von Weizsäcker, Elke Heidenreich oder Günter Grass im „Roten Elefanten" begrüßt werden.

Auf diese Weise werden der prachtvolle Plenarsaal und die langen Flure einem breiten Publikum geöffnet und der Bevölkerung ein neuer Zugang zur Justiz und den dort tätigen Menschen eröffnet.

Gerd, Bernd und Thomas Forck

Das Schuhhaus Forck gehört mit seiner beinahe 75-jährigen Geschichte zu den wenigen Traditionsbetrieben, die das Stadtbild Schleswigs beleben.

Im November 1935 gründeten Berndt und Käthe Forck das Schuhhaus Forck am Stadtweg 21. In den ehemaligen Vorgarten des Gebäudes baute der Kaufmann die Schaufensterfläche, seine Waren bezog er in der damals als Schuhmetropole geltenden Stadt Pirmasens. Dort war er zuvor im Lederhandel tätig gewesen; und eben diese Tätigkeit hatte ihn eines Tages auch in die Schleswiger Lederfabrik Firjahn geführt. Wenig später lernte Berndt Forck hier seine spätere Frau kennen – und blieb.

Am 27.01.1938 kam Gerd Forck zur Welt. Für den einzigen Sohn gab es nie Zweifel daran, dass er eines Tages das Geschäft des Vaters übernehmen würde. Sinn für das Geschäft hatte er schon früh bewiesen: „Ich brachte als Kind die Schuhkartons zum Altwarenhändler Giebecke und verdiente mir so mit der Pappe mein Taschengeld", erzählt er. In Itzehoe machte er seine Ausbildung in der Schuhindustrie, in Pirmasens arbeitete er ein Jahr lang in der Schuhfabrik, weitere Stationen waren Stuttgart und Wiesbaden. Als der Firmengründer 1959 starb, kehrte Gerd Forck nach Schleswig zurück, um in die Fußstapfen seines Vaters zu treten. Sein Glück war perfekt, als auch seine heutige Frau Anna-Luise, die er bereits in Wiesbaden kennen gelernt hatte, nach Schleswig kam. Als Schuhfachverkäuferin unterstützte sie ihn tatkräftig in Ein- und Verkauf. Schon 1964 wurde mit dem Geschäft „KP-Schuhe" im Stadtweg 73 die erste Filiale eröffnet, die sich gezielt auf das niedrige Preissegment konzentrierte. Nur vier Jahre später erfolgte der Umzug in die wesentlich größeren Geschäftsräume in den Stadtweg 42. KP wurde zu „Forck Schuhmarkt". Noch heute ist das Schuhhaus Forck mit den beiden Filialen im Stadtweg 21 und 42 sowie dem Quick-Schuh-Geschäft in Schleswig vertreten.

Nicht nur das Geschäft, auch die Familie wuchs: Am 20.11.1964 kam Sohn Bernd und am 1.2.1970 Sohn Thomas zur Welt. "Wir sind quasi mit dem Geschäft aufgewachsen", erinnert sich Thomas Forck, „das Lager war für uns wie ein großer Spielplatz." Selbst für eine Tischtennisplatte war hier Platz.

Nach der Schule machten beide Brüder eine duale Ausbildung im Schuheinzelhandel. Während Bernd Forck seine Berufspraxis in einem Schuhhaus in Hamburg-Bergedorf erwarb und anschließend in München tätig wurde, besuchte Thomas Forck nach dem Fachabitur die Europäische Bildungsschule für Schuheinzelhandel in Mainz und ging anschließend nach Goslar. 1990 kehrte Bernd Forck aus der bayerischen Hauptstadt in seine Heimatstadt zurück und 1994 kam auch Thomas Forck wieder nach Schleswig. „Es ist immer schön gewesen, über die Rendsburger Hochbrücke zu fahren und sich zuhause zu fühlen", sagt Bernd Forck und daran konnte auch ein halbes Jahr Amerikaaufenthalt nichts ändern.

Heimatverbundenheit und die Pflege Schleswiger Traditionen sind Vater und Söhnen gleichermaßen wichtig; und so ist es selbstverständlich, dass alle drei Mitglieder der Altstädter St. Knudsgilde sind. 1986 waren Gerd Forck und seine Frau als Ihre Majestäten „Gerd der Fröhliche und Anna-Luise die Charmante" in die Geschichte der Gilde eingegangen. Als Mitglied in der Interessensgemeinschaft Ladenstraße setzt sich das Schuhhaus Forck aktiv für eine Belebung der Innenstadt ein.

In einem sind sich Senior und die beiden Junioren absolut einig: „Dass alles so gut gelaufen ist, haben wir unseren Frauen und unseren treuen Kunden zu verdanken", sagen sie. Wie schon ihre Schwiegermutter sind auch Tanja und Sabine Forck aktiv im Unternehmen tätig. Seit 2003 sind Thomas und Bernd Forck Gesellschafter des Unternehmens, zu dem neben den Schleswiger Geschäften je eine Filiale in Bad Bramstedt und in Kiel sowie der Gabor-Shop in Flensburg gehören. Das persönliche Verhältnis zu Mitarbeitern und Kunden wird in dem Familienbetrieb groß geschrieben. Gemeinsame Unternehmungen gehörten von Anfang dazu; auch heute sind die alljährliche Weihnachtsfeier oder Unternehmungen wie der Besuch eines Musicals mit den mittlerweile 40 Mitarbeitern wichtiger Bestandteil des Betriebslebens.

Offiziell hat Senior Gerd Forck sich aus dem Geschäftsleben zurückgezogen. Aber wenn er im Geschäft ist – und das kommt nicht selten vor – lässt er es sich nicht nehmen, seine Stammkundschaft weiterhin zu beraten. Der guten alten Zeiten wegen.

Und auch die Zukunft scheint bereits gesichert: die Enkelinnen Laura und Vera sind schon jetzt kleine Spezialistinnen für Kinderschuhe. Enkelsohn Fabian hilft mit Begeisterung im Lager und auch der im September 2008 geborenen Thilo würde am liebsten schon Schuhe tragen – auch wenn er das noch nicht so richtig sagen kann.

Ein richtiges Familienunternehmen eben.

Schuhhaus Forck • Stadtweg 21 + 42 • 24837 Schleswig • Telefon: 04621-96360

Uwe Friedrichs

Auf den Namen Uwe Friedrichs trifft man in Schleswig immer wieder, wenn es um Veranstaltungen geht: Seit 1995 ist der gebürtige Schleswiger Mitorganisator von Schleswigs größtem Musikfestival, der „Swinging City". Er ist für die Pressearbeit der „Interessengemeinschaft Ladenstraße" und der „City Management Gesellschaft" zuständig. Er organisiert Sport-Shows und Oldtimerparaden. Er managt Erfolgs-Musiker Pim Hoppe. Und mit seiner Agentur FU Events hat er schon Inga Rumpf, Abi Wallenstein und natürlich Godewind nach Schleswig geholt – aber all das macht er nur nebenbei. Denn hauptberuflich ist der examinierte Krankenpfleger Leiter der Begegnungsstätte der Brücke Schleswig-Holstein in Schleswig, einem Offenen Treff für psychisch Kranke. Während seiner Nordsee-Urlaube in Dänemark oder auf Sylt schreibt er poetische Bücher über die Liebe, Rückzugsorte und verletzliche Seelen.

„Ich bin ein Schleswiger Original", sagt der am 13.02.1954 geborene Uwe Friedrichs über sich selbst und sucht in der kreativen (Un)ordnung seines Büros nach dem Foto von Großvater Hermann. Der war nämlich einer der Letzten der Schleswiger Husaren. Kindheit und Jugend verbrachte Uwe Friedrichs in der Schleistadt, nach dem Realschulabschluss in Kropp begann er als 17-Jähriger in der Krankenpflege. Der Weg dahin war purer Zufall. Zusammen mit der Mutter hatte sich der Schulabgänger im Arbeitsamt über mögliche Berufseinstiege informiert. Als sie aus dem Gebäude traten, fiel der Blick der Mutter, einer Krankenschwester, auf das gegenüberliegende Martin-Luther-Krankenhaus. Kurzerhand nahm sie ihren Sohn an die Hand, der stellte sich dort vor und wurde unter der Bedingung, die langen Haare ein wenig zu kürzen, sofort eingestellt. „Wie gut, dass dort keine Pizzabude gestanden hat – sonst wäre ich heute vielleicht Pizzabäcker", lacht Uwe Friedrichs.

Mit Leib und Seele hat er sich dem Pflegeberuf verschrieben. Nach fünf Jahren am Martin-Luther-Krankenhaus wechselte er 1977 in die Fachklinik für Kinder- und Jugendpsychiatrie. Dort machte er sein Staatsexamen, nahm an zahlreichen Fortbildungen teil und baute die bundesweit erste Suchtstation für Kinder und Jugendliche auf. Das Vorzeigemodell wurde zum Anlaufpunkt für junge Patienten aus ganz Norddeutschland.

Schon früh setzte er seine Talente im Veranstaltungsbereich für die Förderung der Integration ein: Von 1981 bis 1995 hat er das integrative Projekt „Rockpalästchen" an der Fachklinik initiiert, bei dem unter anderem Nachwuchsbands die Chance zum ersten Auftritt hatten. Das Rockpalästchen wurde zu einer festen Institution in der Rockszene. Highlight anlässlich des zehnjährigen Bestehens 1991 war der Auftritt des inzwischen

verstorbenen Sängers Hans Hartz und zahlreicher Bands der ersten Stunde. Das Projekt wurde 1997 mit dem Kulturpreis der Stadt Schleswig ausgezeichnet.

Als ihm Ende 2001 das Angebot gemacht wurde, in der Begegnungsstätte der Brücke Schleswig-Holstein anzufangen, ließ Uwe Friedrichs sich viel Zeit, bis er schließlich zusagte. „Ich wollte was bewegen", sagt er, „und es war ein Traum, hier alle meine Stärken bündeln zu können." Schon im Februar 2002 startete er in den Räumen der Brücke das Kulturcafé. Vor dem Hintergedanken, Hemmschwellen abzubauen und gesunde und kranke Menschen zusammenzuführen, veranstaltet Uwe Friedrichs hier Konzerte, die in Schleswig nicht alltäglich sind. Die Musikveranstaltungen in dem gemütlichen Raum, in dem Zuschauer und Künstler hautnah aufeinander treffen, haben sich längst etabliert. 2006 erhielt Uwe Friedrichs für sein herausragendes soziales Engagement das Ehrenblatt der Stadt Schleswig.

Entspannung und Ausgleich im täglichen Leben sind für Uwe Friedrichs ebenso wichtig wie die Rückzugsmöglichkeiten innerhalb der Familie. Während seiner Urlaube an der Nordseeküste in Dänemark oder auf Sylt tankt er Energie und arbeitet an seinen Büchern. In den poetischen Texten beschreibt er Erfahrungen und Begegnungen aus seiner beruflichen Praxis ebenso gefühlvoll wie Gedanken über Trauer, Liebe, Entbehrungen und die kleinen Schätze des Lebens. Sein Erstlingswerk „Schattenbilder" erschien im Jahr 2005 beim Plöner „Verlag 71". Die 32 Gedichte werden durch stimmungsvolle schwarz-weiß Fotografien des Schleswiger Fotografen Claus Göhler ergänzt, mit „Berührungen" folgte bereits ein Jahr später das zweite Buch.
In seinem dritten Band „Augenblicke - Mit der Trauer leben" beschäftigt sich der Autor mit dem Thema Tod.

„Die Gedichte sollen ein wenig zerstreuen, vielleicht auch ein wenig Trost schaffen. Soweit es geht. Und auch dazu beitragen, auf Menschen zuzugehen, die trauern. Wie hilflos ist man oft. Was soll ich nur sagen? Ich mache da bestimmt etwas verkehrt. Und so macht man oft einen großen Bogen um diesen Menschen. Warum nur? Es ist die Ohnmacht, die Hilflosigkeit", weiß Uwe Friedrichs. Auf seinem Schreibtisch liegt bereits das Manuskript für das vierte Buch. Das Foto von Husaren-Großvater Hermann ist übrigens nicht wieder aufgetaucht. Dafür aber jede Menge handsignierter Fußballer-Bilder. Denn der Sport und die Organisation von Sportveranstaltungen sind eine weitere Leidenschaft von Uwe Friedrichs, dessen Tage mindestens 48 Stunden zu haben scheinen.

Worte

Viele Menschen sind sensibilisiert.
Das Gefühlsleben gerät ins Wanken.
Krankheit hat das Leben verändert.
Ob körperlich oder seelisch – egal.
Der Betroffene entdeckt neue Werte.
Geld oder Sachen spielen keine Rolle mehr.
Vielleicht nur bedingt.
Im Mittelpunkt steht das Wort.
Dazu ein Stück Aufmerksamkeit, Respekt und Akzeptanz.
Ein kurzer Satz im rechten Augenblick.
Am rechten Ort, in der richtigen Situation.
Wobei das Wort nur so banal sein kann.
Aber Empfindlichkeit macht empfänglich.
Nur ein kurzes „Hallo" sagt, ich hab dich geseh`n.
»Wie geht es dir« heißt, ich mache mir Sorgen.
Spreche jemanden mit dem Namen an.
Das macht stolz und vermittelt, dass du ihn ernst nimmst.
Gehe auf jemanden zu und gebe ihm die Hand.
Und er verspürt Sympathie.
Wünsche jemandem einen guten Tag
oder ein schönes Wochenende.
Und er nimmt es mit in eine Zeit der Einsamkeit.

(Aus: Uwe Friedrichs: Berührungen. Verlag 71)

Leiter der Begegnungsstätte "Brücke Schleswig-Holstein" in Schleswig
Autor • Veranstaltungsmanager FU Events • Hermann-Clausen-Straße 30 b •
24837 Schleswig • Telefon und Fax: 04621-27415 • E-Mail: info@fu-events.de

Dr. Thomas Gädeke

„Die Beschäftigung mit ästhetischen Dingen hat immer etwas mit Spürsinn und Emotionalität zu tun", sagt Dr. Thomas Gädeke, stellvertretender Direktor des Landesmuseums für Kunst und Kulturgeschichte in der Stiftung Landesmuseen Schloß Gottorf.

Ein Hirsch ziert Siegelring und Manschettenknöpfe des am 07.09.1953 in Braunschweig geborenen Nachkommen einer Kaufmannsfamilie. „Wir lebten gegen den Strich der Wohlstandszeit", erinnert sich Thomas Gädeke an eine Kindheit, die auch von materiellen Durststrecken gekennzeichnet war. Die Schulzeit hat er als „furchtbar" in Erinnerung. „Ich war erfolglos wegen Faulheit. Meine Eltern hielten mich jedoch für begabt", sagt er. Die moderne Geschichte, angefangen bei Friedrich dem Großen, hat den mäßigen Schüler aber schon früh begeistert; mit acht Jahren las er seinen ersten historischen Roman. Mit dem ersten Langspielplattenspieler der Eltern trat die klassische Musik in sein Leben. Während einer heftigen Krankheitsphase hörte der fiebernde Junge täglich Beethovens Es-Dur-Klavierkonzert. Bis heute ist ihm eine Vorliebe für die klassische Musik erhalten geblieben. Später hat er sein erstes selbstverdientes Geld in die Gesamtausgabe von Mozarts Briefen samt Kommentarbänden investiert.

Erst die Bildbetrachtungen eines neuen Lehrers konnten in dem miserablen Kunstschüler die Begeisterung für das Fach erwecken. Nach einem Vorlesungsbesuch an der Braunschweiger TU fasste der 17-Jährige den Entschluss, Kunstgeschichte zu studieren. Seine Magisterarbeit behandelte gotische Skulpturen des späten 12. Jahrhunderts, für die Doktorarbeit beschäftigte ihn die Architektur der Romanik in Oberitalien. Eine Spurensuche nach den Voraussetzungen der Romanik in Frankreich im Sommer 1975 brachte weit mehr als wissenschaftliche Erkenntnisse: „Ich war mit dem Zug bis Toulouse gefahren. Dabei hatte ich ein Fahrrad, einen völlig überladenen Rucksack, diverse Bücher und einen Schlafsack aus meiner Bundeswehrzeit", erzählt Thomas Gädeke. Mit einem Strohhut auf dem Kopf radelte er, von Entdeckerlust beflügelt, bei sengender Hitze 2000 Kilometer durch Südfrankreich. Von Kathedrale zu Kathedrale. Mittags suchte er kühlenden Schatten unter Brücken, abends schlug er am Fluss sein Nachtlager auf. Eine zufällige Begegnung mit Kunstsammlern während dieser beinah mystischen Reise führte zur ersten tief beeindruckenden Begegnung mit den Werken des Künstlers Wolfgang Klähn – und damit zur Berührung mit der Moderne.

„Ich war fasziniert, dass es hier jemandem gelang, modern zu sein und dennoch nicht in der Reduktion zu verarmen", sagt Thomas Gädeke. Bis heute empfindet er eine hohe Wertschätzung für den Hamburger Maler, der in seinen Bildern den Gesetzen des Lebendigen nachspürt.

Es ist vor allem die Auseinandersetzung mit lebenden norddeutschen Künstlern wie Klaus Fußmann, Horst Janssen, Paul Wunderlich, die den Kunsthistoriker und Aus-

Foto: privat

stellungsmacher interessiert. Den Maßstab für die Qualität moderner Kunst entwickelt er aus dem Vergleich mit historischen Werken. „Die Beschäftigung mit der Kunstgeschichte ist ein Exerzierplatz, auf dem man etwas übt, das man in der Gegenwart anzuwenden hat", sagt er.

Entscheidend für die Ausstellungsarbeit sind die persönlichen Kontakte zu Künstlern und Kollegen. „Es ist zunehmend leichter, Exponate nach Gottorf zu bekommen, denn wir haben mittlerweile einen ausgezeichneten Ruf – nicht zuletzt auch als Leihgeber", sagt Dr. Thomas Gädeke, der 1986 als Volontär nach Schleswig kam.

Ein Schwerpunkt seiner Arbeit ist die Graphische Sammlung. Aus der Bekanntschaft mit dem Künstler Horst Janssen entwickelte sich auf persönlicher Ebene ein enges, freundschaftliches Verhältnis, auf beruflicher Ebene eine fruchtbare Zusammenarbeit. Die Horst Janssen-Sammlung auf Schloß Gottorf umfasst heute stolze 750 Blatt.

Eine Ausstellung hat der Kunstliebhaber mit Sinn fürs Schöne in besonderer Erinnerung: Denn hier lernte er seine zweite Frau, die Hamburger Radiologin Susanne Stiebeler, kennen. Zu Hamburg, wo Frau und Tochter Helen leben, pflegt Thomas Gädeke enge freundschaftliche und berufliche Verbindungen. Mit der Achse Schleswig-Hamburg setzt er beste Familientradition fort. Schon Großvater Gädeke, der beim Husarenregiment Nr. 16 auf Schloß Gottorf stationiert war, hatte sich mit einer Hanseatin vermählt.

Stellvertretender Direktor des Landesmuseums für Kunst und Kulturgeschichte • in der Stiftung Schleswig-Holsteinische Landesmuseen • Schloß Gottorf • 24837 Schleswig • Telefon: 04621-813-228

Bogislav-Tessen von Gerlach

Als Austauschschüler besuchte er die U.S.A., während des Studiums wollte er Diplomat werden, in Lausanne diskutierte der Jura-Student mit Gleichgesinnten aus aller Herren Länder; und die Erkenntnis, dass ein Leben an der Seite seiner heutigen Frau in Schleswig-Holstein für ihn genau das Richtige ist, kam ihm in Brasilien.

Bogislav-Tessen von Gerlach hat einiges von der Welt gesehen - heute ist er umso tiefer mit Land und Leuten der Region zwischen Schlei und Ostsee verwurzelt. Seit Mai 2006 ist er der Landrat des Kreises Schleswig-Flensburg.

„Dass ich als ´alter Verwaltungshase´ nun als frisch vereidigter Landrat des Kreises Schleswig-Flensburg zu ihnen sprechen darf, war eigentlich nie Bestandteil meiner Lebensplanung. Ebenso wenig übrigens, wie ich im April 1978 als junger abgeordneter Regierungsrat auch nur ansatzweise davon ausging, dass dieser Kreis schließlich zu meiner dauerhaften beruflichen Heimat werden würde. Aber eine andere ist schon seit Jahren für mich nicht mehr vorstellbar", sagte er anlässlich seiner Amtseinführung.

Noch heute erinnert er sich gerne an seine erste große Kreuzfahrt. Die ging allerdings nicht etwa in einem Luxusliner über den „großen Teich" nach Amerika, sondern in einem Futtertrog über den Haus-Teich auf dem elterlichen Gut in Schwansen. Ein Fichtenstamm diente als Mast, ein Bettlaken als Segel. „Ich habe während meiner Kindheit auf dem Lande gelernt, selbständig nach Lösungen zu suchen. Die Umwelt war mein Abenteuerspielplatz", sagt der am 29. Dezember 1946 geborene Bogislav-Tessen von Gerlach. Mit Vergnügen denkt der Landrat heute an die Kindertage zwischen Kühen, Schafen, Schweinen und den großen Holsteinern zurück. Während der Nachkriegszeit war der Hof der Eltern zu einer Art Sammelbecken für zahlreiche Flüchtlinge aus Ostpreußen und dem Baltikum geworden, das vielsprachige Spiel mit Kindern unterschiedlicher Herkunft machte jeden Tag zu etwas besonderem.

Zur drei Kilometer entfernten Schule gingen die Kinder des sommers zu Fuß, im Winter fuhren sie mit dem Schlitten. In der Klasse wurden die Erstklässler gemeinsam mit den Achtklässern unterrichtet, der Rohrstock des Lehrers stand stets griffbereit, zwischen den Stunden teilte man das Pausenbrot. Schon früh bewies der älteste von vier Brüdern analytischen Beobachtungssinn: „Ich saß am liebsten in der ersten Reihe, ich hatte schnell bemerkt, dass die Lehrer einen dort am wenigsten beachteten; sie waren zu sehr mit den Unruhestiftern in den letzten Reihen beschäftigt." Die Kinder gestalteten sich ihre Freizeit weitgehend selbst. „Wir wetteiferten darum, welches Team im Schneesturm als erstes eine Kartoffel gar braten konnte. Das ging nur, wenn ein

Foto: privat

Teil der Mannschaft sich als schützende Mauer vor das Feuer stellte", erinnert sich der Landrat an prägende gemeinschaftliche Erfahrungen.

Nach dem Abitur studierte er zunächst Betriebswirtschaftslehre, anschließend Jura mit den Schwerpunkten Wirtschaftsrecht, öffentliches und Staatsrecht, Europa- und internationales Recht. „Man muss nicht nur gut rechnen und kalkulieren, sondern auch gute Verträge abschließen können", weiß der Wirtschaftsjurist. An der Juristerei habe ihn oft fasziniert, wie sehr kleine Nuancen die Sachlage verändern können. Die erste juristische Staatsprüfung schloss er 1975 mit Prädikat in Kiel ab.

Entscheidend für seinen weiteren Lebensweg sollte eine 6-monatige Tätigkeit in Brasilien für das Essener Industrieunternehmen Ferrostaal werden. Um Land und Leu- te kennen zu lernen, unternahm er dort mit seiner damaligen Freundin Sabine eine

Reise zum Amazonas. Nach der 10000 Kilometer langen Tour im VW-Käfer standen zwei Dinge für ihn fest: Er hatte die Frau fürs Leben gefunden und um fremde Länder kennen zu lernen, musste man sie bereisen und nicht dort arbeiten. 1978 heiratete das Paar und Bogislav-Tessen von Gerlach übernahm das elterliche Gut, denn das war der Ort, wo er seine zukünftigen Kinder aufwachsen sehen wollte. Heute gibt dort ein kleines Museum Einblicke in das Leben und Arbeiten auf einem landwirtschaftlichen Großbetrieb.

Private und berufliche Erfahrungen sind dem Landrat zur selbstverständlichen Handlungsmaxime geworden. Als Parteiloser ist er stets auf der Suche nach Lösungsansätzen, „die der Sache gerecht werden". Verbinden statt im Gegeneinander Verschleißen, lautet seine Devise. „Wer als Steinbock viele Jahre in der familiären Arena mit fünf Löwen wunderbar überstanden hat, dem sollte es mit den gleichen Mitteln wohl auch in der politischen Arena gelingen", antwortet der Vater von vier Kindern auf die Frage, ob er Gefahr laufe, zwischen die Fronten politischer Fraktionen zu geraten.

Das breite Aufgabenfeld des Landrats beschreibt er als „riesiges und faszinierendes Management". Die Region sei einmalig schön, habe aber ihre Schattenseiten. Sie sei ein Sanierungsfall. „Aber die Antwort darauf darf nicht lähmender Pessimismus sein – dann wäre ich hier fehl am Platze", konstatierte er 2006 in seiner Antrittsrede. Seitdem ist der Terminkalender des oberstes Beamten des Landkreises eng beschrieben. Der Hauptschlüssel zur Sanierung und finanziellen Gesundung des Kreises liegt nach Ansicht des ehemaligen Fachdezernents für Kreisentwicklung, Bau und Umwelt in der konsequenten Weiterentwicklung des Wirtschaftsraumes mit den sich daraus ergebenden positiven Arbeitsplatzeffekten.

Die besondere Lage unmittelbar an der deutsch-skandinavischen Schnittstelle sowie die hervorragende Autobahnanbindung müssten konsequent weiter genutzt werden. Auch Konversionsprojekte wie der Bau eines Windparks in Eggebek oder der Ferienparkanlage in Port Olpenitz böten beachtliches Potenzial. Gegnern solch moderner Investitionsprojekte hält er entgegen: „Die Region und die Menschen hier brauchen die Natur und die Seeluft, aber auch Arbeit und Zukunft." Für seine Standpunkte setzt er sich stets mit klaren Worten ein; dabei ist ihm das Ergebnis wichtiger als eine politische Profilierungsschlacht.

Über die Familie von Gerlach gibt es viel zu sagen. Carl Friedrich Leopold von Gerlach zum Beispiel war der erste Oberbürgermeister von Berlin, dessen Sohn Ludwig Friedrich Leopold war Adjutant des späteren Kaisers Wilhelm I., Karl Friedrich Otto von Gerlach war Hof- und Domprediger und Hellmut von Gerlach machte sich als Journalist einen Namen.

Das entscheidende aber seien für ihn der Umgang mit den Menschen und das Gefühl, etwas bewirken zu können, betont Bogislav-Tessen von Gerlach - und da kommt ihm vermutlich die Mischung aus der rheinischen Frohnatur der Mutter und den preußischen Tugenden des Vaters zugute.

Als „Gutmensch" werde er trotzdem nicht gerne gesehen, fügt er hinzu und greift beherzt nach einer großen Spinne, die irgendwie den Weg in sein stilvoll eingerichtetes Arbeitszimmer im Kreishaus gefunden hat. Ohne zu zögern schnappt sich der Landrat beherzt das Tier und befördert es an die frische Luft. Um gegen die demographische Effekte anzuarbeiten, sei außerdem ein stärkeres Zusammenwachsen von Stadt und Umland notwendig, fährt er fort und befördert auch noch das verirrte Spinnenbaby ins Freie.

Dank seiner mitnehmenden Art gelingt es Bogislav-Tessen von Gerlach, Menschen zu begeistern. Nicht ohne Stolz kann der passionierte Läufer behaupten, Chef des wohl sportlichsten Kreishauses des Landes zu sein. Mit immerhin vier Mannschaften haben die Verwaltungs-Mitarbeiter im vergangenen Jahr am „Lauf zwischen den Meeren" von Husum nach Damp teilgenommen. Gar nicht gut auf ihn zu sprechen ist vermutlich der Weihnachtsmann. Denn dem stahl er mit seinem Mundharmonika-Spiel im Kinderzentrum am Friedrichsberg die Show.

Der Landrat • Kreis Schleswig-Flensburg • Flensburger Straße 7 • 24837 Schleswig • Telefon: 04621-87-224

Roman Gerlach

Mit seinen Abendkleidern sorgt er dafür, dass Frauenherzen höher schlagen. Adrenalin heißt deshalb passender weise auch sein Geschäft im Stadtweg 1. Haute Couture für verhungernde Pariser Models gibt es hier nicht, dafür aber Mode, die schick und tragbar ist. Und was nicht passt, wird eben geändert - und zwar innerhalb eines Tages. Mit diesem Konzept zieht Roman Gerlach die Schleswigerinnen an - und das im doppelten Wortsinne, denn mittlerweile kann er sich über einen beachtlichen Kundenstamm freuen.

Bei der Auswahl seiner Modelle verlässt er sich schlicht auf sein Gespür für das, was nach Schleswig passt. Dabei kommt ihm zugute, dass er hier in der Schleistadt zuhause ist. Mit drei Jahren kam der am 05.02.1964 in Rendsburg geborene Sohn eines Schichtleiters nach Schleswig. Noch heute erinnert er sich gerne an die vergnügten Kinder-Spiele auf der Schützenkoppel oder im Park von Schloß Gottorf. Später waren für ihn Tanzabende im Lokal Baumgarten Kult und auch bei der Eröffnung der Diskothek Ela Ela war er dabei. Dass er eines Tages Abendkleider verkaufen würde, hatte er sich nicht träumen lassen. Nach dem Besuch der Wilhelminen- und später der Bruno-Lorenzen-Schule absolvierte er eine Ausbildung zum Groß- und Außenhandelskaufmann in einem Autohaus. Vier Jahre war er in der Personalabteilung auf dem Kasernengelände „Auf der Freiheit" tätig und qualifizierte sich auf dem 2. Bildungsweg zum Betriebswirt.

Die Idee, ein eigenes Bekleidungsgeschäft zu eröffnen, ergab sich aus einem zufälligen Gespräch mit einem Freund. An einem verkaufsoffenen Sonntag stellten die beiden jungen Männer fest, dass es einfach zu wenig Einkaufsmöglichkeiten mit junger Mode in der Stadt gäbe. Mit dem Ablösegeld der Bundeswehr als Startkapital mietete Roman Gerlach in einem Lollfußer Hinterhof ein kleines Ladenlokal. „Man muss seinen Blickwinkel verändern und wer sich nicht bewegt, wird über kurz oder lang stillgelegt", lautet sein Motto.

Aus dem Bauschutt, der aus der Auflösung der Vorgängerboutique übrig blieb, bastelte er sich seine erste Ladeneinrichtung. In Düsseldorf kaufte er Jeans und Lederjacken und weil der Laden noch nicht voll war, fuhr er zwei Tage vor Geschäftseröffnung ins Hamburger Modezentrum. Der Umstand, dass dort gerade Abendkleider verkauft wurden, erwies sich als glücklicher Zufall, denn die Mode kam bei der Schleswiger Kundschaft an. Am 05.12.1995 eröffnete Roman Gerlach sein Geschäft. Heute ist er froh, dass die versteckte Hinterhoflage anfangs nur wenig Kundschaft brachte.

„So konnte ich in dem neuen Geschäftsfeld erstmal in Ruhe meine Erfahrungen sammeln", sagt er. Mithilfe ausgefallener Werbeaktionen und einem glücklichen Händchen im Einkauf konnte er sich bald einen Namen machen. Ein Zufall wollte es, dass er vorzeitig in ein Geschäft am Stadtweg 89 wechseln konnte. „Hier habe ich in der ersten Woche soviel Umsatz gemacht wie vorher in einem ganzen Monat nicht", erinnert sich der Selfmade-Man an den positiven Effekt des Umzuges.

Seit 2005 ist er nun im Stadtweg 1 und die Auswahl an Abendkleidern ist immer größer geworden. Auf Messen fährt Roman Gerlach trotzdem nicht. „Ich informiere mich in Fachzeitschriften und im Fernsehen", sagt er und der Erfolg gibt ihm recht. Zur Zeit belegt Roman Gerlach fleißig Nähkurse. Sein Traum: eines Tages selbst schneidern zu können. Einige Super-Schnitte hat er schon auf Lager und spätestens, wenn Töchterchen Annabel auf ihren ersten Ball geht, soll sie ein vom Vater selbstgenähtes Kleid tragen. Aber bis dahin hat es noch ein paar Jahre Zeit.

Adrenalin Punkt • Stadtweg 1 • 24837 Schleswig • Telefon: 04621-396996

Prof. Dr. Herwig Guratzsch

„Der Unruhezustand, das Fieber für eine Sache, ist die Mutter des Erfolges", sagt Prof. Dr. Herwig Guratzsch und umschreibt damit nicht zuletzt auch den Antrieb für sein eigenes Wirken.

Am Ende eines von der Leidenschaft zur Kunst und Kunstgeschichte geprägten Berufslebens blickt er auf große Leistungen zurück; an den Stationen, an denen er rastlosen Halt gemacht hat, hat er weithin sichtbare Spuren hinterlassen. Unter seiner Leitung avancierte das Wilhelm-Busch-Museum in Hannover zu einem Zentrum für Karikatur und kritische Grafik mit internationalem Ruf, den Leipziger Bürgern hat er den Stolz auf ihr Kunstmuseum zurückgebracht und in Schleswig hat er Schloss Gottorf mit dem Barockgarten und dem Globushaus um zwei Attraktionen bereichert.

Von 1999 bis zum Jahre 2009 ist Prof. Dr. Herwig Guratzsch Leiter der Stiftung Landesmuseen Schloss Gottorf gewesen. Während dieser Zeit hat so manche Ausstellungs-Saison in Schleswig mit einem Paukenschlag begonnen: Werke der Künstlervereinigung „Die Brücke", Zeichnungen von Horst Janssen und Wilhelm-Busch und die weltweit größte Mumienausstellung sind nur einige von vielen Aufsehen erregenden Ausstellungen, die Schloss Gottorf zu einem Flaggschiff der Kunst und Kultur und der Archäologie in Schleswig-Holstein haben werden lassen. Beinahe verwegen schien zunächst der Plan, den riesigen begehbaren Globus aus der Zeit Herzog Friedrich III. neu aufbauen zu lassen. Professor Dr. Herwig Guratzsch hat ihn in die Tat umgesetzt und die für den Bau notwendigen Privatgelder beschafft.

Als größten Erfolg seines Wirkens nennt der ehemalige Landesmuseen-Chef aber nicht etwa eine der großen Ausstellungen, sondern das Ergebnis eines Prozesses, der auf den dem Publikum verschlossenen Korridoren des Schlosses stattgefunden hat: Es ist die gelungene Zusammenführung der einst entzweiten Landesmuseen für Kunstgeschichte und Archäologie.

Zu einen, verbinden, harmonisieren - das war ihm stets ein Anliegen, dessen Kindheit und Jugend durch die Folgen der Zweiteilung eines Landes geprägt war.

Am 21. Mai 1944 wurde Herwig Guratzsch als drittes von vier Kindern in Dresden geboren. In einem kulturell lebhaften und christlich liberalen Elternhaus lernte er schon früh die Repressalien des sozialistischen DDR-Staates kennen. Siebenmal wurde der Vater, der gerne und viel schrieb, wegen seiner politischen Einstellung als Lehrer aus dem Schuldienst entfernt.

Bereits in jungen Jahren stand der künstlerisch ambitionierte Guratzsch als Komparse auf der Bühne, als 17-Jähriger kopierte er in der Schauspielprüfung in Berlin sein großes Idol, den Schauspieler Horst Schulze. 1962 machte er Abitur an der Kreuzchorschule. Während der Arbeiter- und Bauernstaat seine jungen Menschen in die Landwirtschaft drängte, studierte Herwig Guratzsch Theologie. Die evangelische Kirche wurde für ihn zum Hort gegen den SED-Staat. Sein künstlerisches Drängen galt der - in der DDR verbotenen - abstrakten Malerei. Es zog ihn nach Rostock, wo ihn die Nähe zu Warnemünde reizte. In dem an der Ostseeküste gelegenen Badekurort, der auch eine der wichtigsten Stationen des norwegischen Avantgardisten Edvard Munch (1863-1944) war, lernte er seine spätere Frau kennen. Wegen seiner Geisteshaltung wurde der Unangepasste von 1968 bis 1970 inhaftiert, nach mehr als zwei Jahren wurde er im Rahmen des Häftlingsfreikaufs mit der BRD in den Westen entlassen. Seine ebenfalls inhaftierte Frau durfte ihm erst später folgen.

Über Hamburg kam Herwig Guratzsch nach München, wo er sich zum Studium der Kunstgeschichte einschrieb. Umgeben von den Werken der großen Maler ging dem Kunstliebhaber in der kuscheligen Welt Münchens das Herz auf. Während an der Universität ein ihm „befremdliches Fieber des marxistischen Gedankengutes grassierte", genoss er die neue Freiheit, in der Staatsbibliothek ungehindert Bücher „von links nach rechts" lesen zu dürfen. Nach seiner Promotion im Jahr 1976 erhielt er das Forschungs-Stipendium des Bayerischen Staates am Zentralinstitut für Kunstgeschichte in München.

Dank einer „hohen Portion Glück und guter Vorbereitung" erhielt er 1978 die Stelle als Leiter des Wilhelm-Busch-Museums in Hannover. „Ich war froh und dankbar darüber. Ich fand Hannover viel besser als die Hannoveraner selbst", erinnert sich Professor Guratzsch. Bis zu seinem Abschied im Jahr 1993 gelang es dem aktiven Sammler von Privatgeldern, die Mitgliederzahl des Freundeskreises des Museums von 2000 auf 3500 anzuheben.

Mit Übernahme der Leitung des Leipziger Kunstmuseums kehrte Herwig Guratzsch 1993 in das Land seiner Väter zurück. Nicht über Einheit reden, sondern Einheit schaffen", lautete seine Devise. Mit anpackendem Optimismus gelang es ihm auch hier, seine Vorstellungen umzusetzen. Zunächst bemühte er sich, die Mitarbeiter aus der gelernten Lethargie zu befreien, dann trat er in Dialog mit den Leipziger Bürgern. In einem offenen Brief befragte er 3000 Theater- und Museumsbesucher nach ihren Interessen. Nicht, um sich ihrer Meinung zu unterwerfen, sondern um sich zu informieren, betont er. Er trug sogar die Leipziger Kunstschätze ins Petit Palais, wo sie vom Pariser Publikum begeistert aufgenommen wurden. Ein Erfolg, der schließlich auch den Leipzigern die Werte der eigenen Sammlung vor Augen führte. „Manchmal muss man draußen andere jubeln lassen, um im Inneren etwas zu bewegen", bemerkt Professor Guratzsch.

Das Beschaffen von Fördermitteln für die von ihm geführten Häuser ist stets eine der großen Stärken des Museumsleiters gewesen. „So ist er eben. Er braucht immer Unterstützung und er hat sie immer verdient", hat Bundeskanzler Gerhard Schröder einmal über ihn gesagt. Zuvor hatte Herwig Guratzsch ihm während einer zufälligen Begegnung im Zug bei einer gemeinsamen Tasse Kaffee die Zusage über 200.000 DM abgewinnen können. „Eine teure Tasse Kaffee für den damaligen Ministerpräsidenten von Niedersachsen", schmunzelt Guratzsch. Während seiner Zeit in Schleswig hat er über acht Millionen Euro Privatmittel zusammengetragen.

Er weiß aber auch: Das Werben um Geld ist eine mühsame Angelegenheit, die nicht jedem liegt. Am Ende seiner Amtszeit appelliert er deshalb an die Landesspitze, aktive Verantwortung für die Fortsetzung des Aufwärtstrends an den Landesmuseen zu übernehmen.

Die persönliche Leidenschaft des Kunstfreundes gehört der holländischen Male-

Schloß Gottorf aus der Luft.   Foto: Schloß Gottorf

rei des 17. Jahrhunderts mit Rembrandt und dem 19. Jahrhundert mit Caspar David Friedrich. „Ihnen gelingt es, in das Innere des Gegenübers so hineinzuleuchten, dass die Gemütsverfassung deutbar wird", erklärt er.

Zwei Bilder trägt Herwig Guratzsch ganz besonders in seinem Herzen: Es sind die Bilder seiner beiden in Wien lebenden Enkelkinder. „Ich erlebe erst jetzt, wie schön es ist, Kinder zu haben. Als meine eigenen Kinder klein waren, war ich zu sehr mit den Museen beschäftigt. Heute kann ich mich an den Fotos meiner Enkelkinder gar nicht satt sehen", sagt der Privatmann Herwig Guratzsch. Rembrandt hätte vermutlich die menschliche Wärme spürbar gemacht, ohne den Museumsmanager zu vergessen.

Ehemaliger Leitender Direktor der Stiftung Schleswig-Holsteinische Landesmuseen • Schloß Gottorf • 24837 Schleswig

Schloß Gottorf: 120.000 Jahre Landesgeschichte

Auf der kleinen Insel im westlichen Ausläufer der Schlei liegt das Schloss der früheren Herzöge von Schleswig-Holstein-Gottorf.

Architektonisch weist die vierflügelige Schlossanlage mehre Bauphasen auf. Der Westflügel ist um 1530 das erste Bauwerk der internationalen Frührenaissance nördlich der Elbe und der Südflügel, nach dem Vorbild des Stockholmer Königsschlosses erbaut, ein Beispiel des norddeutschen Barocks.

Mit Herzog Adolf (1526-1586), dem Stammvater der Gottorfer Linie, wurde das Schloss ab 1544 zur Hauptresidenz der Herzöge Schleswig-Holstein-Gottorf. Während der Regierungszeit seines Enkels Friedrich III. (1597/1616-1659) entwickelte sich das Schloss zu einem europaweit beachteten Kulturzentrum von bedeutendem Rang.

Schloß Gottorf ist heute Sitz der Schleswig-Holsteinischen Landesmuseen.
Zur originalen Ausstattung gehören unter anderem der „Hirschsaal", die Gotische Halle und die Schlosskapelle, allesamt um 1590 errichtet.

Die Sammlungen des Landesmuseums für Kunst und Kulturgeschichte reichen vom hohen Mittelalter bis zur Moderne und zur Kunst der Gegenwart. Die mittelalterliche Kunst wird eindrucksvoll in der „Gotischen Halle" ausgestellt. Einen Schwerpunkt der Gemäldesammlung zur Renaissance bilden die Werke von Lucas Cranach d. Ä. Außerdem werden Gemälde, Skulpturen, Möbel und kostbares Tischgerät vom Mittelalter bis zur Gegenwart gezeigt. Dazu gehört auch eine einzigartige Sammlung nordeuropäischer Fayencen. Die Galerie der Klassischen Moderne präsentiert Werke der drei großen norddeutschen Expressionisten: Emil Nolde, Ernst-Ludwig Kirchner und Karl Schmidt-Rottluff. Und vor dem Hintergrund der großartigen Landschaft von Schlossinsel und Schlei werden im Skulpturenpark Kunstwerke der Moderne gezeigt.
Das Archäologische Landesmuseum ist das Archiv für 120000 Jahre schleswig-holsteinischer Landesgeschichte und gleichzeitig Schaufenster der aktuellen archäologischen Forschung. Zu den bekanntesten Ausstellungsobjekten des Archäologischen Landesmuseums gehört das 23 Meter lange Nydam-Boot, das älteste hochseetüchtige Ruderboot des Nordens. Faszinierend ist auch die Begegnung mit den berühmten Moorleichen.

Nördlich des Schlosses lädt Europas ältester, sieben Terrassen umfassender Barockgarten mit seinem neuen Globushaus zum Flanieren ein. Mit einem Durchmesser von über drei Metern zeigt der begehbare Riesenglobus auf seiner Außenhaut die da-

Foto: Schloß Gottorf

mals bekannte Erde und im Inneren der Hohlkugel findet sich das früheste Planetarium seiner Zeit. Wie zur Zeit der Gottorfer Herzöge im 17. Jahrhundert können die Besucher im nachgebauten Globus eine Reise in der sich drehenden Himmelskugel unternehmen.

Arne Hansen

„Ich lebe und liebe Klappschau und das dazugehörige Umfeld", sagt Arne Hansen, Betriebswirt, Agraringenieur und Eigner von Klappschau in fünfter Generation. Man merkt dem am 31.05.1959 geborenen Schleswiger an, dass er das Familienunternehmen mit großer Leidenschaft führt. „Hier bin ich groß geworden", erzählt Arne Hansen, der einen Großteil seiner Kindheit bei den Großeltern in Klappschau verbracht hat. Die frühen und engen Kontakte zu Menschen mit Behinderungen haben ihn geprägt.

Voller Wärme erinnert er sich an Personen aus seiner Kindheit wie Ruthchen und ihre dressierten Hühner oder an das Kindermädchen Mariechen, die bei Bonanza wegen der Schießereien stets bittere Tränen vergoss. „Ich habe schon früh gelernt, behinderte Menschen als Vertrauensperson zu sehen", erklärt Arne Hansen seine persönliche Hochachtung. Ganz besonders rührt es ihn, wenn er noch heute Mitbewohner trifft, mit denen er schon als Kind gespielt hat. Wie zum Beispiel Lieschen, für die Arne Hansen damals wie heute einfach der „Uhlenblitz" ist.

Seine ersten Lebensjahre hat Arne Hansen zusammen mit seinen zwei Brüdern Peter und Tycho auf dem elterlichen Hof in Philipsthal an der Flensburger Außenförde verbracht. Hier lernte er die Grundlagen der Landwirtschaft kennen. Während seiner Internatszeit in Carlsburg holte er sich beim Floßbau nasse Füße und beim Kräftemessen blaue Flecken. Vor allem aber lernte er, was es bedeutet, in der Gemeinschaft zusammenzuleben. Eine Sozialkompetenz, die ihm heute zugute kommt.

1973 war die Familie nach Klappschau gezogen, der Möbeltransport erfolgte mit Trecker und Anhänger. Arne Hansen wohnte mit seinen zwei Brüdern zunächst bei der Großmutter im Bungalow. Nach dem Abitur 1978 machte er eine Ausbildung zum Betriebswirt in Kiel und Sonderburg bei der dänischen Reederei E.H. Rasmussen. In Plastiktüten brachte er die Einnahmen aus der Tageskasse der Butterdampfer in die Firma. „Nach Pfingsten waren das schon mal stattliche Summen, wir haben daran eine halben Tag lang gezählt", erinnert er. Die Härten der betriebswirtschaftlichen Praxis konnte Arne Hansen auch im elterlichen Unternehmen verfolgen. Äußerst mühsam waren die Verhandlungen, die die Eltern mit dem Land führten, um Unterstützung für die Aufrechterhaltung des Betriebes zu bekommen. Noch heute hat Arne Hansen großen Respekt vor der Entscheidung seines Vaters, mit 55 Jahren einen Kredit von 2,5 Millionen D-Mark aufzunehmen, um in die Zukunft zu investieren. 1976 wurde die Wohnfläche in Klappschau durch einen großen An- und Umbau verdoppelt.

Das Jahr 1981 wurde durch den Tod von Bruder Peter überschattet. Damit stand zunächst fest, dass Tycho als der Älteste der Geschwister den Betrieb in Klappschau übernehmen sollte. Arne Hansen wechselte daher von der Betriebswirtschaft zum Landwirtschaftsstudium in Kiel, um den Hof Philipsthal zu übernehmen.

Und dann kam alles doch etwas anders als geplant. Auf einer Studentenfeier in

Foto: privat

Göttingen lernte Arne Hansen 1983 seine heutige Frau Kristina kennen, die er 1987 heiratete. Schnell war klar, dass Arne Hansen als Betriebs- und Agrarwirt und Kristina Hansen als studierte Medizinerin und Altenpflegerin das „Dreamteam" für die Fortführung des Familienbetriebes Klappschau waren. 1995 traten die beiden als fünfte Generation die Nachfolge von Wilhelm und Lydia Hansen an.

Wie ihrem Mann ist auch Kristina Hansen der Betrieb ans Herz gewachsen, die persönliche Note und der familiäre Umgang sind ihr besonders wichtig. „Unser Bestreben ist es, unseren Mitmenschen die Hilfen zu geben, wie wir sie uns wünschen, wenn wir selbst Hilfe brauchen", betont sie.

Wenn die Zeit es zulässt, genießen Arne und Kristina Hansen eine gemeinsame Kutschfahrt über das Gelände, das schon so viel(e) Geschichte(n) geschrieben hat. Besonders freut es die beiden, dass auch die drei Töchter Karolin, Cäcilie und Louise in Klappschau groß geworden sind und sich schon jetzt in den Betrieb einbringen.

Die Pflege von Traditionen und Investitionen in die Zukunft sind Themen, die Arne Hansen nicht nur in Klappschau beschäftigen. Als Mitglied der Schleswiger Jägerschaft setzt er sich dafür ein, das Sammeln von Möweneiern auf der Möweninsel wieder zu legalisieren. „Ich bin sicher, die Wiedereinführung dieser Jahrhunderte alten kulinarischen Tradition wäre auch eine touristische Attraktion", ist er überzeugt. Und noch eine ganz andere Vision beflügelt ihn: die zivile Mitnutzung des Militärflughafens Jagel. Zusammen mit seinen Partnern der „Airgate-SH" will er mit diesem Projekt Aufwind in die Region bringen und wirtschaftliches Potenzial schaffen. Dass derlei Dinge sich nicht von heute auf morgen umsetzen lassen, weiß er. Dass er dabei hin und wieder Gegenwind und Turbulenzen in Kauf nehmen muss, bringt ihn nicht vom Kurs ab: „Wir sind alles Widerspenstige, die hier nicht wegziehen wollen", sagt Arne Hansen, alias Uhlenblitz, lachend.

Betriebswirt, Agraringenieur • & Eigner Klappschau • Klappschau • 24837 Schleswig • 04621-9543 -0 • www.klappschau.de •

Klappschau, Gemeinnützige Gesellschaft für Seelenpflege mbh

„Betreut leben und erleben", lautet der Leitsatz einer außergewöhnlichen Einrichtung am Stadtrand von Schleswig. Inmitten grüner Weiden liegt das Areal von Klappschau.

In der integrativen Einrichtung wohnen und leben Menschen mit verschiedenen Behinderungen und Pflegebedürfnissen. Eine hohe Lebensqualität in familiärer Atmosphäre zu schaffen, ist das Ziel von Arne und Kristina Hansen, die das Familienunternehmen nun in fünfter Generation betreiben. Neben den Therapieangeboten gehörte die Einbindung der Mitbewohner in das landwirtschaftliche Leben dabei von Beginn an zum Konzept.

1820 wurde in Schleswig die „Provinzial Irrenanstalt", Vorgänger des heutigen Schlei-Klinikums, gegründet. Die Einrichtung galt damals als eine der modernsten ihrer Zeit in Europa. Schon die damaligen Leiter suchten nach neuen Wegen der Betreuung psychisch Kranker außerhalb der Krankenhausmauern. Sie engagierten sich für das Modell der Versorgung in bäuerlichen Betrieben. Aus diesem Bestreben entwickelten sich in Schleswig und Umgebung sieben bis heute bestehende private Einrichtungen.

Es war Ururgroßvater Asmus Berendsen, der mit der Eröffnung des Hofes „Berlin" auf dem Gelände der heutigen Fachpflege des Schlei-Klinikums den ersten Betrieb dieser Art begründete. Im Jahr 1883 pachtete Urgroßvater Theodor Berendsen den Hof Klappschau und errichtete 1902 dort das Haupthaus, wo noch heute vor allem die Mitbewohner leben, die eine intensivere Betreuung benötigen.

In nunmehr 125 Jahren hat sich das Familien-Unternehmen ständig weiterentwickelt. Couragiert setzte sich die 3. Generation in Zeiten des Nationalsozialismus für die Betreuten ein und nahm in den sechziger Jahren bauliche Erweiterungen und Modernisierungen vor. Die 4. Generation verdoppelte 1976 die Wohnfläche. 1986 wurde die erste Wohngruppe gebildet, 1994 wurde das neue „Landhus" fertig gestellt und 1999 das „Haus am Mühlenbach" gebaut. Heute müht sich ein engagiertes Team von Pflegekräften und Pädagogen um das Wohl der Mitbewohner. Arne Hansen kümmert sich als Heimleiter um den betriebswirtschaftlichen Teil und das Qualitätsmanagementsystem sowie die Landwirtschaft, während seine Frau Kristina als Medizinerin und Geschäftsführerin die Bereiche Pflege, Betreuung und Personal leitet.

In Zukunft wird ein wesentlicher Punkt die „Inklusion" sein. Pflegebedürftige, aber auch gesunde Menschen sollen bewusst sozial integriert werden. Geplant ist unter anderem, Wohnungen vom „Haus am Mühlenbach" an Interessenten zu vermieten. Auch betreutes Wohnen und ambulante Versorgung werden angeboten. Auch der neu eröff-nete Reiterhof oder die seit 2003 alljährlich in Klappschau stattfindende Messe „Heim & Garten" sollen Begegnungsmöglichkeiten bieten und Berührungspunkte schaffen.

Der ungewöhnliche Name „Klappschau" bedeutet frei übersetzt übrigens einfach Waldmühle. Dabei leitet sich „Schau" vom dänischen Wort „Skov" für Wald ab und „Klapp" deutet schlicht auf eine klappernde Mühle am Bach hin.

Wolfgang Harm

„Ich bin als plattdeutscher Jung auf der Geest in Börm aufgewachsen", fasst Wolfgang Harm seine Kindheit, zu der auch die Begeisterung für`s Fußballspielen und den Sportschützenverein gehörte, in treffende Worte. Als „jahrelanger Fahrschüler" besuchte er dann die weiterführende Schule in Schleswig. An den Realschulabschluss 1974 in Kropp schloss sich der Besuch des technischen Gymnasiums in Schleswig an. Schwerpunkt: Maschinenbau. In bleibender Erinnerung ist Wolfgang Harm den Schleswiger Werkstätten geblieben. Denn hier war er zusammen mit einem Kollegen der erste Zivildienstleistende überhaupt, insgesamt 25 Monate verbrachte er dort. Diverse Jobs als Hallenbauer, Tankwart, Forstwirt und Musiker schlossen sich an, 1984 machte er die Gesellenprüfung zum Tischler. In Argentinien ging er von 1984 bis 1985 auf die Walz, einzelne spanische Worte und vor allem viele Freundschaften sind ihm bis heute erhalten geblieben.

Zur selben Zeit hatte Wolfgang Harm schon mit drei Kollegen eine Druckmaschine angeschafft und in den Geschäftsräumen der Langen Straße installiert. Visitenkarten und vor allem eigene Flugblätter sollten hier gedruckt werden. Da die Rezession eine schlechte Auftragslage im Tischlerhandwerk bewirkte, beschloss der Dynamiker, andere Weg zu gehen. Als Autodidakt eignete er sich umfassende Druckereikenntnisse an.

25 Jahre sind seitdem vergangen, seit 1987 ist Wolfgang Harm alleiniger Firmeninhaber und längst ist aus dem roten Stern aus einer politisch bewegten Zeit ein modern designtes Logo auf orangefarbenem Grund geworden. 1997 zog die Firma Sterndruck nach St. Jürgen und aus dem Ein-Mann-Betrieb ist heute ein Unternehmen mit 15 Angestellten und drei Azubis geworden. Mit dabei auch Ehefrau Eike Schüttler. Die am 10.02.1959 geborene Pädagogin hatte Wolfgang Harm schon während der Zeit auf dem technischen Gymnasium kennen gelernt, seit 1995 sind die beiden verheiratet. In der großen Betriebshalle sirren die Druckmaschinen unermüdlich im Schichtbetrieb, nicht minder rast- und ruhelos der Geschäftsführer von Sterndruck. Zum 25-jährigen Firmenjubiläum erreichen ihn Glückwünsche: „25 Jahre Stern Druck sind 25 Jahre Entwicklung auf der Überholspur, immer nur Volldampf, immer unruhig, immer aktuell", formuliert ein Gratulant treffend und erinnert sich noch an die Zeiten, als Wolfgang Harm in den engen Innenstadträumen an zwei Maschinen gleichzeitig aktiv war. „Diese Munterheit, den Fleiß hast Du Deinen Leuten vorgelebt und ihnen so die Schlagzahl vermittelt, die im Hause Stern Druck gelebt wird", heißt es weiter. Bei dem streckenweise atemberaubenden Tempo hat Wolfgang Harm mit Ehefrau Eike die beste Co-Pilotin auch für rasante Strecken an seiner Seite.

Eine hohe Schlagzahl legt Wolfgang Harm nicht nur im Unternehmen sondern auch als Vorsitzender des Gewerbevereins St. Jürgen vor. Als ihm im Herbst 2008 Künstleragent Mario Hoff anbot, den bundesweit erfolgreichen Comedy Club „Night Wash" exklusiv nach Schleswig zu holen, zögerte er nicht eine Sekunde. Mit dem mutigen Herzen eines Drachentöters traf er eine schnelle und goldrichtige Entscheidung. Die viermal jährlich stattfindende Veranstaltung hat schon jetzt Kultcharakter erreicht und dem Gewerbeverein ein herausragendes Alleinstellungsmerkmal beschert.

sterndruck • Heinrich-Hertz-Straße 24 • 24837 Schleswig • Telefon: 04621-53340

Gewerbeverein St. Jürgen

St. Jürgen heißt der Stadtteil im Nordosten Schleswigs. Ursprünglich war St. Georg ein eigenes Dorf, 1936 wurde es in die Stadt Schleswig eingemeindet. Zu Beginn der 90er Jahre entstand hier das Gewerbegebiet St. Jürgen, in dem heute zahlreiche namhafte Unternehmen angesiedelt sind.

Schon früh zeigte sich der Wunsch der Gewerbetreibenden nach engeren Kontakten und Zusammenarbeit. 1995 ergriff Peter Rathmann die Initiative und lud alle ansässigen Firmeninhaber zu einem Kennenlernen ein. Mit dem Ziel, die gemeinsamen Interessen zu bündeln und gemeinsam nach außen mit einer Stimme aufzutreten, wurde noch im selben Jahr der Gewerbeverein gegründet. Lange Jahre setzte sich Peter Rathmann engagiert als erster Vorsitzender für die Belange des Gewerbegebiets ein. Straßenfeste wurden organisiert, um Kontakt untereinander zu finden und auch nach außen präsent zu sein. Aufgrund der Weitläufigkeit erwiesen sich diese Veranstaltungen allerdings als schwierig, insgesamt verlor der Gewerbeverein im Laufe der Jahre an Aktivität. Nach dem Motto „ganz oder gar nicht", beantragte der damalige Vorstand Arne Hansen als Nachfolger von Peter Rathmann eine Erhöhung der Beitragssätze um das Zehnfache. Mit dieser gewagten Maßnahme kam neuer Schwung in den Verein. Im März 2003 wurde nach einer Idee von Schriftführer Holger Jessen die Zeitung „Kompass" ins Leben gerufen. Events wie die „Heim und Garten" auf dem Gelände Klappschau oder das Gautschfest bei Sterndruck, an denen sich zahlreiche Mitglieder beteiligten, waren ein guter Ersatz für die großen Gewerbegebietsfeste. Noch heute ist die alljährlich stattfindende „Heim und Garten" ein fester Treffpunkt für die Gewerbetreibenden.

Schnell gewann der wieder zum Leben erwachte Gewerbeverein neue Mitglieder, Come Together Partys wurden veranstaltet. Mit dem Mitgliederzuwachs und der damit verbundenen Stärkung nach innen stellte sich auch die Frage nach einer gelungenen Profilierung nach außen.

„Wer oder was steckt eigentlich hinter dem Namen St. Jürgen?", lautete die entscheidende Frage. Johannes Pfeifer, Pastor der Kirchengemeinde St. Jürgen, kannte die Antwort: Hinter St. Jürgen verbirgt sich die biblische Figur des heiligen Georg, denn Jürgen ist die niederdeutsche Form des alten griechischen Namens Georg. Der biblische St. Georg wurde verehrt für seine Tapferkeit und den unerschütterlichen Einsatz für seinen Glauben. Eine Legende erzählt von einem Kampf mit einem Drachen, aus dem St. Jürgen siegreich hervorgeht und die Königstochter sowie die ganze Stadt rettet.

Ein Ideenwettbewerb wurde ausgeschrieben und bald ward die Idee des Drachentöters, der heute das Emblem des Gewerbevereins darstellt, geboren. Grafiker Henning Bokelmann entwickelte das Logo und Wolfgang Harm, seit dem 24.08.2003 erster Vorsitzender des Gewerbevereins, half tatkräftig mit, ein rotes Drachenkostüm zu basteln und eine Ritterrüstung zu besorgen.

Lebendig, ideenreich, entschlusskräftig und couragiert präsentiert sich der Gewerbeverein, der heute stolze 69 Mitglieder zählt, ganz im Sinne seines Namensgebers noch heute. Dabei gibt es immer wieder große und kleine Drachen, denen es sich zu stellen gilt. Zu den großen gehört die aktuelle Wirtschaftskrise, zu den kleinen aber beharrlichen zählen Themen wie die großflächige Beschilderung oder die Verbesserung der Verkehrsführung durch einen Kreisverkehr an der Bundesstraße 201. Neben der Stärkung des Gewerbegebiets setzen sich die St. Jürgener Gewerbetreibenden auch für die Entwicklung von Stadt und Region ein. Die Beteiligung als Gesellschafter an der Ostseefjord Schlei GmbH gehört deshalb ebenso selbstverständlich zum Engagement wie die Protagonistenrolle im Prozess um den Zusammenschluss der Schleswiger Gewerbevereine und den Einsatz eines Stadtmanagers. Courage und Sinn für Humor haben die Drachentöter mit der Veranstaltung des Night Wash Comedy Clubs im Gewerbegebiet bewiesen - und werden dafür zwar noch nicht mit der Heiligsprechung, aber doch mit ausverkauften Hallen und einem begeisterten Publikum belohnt.

Gewerbeverein St. Jürgen   *Foto: Lenz*

Hans Hermann Henken

Der Werdegang des ehemaligen Hauptschülers Hans Hermann Henken zum Leiter des Berufsbildungszentrums in Schleswig ist nicht eben das, was man gemeinhin als klassisch bezeichnen würde – und genau das macht seine besondere Eignung aus, einem Bildungsinstitut für heute knapp 4000 Schüler aus dem Kreis Schleswig-Flensburg vorzustehen:

„Beinahe wäre ich Postjungbote in meiner Heimatgemeinde geworden", erzählt der am 26. November 1951 in Husum geborene und in Ramstedt aufgewachsene Hans Hermann Henken. Doch nach zwei Jahren Handelsschule beschloss er, seine Zukunft zunächst auf eine breitere Basis zu stellen. Weil Geld ihm ein gesellschaftlich relevantes Feld zu sein schien, entschied er sich für eine Banklehre bei der Kreissparkasse in Husum. Als dort 1971 das Wirtschafts-Fachgymnasium eingerichtet wurde, stieg er zusammen mit sechs Bankkollegen in die erste Klasse ein. Wegen anfänglichen Lehrermangels übernahmen die Schüler einen Teil des Unterrichts selbst. Aus dem Spaß an diesen Stunden und dem positiven Feedback entstand die Idee, Diplomhandelslehrer zu werden; es folgte ein Studium an der Uni Hamburg. Die Wahl zwischen den Fächern Mathe und Deutsch fiel mittels einer gemeinsam mit der Freundin geworfenen Münze auf Deutsch. Nach dem Hochschulabschluss und einer halbjährigen Tätigkeit an der Berufsschule für Friseure kehrte Hans Hermann Henken 1980 mit seiner Frau und Tochter Nele in sein Elternhaus nach Ramstedt zurück. 1982 kam hier auch die zweite Tochter Birte zur Welt. Den Bürgern seiner Heimatgemeinde ist Hans Hermann Henken bestens bekannt: Nicht - wie ursprünglich geplant - als Postbote, sondern als Bürgermeister. Probleme mit der örtlichen Abwasserbeseitigung hatten den aktiven Bürger zum Einstieg in die Kommunalpolitik bewegt, es folgte die Gründung einer neuen Wählergemeinschaft, die 1990 in die Wahl zum Bürgermeister mündete.

Von 1990 bis 1999 lenkte Hans Hermann Henken die Geschicke der 350-Seelen-Gemeinde. Noch heute ist das Gemeindehaus, das mit tatkräftiger Unterstützung zahlreicher Ehrenamtler gebaut wurde, Mittelpunkt des Gemeindelebens. Nach neun bewegten Jahren legte er das Amt nieder, um sich mit ungeteilten Kräften einer neuen beruflichen Aufgabe zu widmen: der Schulleiterstelle an der Kreisberufsschule in Schleswig, dem heutigen Berufsbildungszentrum. „Ich wurde mit so offenen Armen hier aufgenommen. Ich empfinde es immer noch als großes Geschenk, hier arbeiten zu dürfen", freut sich Hans Hermann Henken über das ausgezeichnete Betriebsklima innerhalb des Kollegiums. Schulmannschaften, die Teilnahme am Lauf zwischen den Meeren oder gemeinschaftliche Ausflüge mit Lehrern und bis zu 160 Schülern zum Skilaufen stärken diese Verbundenheit und erlauben eine andere Ebene der pädagogischen Arbeit. Hans Hermann Henken hat eine klare Vorstellung von dem, was er den Schülern vermitteln möchte. Neben fachlicher Kompetenz zählen dazu vor allem Sozialkompetenz und der Wille zur Eigenverantwortung.

„Die größte Aufgabe ist es, den Schülern die Motivation zum eigenen Willen zu geben, ihnen demokratische Werte zu vermitteln und ihnen zu zeigen, dass es viel mehr Möglichkeiten gibt, sich einzubringen, als viele sehen", umschreibt der engagierte Didakt seine Ideen. Den besten Beleg dafür liefert ihm seine eigene Biografie, die praktischen Erfahrungen müssten die Schüler aber selbst machen, betont er.

Mit seiner unkonventionellen Art und seinem Drang, die Dinge selbst in die Hand zu nehmen, zeigt er, wie aktive Selbstgestaltung aussehen kann. Fahrendes Beispiel seiner praktischen Lösungsansätze ist der vor kurzem für die Schule angeschaffte Kleinbus, der nun allmorgendlich 8 Schüler aus dem Raum Kappeln nach Schleswig bringt und mittags das Essen aus der angegliederten Kreiskantine ins Schulgebäude transportiert. „Das Kennzeichen SL-BB 9000 steht für „9000 bar bezahlt", schmunzelt Hans Hermann Henken mit Blick auf den ungewöhnlichen Einkauf. Ein Blick auf die hohen Transportkosten der Vergangenheit hatte klar gezeigt, dass sich die Anschaffung eines eigenen Fahrzeuges rentieren würde. Nach erfolgloser Suche in der Region fand sich schließlich im Internet das passende Angebot. Der Haken lag in der Abholadresse: Der Bus stand in Eisenach. Kurzerhand besorgte Hans Hermann Henken sich eine Tageszulassung, holte nachts um 2.30 Uhr aus dem Schultresor Geld und Nummernschild, um dann um 3.30 Uhr den Zug gen Bad Salzungen zu besteigen. Um 21.00 Uhr desselben Tages fuhr er als stolzer Besitzer eines weißen Kleinbusses in Schleswig ein. „Das ist ein bisschen verrückt, aber ich mag das", sagt er schlicht und wirft zwei auf dem Gelände rauchenden Schülern einen kritischen Blick zu. Ohne das leiseste Murren löschen die Ertappten sofort ihre Zigaretten. "Ich habe noch nie ein böses Wort von meinen Schülern gehört", sagt Hans Hermann Henken und zeigt wieder einmal: Er ist wirklich nicht das, was man gemeinhin als klassisch bezeichnen würde.

Schulleiter • Berufsbildungszentrum Schleswig • Flensburger Straße 19b 24837 Schleswig • Telefon: 04621 9660-0 • www.bbzsl.de

Das Berufsbildungszentrum

Wer auf das gelbe Backsteingebäude an der Flensburger Straße blickt, hat nur einen kleinen Ausschnitt der ehemaligen Kreisberufsschule vor Augen.

Die wahre Dimension des heutigen Berufsbildungszentrums erschließt sich dem Betrachter erst bei einem Gang über das mehrere Hektar große Gelände, das sich zwischen Tiergartengelände und Husumer Straße erstreckt. Hinzu kommt noch eine Außenstelle in der Stadt Kappeln. In den insgesamt achtzehn Häusern und Gebäuden werden knapp 4000 Schüler von über 200 Lehrkräften unterrichtet. Neben den Angeboten zum berufsbezogenen Erwerb höherwertiger Abschlüsse liegt ein Schwerpunkt in der Berufsvorbereitung. Dazu zählen die typischen Fachklassen für Auszubildende in unterschiedlichen Berufen der Wirtschaft und Verwaltung, des Handwerks und der Technik, der Landwirtschaft und der Gesundheit, Ernährung und Sozialwissenschaft. Außerdem werden im Bereich Pädagogik und Sonderpädagogik Erzieher in enger Zusammenarbeit mit den Einrichtungen theoretisch und praktisch ausgebildet.

In speziell eingerichteten Fachräumen wie hauseigenen Werkstätten, der Backstube oder dem Friseursalon wird Unterricht praxisnah gestaltet und begreifbar gemacht. Seit dem 1. September 2008 ist auch die Kantine der Kreisverwaltung Teil des Berufsbildungszentrums und bietet Gelegenheit zur Ausbildung von Beiköchen und Hauswirtschaftshelferinnen. „Schule muss auf dem Stand der Technik sein und das lehren, was die Wirtschaft verlangt", sagt Schulleiter Hans Hermann Henken in Hinblick auf die partnerschaftliche Zusammenarbeit mit den Betrieben und Innungen.

Unterricht gestalten und Schlüsselqualifikationen für eine sich ständig verändernde Lebens- und Arbeitswelt vermitteln, lautet die Mission.

Die Schulsozialarbeit ist ein wichtiger Stützpfeiler. So werden im Learncenter Schüler mit Verhaltensauffälligkeiten und Lernproblemen aufgefangen. Die geplante Einrichtung einer Krippe für Kinder von Schülerinnen, Lehrpersonal, aber auch externer Betriebe soll ab Sommer nächsten Jahres jungen Müttern und Vätern die Chance bieten, Ausbildung, Schule, Beruf und Familie in Einklang zu bringen und so den Berufsschulstandort Schleswig noch attraktiver werden lassen. Ein gesunder Mittagstisch, Sportangebote und kulturelle Veranstaltungen machen die Schule zum Lebensraum. Weiterbildungsangebote sollen Spaß und Erfolg beim Lernen bieten – und das ein Leben lang.

Im Jahr 2006 feierte die Schule ihr 175-jähriges Jubiläum. Seit den Anfängen als Zeichenschule in den Räumen der Wilhelminenschule hat sich vieles verändert; nicht Altersstarrsinn und Unbeweglichkeit, sondern Erfahrung und Mut zu Neuerung kennzeichnen die Bildungseinrichtung, deren Leitsatz lautet: „Das Gute erhalten, das Bessere erarbeiten". Mit der im Jahr 2007 eingeführten rechtlichen Selbständigkeit des Berufsbildungszentrums wurde ein weiterer Schritt in Richtung Zukunft getan, um der

Jugend in der Region Qualifizierungs- und Berufschancen für ihr weiteres Leben zu eröffnen und gleichzeitig der Region die Chance auf eine zeitgemäße berufliche Bildung im Sinne eines lebenslangen Lernens vor Ort in Schleswig und Kappeln zu erhalten.

Fotos: privat

111

Claus Henningsen

Wenn Raumausstattermeister Claus Henningsen Einblicke in die lange Firmenge-schichte des Friedrichsberger Familienunternehmens gibt, tut sich ein faszinierendes Bild Schleswiger Vergangenheit auf. Im Jahr 1864 hatte der Urgroßvater Theodor das Unternehmen in der Friedrichstraße 87 gegründet. Als Sattlermeister fertigte er hier Pferdegeschirre und Kutschenpolster, unter anderem für die Husaren von Schloß Got-torf. Großvater Emil Henningsen setzte diese Tradition fort und war als Tapeziermeister zusätzlich in der Lage, die Wände des Schlosses mit ledernen Tapeten zu verkleiden sowie mit Draperien und Vorhängen auszustatten. Seine Frau Frieda gründete da-neben ein Lederwarengeschäft. Vater Ernst Henningsen legte den Schwerpunkt des Betriebes nach dem Krieg mehr auf Polsterei, Fußbodenarbeiten und Gardinen.

Für den 1948 geborenen Friedrichsberger Claus Henningsen war es keine Frage, dass er die Tradition seiner Familie fortsetzen würde. Nach der Lehre zum Raum-ausstatter und ersten Berufserfahrungen in Hamburg absolvierte er mit 21 Jahren die Meisterschule in Oldenburg. Das anschließende BWL-Studium an der Möbelfachschu-le in Köln und Tätigkeiten in verschiedenen Einrichtungshäusern vervollständigten sei-ne Ausbildung. 1977 kehrte Claus Henningsen nach Schleswig zurück und übernahm den Betrieb des Vaters und baute ihn weiter aus. Mit dem Angebot von Möbeln für den Wohn- und Essbereich namhafter Designer, ergonomischen Sitzmöbeln und Kunstge-werbe erweiterte er das Sortiment und passte es den Bedürfnissen der Zeit an.

Heute bietet das Unternehmen von der modernen und klassischen Polsterei über Gardinen und Dekostoffe, Sicht- und Sonnenschutz bis zu Teppichen und anderen Bodenbelägen alles für die gelungene und geschmackvolle Raumgestaltung. Die mög-lichst authentische Aufarbeitung klassischer Polstermöbel gehört zu den Besonderhei-ten des Hauses. Für die Restaurierung der Emkendorfer Möbel auf Schloß Gottorf und Ahrensburg wurden z.B. die benötigten Seidenstoffe eigens in Lyon gewebt.

Im Geschäft bekommt der Kunde neben der großen Auswahl an hochwertigen Produkten und freundlicher und kompetenter Beratung auch allerlei Inspirationen und Tipps für geschmackvolle Dekorationen mit Wohnaccessoires und Geschenkartikeln. Für die Auswahl, den Einkauf und die Präsentation zeichnet die Ehefrau Marlene Hen-ningsen verantwortlich. Auch die ungewöhnlich gestalteten Schaufenster tragen ihre Handschrift.

Auf dezent stimmige, manchmal auch auffällige, aber immer ansprechende Weise versteht sie es, Akzente zu setzen. Dabei spielen Kunst und Kultur, Farben und For-men immer eine Rolle. Mit ihrer einfaltsreichen Gestaltung wurde sie 2007 beim Wett-bewerb des Schleswig-Holstein-Musikfestivals sogar mit dem Preis für das schönste Schaufenster in Schleswig-Holstein ausgezeichnet.

Die Nähe zu Kunst und Kultur ist im Hause Henningsen vielerorts spürbar. So

wurden in den Räumlichkeiten über einige Jahre wiederholt Ausstellungen mit Werken bekannter Künstler aus Schleswig-Holstein präsentiert. Es konnten hier schon Radierungen von Otto Beckmann oder Werke der Lübecker Künstlerin Ingrid Schmeck bewundert werden.

Die Kunden wissen dies zu schätzen, auch weit über die Grenzen Schleswigs hinaus - ebenso wie das Handwerk aus Meisterhand, das hier im Friedrichsberg noch zu finden ist. Lange Jahre war Claus Henningsen Vorsitzender des Gewerbevereins im Friedrichsberg, wo von ehemals ca. 50 Betrieben heute nur noch ca. 30 geblieben sind.

Veränderte Konsumstrukturen und Nachfolgeproblematik sind hier wie überall spürbar. Dennoch bleibt Claus Henningsen optimistisch. Besonders die Kundenbindung und das Bewusstsein für bleibende Werte seien in der letzten Zeit wieder gestiegen, sagt er.

Die Zukunft der Kinder liegt dem Ehepaar Henningsen am Herzen, daher engagieren sie sich im Freundeskreis Bugenhagenschule, bieten Berufspraktika und wenn möglich auch Ausbildungsplätze an und sind jetzt als Partner des Projektes „Schutzburg" von den Kindern ausgewählt worden. Egal, ob aufgeschlagenes Knie oder eine verletzte Seele - bei Claus und Marlene Henningsen finden Kinder immer eine erkennbar offene Tür. Vielleicht kommen sie ja auch einfach mal rein, um ein paar Geschichten zu hören, wie es früher so war im Friedrichsberg, als hinten im Haus noch eine Mühle das Getreide mahlte und die Fischer vom Holm mit dem Ruderboot bis zur Bugenhagenschule fahren konnten, um in der Polsterei ihre Segel flicken zu lassen.

Henningsen Einrichtungen • Raumausstatter • Friedrichstraße 99 • 24837 Schleswig • Telefon: 04621-37035

Reinhard Henseler

„Wer sein Ziel erreichen will, muss den Kurs genau kennen, sonst landet er wie Kolumbus in Amerika statt in Indien", sagt Reinhard Henseler. Mit eindeutigen Positionen und klarer Linie hat der Vorsitzende des Vorstandes der Nord-Ostsee Sparkasse stets Kurs gehalten. Die Koordinaten des gebürtigen Gelsenkircheners liegen heute zwischen Nord- und Ostsee, seit 1995 ist Husum sein Heimathafen.

„Dass ich Bankkaufmann geworden bin, ist allerdings eher ein Zufall gewesen", erinnert sich der am 27.06.1951 geborene Sohn eines kaufmännischen Angestellten. Ebenso gut hätte er sich eine Journalistenkarriere vorstellen können. Doch auch wenn er das Spiel der Medien perfekt beherrscht, ist Reinhard Henseler kein Freund der großen öffentlichen Auftritte. „Diskretion ist ein hohes Gut und die beste Bank ist die, über die möglichst wenig geschrieben wird", erklärt er seine Zurückhaltung. Dennoch: Für das, was er zu sagen hat, findet er stets klare Worte. „Mindestens gut bleiben und wo möglich, noch besser werden", lautet seine Kernbotschaft an die Mitarbeiter.

Die Sicherung von über 1.300 Arbeitsplätzen und den damit verbundenen Existenzen hat für ihn ebenso Priorität wie das Einfordern flexibler und zeitgemäßer Leistungen. Das Angebot zum offenen Gespräch gehört dabei immer dazu.

Während seiner Sparkassenlehre hatte Reinhard Henseler schnell seinen Platz gefunden. „Besonders gefiel mir der Umgang mit den Menschen", erzählt der hoch gewachsene Mann mit dem glasklaren Blick. Positives Feedback bestätigte ihn auf seinem Weg, dem er von da an konsequent folgte.

Nach zehnjähriger Tätigkeit bei der Stadtsparkasse Gelsenkirchen wechselte er 1980 zum Westfälisch-Lippischen Sparkassen- und Giroverband in Münster. 1982 absolvierte er in Bonn das Examen zum Verbandsprüfer.

Das Prüfen der Bilanzen auf Wahrhaftigkeit empfand er als verantwortungsvolle Aufgabe, die Berührung mit zahlreichen Häusern als großen Erfahrungsschatz.

Mit dem Eintritt in die Stadtsparkasse Bottrop kehrte er ab 1987 als Leiter des Firmenkundenkreditgeschäfts ins operative Kundengeschäft zurück; 1992 wurde er zum stellvertretenden Vorstandsmitglied gewählt. Der besonderen Verantwortung, die ihm in seiner Position zukam, war er sich immer bewusst. Im Vordergrund stand stets die konstruktive Zusammenarbeit mit den Kunden, aber auch Konfliktfähigkeit und die Stärke „Nein" zu sagen, gehören zu einer guten Beratung, fügt er hinzu.

Mit Authentizität und zielgerichteter Navigation überzeugt Reinhard Henseler auch in Schleswig-Holstein. 1995 wechselte er als Vorstandsmitglied zur Sparkasse Nordfriesland, wo er am 01.02.2001 zum Vorsitzenden des Vorstandes ernannt wurde.

Die Eingewöhnung in seinen neuen Lebens- und Arbeitsbereich fiel dem Sylturlauber dank seiner ausgeprägten Affinität zum Norden nicht schwer. Land und Leuten der Region fühlen er und seine Frau Jutta sich längst eng verbunden. Wann immer

möglich, genießen die beiden am Wochenende Ausritte am grünen Strand von Husum.

Seit dem Jahr 2003 steht Reinhard Henseler an der Spitze der durch die Fusion mit der Sparkasse Schleswig–Flensburg entstandenen Nord-Ostsee Sparkasse.

An die gesellschaftliche Rolle, die die NOSPA in der Region spielt, stellt er hohe ethische Ansprüche. „Ich sehe es als eine wichtige Aufgabe, die aus den Bankgeschäften erwirtschafteten Gewinne zu einem Teil dem Gemeinwohl zur Verfügung zu stellen", erklärt er. Die erfolgreiche Umsetzung dieses Gedankens ist in Schleswig und in der Region vielerorts sichtbar.

Der Blick über den eigenen Tellerrand hinaus ist ihm wichtig. Die Mitgliedschaft in diversen Gremien der deutschen Sparkassenorganisation erlaubt ihm einen Überblick auf die Gesamtsituation und Rückschlüsse für das eigene Geschäft.

Seit 2006 ist er zudem Landesobmann und damit Sprecher der Sparkassenvorstände in Schleswig-Holstein.

Auch wenn Reinhard Henseler im Zuge der Fusion mit der Flensburger Sparkasse seinen Arbeitsmittelpunkt seit 2008 an die Förde verlegt hat, bleibt sein Schleswiger Büro erhalten. Doch nicht nur beruflich führen seine Wege weiter in die Domstadt. Als Schatzmeister und Vorstandsmitglied im Freundeskreis Schloß Gottorf zeigt der Kunstfreund auch auf privater Ebene kulturelles Engagement und Verbundenheit mit Schleswig. Eine kleine bronzene Statue erinnert in seinem Flensburger Büro an die besonders schönen Seiten der Schlei: Es ist die „Schleswigerin", die in Originalgröße auf der Liebesinsel an der Uferpromenade steht.

Sparkassendirektor • Vorsitzender des Vorstandes Nord-Ostsee Sparkasse • Capitolplatz 1 • 24837 Schleswig • Telefon: 04621-89-1000 • www.nospa.de

Die Nord-Ostsee Sparkasse

Die Nord-Ostsee Sparkasse ist für die Menschen im Norden mehr als nur ein modernes Kreditinstitut – als wichtigste Kultur- und Sportförderin trägt sie dazu bei, die Region noch attraktiver zu machen. Auch in Schleswig erfüllt sie ihr Versprechen: Nospa. Gut für einen starken Norden.

Mit der Förderung des Wikingermuseums Haithabu, des St. Johannis-Klosters vor Schleswig, des Landschaftsmuseums Unewatt, des Stadtmuseums mit dem S-Foto-Forum, Schloß Gottorf, des Landestheaters oder der Landesgartenschau 2008 ist die Nospa Taktgeber für Kultur in Schleswig.

Platz 1 auch bei der Sportförderung

Auch im sportlichen Sinne zeigt sie beste Platzierungen. Als Partner des Kreissportverbandes ermöglichte sie ein großes Jugendzeltlager, Sportlerehrungen, die Anschaffung von Großzelten und vieles mehr. „Optimisten" im Wortsinne wurden im Rahmen des Nospa-Segel-Engagements gefördert – die kleinen Boote führen den Segelnachwuchs auf einem der schönsten Segelreviere Deutschlands an diesen Sport heran. Aber auch andere Sportvereine oder der Reiterbund Schleswig-Flensburg haben von den Spenden- und Sponsoringaktivitäten der Nospa profitiert.

Da junge Menschen für die Zukunft einer Region sehr wichtig sind, ist die Nospa auch hier stark engagiert. Junge Musikerinnen und Musiker zeigen ihr Können bei „Jugend musiziert" in der Kreismusikschule: die Nospa fördert. Im Kinderspielzentrum Schleswig-Friedrichsberg werden Informationsbroschüren angeschafft: die Nospa fördert. Der Kreisjugendring Schleswig-Flensburg investiert in eine neue Ballsportanlage: die Nospa fördert auch hier. Jugendförderung und Nospa werden in Schleswig in einem Atemzug genannt.

Ehrenamt kann auf die Nospa zählen

Ebenfalls mit Nospa-Unterstützung wurden Ferienfreizeiten für sozial benachteiligte Familien organisiert. Das „Essen auf Rädern" des Paritätischen Wohlfahrtsverbandes wurde ebenso unterstützt wie die DLRG Schleswig-Flensburg, die neues Inventar für ihr Jugendhaus benötigte.

Auch Schulen konnten sich über Fördermittel der Nospa freuen: Die Domschule Schleswig feierte ihr 750-jähriges Jubiläum und gestaltete den Pausenhof neu, die Lornsenschule Schleswig stattete unter anderem die Mensa neu aus. Und auch die staatliche Internatsschule für Hörgeschädigte erhielt zu ihrem 200-jährigen Jubiläum eine Unterstützung.

Verlässliche Förderung vor Ort

Mit diesen Förderschwerpunkten „Kultur", „Sport", „Jugendarbeit", „Karitative Zwecke" und „Schulen" ist die Nospa also breit aufgestellt. Die Nospa ist der Partner von 500 Vereinen, Verbänden und Institutionen im Geschäftsgebiet. Und auch die Mitarbeiterinnen und Mitarbeiter sind in ihrer Freizeit sehr aktiv: jeder fünfte engagiert sich in einem Ehrenamt.

Die Nospa in Zahlen

- 4.000 Quadratkilometer Fläche Geschäftsgebiet zwischen Ost- und Westküste, Deutschlands nördlichste Sparkasse

- 3 Hauptstellen: Flensburg, Husum, Schleswig

- 69 Filialen

- 45 SB-Filialen

- Mehr als 1.300 Mitarbeiter

- Mit 1,9 Mio. Euro wurden 2008 weit mehr als 500 Vereine, Verbände, Institutionen gefördert.

Die Nospa ist und bleibt der Partner der Menschen in Schleswig und der Region.

Mario Hoff

„Ich kam mit dem Gewicht einer Weihnachtsgans zur Welt", erzählt der am 23.12.1973 geborene Blondschopf mit der verwegenen Frisur.

Sein strahlendes Lächeln überspielt den leichten Sarkasmus, der in dieser Bemerkung steckt. Denn leider stand der Festbraten nicht bei seinen Eltern, sondern beim Chef des Vaters auf dem Tisch. Es waren vor allem die Großeltern, die dem Jungen die Werte fürs Leben vermittelten. „Wenn Du fünf Mark in der Tasche hast, kannst Du nicht zehn ausgeben", war das Motto des Großvaters, der ebenso hart arbeiten wie das Leben genießen konnte.

Die Karriere des Jungen mit dem Schwiegermuttercharme begann früh. Mit 14 gründete er die erste Schleswiger Jugenddisko „SUA" und legte dort Platten auf. Mit 17 Jahren veranstaltete er Schlagerpartys, schon bald stand er als Moderator auf großen Bühnen. Events wie Modenschauen für Mollige, Aidsgalas oder die „Nacht der Clubs" in Norddeutschland gehörten dazu. Stand up und Improvisation waren die Stärken des Schleswigers.

„Ich konnte ja nichts anderes als reden", sagt der talentierte Entertainmentkünstler. Doch mit den Erfahrungen einer nicht eben durch Sonnenschein geprägten Kindheit konnte ihn das grelle Rampenlicht des Show-Business nicht blenden. Sein Herz schlug für die Sozialarbeit und so machte er nach dem Abitur eine Ausbildung an der Fachschule für Sozialpädagogik. Das leidenschaftliche Verlangen, sich für andere einzusetzen, und sein Kommunikationsvermögen waren auch der Motor für seine Kirchen- und Jugendarbeit. Mit 18 leitete er den „Jugendkeller St. Paulus", ein Stipendium der Nordelbischen Kirche ermöglichte ihm die Ausbildung zum Diakon, im Schleswiger Dom wurde er durch den damaligen Bischof Dr. Knuth eingesegnet. Bis Ende 1999 betrieb er als Gemeindediakon Familienarbeit und Seelsorge, initiierte die szenischen Lesungen „Unter diesem Himmel" und - wie könnte es auch anders sein - veranstaltete das erste „Church Inn" in Schleswig-Holstein, durch das die Boy-Group „TNT" Top-Ten-Chart-Erfolge erzielte.

Nebenbei arbeitete er für die Zeitung und traf dort auf namhafte Künstler. Mit Guildo Horn, Nina Hagen, Gitte Haenning hat er Interviews geführt, unvergessen ist ihm eine mit Melissa Etherge gelöffelte Gemüseterrine.

Als ihm der damalige Bürgermeister Klaus Nielsky im Jahr 1999 von der Ausschreibung der Leitung des Jugendzentrums erzählte, bewarb er sich trotz andere Pläne - und bekam die Stelle.

Seit 2003 ist Mario Hoff Leiter des Schleswiger Zentrums. Mit den zwei Seelen in seiner Brust als Künstler und Sozialarbeiter gelingt ihm der Brückenschlag zwischen Kultur und anspruchsvoller Jugendarbeit. Dank seiner Kontakte in die Szene ist das Zentrum längst zur kleinen, aber feinen Bühne von Comedy-Größen wie Bernhard

Foto: privat

Hoecker und Ingo Insterburg geworden. Aus den Einnahmen der Veranstaltungen werden Anti-Agressions-Programme, Kochkurse und andere wichtige Jugendprojekte finanziert.

Mut zum Risiko, gepaart mit hohem Sicherheitsdenken, höchste Einsatzbereitschaft und ein geübter Blick auf die Realitäten sind Eigenschaften, die Mario Hoff als Leiter des Schleswiger Zentrums und als Event-Manager auszeichnen.

Während der Landesgartenschau war er für die Veranstaltung des beeindruckenden Kulturprogramms verantwortlich. Marianne und Michael, Jürgen Drews, Justus Franz und Helge Schneider brachten mit ihren Gastspielen Musik und neues Selbstvertrauen in die Stadt an der Schlei. Mit einem Nachfolgekonzept soll der Schwung des floralen Ereignisses fortgesetzt werden. Das von Mario Hoff konzipierte Programm trägt mit einer Mischung aus anspruchsvollen Veranstaltungen für Jung und Alt sowie der Einbeziehung sozialer Einrichtungen seine unverkennbare Handschrift.

Bei all dem Trubel, den es zur Zeit um seine Person gibt, geht es Mario Hoff nicht um Profilierung, sondern um das Erreichen seiner Ziele. Dafür fährt er 150-prozentigen Einsatz. Aus einem gesundheitlichen Warnschuss vor zwei Jahren hat er allerdings - ein bisschen - gelernt. Heute kann er auch mal das Handy abschalten, einfach auf dem Sofa liegen und die alten Platten aus seiner Musik-Box abspielen, in seinem Nostalgie-Zimmer den orangefarbenen Föhn aus seiner Retro-Sammlung bewundern, Blendi-Memory spielen oder mit „Schirm, Charme und Melone" in die Fernsehgeschichte abtauchen. Schließlich kommen ihm dabei die besten Ideen...

Kulturveranstaltungen • Seelsorge und Soziales • Telefon: 0171 – 3200 837 • E-Mail: the_avengers@gmx.de

Marlies Jensen (Leier)

„Beim Nachdenken über das, was ist und das, was wirklich ist, leuchtet unaufhörlich in mir auf, was war. Dabei erscheint mir der Ort meiner Kindheit – bei aller Unzulänglichkeit seiner Menschen – gestern wie heute, dort wie überall – deutlicher und deutlicher als wirklich gewesene Utopie." Dies schreibt die Autorin Marlies Jensen im Vorwort zu ihrem Buch „Wirklich gewesene Utopie - Petri, Patri, Paradies".

Marlies Jensen wurde am 19.08.1950 als Fischerstochter im Haus ihres Urgroßvaters auf dem Holm vor Schleswig geboren - „… zur selben Stunde, als ihr Vater mit seiner Wade (einer speziellen Art von Fischernetz) 350 Pfund überwiegend handgelenkdicke Aale im Haddebyer Noor vor Haithabu fing."

An ihre Kindheit auf dem Holm erinnert sie sich heute als eine Zeit der Geborgenheit und Vertrautheit in einem abgeschlossenen, sicheren Lebensraum. Als Jugendliche nahm sie aber auch die Enge des Zusammenlebens wahr. Ein Bedürfnis, aus dieser kleinen Welt auszubrechen, machte sich in ihr breit: „Es war die Zeit der Beatles und der Rolling Stones. Wir liefen im Minirock durch die Straßen und hatten das Gefühl, als ob hinter jeder Gardine jemand stünde und uns beobachtete."

Nach dem Besuch der Volksschule absolvierte Marlies Jensen eine Büro-Lehre in der Schleswiger Stadtverwaltung. Auf die weiterführende Schule durfte sie nicht, ihre Eltern waren der Meinung: „Mädchen heiraten ja doch."

1971, mit 21, heiratete sie also „brav" und folgte ihrem ersten Mann nach Husum, wo sie als Chefsekretärin bei der Husumer Schiffswerft tätig war. Nach der Trennung von ihrem Mann und nach der Geburt ihrer Tochter (1976) zog sie 1977 mit Kind und Kinderfrau nach Kiel – damals die Stadt ihrer Träume, die große weite Welt. Dort war sie zunächst für den Parlamentarischen Geschäftsführer der SPD-Fraktion im Kieler Landtag tätig und später über 10 Jahre Wahlkreisassistentin des Europaabgeordneten Gerd Walter.

Es war die Zeit des Aufbruchs jenes hoffnungsvoll aufstrebenden, ausgeprägt linken Landesverbandes der Sozialdemokraten. Es bedeutete für sie Freude, weit über das Maß einer normalen Berufstätigkeit hinaus mitzuarbeiten, als man dort fortschrittliche Ideen der Schul-, der Frauen-, der Friedenspolitik und den Ausstieg aus der Kernenergie auf den Weg brachte. Eine „neue politische Kultur", wie es schien. Ab 1991 war sie als persönliche Mitarbeiterin für Björn Engholm in dessen Eigenschaft als SPD-Bundesvorsitzender tätig, zuständig für die Planung und Koordinierung seiner Termine,

Foto: privat

auf seinem Weg als Kanzlerkandidat Verbindungsfrau zwischen dem Parteivorstand in Bonn und der Kieler Staatskanzlei. Nach den politischen Ereignissen in Schleswig-Holstein im Jahre 1993 stieg Marlies Jensen - enttäuscht - aus der Berufstätigkeit aus. Sie heiratete ihren Lebensgefährten, zog nach Mönkeberg an der Kieler Förde und begann - nach einer Zeit der Ruhe, des Lesens und des Denkens - bunt und plattdeutsch, in der Sprache ihrer Kindheit, vom Ort ihrer Vorfahren zu träumen und zwar so intensiv, dass sie sich nachts aus dem Schlaf heraus an den Bleistift gezwungen sah.

„Es war das Gefühl, etwas sehr, sehr Wertvolles verloren zu haben, das ich, als ich es hatte, nicht erkannte und das dann wie ein Leuchtturm in meine Träume kam", erinnert sie sich. Schließlich war es ihr Mann, der sie zur Rückkehr an „ihren" alten Ort ermutigte.

121

Heute verbindet sie eine tiefe Liebe mit dem Holm. Einem inneren Impuls folgend, begann sie zu schreiben, die Geschichte des Ortes ihrer Kindheit zu erzählen. „Als eine der allerletzten, die den letzten Zipfel des ursprünglichen Lebensgefühls dieses alten Ortes noch erlebt hatte", war es ihr ein Bedürfnis, es festzuhalten, es vor dem Vergessen zu bewahren. Und so entstand ihr erstes Werk mit dem Titel „Petri, Patri, Paradies." Es ist ihrer Tochter Katja gewidmet, geschrieben ist es in der Sprache ihrer Großeltern: auf Plattdeutsch. Einer Sprache, die ihr als Kind peinlich war, weil sie als Sprache der Ungebildeten galt. Eine hochdeutsche Übersetzung macht das Buch einem breiteren Publikum zugänglich. Heute ist Marlies Jensen überzeugt: Plattdeutsch war und ist mehr als eine Sprache – sie ist Ausdruck eines Lebensgefühls, einer inzwischen untergegangenen Kultur.

Den Beweis, dass Plattdeutsch eine ernst zu nehmende Sprache mit reichen Ausdrucksmöglichkeiten ist, tritt sie mit Übertragungen von Erich Frieds Gedichten und Kafkas „Bericht für eine Akademie" an. Zweiflern hält sie entgegen: „Ich bin sicher, dass der in der Geschichte beschriebene Affe, der für den Hagenbeker Zoo gefangen wurde, auf dem Dampfer nach Hamburg nichts anderes gelernt haben kann als plattdeutsch."

Inzwischen hat Marlies Jensen sechs Bücher und zwei Hörbücher herausgegeben und an vielen Orten aus ihren Veröffentlichungen gelesen – für Literaturkreise, in Schulen, für Landfrauen, in Buchhandlungen, in Volkshochschulen und zum Beispiel im Buddenbrookhaus Lübeck oder im Willy-Brandt-Haus in Berlin.

In ihrem Haus veranstaltet sie Lesungen für Gruppen und im Herbst gibt es regelmäßig ein kleines Programm. Auf den Einladungen heißt es dann: „Leier liest"; denn Leier ist ihr Holmer Beiname, der auf die musikalische Begabung ihres Urgroßvaters zurückgeht.

Die Beziehung zu ihrer Tochter, den Töchtern ihres Mannes und zu den Enkelkindern ist ihr besonders wichtig. „Ich habe soviel von meinen Großeltern bekommen – das möchte ich auch meinen Enkeln geben." Auch in den Jahren der Abwesenheit hat Marlies Jensen wieder und wieder das Fest der Holmer Beliebung besucht und so Kontakt zu ihrem Heimatort gehalten. Ebenso tun es heute ihre Kinder und Enkel.

Die Tradition der Fischer ist für sie Inbegriff nachhaltigen Wirtschaftens. Nachhaltigkeit ist für Marlies Jensen ein großes Thema. „Wir leben auf einem Planeten mit begrenzten Ressourcen und wir können diesen Stern nun mal nicht verlassen", sagt sie nachdenklich.

Der Holmer Friedhof ist weit mehr als nur eine letzte Ruhestätte. Von den pittoresken Häuschen der einstigen Fischersiedlung umrundet, ist dieser idyllische, gartenartige Friedhof mit seiner 1876 erbauten, weißen Kapelle Sinnbild gelebter Tradition, Schleswiger Touristenmagnet und Mittelpunkt eines Stadtviertels zugleich.
Der kleine Friedhof ist Eigentum der Holmer Beliebung und steht den Mitgliedern zur Verfügung. Ursprünglicher Gedanke dieser bereits 1650 gegründeten Totengilde war die gegenseitige Hilfeleistung. In notvollen Zeiten von Krieg und Pest gelobten die Mitglieder einander getreu zur Seite zu stehen und ihre Verstorbenen zur letzten Ruhestätte zu tragen. Dies gilt noch heute.

Zärtlicher

kann man den Tod

nicht in die Mitte nehmen,

und nirgendwo

ist man weniger tot,

wenn man gestorben ist…

Fienföhliger

kann man de Dood

nich in´e Mööt nehmen,

und keenstee

is man weeniger doot,

wenn man sturven is…

Autorin • Süderholmstraße 47 • 24837 Schleswig • Telefon: 04621-855381

Holger Jessen

„Wir leben in und mit der Region", sagt Holger Jessen, der nun schon in dritter Generation das Elektrofachgeschäft Walter Jessen in Schleswig führt. Seit 1927 steht das Familienunternehmen für Kompetenz in Sachen Elektrotechnik.

„Wir vier Enkelkinder haben schon in den Schulferien Schrauben auf dem Firmenhof gesammelt und uns so ein paar Pfennige verdient", erinnert sich der am 03.02.1967 geborene Diplom-Ingenieur an seine ersten kaufmännischen Aktivitäten. Die Einnahmen wurden allerdings in der Regel umgehend im benachbarten Naschwarenladen am Gallberg umgesetzt.

Nach dem Besuch der Bruno-Lorenzen Schule hatte Holger Jessen 1986 das Abitur am technischen Gymnasium gemacht, anschließend absolvierte er im Betrieb von Vater Jürgen und Onkel Marquardt Jessen die Ausbildung zum Elektroinstallateur.

Nach Ableistung des Wehrdienstes folgte 1989 das Studium der Elektrotechnik, Fachrichtung Automatisierungstechnik in Flensburg. Im Rahmen seiner Diplomarbeit bei Siemens in Hamburg stellte Holger Jessen sein Talent für Praktikerlösungen unter Beweis. 1993 kehrte er nach Schleswig zurück. Ursprüngliche Pläne, in Hamburg oder Hannover als Ingenieur zu arbeiten, wurden recht bald verworfen. Bereits 1995 erwarb Holger Jessen die ersten Firmenanteile und seit 2004 ist er alleiniger Inhaber des Unternehmens.

Wie schon die beiden Generationen vor ihm hat Holger Jessen den Betrieb den Herausforderungen der Zeit angepasst. So bilden die Bereiche EDV und Telekommunikation heute eine starke Säule des Unternehmens. Aber, auch wenn sich das Unternehmen im Laufe der Jahre geändert hat, zwei Dinge sind stets gleich geblieben: der hohe Anspruch an die Qualität und die Pflege des guten Verhältnisses zu Kunden und Mitarbeitern. Viele der Mitarbeiter kennt Holger Jessen noch aus seiner Lehrlingszeit, manche von Ihnen haben bereits das 40-jährige Firmenjubiläum feiern können. „Ich schätze Mitarbeiter mit viel Erfahrung und auch zu unseren Kunden haben wir ein wirklich partnerschaftliches Verhältnis entwickelt", freut sich der Juniorchef über die feste Verwurzelung in der Region.

Wie schon seinem Großvater Walter Jessen sind dem Vater von zwei Kindern der familiäre Zusammenhalt und die traditionelle Verbundenheit zu Schleswig wichtig.

14 Jahre lang war Holger Jessen Mitglied im Serviceclub Round Table. Neben dem sozialen Engagement schätzt er die freundschaftlichen Beziehungen, die sich aus diesen Begegnungen ergeben haben.

Als mittelständisches Unternehmen ist die Firma Jessen in Schleswig gut aufgestellt. Trotzdem weiß Holger Jessen: "Unsere Region braucht eine gesunde, wirtschaftliche Stärke, um zukunftsfähig zu sein".

Als aktives Gewerbevereinsmitglied setzt er sich natürlich für die Belange der

Unternehmergemeinschaft St. Jürgen ein. Seine Idee, mit dem „Kompass" eine eigene Publikation herauszugeben, hat sich längst als richtungsweisendes Erfolgsprojekt etabliert.

Über die Zukunft des eigenen Unternehmens macht Holger Jessen sich noch keine Gedanken. Tochter Stella Henrike wünscht sich zur Einschulung ein eigenes Büro, ihr drei Jahre älterer Bruder Jan Flemming zieht zurzeit den Fußballplatz der Werkstatt vor. Doch bis jetzt ist bei jedem Jessen der Funke der Begeisterung für die Elektrotechnik übergesprungen. Und wer weiß, welche Überraschungen der Wechsel-Strom des Lebens noch bereit hält?

Geschäftsführer • Walter Jessen GmbH • Heinrich-Hertz-Straße 18 • 24837 Schleswig • Telefon: 04621-9590-0 • www.jessen24.de

Walter Jessen GmbH

„Im Starkstrom des Strebens – im Gleichstrom des Lebens", lautete die Überschrift in der Festbroschüre zum 50-jährigen Jubiläum der Firma Jessen in Schleswig. Das war 1977. Schon damals konnte das Unternehmen auf wechselvolle Zeiten zurückblicken. Als Firmengründer Walter Jessen im Jahr 1900 in Sörup geboren wurde, gab es dort bereits elektrischen Strom. Bereits als Jugendlicher hatte er sich für Motoren interessiert, nach der Schule begann er eine Ausbildung als Maschinenbauer.

Er war sicher: „Der Elektrotechnik gehört die Zukunft". Nachdem er einige Jahre bei der AEG in Berlin als Elektroingenieur tätig gewesen war, erfüllte er sich den Traum der Selbständigkeit. In der Schleswiger Poststraße 6 gründete er 1927 sein eigenes Unternehmen. Die Auftragslage war zunächst dünn, denn der Einsatz von Elektrogeräten war noch nicht allzu verbreitet, der Bedarf an Reparaturen entsprechend gering. Erste Aufträge kamen von Appeldorn und Gebr. Rasch; mit dem Bau des Fliegerhorstes auf der Freiheit ging es weiter vorwärts.

Bald hatte Walter Jessen sich einen soliden Stamm an Privatkunden und Industriebetrieben aufgebaut, die ersten Mitarbeiter konnten eingestellt werden und 1930 wurde das Haus am Gallberg gekauft. 1932 heiratete Walter Jessen seine Frau Magdalene, zwei Söhne und zwei Töchter wurden geboren. 1938 entstand das Ladengeschäft am Gallberg 9, 1953 stellte die Firma Jessen die erste Waschmaschine in Schleswig vor. Bis 1955 gab es noch Gleichstrom, in 90 Prozent der Schleswiger Betriebe nahm die Firma Walter Jessen die Umstellung vor. Mit unternehmerischem Weitblick und dank des familiären Zusammenhaltes gelang es, das Unternehmen in den 60er und 70er Jahren weiter auszubauen. Bereits 1963 wurden die beiden Söhne Mitinhaber des Unternehmens. Während Marquardt Jessen den Elektro-Maschinenbau leitete, baute Jürgen Jessen den Bereich der Elektroinstallation auf. Als sich Firmengründer Walter Jessen 1972 in den wohlverdienten Ruhestand zurückzog, waren am Kattsund bereits die neue Werkhalle und das Büro erbaut worden. In dieser Zeit wurden in ganz Schleswig-Holstein Elektroarbeiten ausgeführt. Der Wikingturm, die Mehrwasserbäder in St. Peter Ording, Timmendorf und Laboe, die Kongresshalle in Husum, das Ostseebad Holm und weit mehr als 1000 Wohnungen wurden installiert. Zu den Kunden gehörten u.a. die Leder- und Fleischfabriken, die Nordfleisch, das Butterwerk in Schleswig. 1996 erfolgte mit dem Neubau im Gewerbegebiet St. Jürgen ein weiterer Schritt Richtung Zukunft.

Seit 2004 wird der Familienbetrieb in der 3. Generation von Diplom-Ingenieur Holger Jessen geleitet. Die Weiterführung von Traditionen und die zeitgemäße Einführung von Innovationen machen die Firma Jessen auch im 21. Jahrhundert zu einem starken Partner für Kunden aus dem Privat- und Geschäftsbereich. Mit den Säulen

Elektro-Installation, Elektro-Fachmarkt, Leuchtenhaus, Kundendienst, TK-Lösungen, IT-Lösungen und E-Maschinenbau ist das Unternehmen gut aufgestellt und bietet Arbeitsplätze für 75 Mitarbeiter.

Für die Kunden bedeutet das: kompetente Leistung in unterschiedlichsten Bereichen aus einer Hand. So ist das Unternehmen nicht nur Spezialist in den Bereichen Elektromaschinenbau und Abwassertechnik, sondern führt auch Elektroinstallationen aller Art aus - der gesamte Bereich der Sicherheitstechnik gehört dazu. Mit dem Ausbau der Sektoren Telekommunikationstechnik und Neue Technologien hat Holger Jessen das Unternehmen von Beginn an die Bedürfnisse der Zeit angepasst und zukunftsfähig gemacht. Auch im Bereich der Nutzung regenerativer Energien ist die Firma Jessen kompetenter Partner für die gesamte Installation und geht selbst mit gutem Beispiel voran: Seit 2004 speist eine Fotovoltaik-Anlage auf dem Dach rund 60000 Kilowattstunden Strom ins Netz. Eines bleibt zuverlässig auch in Zukunft bestehen: Kundennähe und erstklassiger Service werden hier aus Tradition groß geschrieben.

Klaus-Peter Jeß

Sein Markenzeichen sind der Fahrradhelm und ein strahlendes Lächeln. Wenn Klaus-Peter Jeß schwungvoll durch die Verkaufsräume von I.D. Sievers eilt, sollte man nicht meinen, dass sich hinter dieser Leichtfüßigkeit die Verantwortung für zwei der größten Modehäuser in Schleswig und Rendsburg verbirgt. Über Langeweile jedenfalls kann Klaus-Peter Jeß als Geschäftsführer des Traditionsunternehmens I.D.Sievers sowie zweier Intersport-Märkte nicht klagen. Insgesamt trägt er die Verantwortung für knapp 200 Mitarbeiter.

Dabei hatte der heutige Geschäftsführer zunächst nicht viel mit kaufmännischen Dingen zu tun. Klaus-Peter Jeß wurde am 17.10.1958 als ältester Sohn eines Realschulrektors in Rendsburg geboren. Noch heute denkt er gerne an seine Kindheit zurück, die er mit seinen drei Brüdern in Erfde und Kropp verbrachte. „Wir hatten damals so viele Freiheiten", erinnert er sich an das unbeschwerte Leben in ländlichem Umfeld. Das Spielen auf dem benachbarten Bauernhof und Einsätze beim Heueinfahren gehörten dazu. Als Zehnjähriger wechselte Klaus-Peter Jeß von der Grundschule auf das Gymnasium in Husum; dafür musste er täglich stundenlange Busfahrten in Kauf nehmen. „Heute kriegt mich keiner mehr in einen Bus. Mein Kontingent ist auf Lebenszeit erschöpft", sagt Klaus-Peter Jeß lachend. Stattdessen hat er auf ein anderes Transportmittel umgesattelt: Häufig legt der Sportbegeisterte seinen Arbeitsweg von Rendsburg nach Schleswig auf dem Rennrad zurück.

Nach dem Schulabschluss hatte Klaus-Peter Jeß der Familientradition folgend zunächst die pädagogische Laufbahn eingeschlagen und an der Christian-Albrechts-Universität in Kiel Deutsch und Erdkunde studiert. Die zwei Stationen seines Referendariats absolvierte er an der Lornsenschule und der Domschule in Schleswig. Obgleich er das 2. Staatsexamen mit Note 1 abschließen konnte, erhielt er aufgrund der allgemein ungünstigen Lage lediglich eine halbe Lehrer-Stelle am Gymnasium in Schenefeld bei Hamburg. Ähnlich erging es seiner ebenfalls als Lehrerin beschäftigten Frau Wiebke. Eine Situation, die dem Dynamiker weder Auslastung noch Perspektive bot.

Als Klaus-Peter Jeß durch einen Zufall Kontakt zum damaligen I.D. Sievers Geschäftsinhaber Jürgen Bornhöff bekam, nutzte er die ihm gebotene Chance auf Veränderung. Er hatte bereits ein erstes Betriebs-Praktikum absolviert, als er 1989 als Assistent der Geschäftsleitung im Hause I.D. Sievers begann. In der Folge besuchte er zahlreiche Einzelhandels-Lehrgänge und konnte praktische Erfahrungen in verschiedenen Geschäftshäusern sammeln. Mit Erfolg. In Rendsburg wurde er zunächst Personalleiter, dann Verkaufsleiter und schließlich Geschäftsführer und Prokurist. Seit

einigen Jahren hat er auch die Verantwortung für den Schleswiger Standort übernommen. An seinem Job schätzt er die Vielseitigkeit und die hohe Verantwortung. Der Sport bietet ihm die nötige Entspannung und Motivation. Im Sommer fährt er Fahrrad oder ist auf Skikes unterwegs, im Winter gehört seine Leidenschaft dem Skilanglauf. Zu seinem winterlichen Aktivprogramm gehören Marathon-Läufe in den Dolomiten, im Oberammergau und in der Schweiz. Besonders stolz ist er auf die Urkunde des Vasa Loppet, einem 90 Kilometer langen Ski-Marathon in Nordschweden, den er 2007 erstmals gemeistert hat.

Heilig ist ihm das Abendessen im Kreise der Familie. Dann bespricht er mit seiner Frau und den drei Kindern die Ereignisse des Tages. Freunde der Kinder sind dabei gerne zu Besuch und genießen das Plaudern in lockerer Atmosphäre. Sein Tag beginnt er gerne mit einem frühmorgendlichen Fitnessprogramm: 1000 Meter Kraulen. „Beim Schwimmen habe ich die besten Ideen. Da lösen sich manche Probleme ganz von selbst", sagt der aktive Geschäftsmann, der seit 2008 auch ehrenamtlicher Geschäftsführer der Schleswiger City Management GmbH ist.

Geschäftsführer • I.D. Sievers • Stadtweg 35 – 37 • 24837 Schleswig • Telefon: 04621-9624-0

Christian Jordt

Wo Christian Jordt ist, ist Bewegung – und Beständigkeit zugleich. Mit acht Jahren zog der am 29.08.1960 geborene Schleswiger nach Tolk, wo er noch heute lebt. Nach dem Schulabschluss absolvierte der Sohn eines Kraftfahrers eine Lehre als Kfz-Elektriker beim Bosch-Dienst in Süderbrarup. „Die ersten Monate bin ich mit dem Fahrrad oder per Tramp dahin gefahren, weil meine Mofa meistens kaputt war", lacht Christian Jordt, der heute begeisterter Motorradfahrer ist.

Während seine ehemaligen Klassenkameraden noch bei ihren Eltern wohnten, kaufte er sich zusammen mit seiner damaligen Freundin Sabine ein Haus. Dort lebt er noch immer und Sabine ist heute seine Frau. „Als Krankenschwester hat sie einen ganz anderen Blickwinkel auf die Dinge als ich; das ist eine großartige Ergänzung", schwärmt der Inhaber des Schleswiger Autohauses Jordt. Zwei Stunden auf der heimischen Terrasse mit seiner Frau und den Kindern Malin und Daniel seien ihm wertvoller als eine ganze Woche Urlaub in der Ferne, sagt er.

Die Familie ist der Ruhepol in seinem Leben, das größtenteils auf der Überholspur stattgefunden hat.

Nach fünfjähriger Tätigkeit beim Bosch-Dienst folgte eine Anstellung bei der Nordbutter GmbH. „Ich habe mich da total wohl gefühlt, aber es störte mich, dass meine Frau mit ihrer Tätigkeit uns finanzieren musste", erklärt Christian Jordt.

Für ihn war klar: Er wollte mehr, schließlich hatte er ein Haus abzubezahlen. Er machte Mehrstunden und 1988 seine Meisterprüfung.

1990 tat er den Schritt in die Selbständigkeit. Als Spediteur übernahm er die Milchtransporte für die Nordbutter GmbH – und gab Vollgas. Als 2001 die Schleswiger Molkerei schloss, hatte Christian Jordt 50 LKWs gefahren und 75 Menschen beschäftigt. Aus ganz Schleswig-Holstein brachte seine Spedition täglich rund 2 Millionen Liter Milch. „Ich habe das eigentlich gar nicht gemerkt, man hat immer einfach gemacht und gemacht", sagt der Unternehmer. Trotz des Tempos, das er vorgelegt hat, hat Christian Jordt nie die Bodenhaftung verloren. Heimatverbundenheit und gute Freunde sind ihm wichtig, genauso wie aktiver Sport und das Motorradfahren. Als er 2001 den Firmen-Standort hätte wechseln müssen, verkaufte er die Spedition. „Von hier wegzugehen kam für mich nicht in Frage", sagt er.

Den Plan, Privatier zu werden, verwarf Christian Jordt bald. Morgendliche Gänge zum Kindergarten und ausgiebige Weihnachtsmarktbesuche lasteten den Dynamiker nicht aus. Er suchte eine neue Herausforderung, die er als geschäftsführender Gesellschafter im damaligen Autohaus Lüttmer fand. Die Übernahme des renommierten Autohauses als alleiniger Gesellschafter war ein weiterer großer Schritt in seinem Leben. „Das war einer dieser Neuanfänge, von denen es im Leben nur ganz wenige gibt",

sagt er und ist sicher, die richtige Entscheidung getroffen zu haben. Selbständig sein, bedeute eben auch, ständig man selbst zu sein. „Sich eine Maske aufzusetzen oder zu schauspielern, kostet auf Dauer viel zu viel Energie", betont er auch gegenüber seinen Mitarbeitern.

Was für ihn zählt, sind Klarheit und Offenheit. Bei allem, was er erreicht hat, ist in dem erfolgreichen Geschäftsmann nach wie vor der ehrliche Handwerker zu sehen, dem solide Arbeit und Qualität am Herzen liegen. „Ich helfe lieber zwei Kunden, die mich wirklich brauchen, als einem, der nicht offen zu mir ist", erklärt er sein Selbstverständnis. Dass Mobilität für das Team vom Autohaus Jordt kein Problem ist, zeigt sich auch beim jährlich stattfindenden Sommerfest des Service Clubs Round Table. Denn dann werden schon frühmorgens die Autos aus der Halle gefahren, am Abend wird die Ausstellungsfläche zur Tanzfläche. Für die Kult-Show des Kölner Comedy Clubs Nigthwash wird das Autohaus Jordt sogar zum Waschsalon umfunktioniert. Für einen Abend versteht sich, am nächsten Morgen ist alles wieder, was es war: ein Autohaus mit hervorragendem Service.

Ans Aufhören denkt der Firmenchef noch lange nicht, für die Zeit danach hat er Pläne, die nur einer wie er haben kann: „Irgendwann werde ich mit meinem Wohnwagen nach Sylt fahren und dort in aller Seelenruhe die hektischen Leute beobachten, wie sie ihren Champagner trinken", lacht der überzeugte Camper. Sein Lachen ist ansteckend, weil man merkt: Es ist echt. So echt wie Christian Jordt selbst.

Und dann sagt er etwas, dass sich jeder Stadtmanager auf die Fahnen schreiben sollte: „Schleswig ist nicht Husum und nicht Kiel und sollte auch nicht versuchen, es zu sein. Ich fühle mich hier wohl, weil Schleswig ist wie es ist – so wie ich auch".

Autohaus Jordt Automobilhandelsgesellschaft mbH • St. Jürgener Straße 52 • 24837 Schleswig • Telefon: 04621-9544-0 • www.autohausjordt.de

Autohaus Jordt

Dunkelblaue Fahnen flattern im typisch norddeutschen Wind. Darauf ein weißes ´J´ über einer dynamisch geschwungenen Welle: Im Autohaus Jordt weht seit Anfang 2009 eine frische Brise.

Auf dem 1,2 Hektar großen Firmengelände im Schleswiger Gewerbegebiet St. Jürgen werden Fahrträume wahr. Rund 50 Neuwagen vom neuen Audi A5-Cabriolet bis zum sportlichen Golf IV präsentieren sich hier von ihrer besten Seite. Dazu kommen zwischen 70 und 100 Gebrauchtwagen.

Wer die großzügigen Geschäftsräume betritt, merkt gleich: Hier steht der Kunde im Mittelpunkt. Direkt im Eingangsbereich hat Inhaber Christian Jordt sein gläsernes Büro. Der persönliche Kontakt zum Kunden ist ihm wichtig. „Bei uns soll jeder höchst zufrieden rausgehen", sagt er.

Qualität aus Leidenschaft lautet das Motto, für das sich auch die 55 Mitarbeiter engagieren. Am Informationstresen empfängt Service-Assistentin Tanja Brix die Kunden mit einem einladenden „Moin!". Sie ist schon seit 1995 ein bekanntes Gesicht im Autohaus. Beste Kundenkontakte pflegen auch Heiko Scholz und Ralf Anker. Als kompetente Berater in der Jahres- und Gebrauchtwagenabteilung halten sie Fahrzeuge aller Marken im Angebot.

Zeit für die Auswahl des passenden Fahrzeuges nimmt sich auch Michael Rohrmoser. Er ist der Spezialist im Neuwagenverkauf und überzeugt durch Kompetenz und langjährige Erfahrung.

In der Dialogannahme ist der Name Programm: Im ausführlichen Gespräch werden hier gemeinsam mit dem Kunden und direkt am Fahrzeug Service-Wünsche und Reparaturbedarf geklärt. Serviceleiter Svend Kapitzke und sein Berater-Team sorgen dafür, dass keine Wünsche offen bleiben, wenn das Fahrzeug an die kompetente Werkstatt-Crew übergeben wird. 14 qualifizierte Gesellen und 10 hoch motivierte Auszubildende gewährleisten zusammen mit Werkstattleiter Martin Knoll erstklassigen Service.

Dafür, dass die Reparatur eines Fahrzeuges nicht lange auf sich warten lässt, sorgt der Teile-Dienst. Das Team um Ulrich Schröder, der bereits seit 1977 im Autohaus tätig ist, kümmert sich um die Bestellung direkt beim Hersteller, die Lieferung erfolgt in der Regel noch über Nacht.

Auf seine Mannschaft kann Teamchef Christian Jordt sich verlassen.

„Gute Leistung kommt durch ein gutes Zusammenspiel", ist er überzeugt – und eilt schon wieder davon, weil an anderer Stelle sein Rat gefragt ist.

Wer morgens die Tür aufschließt und abends wieder absperrt? Der Chef persönlich natürlich!

Wo Autohaus Jordt draufsteht, ist eben auch Jordt drin.

Autohaus Jordt   Foto: privat

Firma Carl Julius – Inhaber Jürgen Sievers

Jürgen Sievers wurde am 30.03.1937 kurz vor Mitternacht geboren. „Wäre ich nach 24 Uhr geboren worden, hätte ich niemals meinen Geburtstag mit meinen Drillingsbrüdern teilen müssen", scherzt er. Nach dem Besuch der Wilhelminen- und Domschule in Schleswig begann Jürgen Sievers eine Ausbildung zum Bankkaufmann in der Schleswig-Holsteinischen und Westbank, der heutigen Hypo-Vereinsbank. Anschließend war er ein Jahr im Familienbetrieb, einem technischen Groß- und Einzelhandel, tätig. Im Austausch mit dem Juniorchef einer gleich gelagerten Firma in Brüssel konnte er weitere Kenntnisse im technischen Handel erwerben. Dieses war 1958, als in Brüssel die Weltausstellung lief. Unzählige Male konnte er während dieser Zeit das Messegelände besuchen. Zu den Hauptattraktionen auf dieser Ausstellung zählten das Atomium und die Nachbildung des Sputniks im russischen Pavillon.

Nach seiner Rückkehr aus Belgien beschlossen die Eltern und sein Onkel Helmut Julius, Mitinhaber des Familienbetriebes, den Junior für weitere zwei Jahre nach Hamburg in einen technischen Handel zu schicken. Nachdem er sich dort zusätzliches Fachwissen hatte aneignen können, arbeitete Jürgen Sievers ab 1960 wieder im Familienbetrieb mit und wurde am 01.01.1968 Gesellschafter der Carl Julius KG.

Wertvolle Unterstützung in privaten wie geschäftlichen Belangen ist ihm seine Ehefrau Ursula, die er 1962 heiratete. 1963 wurde Tochter Regina und 1964 Sohn Carl-Christian geboren. Auch wenn die Kinder nach ihren Studien nicht wieder zurückgekehrt sind, um vielleicht in die seit 1922 bestehende Firma einzusteigen, besteht ein großer Familienzusammenhalt. Fünf Enkelkinder und die jungen Eltern fahren heute noch teilweise zusammen in den Urlaub nach Italien. Dieses Reiseziel steuert Jürgen Sievers seit 1969 jedes Jahr an.

Auch in anderer Hinsicht erweist sich Jürgen Sievers als beständiger Weggefährte: In der Lollfußer Schützengilde, der Lollfußer Beliebung und dem Bürgerclub Schleswig war er jahrzehntelang als Vorstandsmitglied tätig. Seit 1950, damals war er noch ein Schulkind, ist er Mitglied im Schlei Segel Club. Für seine Mitgliedschaft und den aktiven Dienst in der Freiwilligen Feuerwehr von 1961 bis 2003 hat er das Brandschutzehrenzeichen in Gold bekommen. Aus all den Jahren sind zahlreiche Erinnerungen lebendig geblieben. Zu den unvergesslichen Erlebnissen zählt das Möweneieressen, das damals von Ende April bis Ende Mai zu den gesellschaftlichen Ereignissen in Schleswig gehörte. Zu den besten Zeiten habe er 12-14 Eier mit dem entsprechenden Korn dazu verzehrt, meint er. Heute sind das Sammeln und der Verkauf dieser damals als Delikatesse geltenden Eier wegen des hohen Giftgehalts verboten.

Ohne den Lollfuß kann sich Jürgen Sievers sein Leben nicht vorstellen. Deswegen ist es für ihn als Inhaber der Firma Carl Julius keine Frage, dass er trotz des Weggangs vieler Einzelhandelsunternehmen seinen Betrieb hier weiter führt - dort, wo sein Großvater im August 1922 die Firma Carl Julius mit dem Warenangebot Öle - Fette eröffne-

te. In der Zeit von Wirtschaftskrise und Inflation hatte der weitblickende Firmengründer seine Goldmark in das Geschäftshaus Lollfuß 73 und Schleistraße 22 investiert. Mit tatkräftiger Unterstützung seiner Frau Dora baute der damals schon 54-jährige Gründer die Firma auf. 1934 trat seine Tochter mit ihrem Ehemann Willy Sievers in die Firma ein. 1939 verstarb der Firmengründer. Während der Kriegsjahre führten Dora Julius und ihre Tochter Karla Sievers die Firma weiter. Der Mitinhaber Helmut Julius wurde eingezogen und Willy Sievers musste zur örtlichen Polizei.

1949 wurde aus der Personengesellschaft eine Kommanditgesellschaft mit den Gesellschaftern Dora Julius, Karla Sievers und Helmut Julius.

Mit einem Lieferwagen wurden in der Nachkriegszeit vorwiegend die Bauern und Fuhrbetriebe mit Öl und Fetten versorgt. Als „Julius – Öle Fette" war das Unternehmen schnell weit über die Stadtgrenzen hinaus bekannt. Nach der Rückkehr von Helmut Julius aus der Kriegsgefangenschaft wurde das Unternehmen mit vereinten Kräften weiter ausgebaut. Der gelernte Eisenwarenhändler Helmut Julius erkannte den wirtschaftlichen Aufschwung in Deutschland und erweiterte das Warenangebot: Es wurden Werkzeuge, Keilriemen, Kugellager, Reinigungsmittel und technische Artikel für Industriebetriebe vorgehalten. In den 60er Jahren wurden Bootsbeschläge und Reitartikel aufgenommen. Heute hat die Firma ein sehr großes Lager an Arbeitsschutzbekleidung aller Art. Der Lagerplatz für dieses Sortiment konnte durch den Erwerb des Grundstückes Lollfuß 71 geschaffen werden. „Bei uns gibt es eben fast alles", sagt Jürgen Sievers. Außer Heizöl und Diesel, womit bis 1998 gehandelt wurde. Aufgrund neuer Umweltvorschriften musste dieser Geschäftszweig stillgelegt werden. Eine Tatsache, die für den Geschäftsinhaber noch heute ein Ärgernis ist, zumal er beobachtet, dass in Schleswig noch heute nicht alle Grundstücke mit Altlasten saniert worden sind.

Zur Erhaltung seiner Vitalität hat Jürgen Sievers ein Geheimrezept, das nur ein Lollfußer kennen kann: Er genießt täglich einen Schluck aus einer der klaren, eisenhaltigen Quellen, die seit Generationen auf dem Grundstück sprudeln. „Davon hat schon mein Vater getrunken und der ist über 90 Jahre alt geworden", lacht Jürgen Sievers.

Inhaber der Firma Carl Julius • Technischer Groß- und Einzelhandel • Lollfuß 73 • 24837 Schleswig • Telefon: 04621-24046

Reno Karkuschke

15. August 2009, Dr. Karl Alslev-Platz des Sportvereins Schleswig 06: Kraftsportler Reno Karkuschke drückt sagenhafte 165 Kilogramm – das ist fast das Dreifache seines eigenen Körpergewichtes und neuer Weltrekord! Die Geschichte von Reno Karkuschke, dem Mann mit nur 1,63 m Körpergröße, klingt fast wie ein modernes Märchen, das allen Mut macht, die mit ihrem Schicksal hadern. Es ist eine Geschichte, von Kraft und Größe, die man überschreiben möchte mit dem Titel: „Die Leichtigkeit des Hebens".

„Ich war nie eine Sportskanone, außer Schach konnte ich nichts wirklich gut", erinnert sich der am 26.07.1968 in Schleswig geborene Reno Karkuschke. 1972 erklärten die Ärzte ihn aufgrund einer lebensbedrohlichen Stoffwechselkrankheit für so gut wie tot, wegen seiner körperlichen Schwäche empfahl man ihn trotz ausgezeichneter Schulleistungen nicht fürs Gymnasium. „Meine Mutter sagte immer, ich sähe aus wie einer von den drei Strolchen – meine Hosen schienen alleine zu laufen, weil ich so ein kleiner Knirps war", lacht Reno. Dann hatte seine Mutter die Idee, die sein Leben vollständig ändern sollte: Sie schickte den 16-Jährigen zum Gewichtheben.

Zur Überraschung aller stellte sich schnell heraus, dass hier eine der großen Stärken des zierlichen Jungen lag. 1984 trat er in den Verein Schleswig 06 ein, aus dem zweimaligen Training pro Woche wurden dreimal, dann fünfmal. Seit 1985 bestreitet der Schwerathlet Wettkämpfe, heute weist sein Konto stolze 17 Weltmeistertitel im Bankdrücken und Powerlifting auf, dreizehn davon in offener Altersklasse.

Einige Jahre zuvor: Wettkampftag in Schleswig. Reno Karkuschke tritt zur Landesmeisterschaft 2002 im Gewichtheben an. Es soll sein 75. Meistertitel werden. Dann passiert das Fatale, das Unfassbare: Reno Karkuschke kugelt sich die Schulter aus, Nervenbahnen werden beschädigt – Ärzte und Trainer sehen darin das Ende seiner Sportkarriere. Doch Reno kämpft. „Aufgeber gewinnen nie und Gewinner geben nie auf", ist sein Motto – und er schafft das Unvorstellbare. Anfänglich kann er aus eigener Kraft nicht einmal den Arm heben, er entschließt sich zu einer äußerst schmerzhaften Reizstromtherapie, die ihm manche Träne in die Augen treibt. Unter Aufbietung all seines Willens knetet er Wattebällchen – nach einem Jahr ist er wieder da. Er holt Titel in Kanada, in Südafrika und gleich viermal Gold in Palm Beach/Florida.

Während all dieser Zeit steht Trainer Helmut Müllenbach ihm zur Seite, sein Tod im Jahr 2008 trifft Reno Karkuschke hart. Die tiefe Verbundenheit zu seinem sportlichen Ziehvater zeigt er, indem er in den letzten Tagen nicht von seiner Seite weicht. „Das war so ziemlich das Härteste, was ich in meinem Leben bisher erlebt habe", sagt er.

Zu den schönsten Erlebnissen zählt für ihn die WM 2005 in Dessau. „Da konnte ich meine Familie mitnehmen", sagt er - und das sind vor allem seine Eltern Carmen und Dieter Berkemann sowie sein Lebensgefährte Dan Jørgensen. Mit dem Dänen verbindet ihn seit 1997 eine feste Partnerschaft. Auch wenn Dan sich für den Gewichtssport nicht begeistern kann, teilt er den wettkämpferischen Ehrgeiz mit seinem Freund:

der Friseur nimmt an National- und Weltmeisterschaften teil. „Wir hatten sogar schon Meisterschaften am selben Tag", erzählt Reno Karkuschke und isst voller Genuss seinen dritten Keks. Zur Freude aller, die ihn gern bekochen, will er an Gewicht zulegen. Der Grund ist sein ehrgeiziges Ziel, demnächst die WM in der Gewichtsklasse bis 67,5 kg zu bestreiten und damit als einziger den Weltmeistertitel in vier Klassen zu besitzen.

Daran, dass ihm das gelingen wird, zweifelt er nicht. Sein Erfolgsrezept lautet: Wer gewinnen will, muss den Kopf frei haben. Das erreicht er, indem er Probleme aus der Welt schafft und sich seine Träume - wie das Fallschirmspringen - erfüllt. Spaß am Leben und das Feiern mit Freunden gehört dazu wie ein Beruf, der ihn ausfüllt Seit 1995 ist der gelernte Rollladen- und Jalousienbauer geschäftsführender Gesellschafter der Kropper Kunststoffbeschichtungen (KKB). Das Unternehmen hatte ursprünglich seinem leiblichen Vater gehört. Nachdem dieser aus unterschiedlichen Gründen Insolvenz anmelden musste, beschloss Reno Karkuschke, der bereits seit 1990 in der Firma arbeitete, zu handeln. Zusammen mit seinem heutigen Geschäftspartner und damaligen kaufmännischen Leiter Hans-Walter Vollertsen stellte er ein Konzept auf, das die Banken überzeugte. Heute reicht das Leistungsspektrum des Unternehmens von der Fassadenbeschichtung über Armaturenveredelung bis zur Grundierung von schwarzem sowie verzinktem Stahl. Zu den Kunden zählen die AOL-Arena in Hamburg ebenso wie Auftraggeber aus Peking oder Kroatien.

Seine eigenen Erfahrungen und seine Erkenntnisse aus der Arbeit mit Jugendlichen haben ihn bewegt, sich politisch in der FDP zu engagieren. Die Jugendarbeit und die Förderung der Integration von Behinderten liegen ihm am Herzen. Besonders glaubwürdig macht ihn seine eigene Geschichte - sie zeigt, dass Kraft von innen kommt und Gesundheit im Kopf beginnt. „Es gibt nichts, was ich in meinem Leben ändern möchte, außer vielleicht den Kater nach einer rauschenden Feier abschaffen", sagt der Ausnahmesportler und freut sich auf den nächsten gemütlichen Fernsehabend zu dritt: Reno Karkuschke, Freund Dan Jørgensen und Paula, die sich genüsslich zwischen den beiden auf dem Sofa schlängelt. Paula ist eine drei Jahre alte Boa.

17-facher Weltmeister im Kraftsport • Spartenleiter der Schwerathletik Schleswig 06 • & geschäftsführender Gesellschafter KKB GmbH und Co. KG

Lutz Kirschberger

Obwohl er im nordrhein-westfälischen Kreis Lippe mit Blick auf das Hermannsdenkmal groß geworden ist, fühlt Lutz Kirschberger sich eng mit Schleswig und der Schleiregion verbunden. Und das liegt nicht nur an seiner Faszination für die technischen und kaufmännischen Leistungen der Wikinger von Haithabu. „Schleswig ist eine Stadt mit jeder Menge Potenzial", sagt der Vorsitzende der Interessengemeinschaft Ladenstraße (IGL).

Seit 2005 ist Lutz Kirschberger Direktor bei der Nord-Ostsee Sparkasse und hier als Vorstandsvertreter für das Firmenkundengeschäft des Kreises Schleswig-Flensburg zuständig. Das Finanzwesen hatte den am 14.11.1964 im nordrhein-westfälischen Detmold geborenen Sohn eines Polizeibeamten und einer Kindergartenleiterin schon immer fasziniert.

Nach dem Abitur hatte er 1984 eine Ausbildung bei der Sparkasse in Detmold begonnen, von der er anschließend ins Angestelltenverhältnis übernommen wurde. 1990 qualifizierte er sich an der Sparkassenakademie in Münster zum Sparkassenbetriebswirt. Die Grenzöffnung und die damit verbundenen neuen Märkte boten ihm sehr schnell die Möglichkeit, in seinem Wunschgebiet, dem Firmenkundengeschäft, in leitender Funktion tätig zu werden. Mit nur 26 Jahren trat Lutz Kirschberger seine erste Führungsposition an und betreute im Randgebiet von Berlin den Aufbau der damaligen Sparkasse Strausberg. „Das war eine aufregende und sehr lehrreiche Zeit, die ich nicht missen möchte", sagt er über das hautnahe Erleben der Wende und ihrer unmittelbaren Folgen. Neben kaufmännischem Wissen war in dieser Zeit des Auf- und Umbruchs vor allem Sozialkompetenz gefragt. Dinge nicht einfach vorzugeben, sondern zuzuhören und sich auf andere Sichtweisen einzulassen, sind noch heute Grundprinzipien seines Handelns.

Eine besondere Herausforderung während seiner zwölfjährigen Tätigkeit im Berliner Randgebiet war 1994 die Fusion von drei Sparkassen. Die Zusammenführung dreier sehr unterschiedlich gewachsener Häuser verlangte viel Fingerspitzengespür. Wieder einmal waren seine Fähigkeiten der Mitarbeiterführung und -motivation in einem schwierigen wirtschaftlichen und strukturellen Umfeld gefragt. Das Fundament für ein leistungsfähiges Firmenkundengeschäft in der heutigen Sparkasse Märkisch-Oderland hat er damit entscheidend mitgeprägt. In Berlin lernte Lutz Kirschberger im Jahr 1992 seine heutige Frau Kristine kennen. Sie hatte damals gerade als junge Grundschullehrerin in Berlin begonnen und auch ihre Arbeit verlangte ein Höchstmaß an sozialer Kompetenz. Mit der Geburt der drei Söhne Christoph, Lukas und Leon erwies sich das Leben in der Großstadt als zunehmend unkomfortabel.

Nach einer zweijährigen Zwischenstation als Vorstandsvertreter der Sparkasse

Rietberg boten sich Lutz Kirschberger schließlich neue und herausfordernde Perspektiven bei der Nord-Ostsee Sparkasse in Schleswig.

Startschwierigkeiten gab es hier nicht. „Die Größe der Stadt ist mir durch meinen Heimatort vertraut und die Landschaft kannten wir schon durch unsere Urlaubsreisen nach Dänemark", erzählt Lutz Kirschberger. Wie er lebten sich auch die Kinder schnell im neuen Zuhause in Neuberend ein. Kristine Kirschberger ist heute mit Leib und Seele Grundschullehrerin in Schaalby und Lutz Kirschberger engagiert sich neben seiner Berufstätigkeit in zahlreichen Ehrenämtern - u.a. seit Anfang 2009 im Kirchenvorstand der Kirchengemeinde Nübel sowie im Förderverein des Landschaftsmuseums Unewatt - für Kreis und Region. Als Mitglied der Lollfußer Schützengilde pflegt er Schleswiger Traditionen. Neben dem Erhalt von Brauchtümern geht es ihm auch darum, nach vorne zu sehen, Visionen zu entwickeln und umzusetzen. Impulse für die Stadt zu geben und Dinge zu bewegen, ist ihm stets ein wichtiges Anliegen gewesen.

Schon seit 2006 ist er deshalb im IGL-Vorstand, seit April 2007 ist er dort der 1. Vorsitzende. „Die IGL trägt mit ihren Veranstaltungen zu einer positiven Außenwirkung der Stadt bei. Wir wollen Schleswig bekannter machen, die Kaufkraft steigern und vor allem das Leben hier lebenswert halten", sagt er. Es sei wichtig, die Kräfte der Stadt zu bündeln und gemeinsam an einem Strang zu ziehen, betont er. Von Beginn an hat er sich deshalb für die Installierung eines Stadtmanagers eingesetzt und mit seinen Ideen eine kleine Brise Berliner Luft an die Schlei gebracht.

Direktor und Leiter Firmenkundengeschäft • Nord-Ostsee Sparkasse Region Schleswig-Flensburg • Stadtweg 49 • 24837 Schleswig • Telefon: 04621 - 89 8011

Interessengemeinschaft Ladenstraße e.V.

Die Interessengemeinschaft Ladenstraße e.V. (IGL) wurde 1. September 1971 von einer Reihe von Geschäftsleuten des Stadtweges gegründet und hat damit eine fast 40-jährige Tradition.

Die Stadt Schleswig war damals eine der ersten Städte Schleswig-Holsteins, die eine Fußgängerzone erhalten sollte.

Was aus heutiger Sicht unvorstellbar scheint, war bis zum Anfang der 70er Jahre selbstverständlich – Autoverkehr durch den gesamten Stadtweg.

Mit dem Bau der Fußgängerzone sollte dies nun ein Ende haben.

Viele Geschäftsinhaber machten sich große Sorgen um ihre Zukunft, denn sie befürchteten, dass mit dem Fernbleiben der PKW´s auch ihre Kunden ausbleiben würden. Gemeinsam Ideen und Aktivitäten zu entwickeln, um dieser Besorgnis entgegen zu wirken, war das ursprüngliche Ziel der der IGL. Damals waren viele dabei, deren Namen auch heute in Schleswig noch Bedeutung haben, so z.B. Schuhhaus Forck, Buchhandlung Liesegang, Sanitätshaus Hullmann, Altstadt-Apotheke Otzen, Firma Ibbeken und auch Bankenvertreter wie Armin Marquardt und Jörg Peters.

Wie wir heute wissen, wurde die Fußgängerzone in Schleswig gut angenommen, nicht zuletzt, weil es in unmittelbarer Nähe mit dem Parkhaus hervorragende Parkmöglichkeiten gibt. Auch hierfür haben sich die IGL-Mitglieder stets gemeinsam eingesetzt. Das bis heute kostenfreie Parken in Schleswigs Innenstadt ist ein Alleinstellungsmerkmal und für viele Kunden ein wesentliches Argument eher im Stadtweg einzukaufen als an anderen Orten.

Die IGL hatte bereits kurz nach ihrer Gründung ca. 90 bis 100 Mitglieder, eine Anzahl, die sich bis heute halten konnte.

Nach wie vor ist es das Hauptziel der IGL, die Innenstadt attraktiv zu gestalten und sich mit der Planung und Durchführung von Veranstaltungen, Aktionen und gemeinsamen Werbemaßnahmen dafür einzusetzen, dass möglichst viele Besucher und Kunden in die Innenstadt gezogen werden. Das alljährliche Programm ist reichhaltig. Was mit dem größten Osternest Schleswig-Holsteins beginnt und jedesmal ein Riesenspaß für Kinder und ganze Familien bedeutet, endet mit der stimmungsvollen, weihnachtlichen Ausgestaltung der Ladenstraße. Mit der „Swinging-City" hat sich in den vergangenen 20 Jahren ein Stadtfest etabliert, zu welchem alljährlich tausende Besucher von nah und fern anreisen und gemeinsam feiern. Das Fest hat inzwischen echten Kultcharakter erreicht. Viele ehemalige Schleswiger haben die Musikmeile als festen Termin in ihrem Kalender und kommen, um sich mit ehemaligen Bekannten wieder zu treffen und die Atmosphäre mit den zahlreichen Musikbands unterschiedlicher Stile zu genießen.

Die Organisation verkaufsoffener Sonntage, des Mondscheinshoppings bis 22.00 Uhr in vorweihnachtlicher Atmosphäre, des Kinderflohmarkts, des Kunsthandwerkermarkts, der Sport-Show, des Laternelaufens für die Kleinen – all das sind Events aus dem IGL-Programm, die in ehrenamtlicher Tätigkeit geplant und durchgeführt werden. Eine besondere und traditionsreiche Veranstaltung ist „Schleswiger helfen Schleswigern". In einem großen Bereich der Ladenstraße präsentieren sich Hilfsorganisationen und karitative Vereine und sammeln Spenden für einen gemeinsamen wohltätigen Zweck.

Der Wettbewerb durch wachsendes Angebot andere Städte wird größer. Es ist daher wichtig, dass auch Schleswig sich mit seinen vielen Alleinstellungsmerkmalen, kulturellen und historischen Gütern und seiner Zentralität auf die Zukunft ausrichtet. Nach 40 Jahren geht es wieder einmal darum, der Besorgnis weiter fallender Kaufkraft entgegen zu wirken. Gemeinsam mit den anderen Handels- und Gewerbevereinen hat sich die IGL daher maßgeblich für ein professionelles Stadtmanagement eingesetzt. Schleswig als Kern einer Region zu profilieren, um damit die gesamte Region zu stärken, das ist das Hauptziel des Stadtmanagements. Es ist erforderlich, mehr Zeit als die ehrenamtlich Tätigen investieren zu können, ein Netzwerk mit anderen Städten und Organisationen zu schaffen, einen guten Einklang zwischen Stadt und der gesamten Wirtschaft zu erreichen und Tourismus, Kultur und Wirtschaft miteinander zum Wohle der Stadt zu verbinden, um eine zukunftsgerichtete, nachhaltige Entwicklung der Stadt zu erreichen.

Dies ist aus Sicht der IGL sehr unterstützenswert, denn was Schleswig nützt, das nützt letztlich auch jedem einzelnen Unternehmen der Stadt.

Dr. Hans Christian Knuth

„Die meisten Menschen sind mir sympathisch", sagt Dr. Hans Christian Knuth. Es mache ihm Freude, auf Menschen zuzugehen und das sei eine glückliche Voraussetzung für die Ausübung seines Amtes gewesen, erklärt er. Seit 1991 war der evangelische Theologe Bischof in der Nordelbischen Evangelisch-Lutherischen Kirche, davon die letzten vier Jahre Vorsitzender der Kirchenleitung.

Nach mehr als 17-jähriger Amtszeit gab Dr. Hans Christian Knuth am 28. September 2008 zum Zeichen seiner Entpflichtung das goldene Bischofskreuz zurück. 800 Menschen, darunter 150 Pastoren, zahlreiche Bischöfe und Ehrengäste, waren in den Schleswiger Dom gekommen, um ihn zu verabschieden. Johannes Friedrich, der leitende Bischof der Vereinigten Evangelisch-Lutherischen Kirche Deutschlands (VELKD), würdigte den 68-Jährigen als eine „der prägenden Persönlichkeiten des Luthertums in Deutschland", selbst der Generalsekretär des Lutherischen Weltbundes, Pastor Ishmael Noko, war eigens nach Schleswig gereist, um an dem festlichen Akt teilzunehmen. Der schleswig-holsteinische Ministerpräsident Peter Harry Carstensen dankte dem scheidenden Kirchenmann für seine stets klaren Worte, er sei immer ein verlässlicher Gesprächspartner gewesen.

„Ich habe versucht, Christus zu verkündigen, nicht ihn zu repräsentieren", bringt der Alt-Bischof sein Selbstverständnis auf den Punkt. Dass seine Botschaft bei den Menschen angekommen ist, zeigte die enorme Anteilnahme an dieser Abschiedszeremonie - Hans Christian Knuth war in Schleswig zu Hause.

„Ich fühle mich dieser Region und ihren Menschen zutiefst verbunden", sagt der am 06.09.1940 im thüringischen Greiz geborene Nachfahre einer alten Pastorenfamilie. Schon für den 5-Jährigen wurde die Kirche zum Ort des Schutzes und der Geborgenheit. „Mein Vater war im Krieg. Ich saß mit meiner Mutter im Keller einer Kirche auf dem Kokshaufen, als die Russen in Thüringen einrollten", erinnert er sich an eine Kindheit, die durch die unmittelbare Nähe zu Kirchen geprägt war. Unvergesslich bleibt ihm auch die Erinnerung an eine Szene aus seiner späteren Kindheit in Hamburg: „Ich spielte im Garten, als aus den zerborstenen Fenstern der benachbarten Kirche das Orgelspiel des blinden Organisten erklang - da gab es plötzlich etwas Heiles in dieser völlig zerstörten Welt".

Als der Vater nach zehn langen Jahren endlich aus der Kriegsgefangenschaft zurückkehrte, widmete er sich voller Leidenschaft seinem Pastorenamt. Sohn Hans Christian empfand es als Privileg, den Vater zu den Andachten begleiten zu können. 1954 zog die Familie nach Flensburg, wo Wilhelm Knuth als Propst eingesetzt wurde.

Foto: privat

Trotz einer stark christlich geprägten Kindheit war es für Hans Christian Knuth keinesfalls ein Muss, in den Kirchendienst einzutreten. „Meine Eltern haben mich nie in diese Richtung gedrängt", sagt er.

Als kleiner Junge wollte er Lokomotivführer werden, sah am Bahnhof fasziniert den Dampfloks beim Ein- und Ausfahren zu.

Es waren die lebhaften Diskussionen um kirchliche Standpunkte zwischen dem Vater und dem fünf Jahre älteren Bruder Peter, die schließlich in dem aufmerksamen Schüler das Bedürfnis weckten, mitreden zu können. 1960 schrieb er sich zum Theologiestudium in Tübingen ein, 1965 machte er sein Examen in Kiel, von 1965 bis 1968 arbeitete er an seiner Promotion in Tübingen und Zürich.

Schon früh war dem engagierten Studenten klar, dass sein Platz nicht am Schreibtisch, sondern auf der Kanzel war.

Von 1970 bis 1975 war Hans Christian Knuth Gemeindepastor in Kiel-Hassee, anschließend Referent der Kirchenleitung in Kiel, von 1979 bis 1981 Studienleiter im Predigerseminar in Preetz, dann bis 1984 Oberkirchenrat im Lutherischen Kirchenamt der VELKD.

Ab 1985 war er Pastor und Propst im Kirchenkreis Eckernförde, bis er 1991 zum Bischof im Sprengel Schleswig gewählt wurde.

Die Religion habe ihm immer eine Orientierung gegeben, erzählt Hans Christian Knuth und erinnert sich an Grenzerfahrungen, die er kurz vor dem Abitur erlebt hatte: Unter dem Einfluss intensiver Fastenübungen und der „schockierenden" Lektüre Kierkegaardscher Kirchenkritik habe er Wahrnehmungsverschiebungen erlebt, die er als mystische Erfahrungen beschreibt. Es sei ein einmaliges Gefühl gewesen, über die eigenen Grenzen hinauszugehen, eine Art Verschmelzung mit allem und jedem und eine ungeheure Liebe zu den Menschen zu empfinden, schildert er einen Bewusstseinseinszustand, der ihm nach eigenen Worten bis heute ein Rätsel geblieben ist. „So ganz auf dem Boden der Tatsachen stand ich damals nicht", bekennt er. Es sei vor allem das Werk Luthers gewesen, das ihn wieder eingefangen habe. Die Schriften Luthers, insbesondere seine Abhandlungen zum Verhältnis von Wort und Wirklichkeit, besäßen höchste Aktualität, die in ihrem Ausmaß noch heute nicht von der modernen Sprachwissenschaft erfasst worden sei, sagt der Denker, dem die Auseinandersetzung mit den Wissenschaften stets ein wichtiges Anliegen gewesen ist. „In Zukunft Luther" heißt das Buch, in dem er sich als Autor mit diesen Gedanken beschäftigt.

Dr. Hans Christian Knuth war bekannt dafür, dass er sich voller Energie für seine Ämter einsetzte; häufig machte er die Nacht zum Tag, wenn das Arbeitspensum es erforderte. Und nicht nur Nordelbien hat den Bischof viel Kraft und Zeit gekostet. Knuth war zudem sechs Jahre lang Leitender Bischof der Vereinigten Evangelisch-Lutherischen Kirche Deutschlands (VELKD).

Gedanken hat sich der Bischof, der durch seine Volksnähe genauso wie durch seine ausgeprägt intellektuelle Seite faszinierte, immer gemacht: Darüber ob die Kirche als Institution alles richtig mache und auch über sich selbst. „Wir machen ja am Tag 100 Fehler, bleiben Menschen etwas schuldig und nicht alle unserer Versäumnisse können wir wieder gut machen", sagt er am Ende eines gleichermaßen erfüllten wie verzehrenden Berufslebens.

Wenn er von Versäumnissen spricht, reflektiert er auch über das Verhältnis zu seiner eigenen Familie. Als Kirchenmann sei er als Bewahrer des „Sozialbiotops" Familie eingetreten, für das Zusammensein mit seiner eigenen Familie habe ihm das Amt nur wenig Raum gelassen. Auf die Frage, ob die Familie gelitten habe, antwortet Knuth, der gerne als „der Bischof zum Anfassen" betitelt wurde, mit einem klaren „Ja!".

Die Familie habe viele Opfer gebracht, insbesondere seine Frau Sigrid Knuth-Baschek, mit der er seit 1975 verheiratet ist. Es ist ihm anzumerken, dass diese Last ihn drückt. Denn um ihm in seinem Amt die nötige Unterstützung gewährleisten zu können, hat die engagierte Sprachheilpädagogin ihren geliebten Beruf aufgeben. Dennoch ist es ihr gelungen, an der Seite ihres Mannes die eigene Identität zu wahren. Viele haben Sigrid Knuth-Baschek als eine bemerkenswerte Frau wahrgenommen. Die intensive Auseinandersetzung und Fortbildung in Psychologie und Psychoanalyse ist für sie stets ein Thema gewesen. Als Mitglied des Vereins „Kriegskind e.V." setzt sie sich mit der Traumatisierung der Kriegsgeneration auseinander. In ihrem Buch „Wo sind meine Schuhe" erzählt sie – stellvertretend für das Schicksal ungezählter Menschen - eindrucksvoll von den erschütternden Erfahrungen, die sie als 5-Jährige bei der Flucht aus Ostpreußen machte. Es sind Erinnerungen, die sie lange verdrängt hatte, und die erst viele Jahre nach dem Erleben durch den Tod der Mutter wieder an die Oberfläche des Bewusstseins gehoben wurden.

Als Hans Christian Knuth beginnt, von seiner Frau zu erzählen - von der ungeheuren Kraft, die sie aufgebracht hatte, um als junges Mädchen ihr Abitur nachzuholen, von ihrem Einsatz als Sprachheilpädagogin und den vielen Kindern, denen sie durch ihre Arbeit geholfen hat - wird die Nachdenklichkeit in seinem Gesicht einen Moment lang von übersprudelnder Begeisterung davongetragen.

Heute wohnt Hans Christian Knuth mit seiner Frau in Eckernförde. Die Wahl des Ortes habe sie getroffen, es sei an der Zeit, auf ihre Wünsche einzugehen, sagt er. Nach stressigen Jahren freut sich Hans Christian Knuth auf ausgiebige Lektüre und gemütliche Spaziergänge mit seinem Bobtail auf der Strandpromenade. Dennoch: Es ist ein Abschied, der nicht leicht fällt und ein Neuanfang, der Kraft kostet. „Ich war mit Terminen und Informationen verwöhnt", sagt Hans Christian Knuth. Seinen Dienstwagen hat er gegen einen alten Mercedes eingetauscht, die Tages-Zeitung ist abonniert und eines Tages möchte er vielleicht auch noch mal den Zugang zu den technischen Geheimnissen des WorldWideWeb finden.

Bis all seine Bücher aus den Umzugskartons ausgepackt sind, wird wohl noch einige Zeit verstreichen. Drei Bücher jedoch begleiten ihn schon jetzt auf dem Weg in sein neues Leben: Die Bibel, das Gesangbuch und das Buch „Solo Verbo", eine beinahe 800 Seiten starke Festschrift mit Aufsätzen seiner Freunde, Zeitgenossen, Kollegen und Mitstreiter, die ihm zu seinem Abschied in Schleswig überreicht wurde.

Alt-Bischof • Kieler Straße 25 • 24340 Eckernförde

Jan-Oliver Küster

Seit kurzem erstrahlt die Fassade des 350 Jahre alten Gebäudes im Schleswiger Lollfuß 81 in neuem Glanz. Das alte, mit frischem Gold überzogene Quartiers-Zeichen bildet zusammen mit dem sattroten Firmenschild des „Wein-Quartier-No. 7" eine harmonische Einheit aus Historie und Moderne. Gut 20 Personen füllen den gemütlichen Raum von Schleswigs jüngster Weinhandlung. In den hölzernen Regalen lagern erlesene Weine aus aller Welt, von Deutschland bis Australien. Neben dem Tresen, auf dem ausgesuchte Spezialitäten zum Kauf angeboten werden, ist ein Steh-Hocker platziert, flankiert durch eine Leselampe. Auf den Tischen Salzgebäck und die Weinfolge des Abends. Geschäftsinhaber Jan-Oliver Küster hat zur ersten vinophilen Lesung „Reim & Rausch" geladen. Die angeregten Plaudereien verstummen, als der Weinfachmann feierlich den Ton seines Glases erklingen lässt.

„Trinke Gutes und rede darüber", ist das Motto der kleinen, aber feinen Weinhandlung; und dass Jan-Oliver Küster weiß, wovon er spricht, merkt man schnell, wenn er die Qualitäten der unterschiedlichen Rebsäfte erläutert. Mit der Eröffnung des „Weinquartiers" im Spätsommer 2008 hat sich der am 03.12.1977 geborene Schleswiger einen Traum erfüllt. Der Weg dahin war weit und hat ihn durch die ganze Welt geführt: Nach seiner Ausbildung zum Hotelfachmann im Schleswiger „Waldschlösschen" zog es ihn zunächst in das Land, von dem man sagt, es habe die beste Gastronomie der Welt: in die Schweiz. Im renommierten Züricher „Carlton" war er gut ein Jahr als „Chef de Rang" für das feine Á la carte-Restaurant zuständig. Da die damalige Gesetzgebung vorschrieb, dass Ausländer die Schweiz nach eineinhalb Jahren zu verlassen hatten, packte er 2002 seine Koffer und ging an Bord der MS Europa. Dort arbeitete er als Barchef in allen sieben Bars, mit dem Gewinn eines Zigarren-Contests sicherte er sich seinen Stammplatz in der loungigen Havanna-Bar. Auf der „schönsten Yacht der Welt" bereiste er beinah den gesamten Erdball. Fasziniert wandelte er auf den Straßen von San Francisco, bewunderte die Farbenpracht auf Hawaii und probierte die Spezialitäten der thailändischen Garküchen. Die große Liebe jedoch hatte er nicht auf seiner Reise über die sieben Meere, sondern an den Ufern der heimischen Gewässer gefunden: In einer Schleswiger Silvesternacht im Jahr 2001 lernte er seine heutige Frau Turid kennen. Nach Beendigung der MS-Europa-Tour gingen die beiden Gastronomen im September 2003 gemeinsam nach Hamburg, wo sie unter anderem im angesagten „Tafelhaus" arbeiteten. Von 2004 bis 2006 absolvierte Jan-Oliver Küster an der Hotelfachschule Hamburg seine Ausbildung zum Hotelbetriebswirt.

Mit der Geburt von Wunschkind Meret Louisa am 7. Oktober 2005 orientierte sich das Paar wieder gen Heimat. „Unsere Tochter sollte dort aufwachsen, wo auch wir unsere Kindheit verbracht haben", waren die jungen Eltern sich einig. Ein schönes Heim bei Schleswig war bald gefunden und mit der Stelle als Weinfachberater bei der Kieler Citti GmbH war Jan-Oliver Küster nicht nur seiner Geburtsstadt, sondern auch der

Erfüllung eines Berufswunsches ein entscheidendes Stück näher gekommen. Schon in Zürich hatte er sich unheilbar mit dem „Weinvirus" infiziert. „Im Weinkeller von Markus Segmüller haben wir manch edlen Tropfen gekostet", schwärmt er noch heute.

Die Weinabteilung der Citti GmbH mit einem Sortiment von stattlichen zweieinhalbtausend Weinen bot dem leidenschaftlichen Weinkenner das ideale Beschäftigungsfeld und die Möglichkeit, seinen Erfahrungsschatz auszubauen. Dennoch blieb der Traum von der eigenen beruflichen Existenz. „Die Selbständigkeit liegt mir quasi im Blut", erklärt der Sohn des Schleswiger Goldschmiede-Ehepaars Küster. Schon als Kind hatte er seine Eltern auf Schmuckmessen begleitet, im elterlichen Juwelier-Geschäft am Gallberg lernte er früh, was es heißt, die Geschmäcker der Kunden kennen zu lernen und eine exzellente Beratung zu bieten. „Ohne Faszination und Fachwissen geht das nicht – das gilt für edle Schmuckstücke genauso wie für guten Wein", weiß Jan-Oliver Küster. Mit seinem ganz besonderen Sortiment vom Einstiegsbereich bis zum Premiumsortiment konnte Jan-Oliver Küster sich schnell eine begeisterte Stammkundschaft aufbauen. Und in gewisser Weise setzt er Familientradition fort: Schon der Großvater mütterlicherseits besaß nach dem Krieg eine Lackfabrik, in der unter anderem Kapsellacke für Weinflaschen produziert wurden. Und manch Kunde, der schon bei den Eltern die Trauringe ausgesucht hatte, kauft jetzt beim Sohn den passenden Wein, wenn wieder einmal ein Familienfest oder ein Hochzeitstag ansteht.

Nebenbei veranstaltet der findige Jung-Unternehmer, dessen breite Erfahrung auch als Gastronomieberater gefragt ist, erfolgreiche Weinauktionen im Internet. Nur ab und zu packt den Heimkehrer die bei Schützen astronomisch bedingte Reiselust. Wie gut, dass ein Griff ins Weinregal lukullische Reisen in ferne Länder erlaubt, ohne die Koffer packen zu müssen. Schließlich hat er noch einiges in Schleswig vor.

Wein-Quartier-No.7 • Lollfuß 81 • 24837 Schleswig • Telefon: 04621-382139 • Internet: www.wein-quartier.de

Knut Ledtje

„Es ist ein gutes Gefühl, ein Glücksbringer zu sein - außer wenn die Menschen mir über die Schulter spucken wollen und dabei nicht richtig zielen", erzählt Knut Ledtje von den schönen und weniger schönen Erfahrungen als Schornsteinfegermeister. Schwindel oder Höhenangst kennt der am 23.01.1962 in Glückstadt geborene Sohn eines Konditormeisters nicht. 1967 zog die Familie nach Krempe im Kreis Steinburg, wo die Eltern ein kleines Hotel mit Gaststätte übernahmen. Als Jugendliche halfen die drei Kinder bei größeren Veranstaltungen im elterlichen Betrieb im Service oder in der Küche aus. Während der ältere Bruder noch heute in der Gastronomie tätig ist, konnte Knut Ledtje das Gaststättengewerbe nicht überzeugen. Statt Kartoffeln zu schälen, stieg er schon als Jugendlicher lieber aufs Dach, wenn es dort etwas zu reparieren gab. Dass er Schornsteinfeger wurde, war trotzdem eher ein Zufall, denn eigentlich wollte er Polizei- oder Zollbeamter werden. „Das hängt wohl mit meinem Sicherheitsbedürfnis zusammen, außerdem fand ich das als Junge eine spannende Vorstellung", sagt er. Das Betriebspraktikum bei dem Vater einer Mitschülerin gab den Ausschlag dafür, dass Knut Ledtje 1979 nach der mittleren Reife die ihm angebotene Lehrstelle annahm. Während der Ausbildung zog er nach Itzehoe, wo er seine heutige Frau Bettina kennen lernte, 1986 folgte die Hochzeit. Nach vier Gesellenjahren in Itzehoe legte er 1988 in Lübeck die Meisterprüfung ab und bewarb sich um einen eigenen Kehrbezirk. Im selben Jahr kam Sohn Malte zur Welt. Schließlich sprach man ihm den Kehrbezirk Satrup zu und als dieser nur drei Monate später aufgelöst wurde, übernahm er den Schleswiger Altstadtbezirk. Des Zwischenfahrens von Itzehoe nach Schleswig müde geworden, beschlossen Knut Ledtje und seine Frau, dort zu wohnen, wo andere Urlaub machen: Sie kauften ein Grundstück in Schaalby. Den größten Teil des Hausbaus hat Knut Ledtje mit Unterstützung seiner Freunde selbst gemacht. Es versteht sich von selbst, dass das Haus einen Schornstein besitzt, obgleich es mit Fernwärme versorgt wird. Daran ist der Kaminofen angeschlossen.

Mittlerweile ist sein Kehrbezirk größer geworden und umfasst auch die Bereiche Moldenit und Klensby. Den Hauptteil seiner Arbeit macht inzwischen das Messen und Überprüfen der Heizanlagen aus. So richtig schwarz wird ein Schornsteinfeger heutzutage eigentlich nur noch auf dem Lande, wo noch mit Holz geheizt wird. Gerade hier ist Knut Ledtje aber besonders gerne - ebenso wie auf dem Holm.

„Hier ist der Umgang noch ganz persönlich. Da geht man einfach auch mal hinten rum und schnackt ein bisschen Platt."

Übrigens erkenne man den Dienstgrad eines Schornsteinfegers an seiner Kopfbedeckung, erklärt der ehrenamtliche Auditor und Prüfstandsmeister der Berufs-Innung. Der Lehrling im ersten Lehrjahr trägt ein Cappy, ab dem 2. Lehrjahr einen Homburger, der Geselle hat einen Chapeau Claque und erst der Meister darf sich den mit Mauls-

wurfsfell bespannten Zylinder aufsetzen. Seinen schwarzen Zylinder trägt Knut Ledtje bei der Arbeit kaum noch, dafür kommt er bei den Treffen der Altstädter St. Knudsgilde zum Einsatz, in der er seit 2004 Mitglied ist. „Eigentlich mochte ich keine Gilden, weil ich als Kind immer im elterlichen Betrieb arbeiten musste, wenn Gildefest gefeiert wurde. Aber dann hab ich mich doch überzeugen lassen und bin mittlerweile sehr gerne Mitglied", lacht er.

Ab 2013 wird das Kehrgesetz geändert werden. Die Einteilung in Kehrbezirke wird aufgelöst und die Schornsteinfeger treten sozusagen in den freien Wettbewerb. Schon jetzt stellt Knut Ledtje sich auf die neuen Bedingungen ein und bietet zusätzlich seine Dienste als Gebäudeenergieberater an. Auch wer einen Schornstein bauen oder reparieren möchte, ist bei dem Schornsteinfegermeister in besten Händen.

Schwarze Finger holt sich der Youngtimer-Fan auch gerne in seiner Freizeit, wenn er in einer benachbarten Scheune an seinen Schmuckstücken herumschraubt. Die Kartoffeln sind geschält, vor dem Haus liegen etliche Scheite frisches Holz und so bleibt ihm Zeit, vor dem Mittagessen noch eine Sonntagsrunde auf seiner alten BMW zu drehen. Unter dem fröhlichen Gebell von Herrn Paul Baumann von Hemmingstedt, dem freundlichen Labrador-Rüden, knattert der Schornsteinfeger auf und davon.

**Bezirksschornsteinfegermeister & Gebäudeenergieberater • Böstens Hoi 10 •
24882 Schaalby • Telefon: 04622-188065**

Der Lions-Club Schleswig

Die Lionsclubs international sind die derzeit größte Service-Organisation weltweit. 1916 von dem Amerikaner Melvin Jones in Chicago gegründet, gehören ihr heute über 1,35 Millionen Mitglieder in 46.000 Clubs an, darunter in Deutschland 45000 Mitglieder in 1350 Clubs.

Der am 09.04.1956 ins Leben gerufene Schleswiger Club zählt zu den ältesten in Deutschland, war der Dritte in Schleswig-Holstein und der erste von inzwischen fünf Serviceclubs in Schleswig. Nach den verheerenden Folgen von Nazidiktatur und 2. Weltkrieg fiel im geächteten Deutschland das Lions-Motto „Wir dienen" im Rahmen weltweiter Friedensbemühungen und Völkerfreundschaft auf einen besonders fruchtbaren Boden. So ging denn auch die Gründungsinitiative vom schwedischen Lionsclub in Ystad aus, wurde der Schleswiger Club zum Motor der Städtefreundschaft mit Mantes-la-Joulie, pflegte Beziehungen nach Nyborg in Dänemark und unterstützte nach der Wende die Gründung eines Lionsclubs in Waren/Müritz.

Mitglieder im Lionsclub können Frauen und Männer werden. Ziel ist dabei, ein möglichst breites berufliches Spektrum abzudecken, um einen wirksamen Gedankenaustausch über Berufsgrenzen hinaus zu ermöglichen und Ideen, Aktivitäten und Einfluss zu generieren.

Der Club hilft vor allem da, wo öffentliche Mittel nicht oder nur unzureichend verfügbar sind. Schwerpunkte bilden dabei die Jugend- und Altenfürsorge, Hilfe für Familien in Not und Unterstützung von Schulen, Vereinen und Organisationen, wie z.B. die von einem Clubmitglied gegründete Jugendstiftung Winkler, die das Kinderspielzentrum im Friedrichsberg betreut und die gleichsam eine ständige Aktivität des Clubs ist, bestehen doch Vorstand und Beirat der Stiftung ausschließlich aus Clubmitgliedern. Zur Förderung der Jugendarbeit wurden Aufführungen von Jugendgruppen im Stadttheater als so genannte Jugendgala durchgeführt und für die besten Leistungen Preise ausgelobt. In der Kinder- und Jugendförderung findet eine enge Kooperation mit den übrigen Schleswiger Serviceclubs statt.

Überregional bestehen zwei Tätigkeitsschwerpunkte: seit Jahrzehnten die Sammlung gebrauchter Brillen, Gläser und Optikerwerkzeuge für Paraguay – die Zahl der dorthin gelieferten Brillen dürfte die Millionengrenze überschreiten – und zweitens die Litauenhilfe. Seit 1993 führen Clubmitglieder jährliche Hilfslieferungen nach Litauen durch und unterstützen mit Sach- und Geldspenden unter großer Unterstützung durch die Schleswiger Bevölkerung Alten- und Kinderheime, eine Gehörlosenschule in Klaipeda (Memel) sowie kirchliche und kulturelle Einrichtungen. Der Wert dieser Lieferun-

Kündigen die 1. LIONS Blues Night an: Christian Jordt, Tim Stöver, Holger Nothelm, Dr. Volker Jaritz.   Foto: privat

gen, die vor Ort noch ungleich mehr wiegen, dürfte ebenfalls die Millionen-Eurogrenze deutlich übersteigen. Mindestens ebenso wichtig sind auch die völkerverständigen Kontakte, die sich aus den persönlichen Begegnungen ergeben.

Im Rahmen von Aktivitäten der Lionsorganisation beteiligt sich der Club vor allem bei der Bekämpfung der Blindheit in der Dritten Welt, Erziehungsprogrammen für Kinder- und Jugendliche an den Schulen und bei Katastrophenfällen (z.B. Oderflut, Erdbeben, Tsunami oder auch Kriegsfolgen, etwa auf dem Balkan).

Um die hierfür benötigten Geld- und Sachmittel zu erhalten, führt der Club regelmäßig Sammel- und Verkaufsaktionen sowie Benefizkonzerte und -veranstaltungen durch und kann sich einer großen Unterstützung durch die einheimische Bevölkerung sicher sein. Viel wird auch aus Spenden von Clubmitgliedern bestritten. So erreicht die jährliche Weihnachtsspende regelmäßig Beträge zwischen 6.000.- und 8.000.- €.

Die Lollfußer Beliebung

Die Lollfußer Beliebung wurde im Jahr 1651 gegründet.

Die Zahl der Gründungsmitglieder scheint bei ca. 40 gelegen zu haben. Die Satzung sieht vor, dass Mitgliedern gegen einen Beitrag von 3 Lübsch (ca. 1,50 Euro) unentgeltlich der Sarg mit Geleit zum Friedhof getragen wurde. Die Träger mussten sauber gekleidet sein, sich zuvor des Vollsaufens enthalten und auch nach der Beerdigung beim Leichentrunk sich mäßig verhalten, vor allem Zank und Schlägerei unterlassen.

Bei der Aufnahme verpflichteten sich die Beliebungsbrüder in Lieb und Leid, zu Pest und anderen schweren Zeiten ungezwungen und ungedungen als gute Nachbarn und Freunde beieinander zu stehen und die Satzung steif und feste zu halten.

Der alte zinnerne Willkommen wurde 1728 durch einen Silbernen ersetzt und den neuen Mitgliedern und Ehrengästen zum Umtrunk angeboten, dazu gibt es Kümmel/Korn und Braunbier sowie Käsebrote und Tabak. Dieses Brauchtum ist bis auf den heutigen Tag erhalten. Die Mitglieder respektieren die geschriebenen und ungeschriebenen Gesetze des jeweiligen Ältermannes.

Die Satzungen sind in den vergangenen Jahrhunderten mehrmals verändert und an die Neuzeit angepasst worden. Ihre Paragraphen regeln das Zusammenleben in der Gemeinschaft und den Ablauf der Mitgliederversammlungen und der Beliebungsfeiern.

Die Beliebung hat den Charakter einer Sterbekasse, schwerpunktmäßig eines Versicherungsvereins auf Gegenseitigkeit angenommen, bei dem die Geselligkeit nicht zu kurz kommt.

Auch heute noch bringt sie die sozialen Ziele ihrer Gründer zum Ausdruck und ist aus der Gesellschaft der Stadt Schleswig nicht mehr wegzudenken. Diese Art des Zusammenhaltens der Beliebungsbrüder und Schwestern zeigt bei jedem Beliebungsfest gemeinschaftliche Lebensfreude und erinnert heute noch an die Worte der Vorfahren: „In Freud und Leid zusammenhalten".

Bemerkenswert ist die ununterbrochene Tätigkeit von 1651 bis heute. Der Höhepunkt eines jeden Beliebungsjahres bildet das dreitägige Jahresfest. Es beginnt am Freitagabend mit dem feierlichen Kirchgang und anschließender Kranzniederlegung am Gedenkstein der Beliebung zur Ehrung der Toten. Nach durchgeführter Generalversammlung wird am Samstagabend ein traditioneller Festball in fröhlicher und harmonischer Runde gefeiert. Die jüngsten Mitglieder feiern am Sonntag ihr Kinderfest. Jung und alt lassen das Fest bei einem gemeinsamen Grillen ausklingen.

Die weitere Fortführung des Gemeinschaftsgedankens, verknüpft mit überlieferten Traditionen, soll den Fortbestand der Beliebung sichern.

*Die Ältermänner der Lollfußer Beliebung: Malte Carstensen
(1. Ältermann) und Uli Saul (2. Ältermann)
Foto: privat*

Dr. med. Thomas Luetgebrune

„Als einziger Mediziner in einer Juristenfamilie bin ich irgendwie aus der Art geschlagen", schmunzelt Dr. Thomas Luetgebrune.

Schon Großvater Walter Luetgebrune hatte sich als Strafverteidiger in den 1930er Jahren und an der Seite der aufständischen Bauern während der Agrarrevolte 1928/29 in Schleswig-Holstein einen Namen gemacht; Vater, Brüder und Onkel sind ebenfalls Notare und Rechtsanwälte.

Es war der frühe Krebstod des jüngeren Bruders, der in dem am 04.06.1949 geborenen Thomas Luetgebrune den Entschluss wachsen ließ, Arzt zu werden.

Nach dem Abitur 1970 verließ er seine Geburtsstadt Cuxhaven und ging zur Bundeswehr nach Süddeutschland, wo er eine Sanitätsausbildung absolvierte. In München studierte er anschließend zunächst Veterinärmedizin, dann Humanmedizin. Seine Zeit in Bayern hat der Norddeutsche in guter Erinnerung: Mit Nachtwachen am Klinikum Rechts der Isar verdiente er sich seinen Unterhalt; als aktiver Hockeyspieler spielte er beim Münchener SC, wo er 1972 das Olympische Hockeyturnier aus unmittelbarer Nähe miterlebte.

Während des Studiums lernte er auch seine heutige Frau Katrin kennen. Nach der Hochzeit 1980 zog das junge Paar nach Hannover. 1982 erhielt Thomas Luetgebrune dort seine Approbation. Weitere Stationen seiner beruflichen Laufbahn waren das Pathologische Institut (Prof. H. Gropp) und die Klinik für Plastische Chirurgie (Prof. G. Lösch) an der Medizinischen Hochschule in Lübeck. 1984 wandte sich Dr. Luetgebrune seinem heutigen Betätigungsfeld, der Hals-Nasen-Ohren-Medizin, zu. Bis 1987 war er an der HNO-Klinik der Medizinischen Hochschule Hannover tätig (Prof. E. Lehnhardt), seine Dissertation schloss er an der Klinik für Kardiochirurgie (Prof. R. Hetzer) ab.

1987 folgten zwei Jahre an der HNO-Klinik St. Joseph Stift in Bremen (Prof. K. Franke), seit 1988 ist Dr. Luetgebrune Facharzt für HNO-Medizin und plastische Operationen.

„ An der HNO-Medizin hat mich schon immer die besonders interessante Anatomie und vielseitige Physiologie der Sinnesorgane gereizt. Außerdem habe ich schnell gemerkt, dass das Fach trotz seiner unterschiedlichsten Anforderungen stets die Möglichkeit einer freiberuflichen Tätigkeit bot", erklärt er.

Als der Schleswiger HNO-Arzt Dr. Wiedemann 1989 einen Nachfolger suchte, war das für den leidenschaftlichen Mediziner die Gelegenheit, den Schritt in die Freiberuflichkeit zu wagen.

Foto: privat

Seit 1990 ist Dr. Thomas Luetgebrune niedergelassener HNO-Arzt in Schleswig und Belegarzt am Schleiklinikum Martin-Luther-Krankenhaus.

In seiner Praxis in der Plessenstraße 1a begegnet er täglich Patienten unterschiedlichster Herkunft und Alters, was für ihn immer wieder neue Herausforderung und Inspiration bedeutet.

„Im Grunde sind es immer die Verbindungen mit Menschen, die dem Leben seinen Wert geben", formuliert Dr. Luetgebrune frei nach dem Philosophen Wilhelm von Humboldt.

Ein großes Messingohr an der Eingangstür zur Praxis lässt keinen Zweifel daran, worum sich hier alles dreht. Neben den klassischen Bereichen der HNO-Medizin bietet die Praxis ein breites Spektrum moderner Leistungen von der ästhetischen Gesichtschirurgie, über Lasertherapien wie „Schnarchoperationen", Nasenmuschelverkleinerungen, Teilentfernung der Mandeln, Entfernung unerwünschter Pigmentstörungen bis hin zu Nasentropfenentwöhnung und Tinnitus-Behandlung mittels Magnetfeldresonanztherapie. Als Mitglied zahlreicher Verbände, Gesellschaften und Initiativen engagiert sich Dr. Luetgebrune für die Sicherung von Qualität und Gesundheit in Zeiten sich verändernder Rahmenbedingungen.

In der Kinderecke des Wartezimmers spielen die ganz Kleinen, die älteren Patienten lesen oder freuen sich einfach am Spiel der Kinder. Trotz eines eng beschriebenen Terminkalenders gelingt es dem Praxisteam, stets eine ruhige und persönliche Atmosphäre zu schaffen. Während Doktor Luetgebrune von einem Sprechzimmer zum nächsten wechselt, platzieren und betreuen seine Assistentinnen die wartenden Patienten und sorgen für einen reibungslosen Ablauf. Im Gespräch mit dem Arzt ist nichts zu spüren von zeitlicher Bedrängnis. Auf die Kleinen geht „der Doc" genauso ein wie auf die Großen, die Jüngsten wie die Ältesten finden hier - im wahrsten Sinne des Wortes - ein offenes Ohr. Die Kinder wissen ganz genau: Nach dem Arztbesuch dürfen sie sich in der berühmten Schublade etwas aussuchen und wenn sich an die Untersuchung einer älteren Patientin noch ein Hörtest anschließt, ruft das Praxisteam auch schon mal zuhause an und beruhigt den wartenden Partner.

„Schleswig und seine Menschen sind mir inzwischen ans Herz gewachsen", bekennt Dr. Thomas Luetgebrune, dessen lokale Verbundenheit z.B. auch in seiner Sammelleidenschaft für regionale Kunst zum Ausdruck kommt.

Erholung und Ausgleich für gesprächs- und terminintensive Tage ist zum Beispiel das wöchentliche Treffen mit der Kreisbläsergruppe und die Stille der Natur, die er als passionierter Waidmann häufig-selten sucht und findet.

Den Großteil seiner Freizeit aber verbringt er im Kreise seiner Familie. „Es gibt auf der Welt nichts Wertvolleres", sagt der Vater von drei Töchtern. Obgleich die Töchter Cecilia und Johanna als Studentinnen in Berlin und Köln bereits ihre eigenen Wege gehen und auch Domschülerin Justina kurz vor dem Abitur steht, verbindet die Luetgebrunes ein enges Band. Ganz besonders genießt er die zahlreichen Treffen im Kreise der Großfamilie seiner Frau und Brüder. Anlässe gibt es genug, wenn sie aus allen Himmelsrichtungen zusammenkommen. „Meine Neffen und Nichten sind wie Geschwister und auch meine eigenen Kinder sind von dem Familienvirus infiziert", schwärmt Dr. Thomas Luetgebrune und freut sich schon jetzt auf demnächst stattfindende Feiereien im Familienkreis.

Facharzt für HNO-Medizin und plastische Operationen • Belegarzt am Schleiklinikum (MLK) • Plessenstraße 1a • 24837 Schleswig • Telefon: 04621 – 22039 • Internet: www.doclue.de

Uwe Lüth

„Ich bin ein echter Schleswig-Holsteiner", sagt der 1941 in Malente geborene Uwe Lüth, denn sein Vater kam aus Schleswig und die Mutter aus dem Holsteinischen. Seit 1973 leitet Uwe Lüth das Schleswiger Traditionshaus „Hotel Hohenzollern", das auf eine über 110 Jahre lange Geschichte zurückblicken kann:

Es war der 19. Mai 1894, als Großonkel Emil Lüth den ersten Bauantrag zur Errichtung eines Gasthauses stellte. Zwei Jahre später entstand der große Saal, in dem noch heute Aufführungen stattfinden. Als Ballhaus erlebte das „Hohenzollern" glanzvolle Zeiten. Im Jahre 1911 erwarb Großvater Theodor das Haus von der Flensburger Aktienbrauerei. Die Galerie, der kleine Saal und das Foyer sowie ein Konzertgarten entstanden. 1928 kam ein Kegelbahnanbau hinzu, auf dem sogar Deutsche Meisterschaften ausgetragen wurden. Dann brach der zweite Weltkrieg aus und das Haus wurde beschlagnahmt.

Erst 1947 konnten die Oma Margarethe und die Eltern Kurtheinz und Gertrud Lüth mit dem damals sechsjährigen Uwe zurückkehren. „An den Wänden war kein Putz, es gab nicht einen Stuhl und der komplette Fußboden war verheizt worden", erinnert sich Uwe Lüth an seine ersten erschütternden Eindrücke. Das Haus wurde wieder renoviert, das Restaurant erweitert, das Clubzimmer kam hinzu und schon bald erstrahlte das Haus in alter Pracht. Die in Schleswig stationierten Besatzungskräfte und die Schleswiger holten im großen Ballsaal die Versäumnisse der Kriegszeit nach. „Bis 1950 fanden im großen Saal bis zu sechs Bälle statt, zwei für die Deutschen, zwei für die Engländer und Zwei für die Amis. Mit der Einführung des Fernsehens jedoch verlagerten sich die Interessen der Menschen. Nun wurde lieber gemütlich zusammen vor dem Fernseher gesessen als tanzen zu gehen", sagt Uwe Lüth, der 22-jährig in den Betrieb seiner Eltern eingestiegen war.

Eine neue Lösung musste gefunden werden und so entschied der gelernte Koch und ausgebildete Hotelkaufmann, das Haus als Ausflugslokal und Hotel auszubauen. Mit der ihm eigenen Zielstrebigkeit hat er seine Pläne auch in Zeiten der Rezession durchgesetzt und verwirklicht. Heute ist aus dem ehemaligen Ballhaus ein modernes Stadthotel mit über 100 Zimmern, vier Clubräumen, einem Ballsaal, einem Klassiksaal, einer Doppelkegelbahn und zwei Gästehäusern geworden.

„Wir sind stolz auf das, was wir geschafft haben", sagt Uwe Lüth. „Jede Generation hat unser Haus weiter verbessert." Stillstand ist für ihn ein Fremdwort. „Mir fällt immer etwas Neues ein, was gemacht werden muss", sagt der Vollblutgastronom. Am Schles-

wiger Stadthafen hat er mit dem „Speicher" ein beliebtes Café und Fischlokal eröffnet, auf Rügen besitzt er das Hotel Rügenpark und er hat auf der Ostsee-Insel tatsächlich einen Miniaturpark aufgebaut. Um die Bauwerke aus aller Welt detailgetreu nachbilden zu können, bedurfte es intensiver Vorarbeiten: Der Notre Dame wurde besichtigt, in Indien wurden an die 200 Fotos rund um den Tadsch Mahal gemacht und Schloss Neuschwanstein wurde aus dem Hubschrauber fotografiert. Eine von Uwe Lüth eigens gegründete Firma in Polen baute danach die Modelle. Der Rügenpark, der mittlerweile eine touristische Attraktion ist, wird zurzeit von Sohn Jörg geführt. Mit ihm steht bereits die vierte Generation bereit, das Hohenzollern zu übernehmen.

Leidenschaft und Sinn fürs Praktische ergänzen sich sowohl bei dem Unternehmer wie auch bei dem Privatmann Uwe Lüth: Am 20.9.2003 heiratete er nach zwanzigjährigem Zusammenleben seine heutige Frau Hannelore im romantischen Ambiente des Remters im Schleswiger St.-Johannis-Kloster. Damit liegt der Hochzeitstag exakt zwischen dem Geburtstag von Uwe Lüth am 19.09. und dem seiner Frau am 21.09. Das soll erstmal einer nachmachen!

Hotel Hohenzollern • Moltkestr. 41 • 24837 Schleswig • Telefon: 04621-906-0

Hanno Lüttmer

„Es gibt keine einmaligen Chancen", sagt Hanno Lüttmer - und er muss es wissen, denn er hat in seinem Leben zahlreiche Chancen ergriffen.

Seit über 20Jahren ist der Name Lüttmer untrennbar mit dem Begriff „Autohaus" verbunden. Im September 1988 hatte der am 17.06.1960 in Bad Segeberg geborene Geschäftsmann sein erstes Autohaus in Schleswig eröffnet, in den folgenden Jahren kamen zahlreiche Unternehmen hinzu.

„Ich bin immer ein Bastler gewesen", erzählt Hanno Lüttmer; schon als Kind baute er Rasenmähermotoren aufs Kettcar und geriet prompt in eine Polizeikontrolle. Nach der Mittleren Reife ging er gegen den Willen seiner Eltern von der Schule ab und absolvierte eine Lehre als Kfz-Mechaniker. Schnell wurde ihm klar, dass er damit nicht am Ziel seiner Träume angelangt war. Er holte die Fachholschulreife nach und absolvierte in Kiel ein Betriebswirtschaftsstudium. Während seine Kommilitonen sich mit Kneipen- und Aushilfsjobs über Wasser hielten, setzte Hanno Lüttmer die theoretischen Grundkenntnisse in die Praxis um und stieg ins Immobiliengeschäft ein.

Im Frühjahr 1988 erfuhr er durch einen Zeitungsbericht, dass die Schleswiger Honda-Vertretung zur Disposition stehen würde. Hanno Lüttmer nutzte die Chance und übernahm den Betrieb im September 1988. „Der Marktanteil von Honda war allerdings damals begrenzt", erinnert er; 1993 liebäugelte er deshalb mit Toyota und dann ergab sich die unerwartete Möglichkeit, einen VW-Betrieb zu erwerben. Aus Callsen und Wille wurde 1993 das Autohaus Lüttmer, 1994 kam das Autohaus Thomsen in Kropp hinzu, 1998 wurde auch das VW-Autohaus Wohlert ins Autohaus Lüttmer integriert. Die Aufbruchstimmung der Banken nutzend, kaufte Hanno Lüttmer im Jahr 2000 zusätzlich einen Betrieb in Heide und stieg als Gesellschafter im Autohaus Schoppmeier in Schleswig ein, wo er seit dem 01.01.2007 alleiniger Gesellschafter ist. Im Jahr 2008 trennte sich Hanno Lüttmer von seinen beiden großen Autohäusern in Schleswig und Heide.

In seinem modernen Office behält Hanno Lüttmer den Überblick über die Geschäfte, ganz nebenbei betreibt er zusammen mit Ehefrau Marie-Luise zehn Vodafone-Agenturen zwischen Flensburg und Aurich und auch im Immobiliensektor ist er weiter aktiv.

Trotz seiner Konzentration auf das Autohaus Schoppmeier bleibt Hanno Lüttmer in Schleswig präsent. Als Obermeister der Kfz-Innung setzt er sich seit 2006 für die

Foto: privat

Belange der Branche ein, als Mitglied des Rotary Clubs Schleswig Gottorf zeigt er soziales Engagement - der jährliche Verkauf des Adventskalenders zu karitativen Zwecken geht auf seine Initiative zurück und auch die Erlöse aus dem im Autohaus veranstalteten Weihnachtsmarkt kommen der Kinder- und Jugendarbeit zugute.

Das Mehr an Freizeit empfindet der Unternehmer und Vater von drei Kindern als großen Gewinn. Entschleunigung lautet das Stichwort des Mannes, der anderen oft einen Schritt voraus war. Seitdem genießt er etwas mehr Freiheit und ab und zu auch mal ein Mittagessen zu Hause. Pläne für die Zukunft? „Mit dem Boot nach Berlin oder Frankreich fahren - ganz gemütlich", sagt er. Ein verstecktes Funkeln in seinen Augen lässt allerdings vermuten, dass er noch den ein oder anderen Plan in petto hat.

Geschäftsführer • Autohaus Schoppmeier GmbH
Werner-von-Siemens-Straße 5 • 24837 Schleswig • Telefon: 04621-95500

Theodor Heinrich Peter Mackrott

Der Lollfuß, einst Verbindungsstraße zwischen Schloß Gottorf und der Schleswiger Altstadt, ist eine Straße mit Tradition. Zahlreiche Häuser zeugen von einer langen, bewegten Geschichte - und nur Wenige wissen sie heute noch zu erzählen. Einer von ihnen ist Theodor Heinrich Peter Mackrott. „Ich erinnere mich gut, wie in meiner Kindheit die Spedition Dehn am Abend ihre Pferde durch den Lollfuß auf die Wiese an der Windallee brachte. Und noch bis in die 60er Jahre war der Lollfuß eine belebte Straße mit Handwerksbetrieben aller Art, dem Metro-Kino, dem Theater und der Schleihalle, wohin wir zu Tanzveranstaltungen gingen", erzählt der am 20.01.1923 geborene Schleswiger.

Die Familie Mackrott ist schon in der fünften Generation im Lollfuß ansässig.

Ein schmaler Gang führt zwischen historischen Gemäuern auf den Hof des Hauses Nummer 81a, wo Theodor Mackrott heute mit seiner Frau Anni lebt. Auf dem Hof plätschern zwei der für den Lollfuß typischen artesischen Brunnen. Im Nachbarhaus mit der Nummer 81 befindet sich heute ein Weingeschäft. An der Hausfront ist zu lesen: „7. Quartier Nummer 244". Hier hatte 1852 der Kaufmann Christian Heinrich August Mackrott das im Jahre 1811 von seinem Onkel, dem Kaufmann und Deputierten Bendix Carl Friedrich Berwald, gegründete Geschäft erworben. Im Sortiment führte er alle Dinge für den täglichen Bedarf wie Lebensmittel, Kolonialwaren, Eisenwaren sowie Putzzeug für die Soldaten des Schlosses und Petroleum. Nebenan richtete Großvater Theodor Mackrott (geb. 1856) im Jahre 1884 eine Gärtnerei ein und erbaute 1894 das Haus Lollfuß 81a. Nach dem Ende des 1. Weltkrieges begann Sohn Heinrich (geb. 1895) mit Eisenwaren im Blumengeschäft des Seniors zu handeln. Im Laufe der Zeit wurde aus dem Betrieb ein reiner Eisenwarenhandel, den Theodor Mackrott von 1963-1990 weiterführte.

Nach dem Besuch der Wilhelminenschule erwarb Theodor Mackrott 1939 in der Selekta, der gehobenen Volksschulklasse, den Mittelstufenabschluss. In Wesselburen machte er seine kaufmännische Lehre, bis er 1941 zum Arbeitsdienst eingezogen wurde. Ab dem Frühjahr 1942 war der damals 19-Jährige als Soldat „Auf der Freiheit" stationiert, dann kam der Marschbefehl. Die Truppenbewegung führte ihn vom tiefen Kaukasus bis an die französische Kanalküste und von Monte Cassino bis nach Kopenhagen.

Nach Kriegsende gelangte Theodor Mackrott per pedes von Kopenhagen bis ins Internierungsgebiet Dithmarschen. Im August 1945 konnte er nach Schleswig zurückkehren und in das Geschäft des Vaters einsteigen. Schon 1946 trat er der Feuerwehr bei und war 36 Jahre als Zugführer des Lollfußer Löschzuges und ab 1955 32 Jahre als stellvertretender Wehrführer aktiv. 1951 heiratete er seine Frau Anni und in den Jahren 1952 und 1953 kamen die Söhne Rolf und Uwe zur Welt.

Foto: privat

Langweilig ist dem Lollfußer auch nach dem Ausstieg aus dem Geschäftsleben nicht geworden. „Wichtig ist, dass man aktiv bleibt", sagt Theodor Mackrott. Noch heute ist er Mitglied der Lollfußer Schützengilde und der Lollfußer Beliebung.

Seit mehr als zehn Jahren beschäftigt sich Theodor Mackrott mit der Geschichte seiner Vorfahren. Unzählige Stunden hat er in den Archiven der Stadt verbracht und eine Chronik zusammengetragen, die Zeugnis ablegt über eine faszinierende Geschichte.

Warum alle Kinder der Familie Mackrott bis heute in einem historischen Kleid getauft werden, einem Geschenk der Witwe des Markgrafen Friedrich Ernst von Brandenburg aus dem Jahre 1778, ist eine weit zurückreichende Geschichte, die im Schloß Gottorf beginnt. Sie hat mit dem Stadtmusikus Friedrich Adolf Berwald (geb. 1748) und der Liebe seiner Tochter zu einem Musikergesellen namens Johann Georg Gottfried Mackrott, dem späteren Stadtmusikus, zu tun.

Kaufmann • Lollfuß 81 • 24837 Schleswig • Telefon: 04621-21981

Marks GmbH & Co KG

Es gibt nur noch wenige Traditionsbetriebe in Schleswig, die bis heute in Familienbesitz geblieben sind und erfolgreich weitergeführt werden - das Unternehmen Marks GmbH & Co. KG und Marks Mineralöle ist eines davon.

„Mehr Auswahl. Mehr Service. Mehr Marks", lautet der Slogan des Unternehmens, das sich als Partner für die Handwerksbetriebe versteht. Auch der Hobbyhandwerker kommt hier zu seinem Recht. Auf dem großzügigen Firmengelände direkt an der Flensburger Straße im Gewerbegebiet „Schliekieker" präsentiert sich der moderne Firmenkomplex mit dem Fachmarktzentrum, das durch seine charakteristische Bugform und das große Bullauge ins Auge fällt. Auf über 600 Quadratmetern Ladenfläche erhält der Kunde hier hochwertige Werkzeuge und Maschinen sowie Beschläge, Befestigungstechnik und vieles mehr für Beruf, Haus, Hof oder Hobby. In der lang gestreckten Halle lagern Stahl und andere Metalle in unterschiedlichen Formaten und Qualitäten. Eine moderne Stahl- und Plasmabrennschneideanlage hat hier ihren Platz gefunden, ebenso der Sägebetrieb sowie Türen und Tore. Ergänzt wird das Sortiment durch ein modernes Auslieferungslager für technische -, medizinische- und Heizgase. Daneben ist die Marks Mineralöle GmbH seit Jahrzehnten zuverlässiger Partner für die Lieferung von Heizöl und Dieselkraftstoffen.

Es bedarf einiger Fantasie, sich vorzustellen, dass die Geschichte dieses Unternehmens im Jahr 1934 beginnt, als Stammvater Günther Marks seinen Kohlenhandel gründete. In der Inventarliste waren damals aufgeführt: 2 Wagen, 1 Pferd, 1 Waage, Forken und Säcke.

Peter und Jürgen Marks

Im festen Glauben an die Zukunft gründete Günther Marks am 15. März 1934 seinen Kohlenhandel. Trotz der Wirren der Kriegsjahre konnte der Vater von vier Kindern seinen Betrieb weiterentwickeln. Als er 1948 aus der Gefangenschaft heimkehrte, packten seine beiden ältesten Söhne an, wo sie konnten. „Wir schippten Kohlen und fuhren sie mit dem Handkarren in der Nachbarschaft aus", erzählt der 1934 in Schleswig geborene Peter Marks. Auf diese Weise verdienten sie sich ein wenig Taschengeld.

Während der zwei Jahre jüngere Jürgen Marks nach dem Schulbesuch eine Ausbildung im Flensburger Stahlhandelsunternehmen Gebr. Rossen absolvierte, begann Peter Marks 1953 eine handwerkliche Lehre. Die praktischen Erfahrungen, die er dabei in der Schlosserei Bartsch und bei Opel Lorenzen sammelte, kamen ihm später sehr zugute. Nach dem Besuch der Höheren Handelsschule und einem einjährigen Volontariat bei der Firma Rossen trat Peter Marks 1959 in die Firma seines Vaters ein. Zwei Jahre später tat auch der 1936 geborene Jürgen Marks den Schritt ins Familienunternehmen, nachdem er zuvor seine Wanderjahre unter anderem in der Schweiz verbracht hatte.

Alte Schwarz-Weiß-Fotos zeigen heute unvorstellbare Berge von Kohlen, die auf dem einstigen Firmengelände an der Flensburger Straße 1 gelagert wurden. Gut 3.500 Tonnen Kohle wurden in den besten Jahren verkauft.

„Obgleich das Kohlengeschäft gut lief, war unserem Vater klar, dass wir das Unternehmen auf mehrere Standbeine stellen mussten", erinnert sich Peter Marks an das weitsichtige Denken seines Vaters. Der Nachfrage der Kunden folgend, wurde der Kohlenhandel deshalb bald durch ein breites Sortiment an Stahlartikeln ergänzt.

Auch die frühzeitige Aufnahme des Handels mit Heizöl erwies sich als kluge Entscheidung. In den Folgejahren wurde das Sortiment kontinuierlich an die veränderten Bedürfnisse der Zeit angepasst. Zum Stahl kamen technische Gase, Maschinen und Schweißzubehör. Anbauten wurden notwendig. Bald wurden das Betriebsgelände am Gallberg und auch das Lager an der Flensburger Straße zu klein für das wachsende Unternehmen. Zum 01.01.1982 folgte deshalb der Umzug der Firma Marks an ihren heutigen Standort.

„Das hat uns manch schlaflose Nacht gekostet", gestehen Peter und Jürgen Marks heute. Es wurden zähe Verhandlungen mit dem dänischen Vorbesitzer geführt. „Die Kaufsumme notierten wir schließlich auf einem Briefumschlag - damals machten wir eben noch Geschäfte per Handschlag", erinnern die beiden Seniorchefs.

Das Gelände des alten Betonwerkes bot mit der großen Halle reichlich Lagerplatz, so dass der Betrieb unter der Leitung von Peter und Jürgen Marks expandieren konnte.

Mit der Größe des Unternehmens war auch die Verantwortung gewachsen - ein Umstand, dem die Brüder auch im Privatleben Rechnung trugen: Um im Falle eines Unglücks nicht beide betroffen zu sein, vermieden sie gemeinsame Autofahrten. Auch ihre Freizeitaktivitäten richteten sie unterschiedlich aus. Während Peter Marks in die Lollfußer Beliebung eintrat, wurde Jürgen Marks Mitglied bei der Lollfußer Schützengilde; nur so konnten sie abwechselnd an den jeweiligen Feierlichkeiten teilnehmen. Und als es darum ging, sich ehrenamtlich zu engagieren, entschied Peter Marks sich für das THW, wo er über 40 Jahre Mitglied und von 1978 bis 1994 Ortsbeauftrager war. Jürgen Marks trat der Freiwilligen Feuerwehr bei, noch heute übt er das Amt des Kassenwartes der Ehrenabteilung aus.

Während der Schneekatastrophe 1978 wurden doch beide Männer zum Einsatz gerufen, so dass die Ehefrauen den Betrieb aufrecht halten mussten. Doch nicht nur zu Krisenzeiten, sondern auch im täglichen Geschäft unterstützten Renate und Ilse-Marie Marks ihre Ehemänner über 20 Jahre im Betrieb. „Unsere Frauen haben während der ganzen Jahre eine entscheidende Rolle gespielt - ohne ihre Hilfe hätte sich das Unternehmen gar nicht so entwickeln können", sind Peter und Jürgen Marks sich einig.

Im Januar 2002 übergaben sie die Geschäftsführung an Carsten Marks und Heiko Ebsen. Als Gesellschafter bleiben sie weiter Teil des Unternehmens - und stehen den Junioren jederzeit mit Rat und Tat zur Seite.

Carsten Marks

„Alle wichtigen Firmenentscheidungen werden bei uns zu viert getroffen", betont Juniorchef Carsten Marks. Wie Vater und Onkel ist auch Carsten Marks mit dem Familienunternehmen aufgewachsen.

„Ich erinnere mich noch gut, wie ich mit meiner Schwester und den Nachbarskindern Verstecken hinter den großen Kohlehaufen spielte", erzählt der 1964 in Schleswig geborene Sohn von Peter Marks. Direkt hinter dem Wohnhaus der Familie an der Flensburger Straße 1 wurden damals die Kohlen gelagert, am Gallberg befand sich das Lager für Stahl, Schrauben und Kleinteile. Bilder von LKWs, die per Förderband am alten Bahnhof mit Kohle beladen werden, und von Kanistern, die mit Heizöl befüllt werden, tauchen vor seinem inneren Auge auf, wenn er an seine Kindheitstage zurückdenkt.

Carsten Marks erlernte in einem Hamburger Stahlunternehmen von 1983 bis 1985 den Beruf des Groß- und Außenhandelskaufmann. Im Rahmen eines einjährigen Volontariats sammelte er weitere Berufserfahrungen. Mit Blick auf die Zukunft des Schleswiger Betriebes absolvierte er bis 1990 ein betriebswirtschaftliches Studium an der Fachhochschule in Kiel. 1993 trat er in die Firma Marks ein. Die stetige Weiterentwicklung des Betriebes liegt dem Unternehmer am Herzen. Wie schon die beiden Generationen vor ihm weiß er: Nur wer sich wandelt, bleibt bestehen.

Eine glückliche Fügung wollte es, dass mit Heiko Ebsen bereits 1996 ein engagierter Praktiker in die Firma gekommen war, so dass heute wieder ein Unternehmerduo die Geschicke des Betriebes lenkt. Mit der Neuerrichtung des Ladenanbaus und des erweiterten Gaslagers erfolgte im Jahr 2008 ein weiterer Schritt in Richtung Zukunft. „Unser Angebot richtet sich nach den Wünschen unserer Kunden. Die neuen Raumkapazitäten geben uns viel mehr Möglichkeiten, verschiedenste Artikel zu präsentieren", sagt der Juniorchef.

Seine Entscheidung, nach zehn Jahren in Hamburg und Kiel nach Schleswig zurückzukehren, hat Carsten Marks nicht bereut. „Ich bin sehr standortverbunden, ein Leben in der Großstadt kommt für mich nicht in Frage", erklärt er. Wie schon sein Vater pflegt Carsten Marks als Mitglied der Lollfußer Beliebung die Traditionen seiner Heimatstadt, im Kreise der Wirtschaftsjunioren setzt er sich aktiv für die positive Entwicklung der Region ein. In seiner Freizeit erkundet der Vater von zwei Kindern gern das Land. Aber: „Man muss nicht weit weg fahren, um sich zu erholen", sagt er.

Heiko Ebsen

Heute ist Heiko Ebsen mit Leib und Seele in der Firma Marks tätig. Rückblickend war es seine Begeisterung für den Pferdesport, die ihn nach Schleswig führte. Über das gemeinsame Hobby lernte der 1966 geborene Nordfriese seine heutige Ehefrau Anette Ebsen, geb. Marks, kennen. Nach der landwirtschaftlichen Lehre und einer Ausbildung zum Landwirtschaftsmeister war er im väterlichen Betrieb tätig - Perspektiven für die Zukunft waren hier jedoch aufgrund der Marktsituation kaum gegeben.

Auch in der Firma Marks machte man sich rechtzeitig Gedanken über die Unternehmensweiterführung basierend auf zwei Familien. 1996 wechselte Heiko Ebsen von Ladelund nach Schleswig und lernte seine neue Arbeitsstätte von der Pike auf kennen.

Seit 2002 tragen Carsten Marks und Anette Ebsen als Gesellschafter der Firma Marks die Verantwortung, wobei Heiko Ebsen die Interessen seiner Frau im Tagesgeschäft als Prokurist vertritt. Der Juniorchef ist Ansprechpartner für alle technischen Belange. Selbst bei kniffligen Aufgaben findet der Praktiker die idealen Lösungen für die Kunden, wobei ihm seine handwerklichen Fähigkeiten und sein technisches Verständnis zu gute kommen. „Es ist uns wichtig, dass sich bei uns größere Handwerksbetriebe ebenso gut betreut fühlen wie Privatkunden", sagt Heiko Ebsen.

Ein Großteil des neuen Ladenanbaus trägt heute seine Handschrift. Bei der Planung des neuen Gebäudes wurde größter Wert darauf gelegt, dass eine klare Linie und Organisation eingehalten werden, um beste Voraussetzungen für die Beratung der Kunden zu schaffen. Ein Seminarraum bietet Platz für Schulungen und die Vorstellung von Neuerungen am Markt. Für die Zukunft ist die Einrichtung einer Test-Werkstatt geplant, in der Kunden sich gleich vor Ort einen Eindruck von der Funktionsweise und Handhabung der Werkzeuge machen können. Auch interessierten Schulklassen soll hier zukünftig Gelegenheit gegeben werden, aktuelle Techniken auszuprobieren.

Als örtlicher Ansprechpartner des Institutes für wirtschaftliche Ölheizung (IWO) setzt Heiko Ebsen sich zudem gemeinsam mit örtlichen Heizungsbauern für eine objektive Kundenberatung zum Thema Ölheizung ein. Dass ihm der Blick über den eigenen Betrieb hinaus wichtig ist, spiegelt sich in seinem Engagement als zweiter Vorsitzender der Werbegemeinschaft „Rund um den Schliekieker" wider. Hier engagiert er sich für die gemeinsamen Belange der Gewerbetreibenden. Über seine Mitgliedschaft im „Schleswiger Empfehlungsclub" ist er bemüht, die Möglichkeiten in der Region auszuschöpfen. „Gemeinschaftliches Engagement und gegenseitige Hilfeleistung sind Werte, die ich schon im Elternhaus vermittelt bekommen habe", sagt Heiko Ebsen.

Ein bisschen ländliches Leben hat er sich auch fern der nordfriesischen Wurzeln aufgebaut: Auf einem Resthof in Füsing findet die sechsköpfige Familie genügend Entspannung vom Berufsalltag.

Björn Mummert

Sein persönliches Auftreten ist eher von den leisen, zurückhaltenden Tönen geprägt, auf beruflicher Bühne dagegen hat er für manch Aufsehen erregenden Trommelwirbel gesorgt. Björn Mummert spielt Klavier, Querflöte, Gitarre und E-Bass, war Mitglied im Michaelis-Posaunenchor, rief den Popchor „Chor Colores" ins Leben, gibt Unterricht an der Kreismusikschule, wo er auch das Jugendorchester leitet, musiziert im B.A.R. Jazz-Trio, singt mit den Vocaholics und er wirkt an zahlreichen Inszenierungen des Landestheaters mit. Seit 1998 komponiert er die Musik für die Wikingerspiele, ein von ihm produzierter Jingle leitete jahrelang die Wettervorhersage des Schleswig-Holstein-Magazins ein. 2004 verfasste er das Oratorium zum 1200-jährigen Jubiläum der Stadt Schleswig. 2008 erhielt er für sein Schaffen den Kulturpreis der Stadt.

„Was macht dieser Mann noch in Schleswig?", fragt sich mancher bei so viel Ausnahmetalent. Die Antwort liegt in der tiefen Verwurzelung mit seiner Heimatstadt. „Ich bin in den Domchören groß geworden", erklärt der Vollblut-Musiker. Schon die Eltern des am 01.01.1962 in Schleswig Geborenen hatten sich im Domchor kennen gelernt, das Singen im Kinderchor und das Spiel von Klavier und Blockflöte gehörten ganz selbstverständlich zur Kindheit von Björn Mummert, dessen Bruder Ulf heute ebenfalls erfolgreich Musik macht. Mit 12 Jahren spielte er Querflöte an der Musikschule, wo seine Mutter als Schriftführerin tätig war. Als Dreizehnjähriger entdeckte er mit seinem Freund Pim Hoppe zusammen die Vorliebe für die Rockmusik. Auf E-Bass und E-Gitarre wurden erste eigene Stücke gespielt. Die Domschule verließ er mit der Fachhochschulreife, nach dem Zivildienst studierte er Kontrabass in Hamburg - und brach dort nach zwei Semestern ab. Die Aussicht, Orchestermusiker zu werden, entsprach nicht seinen Vorstellungen selbstbestimmten Handelns. „Ich wollte selbst für die Musik verantwortlich sein, die ich mache", begründet er seinen Entschluss. Es folgte ein eineinhalbjähriges Intermezzo als Musiklehrer am Landesjugendheim Paulihof, eine Ausbildungsstelle zum Krankenpfleger trat er nicht an.

Stattdessen wechselte er ins Andante: Als sein Schwager ihm die Produktion eines Jingle-Paketes für den NDR anbot, griff er die Gelegenheit beim Schopfe. Mittels eines Bankkredits baute er sein eigenes Studio im Lollfuß. Parallel gab er Keyboard-Unterricht an der Kreismusikschule und 1984 folgte das erste Theaterprojekt. Für die Inszenierung „Der Fall Luther" spielte er Querflöte. Die Chancen, die das Leben bietet, wahrzunehmen, ist eines seiner Talente. Beispiele, wie sich die Dinge konsekutiv ergeben, finden sich in seinem Leben genug. So entstanden aus seiner Ausbildung zum Chorleiter beim Schleswig-Holsteinischen Sängerbund gleich zwei Gruppen, die noch heute erfolgreich zusammen musizieren: 1997 gründete er den „Chor Colores" und damit den ersten Popchor der Region. Eine zweiter musikalischer Zusammenschluss sind die „Vocaholics". Mit einem Repertoire, das von Geistlich über Madrigal bis Pop reicht, tritt das a capella Quartett in Kirchen in ganz Schleswig-Holstein und Hamburg auf.

Foto: Claus Göhler

Die Regel, dass man für die Verwirklichung seiner Wünsche dem Leben manchmal etwas auf die Sprünge helfen muss, hat der Realist früh begriffen - und auf seine ganz eigene Art befolgt. Um nach seinem Querflöteneinstieg am Theater den neuen musikalischen Leiter kennen zu lernen, bewarb er sich kurzerhand als Komparse - und fand so den Weg zur Erfüllung eines Jugendtraumes: Er wirkte musikalisch an der Inszenierung von „Jesus Christ Superstar" mit. „Klinken putzen liegt mir eben nicht", erklärt er. Inzwischen hat er am Landestheater um die 20 Stücke mitgestaltet. Aus der musikalischen Theaterarbeit entstand auch das B.A.R. Jazz-Trio, das mit den Aufführungen von „Swinging Heine" Erfolge in ganz Norddeutschland feiern konnte

Mit der Band „Liaison" zeigt er Vielfältigkeit. Je nach Bedarf kann die Band als Duo, Trio oder als großes Ensemble auftreten. Auftrittsorte waren Kirchentage oder Ausstellungen ebenso wie der „Müllberg" in Poppenbüttel. In zahlreichen Workshop-Projekten berät er in Zusammenarbeit mit dem evangelischen Jugendpfarramt junge Bands auf dem Koppelsberg. „Gute Musik ist nicht vom Stil abhängig, sondern davon, dass die Seele durchzuhören ist", lautet sein Credo.

Ein Workshop im Jahr 2004, an dem 22 Jugendliche aus 14 Nationen teilnahmen, hat ihn besonders beeindruckt. Aus dem Kontakt sind zahlreiche Reisen, z.B. nach Argentinien, Uruguay, Jordanien oder Indonesien gefolgt.

Ein berufliches Highlight stellt die Komposition des Stadtoratoriums, das durch Domkantor Reiner Selle in Auftrag gegeben wurde, dar. Ein Jahr lang hat Björn Mummert dazu in den Archiven über Stadtgeschichte geforscht, ein weiteres Jahr hat er sich der musikalischen Umsetzung gewidmet. „Als die Menschen nach der Aufführung im Dom aufstanden und eilig nach vorne kamen, war es, als würde die Stadt mich umarmen", erinnert er sich gerührt. Sein Blick geht während des Gesprächs über die sanften Wellenbewegungen der Schlei hinüber zur imposanten Silhouette des Domes.

„Die Dinge sind da, man muss nur zugreifen – und vor allem auch loslassen können", sagt er. Ein Leben in der Großstadt kommt für den christlichen Musiker mit buddhistischem Gedankengut nicht in Frage; es sei denn, er könnte dort seinen weiteren Traum verwirklichen: Einmal ein Ballett schreiben.

Musiker und Komponist • Hornbrunnen 8 • 24937 Schleswig • www.musik-atelier.de

Willi Neu

„Wenn es einmal angefangen hat, hört es nie wieder auf", sagt Willi Neu über eine lebenslange Leidenschaft: das Musizieren.

Schon im Schulchor hatte der heutige Leiter der Kreismusikschule Schleswig-Flensburg begeistert gesungen, als 10-Jähriger packte ihn die Faszination für das Spiel auf der Trompete. An die Vorweihnachtszeit im elterlichen Hause erinnert sich der am 06.07.1957 geborene Bitburger als eine Zeit voll festlicher Barockmusik. Nach einem prägenden Erlebnis aus seiner Jugend gefragt, nennt er die Aufführung des Weihnachtsoratoriums durch ein professionelles Orchester. Selbst während seiner Bundeswehrzeit nach dem Abitur blieb er als Mitglied des Musikkorps seiner Passion treu.

Es folgte ein Studium der Schulmusik in Oldenburg, 1985 machte er in Bremen den Abschluss als Diplommusiklehrer, zusätzlich erwarb er eine Qualifikation als Dirigent. Es war weniger der schräge Gesang der Bremer Stadtmusikanten als die ausgeprägte Kirchenmusikszene, die ihn in der Hansestadt faszinierte. Aushilfen am Theater, seine Tätigkeit im Bremer Jugendorchester und das Spiel in einem großen Bläserensemble bestimmten sein musikalisches Leben während der Studienzeit. Den anschließenden Einstieg in den Beruf fand er als Trompetenlehrer an der Kreismusikschule Nordfriesland in Husum, gleichzeitig baute er dort ein großes Blechbläserensemble auf.

1992 wechselte er als Bezirksleiter an die Kreismusikschule Schleswig-Flensburg. Und Willi Neu wäre nicht Willi Neu, hätte er nicht auch hier Ensembles ins Leben gerufen und weiter das Feuer für die Blechbläserei im hohen Norden entfacht. Die ersten Schleswiger Blechbläsertage mit amerikanischen Gästen wurden vom Publikum begeistert aufgenommen. Und obgleich der Einstieg in die Schulleitung 1997 seine Tätigkeit mehr in das strategisch operative Geschäft verlagerte, blieb Willi Neu der aktiven Musikszene erhalten. 1998 gründete er die „Schleswiger Big Band", deren Leiter er noch heute ist.

Seit 1995 ist Willi Neu auch Dirigent des Blasorchesters „Schleswiger Husaren". Davon, dass Spaß und Humor bei aller Seriosität unbedingt dazu gehören, konnte sich das Publikum bei den Auftritten der „BläserVielHarmonie" im Rahmen der Landesgartenschau überzeugen. Neben der musikalischen Qualität fasziniert ihn vor allem das Zusammenspiel der Individuen im großen Ensemble. „Es ist ein großartiges Gefühl, wenn schließlich alles stimmt und der große Vogel abhebt", beschreibt der Orchesterleiter das erhabene Gemeinschaftsgefühl mit den Worten von Simon Rattle.

Die Rolle des Dirigenten sei die des Impulsgebers, der mit psychologischem Feingespür die jeweiligen Fähigkeiten zusammenführe, erklärt Willi Neu. Der philosophische Ansatz des Musizierens ist ein weiteres Feld, das ihn interessiert. Musizieren habe immer auch mit Persönlichkeitsfindung zu tun, sagt er. Als ausgebildeter Mediator nutzt er das zwischenmenschliche Potenzial, das im Beziehungsgeflecht des gemeinsamen Musizierens liegt.

„Concertare" ist die beste Form des Miteinanders und die friedlichste Form des Streitens", ist Willi Neu überzeugt.

Musikschulleiter & Dirigent • Kreismusikschule Schleswig-Flensburg • Suadicanistraße 1 • 24837 Schleswig • Telefon: 04621-960118

Kreismusikschule Schleswig-Flensburg

„Musik machen – ein Leben lang", das ist das Motto der Kreismusikschule Schleswig-Flensburg, die im Jahr 2008 ihr 30-jähriges Jubiläum feierte. 1978 aus der Schleswiger Musikschule hervorgegangen, gehört sie heute zu den größten öffentlichen Musikschulen Schleswig-Holsteins. „Die Schule traf damals den Nerv der Zeit, denn Eltern wollten eine gute musikalische Ausbildung für ihre Kinder", beschreibt Schulleiter Willi Neu die Ausgangssituation.

Der Schulzentrale in Schleswig sind vier hauptamtlich besetzte Bezirksstellen und an die 30 Zweigstellen zugeordnet. Zielsetzung der Institution mit ihrem umfassenden Angebot im gesamten Kreisgebiet sind lebenslanges Lernen und Musizieren mit Spaß und Qualität.

Trotz ihrer langen Geschichte zeigt die Musikschule sich keinesfalls verstaubt, sondern äußerst dynamisch. Zur stetigen Entwicklung neuer Unterrichtsangebote gehören die Kooperationen mit Kindergärten, allgemeinbildenden Schulen und Senioren-Einrichtungen. Die Musikrichtungen decken das gesamte Feld von klassisch bis modern ab.

Die Kurse orientieren sich am Puls der Zeit und bieten von der musikalischen Früherziehung, über Trommelworkshops und E-Gitarrenunterricht bis zu Gesang und Kammermusik mit Querflöte alles, was Jung und Alt begeistern kann. Entsprechend reicht das Alter der Musikschüler von einem bis zu über 80 Jahren.

Aus der Freude am gemeinsamen Musizieren sind in den vergangenen Jahren zahlreiche Ensembles und Spielgemeinschaften wie die Trommelgruppe „Sambalegria", der Popchor „Chorcolores" oder das Jugendsinfonieorchester entstanden. „Musizieren kann jeder, Grundvoraussetzung sind Motivation und der Wille zum Durchhalten", ermutigt Willi Neu jeden Interessierten zum Mitmachen. Für die Anmeldung genügt ein einfaches Telefonat.

Kreismusikschule Schleswig-Flensburg • Suadicanistr. 1 • 24837 Schleswig • Telefon: 04621 – 960 118

Andreas Neye-Diercks

„Die Lornsenschule passte gut in meine Vorstellungen eines innovativen Gymnasiums", begründet Andreas Neye-Diercks seine Entscheidung, die Schulleiterstelle in Schleswig anzunehmen. Die Schleiregion hatte der Hamburger Studienrat schon mehrfach als Urlaubsziel besucht, erste soziale Kontakte bestanden deshalb bereits, als er 2002 das Rektorenamt an der Schleswiger Lornsenschule übernahm.

Andreas Neye-Diercks wurde am 14. Januar 1949 in Wuppertal geboren. 10-jährig zog er mit seiner Familie nach Hamburg, wo der das Neusprachliche Gymnasium besuchte. Nach dem Abitur 1988 folgte der Grundwehrdienst, anschließend das Studium der Fächer Chemie und Sozialkunde in Hamburg. Nach dem Staatsexamen schloss Andreas Neye-Diercks eine zweijährige Zusatzausbildung zum Heilpädagogen am Institut für Kindesentwicklung an.

Ab 1979 war er an der Gesamtschule Steilshoop und ab 1984 an der Jahnschule (heute Ida-Ehre Gesamtschule) tätig. 1995 wechselte er als Abteilungsleiter der Oberstufe an die Schule am Lehmweg. Über die Lehrertätigkeit hinaus engagierte er sich für neue Konzepte der Schulentwicklung. Als Mitglied der Hamburger Bildungsplan-Kommission „Gymnasiale Oberstufe" war er in den Aufbau der gymnasialen Oberstufe eingebunden. Zudem setzte er sich im Rahmen der „Delphi-Kommission" intensiv mit den Perspektiven der Hamburger Gesamtschulen auseinander. Als verantwortlicher Projektleiter beteiligte er sich außerdem im Netzwerk „gesundheitsfördernder Schulen" der WHO.

Seine engagierte Arbeit setzt Andreas Neye-Diercks in Schleswig fort. Die Entwicklung der Lornsenschule zur integrierten Medienschule und die Etablierung der Schule als Offene Ganztagsschule fallen in die Amtszeit des rührigen Schulleiters. In seiner Arbeit sind ihm die enge Kooperation mit den Eltern und der gute Draht zu den Schülern besonders wichtig. An vielen Stellen hat er entscheidende Impulse für die Entwicklungsarbeit der schleswig-holsteinischen Gymnasien gesetzt.

Die Teilnahme an Projekten zum eigenständigen Lernen und die Einrichtung von Lernbüros gehören ebenso dazu wie ein eigenes Ausbildungskonzept für Referendare. Im Mittelpunkt seines Handelns stehen team-orientiertes Arbeiten und die Motivation zur eigenständigen Beteiligung von Schülern. Lehrern und Eltern.

Die Zukunftswerkstatt „Wir gestalten unser Haus des Lernens" unter reger Mitwirkung der Eltern sowie ein neues Modell für die Beteiligung der Schülervertretung

Foto: privat

in Fragen der Schulgestaltung sind nur zwei von vielen Projekten, die er forciert hat. „Wir müssen einen Paradigmenwechsel erreichen und die Individualität des einzelnen Kindes in den Vordergrund stellen", umschreibt er seine Ziele.

Schulleiter • Lornsenschule • Michaelisallee 1 • 24837 Schleswig • Telefon: 04621-96060

Die Lornsenschule

Im Jahr 2009 feierte die Schleswiger Lornsenschule ihr 100-jähriges Jubiläum. Mehr als 200 Gäste waren zu dem Festakt gekommen, neben Vertretern aus der Politik waren es viele ehemalige Schüler und Lehrer.

100 Jahre zuvor: Am Donnerstag, den 20. April 1909, führt die damalige Vorsteherin der Höheren Mädchenschule ihre Schüler, alle in feierlichem Weiß gekleidet, in den imposanten Schul-Neubau auf dem Gelände des einstigen Vergnügungslokals Bellevue. Der neue Schulleiter, Herr Dr. Walsemann, leitete neben der höheren Mädchenschule zugleich das Lyzeum, das auch das Lehrerinnenseminar, eine Ausbildungsstätte für Lehrerinnen, umfasste.

Das Jahr 1922 brachte wichtige Veränderungen: das Lyzeum wurde Deutsche Oberschule und ging in staatliche Trägerschaft über. Außerdem erhielt die Schule ihren heutigen Namen „Uwe-Jens-Lornsenschule".

Eine große Veränderung im Schulleben gab es 1972, als die Koedukation eingeführt wurde. Nur zögerlich wagten sich die ersten Jungs auf die Lornsenschule. Durch die Einteilung in Einzugsbereiche aber (nördl. der Michaelisallee für die Lornsenschule, südlich für die Domschule) wurde das Problem schnell aus der Welt geschafft.

Seit 1991 baute die Schule systematisch einen Schüleraustausch mit Schulen rund um die Ostsee aus. Im Zeichen der internationalen Begegnung und des regelmäßigen Austausches stehen auch die Schulpartnerschaften mit Norrtälje (Schweden), Pärnu (Estland) und Lebork (Polen).

Darüber hinaus gibt es seit vielen Jahren Schulpartnerschaften mit Prato (Italien), Godby (Alandinseln), Haapsalu (Estland), Argenteuille (Frankreich) und Pisz (Polen). Hierhin werden in unregelmäßigen Abständen Fahrten und Projekte gemacht.

Im Sommer 2001 wurde die Aufstockung über den Fachräumen der Biologie und der Chemie fertig gestellt. Dadurch stehen der Lornsenschule sechs neue Klassenräume, mehrere Gruppenarbeitsräume und ein großzügiger Pausenaufenthaltsraum zwischen den beiden Fluren zur Verfügung.

Seit 2005 ist die Lornsenschule eine offene Ganztagsschule. Wegen der momentanen Schülerzahl von 1097 Schüler/innen werden im Sommer 2009 die Räumlichkeiten der ehemaligen Pestalozzischule angegliedert.

Klaus Nielsky

Prächtige Rosen an der weißen Mauer des pittoresken Häuschens auf dem Holm ziehen die Blicke der Touristen auf sich, drinnen freut sich Schleswigs ehemaliger Bürgermeister Klaus Nielsky am Spiel seiner Enkelkinder. „Opa-Sein ist ein Super-Job", sagt der Vater von zwei Töchtern und Großvater von vier Enkelkindern. Hinter ihm an der Wand hängen zahlreiche, zum Teil verblichene Fotos. Sie zeigen Männer mit ausdrucksstarken, gegerbten Gesichtern: Es sind die Vorfahren von Klaus Nielsky; fast alle waren sie Fischer – acht Generationen lang. Die Frage, ob auch er Fischer werden wollte, stellte sich für Klaus Nielsky nie. Sein Vater, der sich für eine Beamtenlaufbahn entschieden hatte, hatte mit dieser Tradition gebrochen – unwiderruflich. Denn auf dem Holm durfte nur der fischen, dessen Vater Fischer war. Von dem Vater auf den Sohn, so wollte es die Regel. Also begann der am 27.6.1944 in der Schleswiger Entbindungsanstalt hinter dem Plessenhof geborene Klaus Nielsky nach seiner Schulzeit an Gallberg- und Domschule eine Verwaltungslehre. Nach der Prüfung für den gehobenen Dienst folgte die Inspektoren-Laufbahn bis zum Amtsrat. 27 Jahre lang war Klaus Nielsky beim Kreis beschäftigt, zuletzt unter anderem als Leiter der Ausländerbehörde beim Ordnungsamt.

Noch heute erinnert er sich an manche Protestveranstaltung, die von Asylbewerbern in seinem Büro abgehalten wurde. Diese Erfahrung habe ihm später als Bürgermeister in manch brenzliger Situation geholfen, sagt er. Nach zwanzig Jahren als Mitglied der Ratsversammlung beschloss Klaus Nielsky, nicht mehr nur Beschlüsse vorzubereiten und zu fassen, sondern selbst auszuführen. 1989 stellte sich der SPD-Fraktionsvorsitzende zur Wahl für das Bürgermeisteramt. Zwölf Jahre lang, von 1990 bis 2002, lenkte er Schleswigs Geschicke. Ordnung und Pünktlichkeit sind ihm immer wichtig gewesen, aber genauso wichtig ist ihm der Humor. „Was wäre die Welt ohne Lachen. Ich würde nie jemanden wählen, der nicht über sich selbst lachen kann", sagt er. Besonders froh ist er, dass es ihm während seiner Amtszeit gelungen ist, den Bau der Schleiuferpromenade zu veranlassen, die Jugendfeuerwehr zu gründen und durch den Neubau eines weiteren Kindergartens an der Husumer Straße die Kindergartenvollversorgung einzuführen. Am Beginn der Amtszeit von Klaus Nielsky stand ein großes historisches Ereignis: Die Wiedervereinigung Deutschlands am 03. Oktober 1990 hatte auch in Schleswig ihren Preis. Für die geplante Altstadtsanierung im Friedrichsberg fehlten aufgrund des Mittelabflusses zugunsten des Wiederaufbaus im Osten erhebliche Gelder von Bund und Ländern, unter großen Mühen der Stadt konnte immerhin der erste Bauabschnitt realisiert werden. Rückblickend sagt Klaus Nielsky: „Mein Amt hat mir bis zum letzten Tag Spaß gemacht. Ein Teil des Gehalts allerdings ist Schmerzensgeld", fügt er schmunzelnd hinzu.

Als Rentner habe er beschlossen, nicht mehr alle politischen Entscheidungen verstehen zu müssen. Als sein Amtsnachfolger Thorsten Dahl allerdings die traditionellen Umzüge der Holmer Beliebung wegen nächtlicher Ruhestörung verbieten wollte, zog er mit seinen Beliebungsbrüdern dagegen vor Gericht. Die Umzüge finden nun weiter statt – wie schon seit mehr als 350 Jahren.

Klaus Nielsky ist ein guter Beobachter. Er zeichnet gerne, am liebsten Karikaturen. Menschenkenntnis und der richtige Umgang mit anderen sind für ihn gerade in politischen Fragen entscheidend. Man müsse sich anhören, was die Bürger vorzutragen hätten und seine Entscheidungen begründen, denn „jeder Autofahrer wird zum Fußgänger, sobald er das Auto verlässt", sagt er.

Neben der Fotogalerie ziert eine stattliche Sammlung von Eierbechern die Wohnzimmerwand. Sie sind handliche Souvenirs von Urlaubs-Reisen, die der begeisterte Sammler mit seiner Frau Monika mal mit dem Wohnmobil, mal mit dem Flugzeug unternimmt. „Man muss auch über den Tellerrand hinaussehen, um die eigene Situation beurteilen zu können", sagt Klaus Nielsky. Nach einer beeindruckenden Reise zu den Paralympics in China steht für ihn fest: „Wenn man sieht, wie viele Millionenstädte es in China gibt, die keiner kennt, muss man nicht verzweifelt sein, wenn es in Bayern Leute gibt, denen Schleswig nichts sagt." Klaus Nielsky jedenfalls fühlt sich nirgendwo so wohl wie in seiner Heimatstadt.

**Ehemaliger Bürgermeister von Schleswig • Süderholm 19 • 24837 Schleswig •
Telefon: 04621-27250**

Frank Noetzel

Auf die Frage, wie er seinen Kaffee gerne hätte, antwortet Kanzleichef Frank Noetzel „Die ersten acht Tassen bitte schwarz" und stellt damit gleich klar: Humor gehört zum Leben. Seit 1977 ist der am 27.05.1946 in Schleswig geborene Vater von vier Kindern als Rechtsanwalt in der Schleistadt niedergelassen.

Nach dem Besuch der Gallbergschule, dem Abitur an der Domschule und zweijähriger Bundeswehrzeit begann der Sohn einer Lehrerin und eines Auslandskorrespondenten 1967 sein Jura-Studium in Kiel. Sein Studium finanzierte er sich mit den Auftritten als Gitarrist der „Schlei-Combo", die vornehmlich auf Ärzte- und Juristenbällen zum Tanz aufspielte.

Mit dem 2. Staatsexamen und der Berufszulassung 1975 gab er diese Einnahmequelle allerdings zugunsten der selbständigen Anwaltstätigkeit in einer Kieler Sozietät auf. Die schulterlangen Haare blieben. Bereits 1977 wagte er den Schritt aus der Gemeinschaftspraxis heraus und eröffnete in Schleswig seine eigene Kanzlei.

„Wenn Du dem Schicksal keine Chance gibst, kannst Du nicht erwarten, dass es kommt", lautete das Motto für seinen Entschluss, der umso mutiger war, als er zu diesem Zeitpunkt bereits zweifacher Vater war.

Im festen Glauben an den Erfolg seines Projektes machte er von Beginn an keine Kompromisse. Mit der Anmietung eines Büros in den Räumen der Schleswiger Nachrichten leistete er sich beste Lage. „Wer nicht kommt, ist selber schuld", sagte er zuversichtlich. Sein ehrgeizig gestecktes Fünfjahresziel hatte er bereits nach eineinhalb Jahren erreicht. Ein Lehrauftrag an den Beruflichen Schulen des Kreises Schleswig-Flensburg half, erste Löcher zu stopfen. Hier unterrichtete Frank Noetzel angehende Rechtsanwalts- und Notarsgehilfen.

Sein Wunsch, zusätzlich als Notar tätig werden zu können, wurde zunächst durch die damals geltende Schlüsselzahlregelung behindert. Nach dieser Reglung gab es zu wenige Beurkundungsvorgänge auf die Zahl der amtierenden Notare, so dass Neuzulassungen nicht vorgenommen wurden.

Der glückliche Umstand, dass 1978 in dem sechs Jahre zuvor in Konkurs gegangenen Wiking-Turm 249 Wohnungen veräußert wurden und gleichzeitig das Neubaugebiet an der Gildestraße entstand, brachte einen so großen Beurkundungsbedarf, dass Frank Noetzel 1979 seine Zulassung als Notar erhielt. „Das war wie ein Sechser im Lotto", sagt er aus heutiger Sicht.

Unterstützung bekam er von Beginn an durch seine Ehefrau Margitta, die er schon als Dreizehnjähriger in einem Zeltlager in Rantum auf Sylt kennen gelernt und am 03.04.1970 geheiratet hatte. Überhaupt zählen die durch den Kreisjugendring organisierten Zeltlager auf Sylt und in Weseby an der Schlei zu den unwiederbringlichen Jugenderlebnissen, an die er sich gern erinnert. Auch die Lust am Abenteuer ist ihm erhalten geblieben; und noch heute erzählt Sohn Karsten von der Reise nach Kopenhagen und London, die er zusammen mit einem Freund und seinem Vater auf dem Fahrrad unternahm. Übernachtet wurde - wie könnte es anders sein - im Zelt.

Schon als junger Anwalt in Kiel hatte Frank Noetzel den Bereich des Arbeitsrechts als besonders interessante Materie kennen gelernt, seit 1987 ist er Fachanwalt für Arbeitsrecht.

„Das ist ein existenzielles Thema. Viele stehen nach einer plötzlichen Kündigung vor dem Nichts", weiß er. Seit 2000 ist auch Karsten Noetzel als Fachanwalt für Arbeitsrecht als Sozius mit in der Kanzlei. Während dieser heute vorwiegend die Prozesspraxis betreibt, legt der Senior seinen Schwerpunkt in die Beratung.

„Zum Teil hat unsere Arbeit sozialtherapeutischen Charakter", beschreibt er den intensiven Kontakt zu den Klienten. Von verklausuliertem Juristendeutsch hält Frank Noetzel nichts; wenn es sich anbietet, berät er seine Klienten gerne auf plattdeutsch, da habe man oft viel mehr Ausdrucksmöglichkeiten, ist er überzeugt. „Ich habe mir das als Kind mühsam aneignen müssen, denn mein Vater konnte alle Sprachen - außer plattdeutsch", erzählt er.

Die vertrauensvolle Nähe auch auf der Sprachebene ist ihm wichtig, denn die individuellen Bedingungen und der persönliche Hintergrund spielen eine große Rolle bei der richtigen Beratung. Gerade in wirtschaftlich schwierigen Zeiten lautet der Rat häufig „Ruhe bewahren" zugunsten der Erhaltung des Arbeitsplatzes. Dennoch weiß Frank Noetzel auch: „Wenn jemand mit der geballten Faust zur Arbeit geht und sich täglich ärgert, wird das hinten von seiner Lebenszeit abgeschnitten".

Frank Noetzel lebt für seine Arbeit, voller Leidenschaft fährt er nach wie vor 150-prozentigen Einsatz, an die 1000 Akten hat er ständig im Umlauf. Dennoch bleibt er gelassen, eine gute Arbeitseinteilung ist sein Patentrezept. Früher war er Nachtarbeiter, heute ist er Frühaufsteher. Seit 1997 befindet sich die Kanzlei im Lollfuß in unmittelbarer Nachbarschaft zum Schleswiger Amtsgericht. Wenn morgens Tochter Claudia und die beiden Teilzeitkräfte in die Kanzlei kommen, brennt hier schon lange das Licht und die Bänder sind längst diktiert.

Tatkraft und Entschlussfreudigkeit zeigt er auch, wenn es um die positive Entwicklung der Stadt geht. Die Dinge ordnen und Schleswig nach vorne bringen, sind Frank Noetzel ein Anliegen. Als „Schleswiger Pate" unterstützt er als Unternehmer die Installierung eines Stadtmanagers nicht nur ideell, sondern auch wirtschaftlich. Als Notar hat er den Vertrag zur Gründung der Stadtmanagement Schleswig-Schlei GmbH beurkundet. Statt sich in vielem zu verlieren, solle man besser gezielte Punkte mit Feuereifer vorantreiben, lautet sein Ratschlag, den er übrigens auch als erster stellvertretender Bürgermeister seiner Heimatgemeinde Geltorf beherzigt.

Eine Angelegenheit in eigener Sache will er in den nächsten Jahren noch lösen: Mit dem siebzigsten Lebensjahr muss er sich laut Berufsordnung aus der Praxis als Notar verabschieden, eine Übergabe an den Sohn ist aus berufsständischen Gründen nicht möglich. Dennoch: Als Unternehmer, passionierter Pfadfinder, begeisterter Nordic Walker und Fahrradfahrer hat der Seniorchef bislang stets die richtigen Wege zum Ziel gefunden - da darf man sicher sein, dass ihm auch hier eine Lösung einfallen wird.

Rechtsanwalt und Notar • Fachanwalt für Arbeitsrecht • Lollfuß 82 • 24837 Schleswig • Telefon: 04621-9671-0 • www.rae-noetzel.de

Dr. Christian Oellerking

„Ich erinnere mich, wie wir als Kinder in der Seilerbahn gespielt haben", erzählt Dr. Christian Oellerking. Wenn der am 20.12.1958 in Schleswig geborene Unternehmer zusammen mit Hund Theo seinen morgendlichen Betriebsrundgang durch die Schleswiger Tauwerkfabrik macht, werden Erinnerungen wach. Hier in der Margarethenwallstraße ist er aufgewachsen; und hier lebt er noch heute, zusammen mit seiner Frau Annette und den beiden Kindern Malte und Anna.

Nach dem Abitur auf der Domschule hatte der jüngste Sohn des Textilingenieurs und Reepschlägermeister Willi Oellerking ein Betriebswirtschaftsstudium in Kiel begonnen, das er 1988 mit der Promotion abschloss. Ab 1989 stand Christian Oellerking seinem zwanzig Jahre älteren Bruder Georg im Schleswiger Betrieb zur Seite, seit 2006 ist er alleiniger Gesellschafter. Ein Schwerpunkt seiner Arbeit war von Beginn an der Aufbau von Unternehmensstützpunkten im In- und Ausland. „Wir haben früh begriffen, dass wir Entfernungen überbrücken und nah an unseren Kunden sein müssen", sagt er.

So wurde bereits 1989 ein Lager- und Servicepunkt im Hamburger Hafen errichtet. Internationale Handelsagenturen ermöglichen heute die weltweite Betreuung von Kunden vor Ort. 1999 wurde die Firmengruppe außerdem durch die Firma Hansa Tex in Polen erweitert. Dort sind 150 Mitarbeiter mit der Produktion von Abdeckplanen beschäftigt. „Auf ein großes Auftragsvolumen in Polen folgt immer ein kleines für Schleswig", definiert Christian Oellerking die Synergieeffekte der internationalen Vernetzung. 2001 wurde in Hamburg die Firma Oellerking Qualitätsplanen gegründet, nur ein Jahr später folgte in der Nähe von Venlo die Firma Oellerking Benelux.

Trotz einer breiten Positionierung am Markt haben die Auswirkungen der Wirtschaftskrise das Unternehmen getroffen. Christian Oellerking bleibt dennoch optimistisch. Dass auf ein Tief immer eine Aufwärtsbewegung folgt, hat er schon von seinem Vater lernen können. Gelassenheit und Zuversicht machen die Stärken des Mannes an der Spitze einer kleinen Unternehmensgruppe aus. „Man muss einen klaren Kurs bestimmen und die Konsequenzen des eigenen Handelns übernehmen", lautet sein Selbstverständnis. Mit dieser Einstellung hat er schon manche Klippe umschifft.

Der Tradition des Familienunternehmens fühlt Christian Oellerking sich eng verbunden. Die Nähe der Familie zum Betrieb ist ihm wichtig und so freut es ihn besonders, dass auch seine Kinder quasi im Unternehmen aufwachsen. Die Fäden im privaten Bereich hält Ehefrau Annette Oellerking zusammen. Nach ihrer kaufmännischen Ausbildung hatte die Bochumerin in verschiedenen Münchener Modehäusern gearbeitet. Im Auftrag der Firma Goretex entwickelte sie atmungsaktive Mode für Rollstuhlfahrer bis zur Serienreife. Zuletzt leitete sie die Filiale eines großen Warenhauses

in Niebüll. Die durch die Geburt der Kinder bedingte berufliche Auszeit nutzte Annette Oellerking zur Umsetzung ihres kreativen Talentes. Das Dachgeschoss der alten Maschinenhalle wurde zum Atelier umgebaut. Aus Planenstoffen fertigte sie kurzerhand schicke und äußerst praktische Taschen. Mit ameo kreierte Annette Oellerking ihre eigene Schmucklinie und seit kurzem ist die lebensfrohe Powerfrau zudem Farb- und Typberaterin. „Das Leben ist eben bunt", lacht sie. Christian Oellerking schätzt die Inspiration durch seine Frau und sucht ihren Rat auch in geschäftlichen Angelegenheiten. Wann immer möglich zieht er ein gemeinsames Essen im kleinen Kreis guter Freunde den großen Auftritten vor.

In Schleswig fühlt sich der Global Player zuhause und nicht zuletzt deshalb hält er am Standort an der Schlei fest. Man müsse eben fantasievoll mit den Besonderheiten der Randlage umgehen, sagt Christian Oellerking. Als Mitglied der Initiative Schleswig und seit 2009 auch als Schleswig-Pate setzt er sich aktiv für die wirtschaftliche Entwicklung von Stadt und Region ein. „Schleswig hat viel mehr Potenzial als wahrgenommen wird", ist er überzeugt. Der beste Beweis dafür ist die Erfolgsgeschichte der Schleswiger Tauwerkfabrik.

Schleswiger Tauwerkfabrik • Oellerking GmbH & Co.KG • Margarethenwallstraße 7 • 24837 Schleswig • Telefon: 04621-38090 • www.schleswiger-tauwerke.de

Die Schleswiger Taufabrik Oellerking GmbH & Co. KG

In Hamburg ist sie zwischenzeitlich zur Kultmeile avanciert: Die Reeperbahn auf St. Pauli. Nur wenigen ist bekannt, dass auch Schleswig seine Reeperbahn hatte, denn bedingt durch die Nähe zu Fischerei und Marine war das Reepschlägerhandwerk hier einst weit verbreitet. Auf dem Gelände der Firma Oellerking an der Schleswiger Margarethenwallstraße ist sie noch zu sehen, die 300 Meter lange Bahn, in der einst Seile und Taue hergestellt wurden.

Im Jahr 1905 hatte Firmengründer Christian Oellerking das Markenzeichen eintragen lassen, und noch heute ziert der Seiler das Logo der Firma Oellerking. Schon bald nach Gründung wurde das Sortiment um Taschen, Trageriemen, Hängematten und andere textile Artikel erweitert. Willi Oellerking trat in die Fußstapfen seines Vaters, 1929 übernahm er die Leitung des Betriebes. Moderne, platzsparende Seilermaschinen schufen Raum für die Integration einer Näherei. Als Juniorchef erweiterte der Textilingenieur die Produktpalette um die Konfektionierung von Abdeck- und Fahrzeugplanen und schuf damit die Grundlage für ein vielseitiges Unternehmen.

1963 stieg Georg Oellerking in den väterlichen Betrieb ein. Als Textilkaufmann verstärkte er das Geschäft mit beschichteten Textilien aus modernen Chemiefasern.

Ein entscheidender Schritt in der Firmenentwicklung erfolgte in den 70er Jahren, als sich das Unternehmen auf die Herstellung von militärischen Ausrüstungsgegenständen wie Tarnnetzen oder Rucksäcken verlegte. Mit Aufkommen des Seefrachtcontainers wurde die zivile Schiene für die Herstellung von Abdeckplanen eingeführt.

Am Schleswiger Margarethenwall werden längst keine Taue mehr hergestellt, 1990 wurde die Seilerei abgeschaltet. Die Kompetenz der Tauwerkfabrik Oellerking liegt heute im Bereich textiler Lösungen für die Industrie. Ob in arktischer Kälte oder tropischer Hitze - Oellerking Qualitätsplanen kommen weltweit zum Einsatz. Die drei tragenden Säulen des Erfolges prägen das Motto des Familienunternehmens: Tradition, Innovation und Qualität.

Foto: privat

Die Ostseefjord-Schlei GmbH

Die Geltinger Bucht, Kappeln, die Halbinsel Schwansen, die romantischen Schleidörfer, Schleswig und Umgebung: Die Ostseefjord-Schleiregion hat viel zu bieten und wird bundesweit als attraktives Urlaubsziel immer bekannter. Dafür sorgt die in Schleswig ansässige Ostseefjord Schlei GmbH. Die im Jahr 2005 gegründete Tourismus- und Vermarktungsgesellschaft hat es sich zum Ziel gesetzt, als zentrale Institution die Kompetenzen der gesamten Region von der Geltinger Bucht bis nach Schleswig zu bündeln und zu stärken. Im partnerschaftlichen Zusammenwirken werden qualitativ hochstehende und originelle Strategien für eine nachhaltige Entwicklung der gesamten Schleiregion geschaffen. Gesellschafter sind sowohl die kommunalen Gebietskörperschaften als auch Private wie der Freizeitpark Tolkschau, Hotels, Bootsvermieter, aber auch zahlreiche kleinere Unternehmer – und es werden stetig mehr. Alle Partner beteiligen sich an gemeinsamen Marketing-Aktivitäten, zudem hat die Ostseefjord-Schlei-GmbH den Betrieb der Touristinformationen Schleswig, Süderbrarup und Waabs in Schwansen übernommen.

Die Ostseefjord Schlei GmbH bietet eine zentrale Vermarktungsplattform für Anbieter aus der Region. Die Website www.ostseefjordschlei.de wurde 2008 durch den Tourismusverband zur besten Internetplattform ihrer Kategorie in Schleswig-Holstein gekürt. Die Homepage der Ostseefjord Schlei GmbH zeichnet sich nach Ansicht der dwif-Prüfer besonders durch ihre klare Zielgruppenansprache (Familien, Genießer, Senioren), die guten und übersichtlichen Informationen zu Unterkünften, die anschauliche und übersichtliche Vorstellung der Region mit Übersichtskarte und Beschreibung von Sehenswürdigkeiten sowie durch ihre Funktionalität mit direktem Zugang zur Online-Buchung und zu Kartenmaterial, Freizeitanbietern und Veranstaltungen aus.

Ein weiteres zentrales Medium ist das jährlich aktualisierte Gastgeberverzeichnis. Mit großen Fotos und einladenden Texten bietet es den perfekten Einstieg in die Urlaubsregion zwischen Ostsee und Schlei. Zahlreiche Freizeit-, Wellness- und Kulturangebote sorgen dafür, dass die „Schleizeit die schönste Zeit des Jahres" wird. Neben gemeinschaftlichen Aktionstagen wie dem „Tag der Schleidörfer" gehören kommunenübergreifende Angebote zum Konzept. Wanderer, Jogger und Nordic Walker finden allein rund um die Schlei ein Tourennetz mit einer Gesamtlänge von 180 Kilometern. Nordic Trekking von Schleidorf zu Schleidorf, lautet das Motto. Die Herzen aller Fahrradfahrer lassen 15 ausgeschilderte Thementouren höher schlagen. Mit fantasievollen Namen locken zum Beispiel der „Schleiufer-Törn" für Romantiker, der „Schlemmer-Törn" für Genießer oder der „Wikinger-Törn" für Geschichtsbegeisterte. Darüber hinaus engagiert sich die Ostseefjord Schlei GmbH für Anliegen aus der Region, zum Beispiel für neue Brückenöffnungszeiten oder für den Erhalt der Angelner Dampfeisenbahn. Ein Konzept mit viel Potenzial: 2008 wurde die Schlei vom Land Schleswig-Holstein und dem Tourismusverband zu einer landesweiten Pilotregion für den Fremdenverkehr gekürt. Die von der Ostseefjord-Schlei GmbH angebotenen Gruppenreisen entwickelten sich im Landesgartenschaujahr zum Erfolgsschlager, der auch in Zukunft fortgesetzt werden soll. Erklärtes Ziel ist es, den Wirtschaftsraum Schlei-Region bekannter zu machen und Stadtmarketingaktivitäten zu unterstützen.

Ostseefjord Schlei GmbH • Plessenstraße 7 • 24837 Schleswig • Telefon: 04621-850050 • www.ostseefjordschlei.de

Hans Werner Berlau

Der Tourismus bietet die größte Zukunfts-Chance für unsere Region. Nur wenn es uns gelingt, den Tourismus zu stärken und auszubauen, werden wir auch in Zukunft noch ausreichend Arbeitsplätze für nachkommende Generationen anbieten können", sagt Hans Werner Berlau, Aufsichtsratsvorsitzender der Ostseefjord Schlei GmbH.

Hans Werner Berlau wurde am 14.04.1946 im Taarstedter Elternhaus geboren. Von Anfang an stand fest: Als ältester Sohn würde er eines Tages zusammen mit seinen vier Geschwistern in den landwirtschaftlichen Betrieb der Eltern einsteigen. „Von den Engpässen der Nachkriegszeit bekamen wir bei uns nichts zu spüren", erinnert Hans Werner Berlau sich an eine sorglose Kindheit. An die Schulzeit schlossen sich eine landwirtschaftliche Lehre und zwei Semester an der Landwirtschaftsschule in Schleswig an. 1975 übernahm er zusammen mit seiner Frau Annelene schließlich wie geplant den elterlichen Betrieb. „Ich war mit Leib und Seele Landwirt und das wird auch immer so bleiben", sagt er und fiebert noch heute mit, wenn extreme Witterungen oder schwierige Preisgestaltungen der EU den Landwirten das Leben schwer machen. Den eigenen Betrieb hatte er 2001 an seine jüngste Tochter Sandra und ihren Mann weitergegeben. Das war auch der Zeitpunkt des ersten und bislang einzigen Umzuges seines Lebens: Heute wohnt er ganze 50 Meter weiter und freut sich über die regelmäßigen Besuche seiner fünf Enkelkinder, die es lieben, bei Oma und Opa übernachten zu dürfen.

Eine ganz wichtige Regel hat Hans Werner Berlau schon früh erkannt: Wer sich zusammentut, hat bessere Chancen. Dass er als Landwirt mit der Familie in Urlaub fahren konnte, war nur möglich, weil sich cirka 25 Betriebe einen gemeinschaftlichen Mitarbeiter für Urlaubs- und Krankheitsvertretungen leisteten.

Der Einsatz für gemeinschaftliche Ziele ist Hans Werner Berlau stets wichtig gewesen. Schon früh hatte er sich in der Verbandsarbeit engagiert. Zunächst im Vorstand der Landjugend, dann als Vorsitzender des Ortsbauernverbandes, 1974 erfolgte der Einstieg in die Kommunalpolitik als Gemeinderatsmitglied. „Einen statt spalten" lautet sein Credo, das manch unterschiedliche Gesinnung zu harmonisieren vermag – auch auf politischem Terrain. Schon seit 1990 lenkt er als Bürgermeister die Geschicke seiner Heimatgemeinde. Stets wurde er mit dem Votum aller Fraktionen gewählt; und auch die Wahl 1998 zum Amtsvorsteher Tolk erfolgte einstimmig.

„Auf kommunaler Ebene weiß ich, wie die Menschen denken", sagt Hans Werner Berlau, der seit 1998 außerdem Vorsitzender des Gemeindetages Schleswig-Flensburg ist. Seit 2007 steht er nun dem Amt Südangeln vor und hat damit 16 Gemeinden zu betreuen.

„Gemeinsam sind wir stärker" ist nicht nur die persönliche Devise von Hans Wer-

ner Berlau, sondern auch das Motto der Ostseefjord Schlei GmbH. „Wir setzen deshalb alles daran, die Zahl unserer Partner und Gesellschafter weiter zu erhöhen", sagt der Aufsichtsratsvorsitzende, dessen vermittelnde und moderate Art bei den mittlerweile rund 50 Gesellschaftern geschätzt ist.

Wenn Hans Werner Berlau sich für die Stärkung des Tourismus in der Region einsetzt, weiß er, wovon er spricht, denn gemeinsame Reisen mit seiner Frau sind sein großes Hobby. Zwei bis dreimal jährlich ist das Ehepaar unterwegs. Sie haben Afrika gesehen und waren einige Male in China, ihr Lieblingsziel ist die Kanaren-Insel Gran Canaria.

„Es interessiert mich zu sehen, wie die Menschen außerhalb unseres Kulturkreises leben", sagt der feinsinnige Beobachter. Das Gespür für Besonderheiten und Einzigartiges machen auch sein Verständnis für die Schleiregion aus. Schwansen und Angeln hätten nun mal verschiedene gewachsene Strukturen, auf die man Rücksicht nehmen müsse. „Wir wollen zwar einen und verbinden, aber wir möchten auch die Individualität wahren", betont er und fügt schmunzelnd hinzu: „Je älter man wird, desto wichtiger ist die eigene Identität". Die Geschicke der Ostseefjord Schlei GmbH möchte er jedenfalls so lange begleiten, bis sie auch finanziell in „sicherem Fahrwasser" sei. Aber: „Erfolg ist nie die Arbeit eines einzelnen", betont er ausdrücklich.

Aufsichtsratsvorsitzender Ostseefjord Schlei GmbH

Anke Lüneburg

„Die Schlei-Ostsee-Region hat nur dann Zukunft, wenn wir sie gemeinsam erfolgreich vermarkten", umreißt Anke Lüneburg die Ziele der Ostseefjord-Schlei GmbH.

Das Tempo, das die Geschäftsführerin bei der Realisierung dieser Aufgabe vorlegt, ist für manchen etwas gewöhnungsbedürftig.

Aber so ist sie nun mal: Anke Lüneburg packt an und setzt um; sie sucht das direkte Gespräch; wo immer es geht, regelt sie Angelegenheiten auf dem kurzen Dienstweg. Und der Erfolg gibt ihr Recht: 2008 wurde die erst drei Jahre junge Ostseefjord-Schlei GmbH von Wirtschaftsministerium und Tourismusverband zur landesweiten Pilotregion für den Tourismus gekürt.

„Ich hatte von Anfang an das Gefühl: Hier möchte ich bleiben", sagt Anke Lüneburg, die am 01.02.2005 als Projektmanagerin nach Schleswig kam. Damals galt es, das Konzept für die Umsetzung und Gründung der GmbH zu entwickeln und zu realisieren. Zugleich wurden die Vorbereitungen der Landesgartenschau begleitet.

Von Beginn an war der Zeitrahmen eng gesteckt. Nach zwei Jahren - ein Jahr vor dem Ende der EU-Förderung aus dem Leader+Programm zur Regionsentwicklung - mussten Ergebnisse vorliegen, die die Kommunen vom Konzept des gemeinsamen Wirkens und Werbens überzeugten.

Bevor Anke Lüneburg nach Schleswig kam, hatte sie zahlreiche Erfahrungen auf dem Tourismus-Sektor gesammelt, zuletzt als Regionalmanagerin der K.E.R.N-Region (Kiel. Eckernförde. Rendsburg. Neumünster) in Eckernförde. Schon während dieser Zeit ging es um die Bündelung von Kompetenzen einzelner Orte zur Stärkung der ganzen Region.

Anke Lüneburg wurde am 15.04.1967 als Tochter eines Bauingenieurs in Dortmund geboren. Trotz ihrer westfälischen Herkunft fühlte sie sich Zeit ihres Lebens als Friesin, denn die Ferien verbrachte die Familie stets in Morsum auf Sylt, dem Heimatort der Mutter. „Ich habe am Ende der Ferien immer geweint, wenn wir wieder weg mussten", erinnert sich Anke Lüneburg an die schönsten Wochen des Jahres. Die unbeschwerte Zeit ihrer Kindheit endete früh: Als ihre Mutter schwer erkrankte, kümmerte sich die Zwölfjährige um ihre beiden jüngeren Brüder, zu denen sie noch heute engen Kontakt hat.

Foto: privat

Kommunikationsstärke und der Wille, sich für gemeinschaftliche Ziele einzusetzen, liegen Anke Lüneburg im Blut. „Deswegen war ich wohl immer Klassensprecherin", lacht sie. Ehrenamtliches Engagement war in der Familie immer selbstverständlich. In dem vom Vater gegründeten Tennisverein fühlten sich die drei Geschwister zuhause. „Wir haben dort das Gemeinschaftliche genossen und viel freundschaftliche Unterstützung, gerade auch während der Krankheit meiner Mutter, erlebt", erinnert sich

195

Anke Lüneburg an prägende Kindheitserfahrungen.

Nach dem Abitur absolvierte Anke Lüneburg zunächst eine Lehre als Hotelfachfrau in Münster. Ihrem Ausbildungsbetrieb rechnet sie hoch an, dass die Lehrlinge dort schon früh Verantwortung übernehmen durften. „Man hat uns etwas zugetraut", sagt sie dankbar.

Nach einem mehrmonatigen Frankreichaufenthalt führte ihr Weg schließlich an den Ort ihrer Kindheitsträume zurück: In der Kurverwaltung in Westerland auf Sylt lernte sie als Counterkraft den Tourismus von der kommunalen Seite kennen. Ab 1992 studierte sie dann in Flensburg BWL mit Schwerpunkt Marketing, sämtliche Praktika absolvierte sie im touristischen Bereich. Während dieser Zeit lernte sie auch ihren heutigen Mann kennen. Im Rahmen ihrer Diplomarbeit erstellte sie bereits ihr erstes regionales Managementkonzept über die Gründungsbestrebungen einer touristischen Gemeinschaft in Südtondern.

Ab 1996 schulte sie an der Westküste für das Nationalparkamt die Ranger im Umgang mit den Gästen, sie erstellte Dienstpläne und beschaffte die Dienstkleidung. Dabei bekam sie auch den Zorn der gegen die Nationalparks-Bestrebungen aufgebrachten Landwirte zu spüren. Brennende Puppen und zerstochene Autoreifen sind ihr bis heute in Erinnerung geblieben. Dennoch sagt sie: „Es ist zu wenig geredet worden. Naturschutz ist gut und wichtig, aber immerhin hatten die Menschen diese Gebiete Jahrhunderte lang dem Meer abgetrotzt, jetzt wollte man ihnen ihre Lebensgrundlage nehmen."

Nach eineinhalb Jahren wechselte sie als Leiterin ins Tourismusbüro nach Bad Bramstedt. Ihre Mission von 1997 - 2000: ein verstaubtes Verkehrsbüro in eine moderne Touristinformation umwandeln. „Aber mir fehlte einfach das Wasser", sagt Anke Lüneburg. Schließlich erfüllte sie sich den lang gehegten Wunsch, als freie Journalistin zu arbeiten. Zwei Jahre lang war sie als Redaktionsmitarbeiterin und Assistentin der Öffentlichkeitsarbeit für NDR und ZDF in Kiel tätig. Am 03.03.2002 ging ihr zweiter großer Wunsch in Erfüllung: da kam Tochter Meike Jenny zur Welt.

Mit viel Energie und Organisationsgeschick sowie mit viel Unterstützung ihres Mannes gelang der jungen Mutter die Verknüpfung von Kind und Karriere. Schon im August 2002 trat sie die auf drei Jahre befristete Stelle als Regionalmanagerin der K.E.R.N.-Region in Rendsburg an, bevor sie sich 2005 erfolgreich nach Schleswig bewarb.

An ihrer Arbeit in der Ostseefjord Schlei GmbH schätzt die Tourismusmanagerin ganz besonders den engen Zusammenhalt aller Kommunen „Es gibt hier kein Kirchturmdenken, alle ziehen gemeinsam an einem Strang. Für meine Arbeit ist die Zusammenarbeit im Aufsichtsrat großartig. Dort gibt es so viele verschiedene Kompetenzen vom Kommunalpolitiker über Hotelier und Banker – da lassen sich auf kurzem Wege viele Dinge klären."

Heute lebt Anke Lüneburg mit ihrer Familie in einem Schleswiger Stadthaus aus dem Jahr 1650. Die private Begeisterung für die historischen Schätze dieser Stadt ist auch eine berufliche. Zukünftig möchte sie die Historienveranstaltungen der Region wie die Wikingertage authentisch ausbauen oder Barockfestspiele einführen. Als weiteres touristisches Angebot sind Erlebnisführungen durch die verschiedenen historischen Epochen Schleswigs geplant.

Welcher Arbeitsplatz könnte sich für die Entwicklung und Umsetzung dieser Ideen besser eignen als der im Jahr 1798 erbaute Plessenhof?

Geschäftsführerin • **Ostseefjord Schlei GmbH** • **Plessenstraße 7** • **24837 Schleswig** • **Telefon: 04621-850050** • **www.ostseefjordschlei.de**

Dr. Thomas Otzen

Im Jahr 2017 begeht die Altstadt-Apotheke ihr 500-jähriges Jubiläum. Der Historie der ehemals fürstlich privilegierten Hofapotheke ist ein eigener Band der Schleswiger Gesellschaft für Stadtgeschichte gewidmet.

1517 war das Haus für die älteste öffentliche Apotheke der Stadt fertig gestellt worden. Auf Anordnung von Herzog Friedrich I. wurde es auf den Grundmauern des ehemaligen Gildehauses am Rathausmarkt 14 errichtet.

Der erste Apotheker war ein Mann namens Clawes Fridach. Sein Nachfolger wurde 1531 Johannes Beer, der von 1540 bis 1552 auch Erster Bürgermeister der Stadt war.

Eine Rechnung aus dem Jahre 1597 belegt, dass der geschäftstüchtige Apotheker nicht nur Arzneimittel und Gewürze, sondern auch Wein lieferte.

Im Jahr 1652 verkaufte Herzog Friedrich III. die „Fürstliche Apotheke am großen Markt in Schleswig" an Sebastian Bilhard, der diese schon seit 1641 führte. Bereits 1648 hatte der Apotheker ein Stück Grasland erworben, um dort einen Kräutergarten anzulegen.

Ein Ärgernis waren ihm offenbar die weiteren Kräuterhändler der Stadt, denn 1650 wandte er sich an den Herzog und bat um Abschaffung der aus seiner Sicht geschäftsschädigenden Konkurrenz. Der Ausgang der Debatte ist unbekannt, der Fortbestand der Apotheke bis zum heutigen Tage belegt, dass Kompetenz und Qualität sich durchgesetzt haben.

Seit nunmehr drei Generationen ist die Schleswiger Altstadt-Apotheke untrennbar mit dem Namen Otzen verbunden. Am 01.10.1940 hatte Landespharmazierat Eberhard Otzen die Apotheke von seinem Vorgänger übernommen. 1952 wurde die Altstadt-Apotheke in den Stadtweg 27 verlegt. Am 01.01.1971 übernahm Jens Otzen das Geschäft seines Vaters und gab es 1997 an seinen Sohn, Dr. Thomas Otzen, weiter.

Neben der familiären Prägung war es vor allem die Begeisterung für naturwissenschaftliche Fächer, die Thomas Otzen dazu bewegte, nach dem Abitur 1991 ein Pharmazie-Studium an der Christian-Albrecht-Universität in Kiel zu beginnen.

„Es gibt kaum ein Fach, das so breit über die verschiedenen Naturwissenschaften angelegt ist", erklärt er. Nach seiner Promotion entschied er sich gegen die wissenschaftliche Laufbahn und für die Selbständigkeit. Mit dem Einstieg in die väterliche Apotheke war der entscheidende Schritt zur Fortführung der Familientradition getan. Seiner Heimatstadt kann der Vater von drei Kindern viel abgewinnen: „Wir haben es hier ausgesprochen gut. Schließlich leben wir dort, wo andere Urlaub machen", sagt er. Das ehrenamtliche Engagement für soziale Zwecke oder Traditionspflege sind ihm selbstverständlich. Zeit zum Segeln, Lesen oder gar für einen Theaterbesuch bleibt dem Vater von drei Kindern daneben nur selten.

Dass die Altstadt-Apotheke längst zum lebendigen Teil des Stadtbildes geworden ist, zeigt sich jedes Jahr im Winter: Seit über 20 Jahren drücken sich die Kinder vor Weihnachten an den Schaufenstern die Nasen platt. Denn dann fährt sie wieder ihre Runden: die HO-Eisenbahn von Senior Jens Otzen.

„Die Modell-Eisenbahn ist eine große Leidenschaft meines Vaters. Bei allen Umbauten unseres Hauses wurden die Pläne zur Gleisführung mit einbezogen. Selbst Baustatiker wurden schon zu Rate gezogen, wenn es darum ging, den Eisenbahntunnel durch tragende Gebäudepfeiler zu führen", erzählt Thomas Otzen.

Bei aller Traditionsverbundenheit geht die Altstadt-Apotheke mit der Zeit. Das zeigt nicht nur der dekorative Uhrenturm vor dem Haus, sondern auch die Erweiterung der Geschäftsaktivitäten. „gefion.de" lautet der passende Name der Versandapotheke, mit der Thomas Otzen – wie einst die nordische Göttin – Neuland betritt. Über den Internethandel werden Arzneimittel, Gesundheitsartikel und Diabetikerzubehör aus Schleswig bis nach Dänemark verschickt. „Hier gibt es aufgrund der Apothekenstruktur ein großes Kundenpotenzial für unseren Vertrieb", erklärt er den virtuellen Schritt nach Skandinavien.

Bei aller Modernität bleibt eines in der Altstadt-Apotheke beim Alten: die ausführliche und persönliche Beratung. So dürfen die Kunden sicher sein, auch zukünftig mit einem freundlichen „Wie geht es Ihnen heute?" begrüßt zu werden.

Altstadt-Apotheke • Stadtweg 27 • 24837 Schleswig • Telefon: 04621-96220

Ingo Paulsen

Eine Kiste voller Spielzeuge gehört eigentlich in jedes Kinderzimmer und auch die Spielzeugkiste im Stadtweg 20 ist aus der Ladenstraße gar nicht mehr wegzudenken. Und das, obgleich Ingo Paulsen das Geschäft erst Ostern 2006 eröffnet hat. Als fahrendes Unternehmen gibt es die Spielzeugkiste aber schon viel länger. Nach dem Besuch der dänischen Schule hatte der am 23.02.1971 in Schleswig geborene Ingo Paulsen zunächst Kaufmann im Einzelhandel und Elektriker bei der Firma Brix gelernt, anschließend ging er zur Bundeswehr. 1993 heiratete er die Friseurmeisterin Anja Paulsen, geborene Hinrichsen. 1996 wurde Tochter Vanessa geboren - und mit ihr wuchs eine neue Geschäftsidee heran.

„Ich hatte schon während meiner 12-jährigen Zeit bei der Bundeswehr nebenbei auf vielen Märkten antikes Porzellan verkauft. Als ich Vater wurde, begann ich mich natürlich für Spielzeug zu interessieren. In meiner Euphorie für die vielen gut erhaltenen Sachen auf dem Markt kaufte ich gleich drei Bobby Cars. Dafür hatte meine ja noch nicht mal einjährige Tochter natürlich keine Verwendung. Also putzte und ölte ich die Kinderfahrzeuge und stellte sie beim nächsten Markt mit an meinen Stand." Die praktischen Gefährte wurden ihm förmlich aus der Hand gerissen und so begann er als einer der Ersten mit gebrauchten Spielwaren zu handeln. Sein Verkaufswagen, die „Tolker Spielzeugkiste", wurde schnell fester Bestandteil auf den Märkten. Das Geschäft wuchs, zu den Gebrauchtwaren kamen Neuwaren und bald wurden auch die berühmten Schleich-Tiere ins Sortiment aufgenommen. „Da kommt Onkel Schleich", hieß es, wenn Ingo Paulsen mit seinem 6-Meter-Anhänger auftauchte. Zwischen zweihundert und dreihundert Kühe, Schweine, Hühner, Zebras, Leoparden, Dinos und vieles mehr baute Ingo Paulsen jedes Mal vor dem Stand auf. „Ich bin dafür morgens um vier aufgestanden. Aber es war eine tolle Zeit!", erinnert er sich voller Begeisterung an die Anfänge. Auch seine Präsenz auf dem Schleswiger Peermarkt hat er in bester Erinnerung. „Meine Familie hat mich dabei immer unterstützt", sagt Ingo Paulsen dankbar. Während Frau Anja und Vater Karl-Peder im Verkauf mithalfen, hütete Mutter Ilse die Kinder, denn 2001 war die zweite Tochter Leonie auf die Welt gekommen.

Als die Bundeswehr schließlich die Kasernentore in Schleswig schloss, begann Ingo Paulsen 2003 seine dritte Ausbildung bei der R+V Immobilien eG. Die Tätigkeit als selbständiger Spielwarenhändler übte er nebenbei weiter aus, regelmäßig stand er auf dem Schleswiger Wochenmarkt. Längst war der Dachboden im Tolker Privathaus zum Lager ausgebaut worden, doch auch dort fehlte es bald an Platz. Also nutzte das Ehepaar 2006 die Chance, das Geschäft im Stadtweg zu etablieren. R+V-Kollege Frank Diesing stieg als Partner mit ein und leitet seit November 2008 die Filiale in Kropp.

Zu den Kunden der Spielzeugkiste gehören auch viele Skandinavier. Verstän-

digungsprobleme hat Ingo Paulsen keine, denn von Haus aus hat er enge familiäre Verbindungen nach Dänemark; seine Eltern haben lange das dänische Vereinshaus in Tolk geleitet. So ist es nicht verwunderlich, dass schon etliche kleine Dänen, Schweden und auch Norweger auf Laufrädern aus Schleswig ihre ersten Zweirad-Erfahrungen gemacht haben.

Das Engagement für seine Heimatstadt liegt Ingo Paulsen am Herzen. Denn nicht nur seine Familie, sondern auch die Familie seiner Frau Anja ist fest mit Schleswig verwurzelt. Mit der Ladenstraße verbindet ihn viel, denn nur einige Häuser weiter, im Stadtweg 32, neben der Schlachterei Lietz, betreibt Schwiegervater Rolf Hinrichsen mit seiner Frau schon seit 1934 den Damensalon Hinrichsen. Von Anfang an gehört die Spielzeugkiste deshalb der Interessensgemeinschaft Ladenstraße an. Neben dem Einsatz für eine belebte Innenstadt gehört das soziale Engagement wie bei der Aktion „Schleswiger helfen Schleswigern" dazu. Netzwerkarbeit betreibt Ingo Paulsen auch im Schleswiger Empfehlungsclub. Und – für alle Kinder Schleswigs ganz wichtig: seit es die Spielzeugkiste gibt, ist das größte Osternest des Nordens auf dem Capitolplatz noch bunter geworden.

Spielzeugkiste • Stadtweg 20 • 24837 Schleswig • Telefon: 04621-24085

Uwe Petersen

Uwe Petersen hatte schon viele Berufe: Er war Dorfschuster, Bauer, Amtsvorsteher und Kontrabassist.

Und ganz egal, ob er dabei stotterte, trottelig, listig oder eingebildet war: Er erntete immer Applaus für das, was er tat. Das gilt jedenfalls für sein Leben auf der Bühne der Schleswiger Speeldeel.

Auch im wirklichen Leben hat der leidenschaftliche Laien-Schauspieler immerhin zwei Gesellenbriefe in der Tasche: Uwe Petersen ist gelernter Schmied und Kfz-Handwerker. Und als 1976 die Werkstatt, in der er arbeitete, aufgelöst wurde, musste er mit 34 Jahren nochmal einen anderen Beruf lernen. Schließlich fand er eine Stelle bei der Feuerwehr auf dem Flugplatz Jagel. Zugute kamen ihm damals die Erfahrungen aus seiner ehrenamtlichen Tätigkeit beim Deutschen Roten Kreuz, wo er bereits 1961 eingetreten war. Dort hatte er sich zum Gruppenführer, Zugführer und schließlich Bereitschaftsführer qualifiziert und er hat den ersten Katastrophenschutz-Sanitätszug in Schleswig aufgebaut. Seit 1973 war er außerdem als Ausbilder im Bereich erste Hilfe und Sanitätsdienst tätig. Mit dem Eintritt in die Berufsfeuerwehr musste er 1976 seine ehrenamtlichen Tätigkeiten einschränken, die Ausbildungen setzte er aber bis Mitte der 80er Jahre fort.

Seit 2002 ist er im Ruhestand, wobei „Ruhe" nicht der passende Begriff ist, denn es ist eher so, dass er seitdem noch mehr Zeit in sein zweites Hobby investiert: Die Schleswiger Speeldeel, der er seit 1965 angehört.

Es war Mutter Petersen, die den am 24.05.1942 auf dem Holm vor Schleswig geborenen Fischersohn inspirierte. Schon seit 1962, ein Jahr nach Gründung des Speeldeel im Hinterhof eines Fischgeschäftes, spielte Martha Petersen Theater. „Wat Mudder kann, kann ik ok", dachte sich Sohn Uwe. So kam es, dass der heutige Vorsitzende schon 23-jährig als „von Hacht" im „Knecht von Foldingbro" auf der Bühne stand. Seitdem hat ihn die Spielleidenschaft nicht mehr losgelassen. „Es ist immer wieder ein Kribbeln im Bauch, wenn man vor dem Publikum steht", sagt der passionierte Theatermann, der auch schon vielfach Regie geführt hat.

Mit seinem darstellerischen Können hat er das Publikum immer wieder begeistert. Kritiken wie: *„In der Rolle des „lütten Buer" Jeppe hat er alle Register seiner schauspielerischen Begabung gezogen und das in voller Natürlichkeit: Gekonnte Mimik und sprachliche Differenzierung bis zu dramatischen Passagen waren stets überzeugend."* Oder: *„Uwe Petersen als Oldgesell Matten schießt aber den Vogel ab. Diese innige Verbindung zwischen Naivität und listiger Schläue kann kaum jemand so wie er ausdrücken"*, belegen das.

Die Pflege der plattdeutschen Sprache und ihr Einsatz auch bei ernsten Stücken ist ihm eine Herzensangelegenheit. Stolz ist er, dass die Familie Petersen schon in der

vierten Generation zur Speeldeel gehört: Nach Tochter Maike steht nun bereits Enkelkind Rune, der ausgezeichnetes Platt spricht, auf der Bühne.

„Platt ist meine Lebensaufgabe", sagt Uwe Petersen über eine Sprachkultur, die ganz selbstverständlich zur Kindheit auf dem Holm gehörte. „Wir hatten viel mehr Freiheiten als die Stadtkinder", erinnert Uwe Petersen sich und erzählt vom unbeschwerten Spiel auf dem Netzetrockenplatz und dem Herumstrolchen auf dem Seefliegerhorst. Ein großes Ereignis für die Kinder bedeutete stets die Ankunft der Fischer, wenn sie nach mehrtägiger Fahrt nach Hause zurückkehrten. „Unser größtes Vergnügen war es, ein Stück des übrig gebliebenen Woy-Brotes zu schnorren", erinnert sich Uwe Petersen. „Woy-Brot" ist plattdeutsch für Wadebrot, nach der auf dem Holm üblichen Form der Waden-Fischerei genannt. Heute wohnen Tochter und Enkelkind im Elternhaus auf dem Holm, Uwe Petersen lebt im Lollfuß. Aus seinem Fenster sieht er direkt auf das Haus, in dem 1961 die ersten Proben der Speeldeel stattfanden.

Einige Texte hat er selbst für die Bühne ins Niederdeutsche übertragen. „Seit den 90er Jahren finden verstärkt ernste Stücke beim Publikum Akzeptanz", freut er sich. Für seine Darstellung des Meisters Anton in Hebbels „Maria Magdalena" wurde er 1990 im Rahmen des Wettbewerbs niederdeutscher Bühnen sogar mit der „Silbernen Maske" ausgezeichnet.

Für Uwe Petersen steht fest: „So lange ich mir die Texte noch merken kann, mache ich weiter". Allerdings sei Nachwuchs immer dringend notwendig, sind er und seine Kollegen sich einig. „Denn", so Uwe Petersen, „auch wenn wir die Rolle natürlich gerne spielen: Irgendwann nimmt man uns den jugendlichen Liebhaber nicht mehr ab".

1. Vorsitzender „Schleswiger Speeldeel" • Lollfuß 54 • 24837 Schleswig • Telefon: 04621-21065

Schleswiger Speeldeel

„Wintertied is Speeldeeltied" heißt es auf dem leuchtend orangefarbenen Programmheft zur Spielzeit 2008/2009.

Bunt und fröhlich wie das Heft ist auch das Programm der „Schleswiger Speeldeel". Neben turbulenten Komödien wie dem Publikumserfolg „Leev na Stünnenplan" oder dem „Zirkus Paroli" stehen auch ernste Stücke wie Gerhard Hauptmanns „Fuhrmann Henschel" oder Sonderinszenierungen wie Patrick Süskinds „De Kontrabass" auf dem Spielplan.

„Wenn ich ein plattdeutsches Stück sehe, will ich lachen können" - war und ist eine weit verbreitete Einstellung. Mittlerweile hat sich die plattdeutsche Bühne aus der Ecke des rein boulevardesken Lachstückes herausgespielt, der Weg dahin war weit.

Während der Hinweis „Komödie" oder gar „Schwank" in der Regel einen stattlichen Besucherkreis garantierte, war die Aufführung des Stückes „Füer" 1967 noch ein Wagnis und stellte sowohl Zuschauer als auch Darsteller vor neue Herausforderungen. 1984 kam mit „Jonny Belinda" ein Stück um Vorurteile, Gefühllosigkeit und Missverständnissen gegenüber einer Taubstummen auf die Bühne – und wurde mit riesigem Applaus belohnt.

Seit Anfang der 90er Jahre stoßen ernste Stücke zunehmend auf die Akzeptanz des Publikums und sind heute fester Bestandteil des Programms. Schon 1990 gewann die Bühne für die Inszenierung von Hebbels „Maria Magdalena" den zweiten Platz im Wettbewerb niederdeutscher Bühnen aus Schleswig-Holstein, Niedersachsen und Bremen, der alle drei Jahre von den Lübecker Nachrichten ausgeschrieben wird.

Was 1961 mit einer handvoll Leuten, die Theater spielen wollten, auf dem Hinterhof eines Fischgeschäftes im Lollfuß begann, ist heute eine aus dem Schleswiger Kulturbetrieb nicht mehr wegzudenkende Institution.

70 Aktive und eine eigene Kinder- und Jugendgruppe mit über 20 Darstellern bilden das Herzstück des Theaters; der Förderverein zählt heute rund 1400 Mitglieder. Im Jahr 2001 wurde die Speeldeel mit dem Kulturpreis der Stadt Schleswig ausgezeichnet.

Die größte Auszeichnung ist die Anerkennung durch das Publikum. An die 11000 Zuschauer besuchen pro Saison die Aufführungen der Schleswiger Speeldeel, die seit 1998 im „Lütt Theoter" in der Friedrichsstraße ihr Zuhause gefunden hat.

Volker Schwarz und Gründungsmitglied Annemarie Dienesen 1974 in „Küselwind".   *Fotos: privat*

Schleswiger Speeldeel • „Uns Lütt Theoter" • Friedrichstraße 60a • 24837 Schleswig • Telefon: 04621-322 34 • www.schleswiger-speeldeel.de

Johannes Pfeifer

Es ist kühl im Schleswiger St. Petri-Dom und dennoch spürt man allerorten Wärme. Menschliche Wärme. Soeben ist ein Orgelkonzert zu Ende gegangen, die Zuhörer spenden Applaus. Nun ist das Mittelschiff frei für eine Gruppe von Schülern, die hier einen Vormittag lang Kirche erleben dürfen. Diese Offenheit der Kirche ist auch dem Wirken von Pastor Johannes Pfeifer zu verdanken.

15 Jahre lang ist der am 06.03.1944 in Hamburg geborene Bruder von fünf Geschwistern Dompastor in Schleswig gewesen. Als Pastorensohn wuchs er in Bad Bramstedt auf, die frühe Berührung mit kirchlicher Arbeit hat ihn geprägt. Ganz besonders die Musik, im Speziellen das Spiel der Posaune, hat ihn schon als Junge begeistert und ist zur lebenslangen Passion geworden. Noch heute begleitet Johannes Pfeifer zusammen mit Domkantor Rainer Selle den Posaunenchor in Schleswig und singt in einem der inzwischen acht Domchöre. Zudem engagiert er sich als stellvertretender Landesobmann in der Nordelbischen Posaunenmission für das Zusammenwirken von über 250 Posaunenchören.

Sein Abitur machte der naturwissenschaftlich interessierte Schüler 1964 in den Fächern Mathematik und Biologie, gleichzeitig hatte er auch das Graecum und das große Latinum abgelegt. In Hamburg begann er das Theologiestudium. Sein Weg führte ihn weiter über Heidelberg und Göttingen nach Kiel, wo er das erste Theologische Examen ablegte.

Eine ganz besondere Herausforderung und Erkenntnisse, die ihn in seinem gesamten weiteren Wirken beeinflussen sollten, brachte die zweijährige Vikarszeit in der Neubausiedlung Kiel-Mettenhof. Zusammen mit zwei weiteren Vikaren und drei Pastoren lernte er hier vor allem zwei Dinge: die kollegiale Zusammenarbeit im Team und die Gemeinwesenarbeit. Unter den besonderen Bedingungen, die das Zusammenleben von cirka 12000 Menschen mit sich bringt, waren vorgefertigte Konzepte fehl am Platz. Stattdessen galt es, gemeinsam mit den Menschen vor Ort Ziele und Programme zu entwickeln und Schwerpunkte zu setzen.

Die offene Jugendarbeit und die Nähe zu den Gemeindemitgliedern prägte nach Abschluss des 2. Theologischen Examens auch seine 21-jährige Arbeit als Pastor in Marne. Intensive Kontakte zu Vereinen, der Feuerwehr, Chören, dem Kindergarten oder dem Haus der Jugend ließen ihn Verständnis für die Menschen und ihre Situation gewinnen.

Die Sprache der Menschen zu sprechen ist dem Kirchenmann immer wichtig gewesen. Die plattdeutsche Mundart, die er von seiner Großmutter gelernt hatte, war ihm oft ein wichtiger Schlüssel. Noch heute sind die plattdeutschen Gottesdienste, die er in verschiedenen Gemeinden abhält, gern besuchte Kirchenveranstaltungen. Im Landesvorstand von „Plattdüütsch in de Kark" setzt Johannes Pfeifer sich nach wie vor für die

Pflege des Plattdeutschen in der Kirche ein.

Trotz seiner zeitintensiven Gemeindearbeit – er hatte neben Gottesdiensten, Besuchen, Taufen, Trauungen, Beerdigungen und Verwaltung zeitweise zehn Konfirmandengruppen zu betreuen - ließ der pädagogisch engagierte Pastor es sich nicht nehmen, am Marner Gymnasium Religion zu unterrichten. Im Meldorfer Domchor lernte er schließlich seine heutige Frau Frauke kennen. Auch sie ist Pädagogin und als Lehrerin an der Grundschule St. Jürgen tätig.

Nach 21-jähriger Tätigkeit in Dithmarschen erreichte ihn die Anfrage aus Schleswig. Seit dem Sommer 1992 ist Johannes Pfeifer Dompastor in Schleswig gewesen. Trotz der Größe des kostbaren Gebäudes hat er sich in dem imposanten Gotteshaus immer geborgen und wohl gefühlt und wollte daran gerne auch anderen Anteil geben. An die Predigten und an die Musik in der Bischofs-Kirche werden besondere Ansprüche gestellt. „Das erwarten die Menschen, die hierher kommen", sagt er zu der besonderen Bedeutung des St. Petri-Doms. „Und dieser Herausforderung habe ich mich gerne gestellt". Um Besucher stets mit offenen Türen empfangen zu können, hat er 1999 den Ehrenamtlichen Domdienst eingeführt, der von zahlreichen Helfern versehen wird.

Offenheit, Nähe, Wärme und vor allem Freundlichkeit sind Werte, die er in seiner Arbeit stets vermittelt hat. Vor allem ging es dem engagierten Christen darum, Kirche erlebbar zu machen, die christliche Botschaft gleichermaßen mit Verstand und Herz zu vermitteln. „Die Aufgabe besteht darin, nicht nur historische Fakten weiter zu geben, sondern die Kirche auch als Erlebnisraum darzustellen. Alte Bilder sind aus dem Glauben entstanden und erzählen noch immer von Hoffnung und Glauben", führt er aus. Eine Herausforderung, die er in 15-jähriger Begleitung stets auch den Domführern vermittelt hat.

Der Ausbau der kirchenpädagogischen Arbeit hat für den Vater von drei Kindern immer eine große Rolle gespielt. Umso dankbarer ist er, dass es gelungen ist, für den Jugendwart eine 25-prozentige Stelle als Kirchenpädagoge einzurichten. Aber nicht nur in der Arbeit mit Kindern, sondern auch im Umgang mit behinderten Menschen steht die Wahrnehmung mit allen Sinnen im Mittelpunkt. Ein Beispiel dafür ist die besondere Gestaltung von Führungen für blinde Dombesucher. Körperlich und geistig behinderte Menschen sind im Dom ausdrücklich willkommen und nehmen regelmäßig an Gottesdiensten teil. Da muss man manchmal mit unerwarteten Reaktionen rechnen. Aber es gilt die Einladung Jesu, die auf dem Portalmosaik von 1894 dargestellt ist: „Kommt her zu mir alle, die ihr mühselig und beladen seid, ich will euch erquicken".

Soziales Engagement ist Johannes Pfeifer auch außerhalb der Kirchenmauern ein Anliegen. Als Gründungsmitglied des Rotary Clubs Schleswig/Gottorf beteiligt er sich an den Aufgaben, die sich Rotary hier vor Ort und in anderen Ländern gestellt hat. Gemeinsam mit dem Kinderschutzbund hat er den „Juki-Treff St.Jürgen", eine Anlaufstelle für Kinder und Jugendliche, ins Leben gerufen und begleitet.

Seit dem 01.05.2007 ist Johannes Pfeifer aus gesundheitlichen Gründen im vorzeitigen Ruhestand. Er genießt die Zeit, die er nun mit Haus und Garten und vor allem mit der Familie verbringen kann. Besuche bei den Kindern stehen ebenso auf dem Programm wie Ausflüge zu seiner Lieblingsinsel Helgoland, die er seit 1971 regelmäßig beruflich wie privat besucht.

Den Schleswiger St. Petri-Dom betritt er dennoch immer wieder gerne, sei es, um im Chor zu singen, Posaune zu spielen, einen Vertretungsdienst wahrzunehmen oder gelegentlich eine Gruppe durch die Kirche zu führen.

Die Schüler, die heute ihren Vormittag im Dom verbringen, haben inzwischen kleine Smileys an ihren Lieblingsplätzen in der Kirche verteilt. So werden die Kinder zu genauem Hinsehen animiert und gleichzeitig erhalten auch die Kirchenpädagogen immer wieder überraschende Perspektiven. Einer der Schüler hat zum Beispiel eine große schwarze Tafel mit goldener Aufschrift ausgewählt. „Weil man sich damit so viel Mühe gegeben hat", begründet er seine Auszeichnung. Ein anderes gelbes Schmunzelgesicht liegt vor einer Vase mit bunten Blumen. Auch Johannes Pfeifer hat seinen Lieblingsplatz. Das ist die Gruppe der heiligen drei Könige, die mit ganz besonders freundlichen Gesichtern auf die Besucher des Doms blicken - genauso wie Johannes Pfeifer selbst.

Ehemaliger Dompastor • Klosterhoferstraße 29 • 24837 Schleswig • Telefon: 04621-22031

Der St. Petri-Dom zu Schleswig

Wer den Schleswiger Dom betritt, wird in eine lange Glaubens- und Kirchengeschichte hineingenommen. Die gesamte Architektur, die nachweisbaren baulichen Veränderungen und die einzelnen Kunstwerke spiegeln etwas wider von der großen Mühe, die sich unsere Vorfahren zur Ehre Gottes und zur Erbauung der Gemeinde gegeben haben. Die bildlichen Darstellungen von biblischen und anderen Geschichten, die Figuren und Symbole, ja der ganze gegliederte Kirchenraum mit seinen romanischen und gotischen Formen sind vielfältiger Ausdruck des christlichen Glaubens an den dreieinigen Gott.

Der erste schriftliche Hinweis auf den St. Petri-Dom findet sich im Jahr 1134. In den folgenden Jahrhunderten war der Dom die Kirche des Bischofs sowie Pfarrkirche der Domgemeinde – das ist noch heute so. Auf Schritt und Tritt ist erkennbar, wie eng der Dombau mit der jeweiligen geschichtlichen Entwicklung verflochten ist. So entstand der 112 m hohe Turm am Ende des 19. Jahrhunderts auch als Zeichen des damaligen Nationalgefühls im neuen Deutschen Reich. Der erst 1666 aus der Bordesholmer Klosterkirche in den Dom gekommene Brüggemann-Altar von 1521 erinnert an seinen Stifter, Herzog Friedrich, den späteren dänischen König Friedrich I., der in unmittelbarer Nähe des jetzigen Altarstandortes begraben ist. Nach dem Frieden von Kopenhagen 1660 gelangte der Dom an den Gottorfer Herzog und unterstand seit 1713 dem dänischen König. Von der Bedeutung des Doms als Herzoglich-Gottorfische Hof- und Residenzkirche zeugen noch heute die zahlreichen Epitaphien, die Grabkapellen im nördlichen und südlichen Seitenschiff sowie die Fürstengruft nordöstlich vom Hohen Chor. Nach 1866, als Schleswig–Holstein preußisch wurde, blieb der Schleswiger Dom im Staatsbesitz. Erst 1957 übernahm ihn die Landeskirche (heute Nordelbische Ev.-luth. Kirche) per Staatsvertrag in ihr Eigentum. Seit 1922 gibt es wieder einen evangelischen Bischof in Schleswig.

Nach wie vor ist der Dom Ort des Gottesdienstes. Andachten, Taufen und kirchliche Trauungen finden im Hohen Chor statt. Ein reiches kirchenmusikalisches Leben mit rund 30 Konzerten im Jahr wird vom Domkantor, den acht Chören der Gemeinde und auswärtigen Mitwirkenden gestaltet. Dank des Einsatzes vieler ehrenamtlicher Helfer ist der Dom für Besucher ganzjährig täglich geöffnet.

Birgit Pohl

„Mit einer Hand lässt sich kein Knoten knüpfen" – das weiß auch Birgit Pohl, seit Januar 1998 Vorsitzende der UnternehmerFrauen im Handwerk.

Mehr Wissen – mehr Können – mehr Erfolg lauten die Schlagworte des Netzwerkes von Unternehmerfrauen, Meisterfrauen und im Handwerk tätiger Frauen, die sich beruflich engagieren und Mitverantwortung tragen. Viele der Frauen kommen aus branchenfremden Berufen in einen Handwerksbetrieb und stellen sich entschlossen und mit großem persönlichen Einsatz den neuen Aufgaben im Unternehmen des Ehemannes oder Lebenspartners. Kompetenz ist für die Frauen ein entscheidender Faktor.

Einmal monatlich treffen sich die inzwischen 39 Frauen des Schleswiger Arbeitskreises zu gemeinsamen Fortbildungen und zum Austausch.

Neben Vorträgen zu elektronischer Buchprüfung, Kapitalmanagement oder Erste Hilfe mit Homöopathie tragen die Themenabende so charmante Titel wie: „Vermögen und Unvermögen" oder „Souveränes Auftreten bei völliger Ahnungslosigkeit".

Neben der Möglichkeit zur persönlichen und beruflichen Weiterentwicklung schätzt die erste Vorsitzende vor allem den Zusammenhalt und die Verbundenheit der Mitglieder. „Egal aus welcher Branche sie kommen - alle haben die gleichen Probleme", weiß sie.

Die besonderen Herausforderungen im Leben einer Unternehmerfrau kennt Birgit Pohl aus eigener Erfahrung. Multitasking lautet das Zauberwort, mit dem sie - wie viele Frauen in ähnlicher Situation - all ihre Aufgaben unter einen Hut bringt. Denn sie ist nicht nur Vorsitzende der Unternehmerfrauen, sondern auch zweifache Mutter, Elternsprecherin, Hausfrau, Köchin, Gärtnerin, Beisitzerin in der IKK und mitarbeitende Ehefrau im Unternehmen Scheel und Hansen.

Seit 1985 ist die am 26.07.1961 in Schleswig geborene Bürokauffrau mit Gerhard Pohl, Inhaber des Schleswiger Heizungs- und Sanitärunternehmens Scheel und Hansen, verheiratet. Langweilig ist den beiden in den vergangenen 25 Jahren nicht geworden, von Beginn an zogen sie gemeinsam an einem Strang. Auf Anraten seines Vaters, der als Maurer oft auf zugigen Baustellen stand, hatte Gerhard Pohl sich für die Ausbildung zum Heizungsbauer entschieden. 1985 meldete sich Gerhard Pohl auf der Abendschule an, um seine Meisterprüfung zu machen. Seit 1987 ist er Zentralheizungs- und Lüftungsbauermeister und seit 1991 Gas- und Wasserinstallateurmeister.

Am 30.01.1987 kam Sohn Sebastian zur Welt - an dem Tag, an dem auch der Firmengründer, Herr Hansen, geboren wurde. Wenig später zog die junge Familie nach Busdorf, wo schon Gerhard Pohl aufgewachsen war.

Am 06.09.1991 folgte Tochter Larissa. Der Zufall wollte es, dass der Geburtstag der Tochter auf den Geburtstag des Vorbesitzers, Albert Alberts, fiel. Am 01.09.1992 tat Gerhard Pohl den entscheidenden Schritt und übernahm seinen ehemaligen Ausbil-

Foto: privat

dungsbetrieb als Inhaber. 2009 feiert er seine 40-jährige Betriebszugehörigkeit im Unternehmen, das mittlerweile 5 Gesellen, 2 Auszubildende und 2 Bürokräfte beschäftigt.

Birgit Pohl ist heute im Betrieb unverzichtbar. Von Anfang an stellte sie sich der Doppelrolle als Mutter und mitarbeitende Unternehmerfrau – und findet zudem Zeit und Energie für ehrenamtliche Tätigkeiten: Als Frau, die weiß, was sie will, setzt sie sich aktiv für die Belange ihres Umfeldes ein. Sei es als Elternsprecherin an der Schule der Kinder oder als Beisitzerin der Innungskrankenkasse. Und weil Kompetenz ihr wichtig ist, machte sie von 1999 bis 2001 in einer zweijährigen Wochenendschule die Ausbildung zur Betriebswirtin im Handwerk SHK. Da ist es gut, dass es Großmutter Ingrid gibt. Sie kocht das Mittagessen und kümmert sich um die Bügelwäsche und den Blumengarten und übernimmt häufig den Fahrdienst für die Tochter „Ohne Oma geht gar nichts", sagt Birgit Pohl über die weibliche Stärke im Unternehmen.

Wenn sie nicht gerade die Elternzeit der Mitarbeiter überbrückt, entspannt Birgit Pohl sich gerne bei der Gartenarbeit. Auch in Zukunft wird ihr mit Sicherheit nicht langweilig werden, denn es gibt allerlei zu feiern: Im Jahr 2010 steht die Silberne Hochzeit an und 2011 begeht das Unternehmen Scheel und Hansen 50-jähriges Jubiläum. Man darf sicher sein: Birgit Pohl lässt sich zu diesen Anlässen etwas ganz Besonderes einfallen.

Vorsitzende der Unternehmerfrauen im Handwerk • Arbeitskreis Schleswig • & mitarbeitende Ehefrau • Scheel & Hansen • Georg-Ohm-Straße 3 • 24837 Schleswig • Telefon: 04621-9559-19

Reimer Pohl

Im Jahr 2008 waren sie Hüter des „Paradieses" – des kirchlichen Veranstaltungsortes auf der Landesgartenschau: Reimer Pohl und seine Frau Reinhild. Aus einer Pastorenfamilie kommend, ist Reimer Pohl der Theologie eng verbunden. Sein Großvater war der erste Missionar, der aus Breklum bei Husum nach Indien geschickt wurde, sein Vater wurde – nach damaligem Usus – als Zweijähriger von den Eltern getrennt und in eine schleswig-holsteinische Pastorenfamilie gegeben. Im Jahre 1908 kehrten Pohls Großeltern aus Indien zurück, der Großvater wurde Missions–Inspektor in Breklum, die acht Kinder wurden „eingesammelt" und Reimer Pohls Vater verbrachte dort seine Jugend- und Schulzeit. Später, ab 1929, wurde er Leiter einer Deutsche Höheren Privatschule in Hadersleben und so kam es, dass Reimer Pohl am 26. Juni 1932 im dänischen Hadersleben geboren wurde. Obgleich Reimer Pohl noch heute gerne seine Sommerurlaube in Dänemark verbringt, fühlt er sich als echter Schleswiger. Als er drei Jahre alt war, zog seine Familie mit den drei Söhnen in die Schleistadt, wo er, der jüngste, Kindheit und Jugend verbrachte. Vater Dr. Erich Pohl war von 1956 bis 1964 Direktor der Schleswiger Domschule.

Dort machte auch Reimer Pohl 1952 sein Abitur, anschließend studierte er Musikwissenschaft, Germanistik und Theologie in Kiel und Frankfurt am Main, dort schloss er ein Studium an der Musikhochschule an und machte sein B-Examen in Kirchenmusik.

Schon als Sechsjähriger hatte er im Kinderchor gesungen, täglich übte er damals eine Stunde Klavier. Die erste Unterrichtsstunde an der Orgel erhielt er im Mai 1948 in der Michaelisgemeinde, schon wenig später durfte er dort während des Sonntags-Gottesdienstes spielen. „Es ist ganz leicht, wenn man es kann", motiviert Musiklehrer Reimer Pohl seine Schüler heute augenzwinkernd. Denn als Mitbegründer der Schleswiger Musikschule, aus der 1976 die Kreismusikschule hervor ging, weiß er: es ist nicht immer einfach, durchzuhalten. Als Kind hatte er sich zeitweilig nichts sehnlicher gewünscht, als den Unterricht abzubrechen. Heute ist er dankbar, dass seine Eltern das nicht gestatteten, denn die Musik hat sein Leben bestimmt: Mit seiner heutigen Frau hatte er bereits 13 Jahre in der Jugendkantorei gesungen, bevor 1963 die Verlobung und ein Jahr später die Hochzeit stattfand.

Nach einigen Jahren im Schuldienst in Kiel und Flensburg sowie sechsjähriger Tätigkeit in Louisenlund nahm Reimer Pohl 1969 die Gelegenheit wahr, an der Schleswiger Domschule zu unterrichten und gemeinsam mit der Familie in sein Elternhaus zurückzukehren. 1965 war die erste Tochter Uta geboren worden, die heute als Professorin für Praktische Theologie an der Kieler Universität tätig ist. Auch die zweite Tochter Maike ist Theologin, sie wirkt als Pastorin für Bildung und Erziehung im Kirchenkreis

Eckernförde/Rendsburg. Inke, die dritte Tochter, arbeitet als Redakteurin beim Fernsehen im Mainz.

Von 1970 bis 1982 war Reimer Pohl Chorleiter der „Schleswiger Sängervereinigung von 1927". Ein Liederbuch mit vielen eigenen Kompositionen zeugt von dieser aktiven Zeit.

Am 13. Juli 1994 trat der Oberstudienrat Pohl, Lehrer für Religion, Deutsch und Musik, in den Ruhestand, um Platz für einen jüngeren Kollegen zu machen. „Ich habe bis zum letzten Tag mit Freude in der Schule gearbeitet", sagt er rückblickend auf 35 Jahre Schuldienst.

Von Stillstand kann allerdings keine Rede sein. Schon seit 1975 ist Reimer Pohl Mitglied der Gesellschaft für Schleswiger Stadtgeschichte. 18 Jahre lang war er für die Herausgabe der Publikationen verantwortlich, seit 1999 ist er Vorsitzender der Gesellschaft. Es war die Faszination für die historische Fülle Schleswigs, die ihn zu diesem Engagement bewegte. Und diese Faszination vermittelt er während zahlreicher Einsätze als Stadtführer mehreren hundert Besuchern im Jahr. Besonders die Mischung aus Historie und Gegenwart würde viele Gäste faszinieren, sagt er. Natürlich darf bei seinen Domführungen eine Kostprobe auf der Orgel nicht fehlen. 2008 feierte Reimer Pohl sein 60-jähriges Jubiläum als Organist. Eine Leidenschaft, die sich auch in seinem Haus zeigt. Hier stehen fünf Tasteninstrumente: eine Orgel, ein Flügel, ein Klavier, ein selbstgebautes Cembalo und ein Keyboard, dessen Computer spontane Improvisationen in Noten umschreibt.

Und er hat noch eine weitere Leidenschaft: Mit 23 erfüllte er sich einen Kindheitstraum und kaufte sich seine erste elektrische Eisenbahn. Heute ist er stolzer Besitzer von 21 Loks, 120 Wagen und acht Bahnhöfen. Jedes Jahr, wenn das Gästezimmer nach der Weihnachtszeit zur freien Verfügung steht, wird dort die Modelleisenbahn installiert. Allein der Aufbau benötigt cirka drei Wochen: Denn es ist Reimer Pohls Ehrgeiz, dass mindestens sieben Züge gleichzeitig fahren können und sich selbst die Signale und Weichen stellen. Für diese hohe technische Kunst wird auch die Stoppuhr eingesetzt. Keine Frage, dass die Enkelkinder von diesem Hobby des Großvaters begeistert sind.

Mit Radfahren und Schwimmen – auch in der 16 Grad frischen Schlei – hält Reimer Pohl sich fit. Dennoch hat er auch Pläne für die Zeit, wenn er mal nicht mehr als Stadtführer aktiv ist: Dann möchte der Verfasser mehrerer Bücher und zahlreicher Konzertkritiken wieder mehr schreiben und vor allem lesen. „Es gibt in meinem Zimmer ganze Reihen von Büchern, die nur darauf warten, von mir gelesen zu werden", sagt Reimer Pohl.

Oberstudienrat i.R. • Klosterhofer Straße 22 • 24837 Schleswig •
Telefon: 04621-2 32 60

Gesellschaft für Schleswiger Stadtgeschichte

Die Gesellschaft für Schleswiger Stadtgeschichte konnte im Jahre 2006 ihren 50. Geburtstag feiern, sie wurde also im Jahre 1956 gegründet. Gründer war der Schleswiger Rechtsanwalt und Notar Otto von Wahl. Er war sich, obwohl er aus dem Baltikum stammte, der besonderen Farbigkeit der Schleswiger Stadtgeschichte bewusst. Er hatte erkannt, dass die Vielfältigkeit dieser Stadtgeschichte einmalig ist: Stadt der Wikinger – Welthandelsstadt – Stadt der Herzöge – Schleswig als Garnisonstadt – Stadt der deutsch–dänischen Auseinandersetzung – Hauptstadt der preußischen Provinz Schleswig-Holstein – Freundliche Kulturstadt.

So hatte sich die Gesellschaft für Schleswiger Stadtgeschichte schon frühzeitig vorgenommen, eine vollständige Stadtgeschichte zu verfassen und herauszugeben. Von den geplanten sieben Bänden sind bisher fünf erschienen, es fehlen noch der allererste Band „Schleswig in der Haithabuzeit 804 bis 1250" und „Schleswig in der Gegenwart 1962 bis 2004". Wenn diese beiden Bände erschienen sein werden, ist Schleswig wohl die einzige Stadt in Nordeuropa, deren 1200-jährige Geschichte lückenlos dargestellt worden ist.

Die Gesellschaft für Schleswiger Stadtgeschichte bringt noch weitere Veröffentlichungen heraus: regelmäßig erhält jedes der fast 700 Mitglieder – davon etwa 450 in Schleswig – zweimal im Jahre eine Publikation. In dem regelmäßig im November/Dezember erscheinenden „Beiträgen zur Schleswiger Stadtgeschichte" informieren Artikel mit durchaus wissenschaftlichem Anspruch über Themen, die in irgendeiner Form mit der Geschichte der Stadt zusammen hängen. In den bisher 52 erschienenen „Beiträgen" finden sich etwa 550 Artikel.

Wichtig sind der Gesellschaft für Schleswiger Stadtgeschichte auch die historischen Gebäude in Schleswigs Altstadt, die sie mit Hinweistafeln versehen möchte. Bisher sind rund zwanzig solcher Tafeln an historischen Gebäuden zu sehen.

Um einen Rundgang von Haus zu Haus zu erleichtern, plant die Gesellschaft für Schleswiger Stadtgeschichte im Herbst 2008 eine Broschüre herauszugeben, in der über 20 historisch bedeutsame Bauten in Wort und Bild dargestellt werden.

Auch auf diesem Gebiet ist die Gesellschaft für Schleswiger Stadtgeschichte stets bemüht, die reichhaltige Geschichte der Stadt Schleswig sicht- und erlebbar zu machen.

Karl Rathjen

„Ich hätte heute gar keine Zeit mehr, meinen Beruf auszuüben", sagt Pensionär Karl Rathjen lachend. Denn mit der Ausübung seines Hobbys ist der Schleswiger Philatelie-Experte voll beschäftigt. Soeben ist der ehemalige Vorsitzende des Vereins der Schleswiger Briefmarken-sammler dabei, eine Ausstellung mit historischen Postkarten aus dem Friedrichsberg vorzubereiten. Die Motive der 280 Exponate sind Fotos aus den Jahren 1890 bis etwa 1914 – sie zeigen Betriebe, Freizeiteinrichtungen und historische Gebäude während der Kaiserzeit. Die Ausstellung erzählt ein Stück Stadtteilgeschichte, zu der Karl Rathjen von Kindheit an einen besonderen Bezug hat. Denn hier, in der Friedrichsberger Bahnhofsstraße, wurde er am 30. Dezember 1930 als ältester Sohn eines kaufmännischen Angestellten geboren.

„In meinem Ausweis steht der 31. Dezember, aber das liegt daran, dass ich kurz vor Mitternacht geboren wurde und man nicht so genau auf die Uhr gesehen hat", erklärt Karl Rathjen seinen doppelten Geburtstag.

An seine Kindheit während der Nachkriegszeit hat der Bruder von vier Geschwistern intensive Erinnerungen: „Als mein Vater krank aus dem Krieg heimkam, bearbeiteten wir Älteren die Schrebergärten, so dass wir Kartoffeln, Rüben und Kohl zu essen hatten. In einem Waschkessel verarbeiteten wir die Rüben zu Sirup, für eine Kanne Milch gingen wir kilometerweit bis nach Dannewerk."

Beim Tanz bei „Hannes Danz" im Landwirtschaftlichen Haus auf dem Gallberg lernte er 1948 seine heutige Frau Ruth kennen, 1954 folgte die Hochzeit. Noch bis vor wenigen Jahren war das lebenslustige Ehepaar in einem privaten Tanzkreis aktiv.
Nach dem Besuch der Bugenhagen- und der Domschule begann Karl Rathjen 1950 eine Lehre bei der Stadtsparkasse in Schleswig. Über eine kurze Station in Eckernförde konnte er 1954 in die Kreissparkasse Schleswig eintreten, wo er - zuletzt als Abteilungsdirektor und Oberamtsrat - bis zu seiner Pensionierung im Jahr 1992 tätig war.

Die Liste der Ehrenämter, die der Vater von fünf Kindern ausgeübt hat, ist lang. So war Karl Rathjen von 1974 bis 1982 bürgerliches Mitglied in verschiedenen städtischen Ausschüssen, von 1982 bis 1990 direkt gewählter Ratsherr der Stadt Schleswig. Daneben fungierte er als Vorsitzender des Prüfungsausschusses der Industrie- und Handelskammer in Flensburg, war Schöffe beim Schleswiger Amtsgericht, Kassenprüfer beim Deutschen Familienverband und aktives Mitglied der Deutschen Lebens-

Rettungs-Gesellschaft, der er bereits 1950 beigetreten war. Für seinen Einsatz wurde er mit der goldenen Verdienstnadel ausgezeichnet, bis heute ist er Ehrenmitglied der DLRG.

Für sein gesamtes ehrenamtliches Engagement wurde ihm 1995 durch die damalige Ministerpräsidentin Heide Simonis die Ehrennadel des Landes Schleswig-Holstein verliehen. Im Juni 2009 erhielt der rührige Schleswiger sogar die höchste Auszeichnung der Bundesrepublik Deutschland: Bundespräsident Horst Köhler würdigte das lebenslange Engagement von Karl Rathjen mit dem Bundesverdienstkreuz.

Den größten Raum nehmen seine Ämter im Zusammenhang mit seiner Philatelie-Leidenschaft ein. Karl Rathjen war 1977 Mitbegründer und über 25 Jahre lang erster Vorsitzender des Vereins Schleswiger Briefmarkensammler. Noch heute ist er dort Ehrenvorsitzender.

Am 20. März 2005 wurde Karl Rathjen auch zum Ehrenmitglied des Philatelistenverbandes Norddeutschland, dem er rund 20 Jahre als 2. Vorsitzender angehörte, ernannt. Als Schleswiger lagen ihm besonders die Beziehungen zum nördlichen Nachbarn Dänemark am Herzen. Auf seine Initiative kam es im Jahr 2001 zur ersten deutsch-dänischen Verbandsausstellung. Auch für die Sondermarke zum 1.200-jährigen Stadtjubiläum ist er mit verantwortlich.

Die Beschäftigung mit den Postwertzeichen ist für den Experten weit mehr als das Einstecken von Briefmarken in ein Album.

„Mich interessieren die Geschichten, die dahinter stehen", erklärt Karl Rathjen, dessen persönlichen Sammelgebiete die Schleswiger Stadtgeschichte und der Sport mit Schwerpunkt Olympische Spiele sind.

Auch Frau Ruth ist von der Philatelie-Leidenschaft infiziert. Sie sammelt vor allem Australien. In den fernen Kontinent waren die Rathjens erstmals 1991 gereist. Auf den Spuren eines Vorfahren, der Mitte des 19. Jahrhunderts als Goldgräber in Australien sein Glück gesucht hatte, hatten sie das Land lieben gelernt.

Die Sammelleidenschaft hat Karl Rathjen durch die ganze Welt geführt. Bei den Olympiaausstellungen in Sydney und Athen wurde er vom Bund Deutscher Philatelisten offiziell als deutscher Kommissar eingesetzt. Seine Sammlungen waren auf internationalen Ausstellungen, unter anderem in Barcelona, Atlanta, Budapest, Paris, Seoul, Moskau oder Tel Aviv, zu sehen.

Karl Rathjen ist der beste Beweis dafür, dass Briefmarkensammeln nicht unbedingt eine Beschäftigung fürs stille Kämmerlein sein muss.

Ehrenvorsitzender • Verein der Schleswiger Briefmarkensammler e.V. • Fasanenweg 23 • 24837 Schleswig • Telefon: 04621-24192

Der „Verein der Schleswiger Briefmarkensammler e.V."

Das Sammeln gehört seit der Urzeit zur Beschäftigung des Menschen. Die Sammelleidenschaft hat sich in veränderter Form bis heute erhalten. Die Schwerpunkte sind ganz verschieden und reichen von Themen wie Teddys oder Puppen über Antiquitäten bis zu Bierdeckeln oder eben Briefmarken. Dabei beschränkt sich das Briefmarkensammeln längst nicht nur auf das Einstecken von bedrucktem Papier in Alben.

Die „Philatelie" ist ein Hobby für Jung und Alt und weit mehr als eine Beschäftigung fürs „stille Kämmerlein". Das beweist der Verein der Schleswiger Briefmarkensammler, der seit 1977 besteht. Regelmäßig treffen sich die fast 100 Mitglieder und tauschen neben Briefmarken vor allem Informationen und Kenntnisse aus. Durch den Kontakt mit Gleichgesinnten kann man seine Sammlung vervollständigen, allerhand Wissenswertes erfahren und die Gesellschaft netter Menschen genießen. Die philatelistischen Sammelgebiete der Vereinsmitglieder sind vielfältig. Darüber hinaus werden im Verein auch andere Dinge wie Postkarten, Bücher, Münzen, Medaillen, Urkunden, Orden, Antiquitäten, Versteinerungen, Heimatgeschichtliches und vieles mehr gesammelt. Schwerpunkt bleibt natürlich die Philatelie und die Beschäftigung mit der Postgeschichte. Vorträge, gemeinsame Besichtigungen und andere Veranstaltungen gehören zum Angebot und machen das Vereinsleben besonders lebendig.

Mit der Veranstaltung von Briefmarkenausstellungen und Werbeschauen macht der Verein auch überregional auf sich aufmerksam. Mit seinen Aktivitäten trägt er auch zur Darstellung der Stadt bei. So wurde auf Anregung des Vereins dem Bundesministerium für Finanzen das 1200-jährige Stadtjubiläum Schleswigs als Thema für eine Sonderbriefmarke vorgeschlagen. Dank eines regen Schriftverkehrs zwischen dem Bundesministerium, der Stadt Schleswig, dem Künstler und dem damaligen 1. Vorsitzenden des Vereins kam es zur Herausgabe der vorgeschlagenen Marke. Die Briefmarke fungierte so im Jahr 2004 als Botschafterin der Stadt Schleswig. Mit einer Auflage von 36 Millionen Stück machte dieses kleine Papier effektive Werbung für Stadt und Umland.

Verein Schleswiger Briefmarkensammler e.V. • Walter Thielking • Bussardhorst 14 • 24837 Schleswig • Telefon: 04621-52716 • www.briefmarkenverein-schleswig.de

Georg Reußner

„Die positiven Seiten einer traditionellen Schule mit altsprachlichem Zweig mit der modernen Schulpädagogik in Einklang bringen", umschreibt Georg Reußner die zentrale Aufgabe seines beruflichen Wirkens. Seit 1999 ist der gebürtige Kieler Schulleiter der Domschule in Schleswig.

Als Sohn eines Schulleiters hatte sich der am 10.01.1953 geborene Georg Reußner schon frühzeitig ein konkretes Berufsbild machen können. Nach dem Besuch der Kieler Gelehrtenschule und zweijähriger Tätigkeit beim Bundesgrenzschutz begann er ein Lehramtsstudium mit den Fächern Geschichte und Slawistik in Kiel. Es war vor allem die neue Ausrichtung der Ostpolitik, die ihn interessierte. Junge, engagierte Referendare brachten damals Schwung in den Unterricht. Seine Beschäftigung mit der Serbokroatik und den Völkern des ehemaligen Jugoslawiens führten den Norddeutschen an die Universität in Wien. Seinen gut einjährigen Aufenthalt auf den Spuren der österreichischen Doppelmonarchie hat Georg Reußner in guter Erinnerung. Die sehr steife Förmlichkeit, die in den dortigen Hörsälen herrschte, vermisst er allerdings nicht. „Man sprach sich dort größtenteils mit Herr Kommiliton an - das war bei uns in Kiel doch etwas anders", sagt er.

Das Jahr 1981 war das Jahr des Staatsexamens und das Jahr der Begegnung mit seiner heutigen Frau Mechthild. 1982 zog das junge Paar nach Schleswig, wo Georg Reußner bis 1984 sein Referendariat an der Schleswiger Domschule absolvierte, während Mechthild Reußner eine Assistenzarztstelle in der Kinderabteilung des damaligen Kreiskrankenhauses bekam. Das Angebot einer vollen Lehrerstelle an der integrierten Gesamtschule Neumünster-Brachenfeld bewegte die Familie, zu der zwischenzeitlich auch die Kinder Eckehard und Friederike gehörten, zum Umzug. 1989 wurde dort Tochter Bettina geboren.

Als 1999 die Schulleiterstelle an der Schleswiger Domschule ausgeschrieben wurde, zögerte Georg Reußner nicht, sich dort zu bewerben. Mit Erfolg. Seit dem Jahr 2000 lebt die Familie Reußner wieder in Schleswig und während der „Rex" gar nicht mehr von der Domschule wegzudenken ist, praktiziert Mechthild Reußner heute als niedergelassene Ärztin in Schleswig

Toleranz und Gelassenheit zeichnen den Schulleiter aus. „Ich versuche, die Stärken der anderen zu stützen und manchmal auch über Schwächen hinwegzusehen", sagt der Schulleiter. Der Kontakt zu Schülern und Lehrern ist ihm wichtig; wann immer

möglich, ist er im Lehrerzimmer und auf dem Pausenhof anwesend.

In seiner Freizeit schätzt er besonders die kulturelle Dichte Schleswigs. Besuche der Ausstellungen auf Schloß Gottorf oder der Inszenierungen des Landestheaters gehören auf den privaten Stundenplan - ebenso wie Ausflüge nach Kiel oder Flensburg. Ein besonderes Highlight waren dem Slawistiker natürlich die Lesungen im Rahmen des russischen Literatursommers im Jahr 2008. Auch in der Nachbarschaft bietet sich hin und wieder die Gelegenheit zu einem freundlichen „Dobroje utro", was auf russisch soviel heißt wie „Moin Moin!"

Schulleiter • Domschule • Königstraße 37 • 24837 Schleswig • Telefon: 04621-9513-0 • www.domschule-sl.de

Die Domschule

Als im Jahre 1307 Cecilia Litle, Tochter des Drosten Jon Jonson Litle den Scholaren von „Hethaeby" am dortigen Dom St. Peter einige Mark Silber hinterlässt, sorgt sie auch dafür, dass so etwas wie Schulbetrieb im Zusammenhang mit dem Schleswiger Dom seine erste Erwähnung findet. Damit ist die Domschule in Schleswig erstmals urkundlich nachweisbar, der Fixpunkt für das 700-jährige Jubiläum 2007 ist gesetzt, der das heutige Gymnasium zu einer der ältesten Schulen im Norden Europas macht.

Mit der Reformation Martin Luthers, im Norden vor allem von Johannes Bugenhagen vorangetragen, entstand im 16. Jahrhundert das Bedürfnis, auch Gemeindemitglieder des Lesens und Schreibens zu bemächtigen. Neben Bürgerschulen sollen nun Lateinschulen und „Gelehrtenschulen" auch den Laien offen stehen, damit sie in theologischen Diskussionen in ihren Gemeinden qualifiziert mitreden könnten. Damit gewann neben dem Lateinischen das Griechische als Ursprungssprache des Neuen Testaments und auch das Hebräische einen Platz im Programm gehobener Schulen. Zugleich sollten diese Schulen auf das Studium an den immer zahlreicher werdenden Universitäten vorbereiten. In Schleswig wird diese neue Entwicklung deutlich erkennbar mit der Schulordnung des Domschulrektors Michael Stanhufius von 1557. Sie setzt - anknüpfend an Bugenhagens Kirchenordnung von 1542 - die entsprechenden neuen, reformatorisch-humanistischen Akzente. 1808 gelang es dem damaligen Generalsuperintendenten Adler als kirchlichem Schulaufsichtsbeamten, eine Schulreform durchzusetzen, die aus der Domschule eine nach damaligen Maßstäben anerkannte „Gelehrtenschule" machte. 1814 übernahm dann der dänische Staat die Schulaufsicht über die Gelehrtenschulen von der Kirche - die Domschule Schleswig und das Christianeum in Altona wurden der dänischen Krone direkt unterstellt. Nach 1850, als der Schleswig-Holsteinische Kampf um Zugehörigkeit zu einem deutschen Nationalstaat gescheitert war, gab es intensive Versuche, die Domschule zu „danisieren".

Als Schleswig-Holstein 1866 preußische Provinz wurde, erfolgte auch die räumliche Trennung vom Dom. An der Königstraße entstand für die nunmehr königlich-preußische Domschule ein neuer, repräsentativer Bau, der von den Ansprüchen der neuen Herrscher künden sollte. 1869 konnte das alte Domschulgebäude (Süderdomstraße 15) aufgegeben werden: 285 Schüler bezogen die 10 neuen Klassenräume an der Königstraße. Die Domschule war damals (altsprachliches) Gymnasium und Realschule. In Sexta und Quinta (5. und 6. Klasse) wurden die Schüler beider Schularten gemeinsam unterrichtet. Von den Ideen Wilhelm von Humboldts, der zu Beginn des 19. Jahrhunderts die Entwicklung des preußischen Gymnasiums mit dem Ziel initiiert hatte, selbständig denkende Persönlichkeiten und Staatsbürger auszubilden, war zu diesem Zeitpunkt nicht mehr viel übrig. Auch im gymnasialen Unterricht haben sich vor allem Vorstellungen von Drill und Gehorsam durchgesetzt, fürchtet jedenfalls der damalige Domschuldirektor Keck. Nach dem Ende des 1. Weltkrieges und der Novemberrevolution 1918 wurde aus der „Königlichen Domschule" die „Staatliche Domschule". Intensive Auseinandersetzungen um reformpädagogische Ansätze wie den „Arbeitsunterricht" prägen die Jahre der Weimarer Republik.

Ab 1933 hatte sich die Schule mit den Anforderungen des NS-Regimes auseinanderzusetzen. Ab 1946 konnte der Schulbetrieb nach zwischenzeitlicher Zweckentfremdung des Gebäudes als Lazarett wieder regelmäßig stattfinden. Die Domschule war jetzt „Staatliche Oberschule für Jungen und Gymnasium". Eine Reihe größerer und kleinerer Anbauprojekte zwischen 1950 und 1970 zeugen vom Wandel der Schule in der Nachkriegszeit. Mit dem Schuljahr 1972/73 brachte die Einführung der Koedukation neue Herausforderungen in die von den Ausstrahlungen der 68er Unruhe verunsicherte Domschule. Aber auch die Einführung der reformierten Oberstufe (damals noch „Studienstufe") 1978 ließ die Schule nicht untergehen, ebenso wenig wie der Wechsel der Trägerschaft im Jahre 1982: Nun wurde aus der staatlichen Domschule ein „Gymnasium der Stadt Schleswig für Jungen und Mädchen mit altsprachlichem Zweig". Auch 700 Jahre nach der ersten urkundlichen Erwähnung der „Scholaren am Dom" steht die Domschule mitten in einem Wandlungsprozess, der von einer Vielzahl von Reformansätzen geprägt ist.

(aus einem Artikel von Georg Reußner)

Foto: privat

Joachim und Anja Riegert

„Diesen Tag und diesen unvergesslichen Augenblick möchte ich niemals missen", sagt Joachim Riegert über den 24. Juni 2008.

Es war der Tag des Schützenfestes der Friedrichsberger Schützengilde vor Gottorp von 1653 und als Joachim Riegert morgens das Haus verließ, hatte er noch keine Ahnung, dass zwei spontane Entscheidungen ihn noch am Abend zum glücklichsten Mann der Welt machen sollten.

Während des Festtages war er mit der Wahrung der Aufgaben als Rottmeister recht beschäftigt. Am Schießen konnte er so den ganzen Tag nur gelegentlich teilnehmen, aber als es ernst wurde, war er dabei. Als Joachim Riegert zum Königsschuss anlegte, hing der Vogel schon in Schieflage, dafür hatten bereits die Schützenbrüder Dietmar Seifert und Karsten Lietz gesorgt. Der Schuss traf sein Ziel, der Vogel fiel und die Gilde hatte einen neuen Schützenkönig. „Es war ein großartiger Moment", erinnert sich „Joachim der Meisterhafte" an die riesige Euphorie der Schützenbrüder, als sie ihn als neue Majestät umringten.

Dann folgte Joachim Riegert einer Eingebung, die sich ebenfalls als Volltreffer ins Glück erweisen sollte. Im Beisein aller kniete er nieder und machte seiner langjährigen Lebensgefährtin Anja Clausen einen Heiratsantrag. „Wir trugen uns schon länger mit dem Gedanken, zu heiraten. Aber ich wollte für den Antrag einen ganz besonderen Moment abwarten. Und plötzlich wusste ich: Das ist der Augenblick", erinnert sich der Friedrichsberger Geschäftsmann.

Schon 16 Jahre zuvor, am 28.11.1992, hatten der Elektroinstallateurmeister und die technische Zeichnerin sich auf einem Polterabend in Dannewerk kennen gelernt. Knapp zwei Jahre später, am 4. Oktober 1994, machte sich Joachim Riegert mit seiner Firma Elektro Riegert selbständig. „Ich habe als Einmannbetrieb mit einer Leiter und einer Bohrmaschine angefangen. Anja hat die Firma zusammen mit mir aufgebaut", erinnert sich der Unternehmer an die ersten Schritte in die Selbständigkeit.

Seine Ausbildung hatte der am 25.06.1961 geborene Sohn eines Dachdeckers bei einem Schleswiger Elektro-Unternehmen gemacht, nach dem Wehrdienst bei der Bundeswehr erwarb er in Husum zusätzlich die Fachhochschulreife. An verschiedenen Arbeitsplätzen, auch in Hamburg, sammelte er weitere überregionale Berufserfahrungen. Doch wo er auch war, es zog ihn zurück nach Schleswig, wo er in seinem ehemaligen Ausbildungsbetrieb als Elektroinstallateur und ab 1988 als Meister arbeitete. „Ich bin im Friedrichsberg aufgewachsen - und immer hier geblieben", sagt Joachim Riegert, dem vor allem das menschliche Miteinander und der besondere Charme des Stadtteils mit der Friedrichsberger Schützengilde und der Friedrichsberger Beliebung gefallen.

Das Haus, in dem er seinen eigenen Betrieb eröffnete, ist das Haus seiner Eltern, die Großeltern wohnten auch schon im Vorderhaus.

Familie wird bei den Riegerts groß geschrieben. „Wir sind eine Original-Patch-work-Familie", freuen sich Joachim und Anja Riegert besonders über den Zusammen-halt der Kinder Jan, Christian, Kim-Oliver, Katja und Chris.

Unter dem Haus hindurch plätschert das Wasser des Öhr und erzählt von Zeiten, als der Bach noch das Wasserrad für eine Tischlerei im Gebäude antrieb und später die Duschen in der öffentlichen Badeanstalt speiste. Wenn Joachim Riegert heute an der Rückseite des Gebäudes an der Friedrichstraße steht und auf das ehemalige Damen-stift und den Busdorfer Teich blickt, sieht er Szenen seiner Kindertage vor sich. „Früher hatten wir im Friedrichsberg alles, was man zum Leben brauchte. Wenn wir mal über den Gottorfer Damm bis in die Stadt fuhren, war das ein großes Ereignis", erinnert er sich. Während auf der Rückseite des Hauses die Geschichte ihren Platz hat, zeigt sich am Eingang an der Busdorfer Straße ein modernes Unternehmen mit Zukunftspers-pektiven. Inzwischen ist aus dem ehemaligen Ein-Mann-Betrieb ein Betrieb mit zehn Mitarbeitern geworden, der sowohl Altbausanierung als auch Neubau- und Großprojek-te betreut. Elektroinstallationen und Gebäudetechnik aller Art sind bei Joachim Riegert und seinem Team in meisterlichen Händen. Und es scheint, als sei schon die Nachfol-ge des Unternehmens gesichert: Sohn Jan hat seine Ausbildung als Elektroinstallateur abgeschlossen und kann sich gut vorstellen, eines Tages den Betrieb zu übernehmen.

Majestätenpaar der Friedrichsberger Schützengilde vor Gottorp von 1653 e.V. • & Geschäftsführer • Elektro Riegert GmbH • Busdorfer Straße 4 • 24837 Schleswig • Telefon: 04621-360336

Die Friedrichsberger Schützengilde vor Gottorp von 1653 e.V.

1653 erfolgte die Gründung der Friedrichsberger Schützengilde, die von Herzog Friedrich III. besonders gefördert wurde. Die südlich des Schlosses gelegene Gemeinde Friedrichsberg gehörte damals noch nicht zur Stadt Schleswig. Die sozialen und wirtschaftlichen Verhältnisse in jener Zeit machten es nötig, dass gegenseitiger Schutz und Hilfe bei Brand, Seuchen und Tod von der Nachbarschaft geleistet wurde. Aufgrund ihrer prodeutschen Einstellung löste die dänische Regierung die Gilde nach der schleswig-holsteinischen Erhebung 1848/49 auf. 1902 wurde sie erneut gegründet.

Die sozialen Aufgaben der Gilden übernehmen heute verschiedenste professionelle Einrichtungen. Geblieben ist die Pflege der Geselligkeit und der traditionellen Gepflogenheiten. In den nun mehr als 60 friedlichen Jahren konnte die Gilde alle drei Jahre harmonische Schützenfeste feiern. Das war nicht immer so. In den davor gelegenen Jahrzehnten und Jahrhunderten machten es wirtschaftliche und politische Umstände den Vorständen oft schwer, die Gilde durch die Geschichte zu führen.

Die etwa 100 Mitglieder der Gilde repräsentieren altersmäßig und gesellschaftlich einen Querschnitt durch Schleswigs südlichen Stadtteil Friedrichsberg. Sie sind stolz, mit der rot blauen Reversschleife zum großen Kreis der Schleswiger Schützenbrüder zu gehören. Noch heute genießt die Gilde das Privileg, ihr Schützenfest am Schloß Gottorf abhalten zu dürfen.

Foto: privat

Joachim Röhling

Traditionsbewusstsein und Heimatverbundenheit sind Werte, die für Joachim Röhling ganz oben stehen. Seit 2005 ist der Berufssoldat 1. Ältermann der Alten Beliebung in Schleswig.

Als einziger von sieben Geschwistern wurde Joachim Röhling am 21.02.1959 in Eisleben im Kreis Halle geboren. Um im dortigen Bergbau Arbeit zu bekommen, waren seine Eltern von Kiel aus nach Ostdeutschland gezogen. Rechtzeitig vor dem Bau der Mauer kehrten sie in den Westen zurück. Ein riskanter Weg: Während die Mutter den knapp einjährigen Joachim in einem Korb über die Grenze trug, wurden die Geschwister getrennt. Es dauerte ganze drei Jahre, bis die Familie schließlich in Kiel wieder zusammenfand. Bis zu seinem vierzehnten Lebensjahr verbrachte Joachim Röhling seine Kindheit in Kiel. Nachdem er dort seinen Hauptschulabschluss gemacht hatte, zog die Familie nach Schleswig. Die Eltern eröffneten im Lollfuß die Gaststätte „Goldene Brezn" und Joachim Röhling machte eine Lehre im Malerbetrieb Thede am Rathausmarkt. Das Glück wollte es, dass er dort 1973 auch seine Frau Kirsten kennen lernte, die in der Nachbarschaft seiner Lehrstätte wohnte. 1982 heirateten die beiden im St. Johanniskloster. Der Ort war ganz bewusst gewählt, denn hier hatte Kirsten Röhling, geborene Paasch, das Licht der Welt erblickt. Noch im selben Jahr wurde Tochter Kristina geboren.

Nach Abschluss der Lehre entschied sich Joachim Röhling für eine Laufbahn als Berufssoldat. 25 Jahre lang war er auf dem Bundeswehrgelände „Auf der Freiheit" stationiert. Neben dem Dienst in der Kaserne leisteten die Soldaten auch in den Gemeinden wertvolle Hilfen. Zuverlässigkeit, Ehrlichkeit und Hilfsbereitschaft sind für Joachim Röhling beruflich wie privat wichtige Eigenschaften. Und so beteiligte er sich ebenso gerne am Bau eines Spielplatzes wie am Aufbau eines Gedenksteines in der Paten-Gemeinde Goltorf.

Nach der Schließung des Bundeswehrstandortes in Schleswig wurde er zunächst nach Husum versetzt. Heute ist er in Havelberg mehr als 300 km von seiner Heimatstadt entfernt stationiert. Und auch wenn es in Havelberg einen Dom und den berühmten Pferdemarkt gibt, ist ihm das kein Ersatz für Schleswig. „Immer wenn ich über die Rendsburger Hochbrücke fahre, bin ich froh ein Stück Heimat zu sehen", sagt er.

Traditionspflege und Heimatverbundenheit gehören auch zu den Idealen von Gilden und Beliebungen. Über Patenschaften ergaben sich schon während seiner Schleswiger Bundeswehrzeit Kontakte zu den Gilden, gemeinsames Schießen mit der

Foto: privat

Lollfußer Gilde oder die Unterstützung der Altstädter St. Knudsgilde beim Aufbau des Festzeltes auf dem Netzetrockenplatz gehörten dazu. Ein konkreter Berührungspunkt mit der Alten Beliebung ergab sich durch die Schwiegereltern, die dort bereits seit 1973 Mitglieder sind. Die Besuche auf dem Kinderfest mit Tochter Kristina brachten nicht nur Spaß, sondern auch Einblicke in das Beliebungsleben. Seit dem 01.06.1994 ist auch Joachim Röhling Beliebungsmitglied, seit 2005 ist er 1. Ältermann, zuvor war er Ratsmann und Schriftführer.

Berufssoldat • 1. Ältermann der „Alten Beliebung von 1629" • Carl-Friedrich-Gauß-Straße 1 • 24837 Schleswig • Telefon: 04621-23801

Die Alte Beliebung von 1629

Die Alte Beliebung ist die älteste der vier in Schleswig bestehenden Beliebungen, im Jahr 2004 feierte sie ihr 375-jähriges Bestehen.

Der Dreißigjährige Krieg hatte infolge der Niederlage des Dänenkönigs Christian IV. die kaiserlichen Truppen und in deren Gefolge Krankheit und Not, Seuche und Tod über das Land gebracht. Die Pest hatte damals so viele Menschen dahingerafft, dass die Toten - oft auch aus Angst vor Ansteckung - einfach liegengelassen oder eilig verscharrt wurden.

Um den Toten ein christliches Begräbnis zu ermöglichen und ihren Angehörigen Hilfe und Anteilnahme zu gewähren, schlossen sich am 29. Juni 1629 zahlreiche Bürger zusammen. Während eines Gedenkgottesdienst wurde die Gründung der „Alten Beliebung" ausgerufen. Der Name „Beliebung" rührt von dem Wort „Belieben", denn die Gilde wurde nach freiem Belieben als freiwillige Vereinigung zusammengeschlossen. Ihre Satzung war selbst „beliebt", bewilligt und beschlossen und bedurfte anders als die der Zünfte keiner Genehmigung durch die Obrigkeit. Im weiteren Verlauf wurde die Beliebung zur Sterbekasse.

Auch heute fühlen sich die Mitglieder dieser jahrhundertealten Tradition verpflichtet. Geblieben sind aus dieser Zeit die gemeinsame Trauer um die Toten, aber auch das Gefühl der Zusammengehörigkeit. Nach wie vor wird jede Beerdigung durch die Gildebrüder begleitet, auf Wunsch stellt die Gilde auch die Sargträger. Einmal jährlich wird das Beliebungsfest gefeiert.

Dann wird nach alter Tradition „Rechnung gehalten" und gemeinsam der Verstorbenen gedacht. Noch heute ist die Gilde im Besitz ihres Schatzes, der sicher im Tresor der Sparkasse bewahrt wird. Die Zierschilder auf Filz schmücken jedes Jahr zum Beliebungsfest das Symbol der Gilde.

Der Schafferstab, ein um 1700 gefertigtes Zepter mit bekrönender Figur und Fuß zum Einstellen aus dem Jahr 1700, trägt die Inschrift:

„Ihr Brüder, die Ihr Euch zur Leichenzunft bekennt, und willig
auf den Wink von diesem Scepter sehet, Erinnert Euch dabei wie
weit das Regiment, der unumschränkte Wink vom Todes Scepter gehet.
Was Fleisch ist, fürchtet ihn, denn er kann Behagen so leicht den
Scepter als Stab des Bettlers schlagen."

Harald Ross

Seit 1975 ist Harald Ross Ältermann „Öllermann" der Holmer Fischerzunft zu Schleswig. Jahrhunderte lang war der Holm eine reine Fischersiedlung. Heute zählt die Schleswiger Fischer-Zunft nur noch 14 Mitglieder, fünf davon gehören zur Familie Ross.

Seit mindestens 1712 wird der Fischerberuf in der Familie Ross Generation um Generation weitergegeben. Die direkte Vererbung „vom Vater auf den Sohne" war bis Mitte der 70er Jahre Voraussetzung, um auf dem Holm fischen zu dürfen. 1975 wurde diese Bestimmung gelockert. Seitdem muss, wer hier fischen möchte, auf dem Holm oder in einer anliegenden Straße wohnen.

Harald Ross, am 23.02.1940 geboren, hat das Fischerhandwerk von Willi Nanz Ruge gelernt, da sein Vater 1944 im Krieg gefallen war. Mit 15 machte er in der so genannten Wadengemeinschaft seine Lehre. Drei Wochen am Stück fuhren die Fischer damals nach Sieseby, nachts wurde gemeinsam gefischt „soweit die Füße trugen", tagsüber geschlafen. 1961 gründete Harald Ross seinen „eigenen Herd" und heiratete 1962 seine erste Frau. Aus dieser Ehe stammen auch die drei Kinder Karen, Jörn und Antje. Traditionsgemäß hat Harald Ross sein Wissen an Sohn Jörn weitergegeben, und schon jetzt sind zwei der sieben Enkel ebenfalls in der Fischerei tätig. Seit Sohn und Enkelsöhne zusammen fischen, fährt Harald Ross alleine raus. Und obwohl er schon fünfmal nur knapp dem Tod entkommen ist, würde Harald Ross am liebsten noch immer sieben Tage die Woche fischen.

Harald Ross ist mit Leib und Seele Fischer und hat - ganz dem landläufigen Klischee entsprechend - seinen eigenen Querkopf. Das hat er mit der Heirat seiner zweiten Frau Susanne bewiesen:

Auf seinen Touren hat Harald Ross oft und gerne Besucher dabei. Unter seinen Mitfahrern waren schon so illustre Gäste wie die Meeresbiologin Ruth Böttcher, Schwester von Starpianist Gottfried Böttcher; und eines Tages auch eine angehende Lehrerin. In der Schleswiger Gaststätte „Ringelnatz" hatten der Fischer und die Pädagogikstudentin sich kennen gelernt. „Ich wollte immer schon mit zum Fischen rausfahren", erinnert sich Susanne Ross an die Anfänge einer auf dem Holm zunächst skeptisch beäugten Liebe. 1996 zog Susanne auf dem Holm ein, am 04.04.1997 kam Tochter Rieke zur Welt, im April 2000 wurde geheiratet und am 12.08.2000 folgten die Zwillinge Kathrine und Johanna. Längst ist die für Holmer Verhältnisse ungewohnte Verbindung auch von den einstigen Skeptikern anerkannt.

Im Hause Ross geht es heute bunt zu, und auch wenn Vater Harald seine Mädels auf Plattdeutsch zur Ruhe ruft, merkt man ihm an: So ganz ernst ist es ihm mit der Strenge nicht. Der Humor ist ihm ins wettergegerbte Gesicht geschrieben und wohl nicht zuletzt deshalb ist er ein gern gesehener Gast-Redner auf vielen Veranstaltungen von DRK, Hausfrauenbund und anderen.

Harald Ross mag die Gesellschaft anderer Menschen und er schätzt den Gedanken der gegenseitigen Hilfestellung, wie er zum Beispiel in der Holmer Beliebung gepflegt wird. Mit 55 Jahren wurde er zum jüngsten Ältermann, den die Beliebung je hatte. Besonders wichtig sind ihm seit 25 Jahren auch die 14-tägigen Treffen der Schleswiger Odd Fellow Loge. Aus seiner Mitgliedschaft in dieser aus der Freimaurerkultur entstandenen Gesellenvereinigung sind schon viele weltweite Kontakte entstanden. Und auf diesem Wege ist der Familie Ross auch die Polin Iga ans Herz gewachsen. Zunächst kam sie für fünf Wochen als Ferienkind nach Schleswig. Weil es ihr an der Schlei so gut gefiel, besuchte sie anschließend ein halbes Jahr lang das Gymnasium der Lornsenschule. Für ihr Abitur in Polen schrieb sie eine Abschlussarbeit über die Fischerei. Heute studiert Iga in Bremen und kommt immer noch gerne zu Besuch.

Seit 2001 ist Harald Ross außerdem Mitglied in der Altstädter St. Knudsgilde. Im Jahr 2007 gingen er und seine Frau unter den Namen „Harald der Fidele" und „Susanne die Einfallsreiche" als erstes Holmer Schützenkönigspaar in die Annalen der Gilde ein.

Wer noch mehr über Harald Ross und die Fischwelt der Schlei erfahren möchte, kann unter www.fischerharaldross.de nachsehen. Neben den 10 Geboten des Fischessens ist dort auch zu lesen, dass der reichhaltige Verzehr von Fisch die Hirntätigkeit fördert. „Als Kinder haben wir übrigens nichts als Fisch gegessen", fügt Harald Ross schelmisch grinsend und ganz nebenbei hinzu.

Fischereimeister • Wiesengang 4 • 24837 Schleswig • Telefon: 04621-24295

Altstädter St. Knudsgilde von 1449

Schleswigs älteste und mit über 150 Mitgliedern größte Schützengilde ist die Altstädter St. Knudsgilde. Sie wurde im Jahr 1449 das erste Mal in städtischen Kämmereiaufzeichnungen erwähnt. Damals hieß sie allerdings, als Hinweis auf das Vogelschießen, „Papagoyengilde".

Gilden sind im Mittelalter als Bruderschaften der fahrenden Händler gegründet worden und waren lange Zeit ein besonderes Kennzeichen des west- und nordeuropäischen Wirtschaftslebens. Dem Kaufmann sollte die Gilde auf seinen langen und gefährlichen Fahrten die Sippe ersetzen, im bruderschaftlichen Zusammenschluss Schutz bieten und Unterstützung gewähren. Deshalb kannten die demokratisch organisierten Gilden auch keinen Anführer, vielmehr war der „Alderman" der altdänischen Schutzgilden ein „primus interpares", ein Erster unter Gleichen. Man verpflichtete sich aber unter Eid, jedem Gildebruder jede nur erdenkliche Hilfe zukommen zu lassen, sei es Schiffbrüchige aufzunehmen, Gefangene aus der Knechtschaft zu lösen, für Familie, Haus und Hof einzustehen oder bei Vermögensverlust einzuspringen - selbst der Totschläger hatte Anspruch auf Hilfe. Und ebenso wurde der gewaltsame Tod eines Gildebruders von der Gemeinschaft gerächt, wie es in Schleswig im Jahre 1134 passierte: Die Knudsgildebrüder rächten den Mord an ihrem Ältermann und Gildebruder Herzog Knud Lavard, indem sie den dänischen König Niels innerhalb Schleswigs Stadtmauern töteten.

Ob zwischen der Kaufmannsgilde Knud Lavards und der im Jahre 1449 urkundlich belegten Altstädter St. Knudsgilde ein kontinuierlicher Zusammenhang besteht, lässt sich nicht nachweisen. Zumindest hatte sich zu diesem Zeitpunkt der Charakter der Gilde bereits von einer Kaufmannsgilde zu einer Bürgerwehr gewandelt.

Die Chronik der Gilde berichtet von Glanzzeiten und Katastrophen in einer wechselvollen Zeitgeschichte. Heute versteht sich die Altstädter St. Knudsgilde als eine dem Brauchtum verbundene Gemeinschaft, die sich aktiv am kulturellen Leben der Stadt Schleswig beteiligt. Im Jubiläumsjahr 2004 der Stadt Schleswig feierte die Gilde unter dem Motto „Frohsinn, Ordnung, Einigkeit" ihr 555jähriges Bestehen.

Jeder Bürger Schleswigs oder seiner Umgebung kann Mitglied der Altstädter St. Knudsgilde werden. Einzige Voraussetzung ist, dass er einen Fürsprecher in der Gilde hat. Die Vollversammlung entscheidet über den Aufnahmeantrag in geheimer Abstimmung. Es können jedoch bis zum nächsten Schützenfest drei Jahre vergehen, bevor die Neulinge in ehrenvoller Zeremonie vor dem Ältermanntisch zum „Gildebruder" geschlagen werden. In ihrer „Fahnenrotte" führen sie ein heiteres Leben. Diese Gemeinschaften bleiben ein Leben lang bestehen.

Fotos: Sliasthorp

Die Schleswiger Rotary Clubs

„Schleswig" und „Schleswig/Gottorf"

Der Rotary-Distrikt 1890 umfasst zurzeit 66 Clubs im Bereich Hamburg, Nordniedersachsen und Schleswig-Holstein. Zwei davon sind in Schleswig zu finden. Der am 17.08.1959 gecharterte Rotary Club Schleswig feiert im Jahr 2009 sein 50-jähriges Jubiläum. Der Rotary Club Schleswig/Gottorf wurde am 19. November 1996 vom RC Schleswig/Schlei gegründet und am 01. Februar 1997 gechartert.

Unter dem Motto „Service above self" sind mehr als 1,2 Millionen Rotarierinnen und Rotarier in mehr als 33.000 Clubs weltweit unter der Schirmherrschaft von Rotary International vereinigt. Demzufolge sind auch die beiden Schleswiger Clubs verpflichtet in Freundschaft Gutes zu tun.

Das wöchentliche Zusammentreffen von Menschen unterschiedlichster Berufe dient nicht nur dem gegenseitigen Austausch und der Bildung eines Netzwerks, sondern auch dem sozialen Gedanken. Ziel ist es, Menschen in Not zu helfen und Projekte auf örtlicher, nationaler und internationaler Basis, insbesondere auch im Bereich der Jugendpflege, zu fördern. Das alle zwei Jahre vom RC Schleswig veranstaltete internationale Segelcamp mit zehn Jugendlichen aus fünf Nationen zeugt davon. Weltumspannend ist das Programm „Polio Plus", das an der Ausrottung der Kinderlähmung arbeitet. Seit Auflegung dieses Programmes im Jahre 1986 konnte die Krankheit soweit zurück gedrängt werden, dass Neuerkrankungen nur noch in vier Ländern auftreten.

Auch innerhalb der Stadt engagieren sich die Clubs. So kommen die Einnahmen aus dem Verkauf des begehrten Adventskalenders des Rotary Club Schleswig/Gottorf alle Jahre wieder gemeinnützigen Projekten zugute.

Aus Anlass des 25-jährigen Bestehens veranlasste der Rotary Club Schleswig die Restaurierung eines Fensters rechts des Hauptportals im Schleswiger Dom; das eingearbeitete rotarische Rad zeugt davon. Auch die durch den Berliner Künstler Carl Constantin Weber geschaffene Bronzeskulptur „Die Badende", die seit 2008 die Liebesinsel an der Schleipromenade ziert, ist auf Initiative und mit Unterstützung der beiden Schleswiger Rotary Clubs aufgestellt worden. Im selben Jahr organisierten beide Clubs während der Dauer der Landesgartenschau 2008 ein Rotary-Informationszelt sowie ein Benefizkonzert mit dem Marine Musikkorps Ostsee im NOSPA-Festpavillon. Über 6.000 Euro konnten wohltätigen Zwecken zugeführt werden. Neben diesen zahlreichen wohltätigen Aktionen mehr kommt die Pflege des Kontaktes untereinander nicht zu kurz. Gemeinsame Reisen und kulturelle Aktivitäten bereichern das rotarische Jahr.

„Die Badende" von Carl Constantin Weber

Der Round Table Schleswig

Die Nummer 113 bekam der Serviceclub Round Table in Schleswig, als er sich am 17. Oktober 1981 chartern ließ. Als Charterfeier wird das Gründungsfest bezeichnet, zu dem alle Gründungsmitglieder und befreundete Tische anwesend sind.

Seit knapp 30 Jahren bewegen die „Tabler", wie sich die Mitglieder selbst nennen, so einiges, wenn es um das Thema Gemeinnützigkeit und Unterstützung für Bedürftige geht. Dabei ist gerade der Mix der Teilnehmer ein besonderes Erfolgsrezept. Denn mit Erreichen des vierzigsten Lebensjahres scheidet man aus dem Club aus und macht Platz für die nächstjüngere Generation. So bleibt der Geist des Clubs frisch und aktuell, und es entstehen immer neue Freundschaften. Auch durch die unterschiedlichen Berufe der Mitglieder, die abwechslungsreicher nicht sein könnten, ergibt sich ein Netzwerk, dass ideale Voraussetzungen der Serviceaktivitäten bietet.

Die Serviceaktivitäten reichen von der Organisation des alljährlichen Sommerfestes mit 400 Gästen, über den Verkauf von Rettungsteddys für erkrankte Kinder bis zum Handanlegen bei der Renovierung von Wohnungen Bedürftiger oder anderer Hilfsorganisationen. Dabei kommt auch hier die Berufsvielfalt zur Geltung, denn der selbständige Maler zum Beispiel ist bei derartigen Aktionen mit seiner Kompetenz eine große Hilfe.

Eine wichtige Aktivität ist auch das Zusammentragen von Spendengeldern zum Beispiel auf dem Stadtfest „Swinging City" oder beim Punschverkauf auf der Möweninsel, wenn die Schlei wieder einmal zufriert.

Der jährliche Morsellenverkauf auf dem weihnachtlichen Schwahlmarkt im Dom kommt dem Erhalt der Kunstwerke im Dom zugute.

Viele Projekte werden den Tischmitgliedern über bestehende Kontakte direkt vorgestellt. Entscheidendes Kriterium für die Unterstützung ist die Hilfsbedürftigkeit.

Zurzeit zählt der Club 17 Mitglieder. Durch die gemeinsamen Serviceaktionen wurden viele tausend Euro eingenommen und vollständig gespendet. So wurden in den vergangenen Jahren unter anderem dem „Jugendzentrum", dem Mütterprojekt „Welcome" und der Vereinigung „KIBIS" Spenden zugeleitet. Mit der Schulaktion „Raus aus dem toten Winkel" hat der Club seit 2008 den Startschuss zur Verkehrsaufklärung in Grundschulen begonnen.

Aber auch außerhalb des Servicegedankens verbringen die „Tabler" gemeinsame Zeit. Reisen, Kochen, Fahrradfahren, Konzertbesuche, Fußballspielen stehen auf dem Programm – mit oder ohne Familie. Und „Tabling" ist international. Round Table ist auf der ganzen Erde verbreitet und internationale Treffen sind einer der Höhepunkte eines Tablerlebens.

Foto: privat

Round Table Schleswig • Niels Hardtmann (Präsident 2009/2010) • Schwimmbadweg 18 • 24896 Treia • www.rt113.de

Annegret und Michael Sager

Mit seinen 1,96 m käme Augen-Optiker-Meister Michael Sager eigentlich problemlos an die Deckenbeleuchtung seines Geschäftes in der Plessenstraße 13. Dass doch eine Leiter her muss, um die defekte Glühbirne auszutauschen, liegt daran, dass für die Technik im Hause „Augenoptik und Hörgeräte Sager" Ehefrau Annegret Sager zuständig ist.

Mit ihrer Power hat die 1,63 m Frau schon so manchen überrascht. Annegret Sager wurde am 24.03.1964 als Tochter eines Tischlermeisters in Hamburg geboren. Eigentlich war für sie schon als Mädchen klar gewesen, dass sie eines Tages den 200 Jahre alten Familien-Betrieb der Eltern übernehmen würde. Bis zu dem Tag, als ihre Mutter ihr eröffnete, dass das Unternehmen in finanziellen Schwierigkeiten stecke und wenige Monate später wirtschaftlichen Schiffbruch erlitt.

Als die Eltern 1981 Insolvenz anmelden mussten, hatte Annegret Sager gerade mit der Tischlerlehre in Kastorf bei Ratzeburg in Schleswig-Holstein begonnen. Ihre Familie fiel damals in ein absolutes Nichts, denn kein Amt war für eine Unternehmer-Familie zuständig. Einfache Versicherungsfragen und die neue Arbeitsplatzsuche waren mit größten Hürden verbunden, da man bisher auf der Arbeitgeberseite stand. „Ich habe schon mit 16 gelernt, was es heißt, nicht zu wissen, woher man für den nächsten Tag das Geld nimmt, um eine warme Mahlzeit zu erhalten", erinnert sich Annegret Sager, „das war eine der härtesten Zeiten für meine Familie". Schlagartig wurde ihr bewusst, dass sie nur durch ihrer Hände Arbeit, ohne den besonderen Bonus des Elternhauses, ihre Ausbildung zu Ende machen musste. Und das, obgleich es vor ca. 25 Jahren nicht selbstverständlich war, in einem Männerberuf auch als Frau Arbeit zu finden.

Als einzige Frau in dem damaligen Tischler-Ausbildungsjahr legte sie 1983 die Gesellenprüfung im Tischlerhandwerk vor der Handwerkskammer Lübeck ab. Anschließend ging sie wieder nach Hamburg zurück, um dort in einem Restaurant-Betrieb für alte Möbel und Wohnungseinrichtungen zu arbeiten. Ihre ersten Urlaube, noch während ihrer Lehrzeit, wollte sie auf keinen Fall zu Hause verbringen, denn ein zu Hause gab es nicht mehr. In die Sonne sollte es gehen, nach Frankreich oder Italien, für ganz wenig Geld viel sehen und erleben. Über Freunde erfuhr sie vom Urlaub mit dem Volksbund Deutsche Kriegsgräberfürsorge „Arbeit für den Frieden - Versöhnung über den Gräbern" war das Motto. Etwas total anderes als es herkömmliche Reiseveranstalter anboten. Hier wurde tagsüber auf den Grabflächen von gefallenen Soldaten oder Zivilisten gearbeitet und die Nachmittage standen für Freizeit zur Verfügung, an denen Städtetouren oder andere Ausflüge unternommen wurden.

Dank ihrer praktischen Veranlagung war Annegret Sager schnell gern gesehene Teilnehmerin der Reisen nach Frankreich, Finnland und Polen.

Foto: privat

Als Hamburger Vertreterin nahm sie an der ersten Jugendreise nach Russland im Zuge der Ost-West-Annäherung während der Kohl-Gorbatschow-Ära teil.

„Das war eine prägende Zeit. Vor dem Gedanken der Versöhnung über den Gräbern bin ich damals durch halb Europa gekommen", erinnert sie sich.

Auch beruflich veränderte sie sich. Nach einem Arbeitsplatzwechsel ins feine Ramada Renaissance Hotel in die Haustechnik wechselte sie Jahre später noch einmal zur amerikanischen Hotelkette Holiday Inn Grown Plaza. Das war damals ein Neubau und gleichzeitig eine Hotel-Neueröffnung.

Mit dem Europieper bestückt, war sie auch an den Wochenenden und in der Nacht einsatzbereit, um Tischlerarbeiten für Bühnenaufbau oder andere Veranstaltungen zu erledigen. Es war eine aufregende Zeit, kein normaler Arbeitsplatz mit regelmäßigen Arbeitszeiten und Feierabend.

Nach arbeitsreichen Jahren war es ihr nun möglich für zwei Jahre nochmals die Schulbank zu drücken. Ab 1989 besuchte sie die Fachschule für Holztechniker in Hamburg. Mit dem ersparten Geld wollte sie zusätzlich versuchen, die Meisterprüfung in diesem Beruf abzulegen. Immer mit dem Hintergedanken: „Du willst mehr, dich qualifizieren und damit auch ein höheres Einkommen erlangen".

Während dieser Zeit lernte sie ihren Mann Michael Sager kennen, auch er war beim Volksbund, allerdings im Landesverband Schleswig-Holstein und hatte von dort aus viele skandinavische Länder bereist.

Er hatte sie damals in ihrem Vorhaben bestärkt: „Das machst du schon", sagte er, „da habe ich keine Bedenken". Annegret Sager hatte viel mehr Bedenken, dass sie das von ihr selbst gesteckte Ziel auf halber Strecke aus finanziellen Gründen aufgeben müsse. Ihre Reserven wurden immer weniger und ihr Mut drohte zu schwinden. „Wirst du mit einem Meister-Titel und dann noch als Frau überqualifiziert und findest anschließend im Umkreis von Schleswig keine Arbeit, weil ganz viele Betriebe nur einen Meister beschäftigen und keinen zweiten benötigen?" lautete ihre Frage.

Diese Bedenken konnte ihr Mann überhaupt nicht teilen. Er selber hatte zum damaligen Zeitpunkt zwei Meisterprüfungen abgelegt und konnte am besten ihre Vorhaben beurteilen. „Ausbildung schadet nicht, es erweitert den Horizont und sichert den Arbeitsplatz, dies ist auch eine unserer Geschäftsphilosophien, die wir in unserem Unternehmen jedem unserer Mitarbeiter ans Herz legen", sagt das Unternehmerehepaar heute.

Ende 1991 folgten aufregende Zeiten. Am 27.12.1991 wurde geheiratet. Im März 1992 legte Annegret Sager die Meisterprüfung im Tischlerhandwerk vor der Handwerkskammer Lübeck ab, im April 1992 wurde Tochter Valeska geboren.

Die junge Familie lebte nun in Schleswig, zwei Jahre später, im März 1994, wurde Sohn Thore geboren. Es braucht nicht viel Fantasie, sich vorzustellen, dass die plötzliche Hausfrauenrolle für die Macherin äußerst gewöhnungsbedürftig war.

Sobald wie möglich begann Annegret Sager, ihrem Mann im Geschäft zu helfen. Von der Augenoptik war sie von Beginn an fasziniert. Hier muss geformt, verändert, gemessen, eingeschliffen und vor allem beraten werden. Und weil Annegret Sager keine halben Sachen macht, absolvierte sie mit Unterstützung der Schwiegereltern, der Großfamilie Petersen in der Nachbarschaft und ihrem Mann von 2000 bis 2003 zusätzlich ihre Ausbildung zur Augenoptikerin.

Weitere fünf Jahre sollten vergehen. Vorwiegend vormittags war sie im Geschäft und gründete mit ihrem Mann noch zwei weitere Geschäfte für die Hörgeräteakustik. Im Jahre 2003 in Jübek, 2005 in Tarp. Beide Geschäfte werden von Meistern geführt, die ursprünglich aus dem Stammhaus in Schleswig mit ihrer Mitarbeit für das Unternehmen begonnen haben.

„Unsere Kinder haben diese geschäftlichen Entwicklungen und die damit zusätzlich verbundene Arbeitsbelastung meines Mannes über all die Jahre kennen gelernt. Manchmal war es nicht einfach, zu erklären, warum unser Papa länger arbeitet als andere Väter", sagt Annegret Sager. Die Kinder sind nun 15 und 17 und damit immer selbständiger.

Als zweifache Mutter liegt der aktiven Unternehmer-Frau die Entwicklung der Stadt besonders am Herzen. Schon als stellvertretende Elternvertreterin an der Schule und als zweite Vorsitzende beim SSF- Nord der dänischen Minderheit hatte sie sich für schulische und kulturelle Belange eingesetzt.

Es war der Besuch einer öffentlichen Sitzung im Rathaus 2007, der den Ausschlag für ihren Einstieg in die Politik gab. 2008 trat sie in die CDU ein und nur Monate später wurde sie als Kandidatin für die Kommunalwahlen im Mai 2008 aufgestellt.

Ihren Wahlbezirk Bugenhagenschule im Stadtteil Friedrichsberg gewann sie auf Anhieb. Seit Juni 2008 ist sie nun Vertreterin ihres Wahlbezirkes im Stadtrat von Schleswig. Als Stadträtin engagiert sie sich für innovative Projekte, z.B. den Bau der Therme „Auf der Freiheit", und auch schulpolitische Entscheidungen mussten in der Zwischenzeit getroffen werden.

Es sei wichtig, zukunftsweisend zu handeln und den jungen Menschen Perspektiven zu bieten. „Es kann doch nicht sein, dass wir unsere Kinder in einem verhältnismäßig gesunden sozialen Umfeld, das wir hier haben, gut auf den Weg bringen und sie dann in alle anderen Bundesländer exportieren", richtet sie an die Verantwortlichen der Stadt und der Verwaltung. „Hier müssen Arbeitsplätze für die Zukunft geschaffen und bereits vorhandene erhalten werden. Wir dürfen keine aussterbende Stadt werden, die es sich nicht lohnt zu besuchen. Wir müssen versuchen hier Menschen anzusiedeln und ihnen Arbeit zu geben. Unsere Ladenstraße muss für Kunden aus Nah und Fern attraktiv und einladend sein. Man soll gern nach Schleswig kommen und vielleicht für immer bleiben", lautet ihr Appell.

Optik Sager • Plessenstraße 13 • 24837 Schleswig • Telefon: 04621-23250 • www.sager-schleswig.de

Wulf Schady

Wer Wulf Schady und seine Frau Elke besucht, lernt im Hause des pensionierten Schulleiter-Ehepaares auf Anhieb drei Dinge:

1. Mohnblumenrot ist nicht gleich Mohnblumenrot;
2. Auch Schulleiter haben Spaß an ihrem Beruf;
3. Auch ohne große Paukenschläge lässt sich musikalisch einiges bewegen.

Wulf Schady wurde am 10.07.1943 in Elmshorn geboren, wo er auch aufwuchs. Nach dem Abitur 1964 studierte er Mathematik auf Lehramt, während der Referendariatszeit kamen die Fächer Chemie und Physik hinzu. Trotz dieser naturwissenschaftlichen Ausprägung schlug sein Herz schon früh für die Musik. Als Grundschüler bekam er von seinen Eltern ein Akkordeon geschenkt, als Primaner nahm er Klavierunterricht und das Gitarrenspiel brachte er sich selber bei. Natürlich spielte er in der Schülerband, deren Name allerdings in Vergessenheit geraten ist. Sein Gitarrenspiel und die Einladungen zu zahlreichen spontanen „Gigs" auf Hamburger Bühnen sicherten ihm die finanzielle Grundlage für sein Studium. Nach dem Examen folgte 1968 der Einstieg in den regulären Schuldienst. Das Hamburger Schulkonzept forderte damals ein hohes Maß an Flexibilität von den Lehrern: Hatte man eben eine erste Klasse in Mathe unterrichtet, stand möglicherweise als nächstes Chemie in der Neunten auf dem Stundenplan. „Das war äußerst erfrischend", erinnert sich Wulf Schady, auch mit Blick auf die aktuelle Entwicklung im schleswig-holsteinischen Schulwesen.

Es waren die herrlichen Ferientage auf einem Gutshof an der Schlei, die in dem Hamburger Lehrer den Wunsch nach einem Ortswechsel aufkommen ließen.

Nicht zuletzt aufgrund seiner Tätigkeit in der Lehrerausbildung hatte er Ende 1983 mit seiner Bewerbung auf die Schulleiterstelle an der Schleswiger Dannewerkschule Erfolg. Zusammen mit seiner damaligen Frau und den zwei Kindern zog er nach Fahrdorf.

Die Musik erwies sich als gute Möglichkeit, Kontakte am neuen Wohnort zu knüpfen. Für einen Gitarristen allerdings war in keiner Musikergemeinschaft Platz, eine Tuba hingegen wurde dringend gebraucht. Der Zufall wollte es, dass Wulf Schady das passende Instrument fand und so spielte der Segelfreund schon bald mit den „Schotenriedern", deren Auftrittsradius sich allerdings auch nach 25 Jahren gemeinsamen Musizierens auf den privaten Kreis beschränkt.

Höhere Ansprüche dagegen hat das Trio „Die alten Zaiten", in dem Wulf Schady Akkordeon und Gitarre spielt. Zusammen mit den Musikern Helmut Herzog und Iver Kersten hat das Ensemble von Zigeunerjazz über Klezmer bis zu Tanzmusik und Folklore alles im Programm, was auf Feierlichkeiten für Schwung sorgt.

Seine Leidenschaft für die Musik hat der ehemalige Schulleiter auch in die Stun-

denplangestaltung seiner Schule eingebracht. Dazu tat er zunächst etwas völlig Ungewöhnliches:

Er schaffte die regulären Musikstunden ab. „Mir war schnell klar, dass man nicht alle Kinder mit Notenlernen beglücken konnte", erklärt der umsichtige Pädagoge. Stattdessen machte er verbindliche Angebote: Unter anderem Flöten-, Bläser- und Gitarregruppen oder der Schulchor vermittelten den Kindern Spaß am praktischen Lernen. Mit Erfolg: die Schulfeste der Dannewerkschule waren stets musikalisch gut bestückt. Neben der Musik ist Wulf Schady der Kinderschutz stets ein wichtiges Anliegen gewesen. Als Gründungsmitglied des Kinderspielzentrums in der Erikastraße im Friedrichsberg und in seiner Vorstandstätigkeit des Kinderschutzbundes hat er sich aktiv für die Belange von Kindern auch im außerschulischen Bereich eingesetzt.

Als aktiver Musiker und auch als Organisator und Netzwerk-Talent hat Wulf Schady Musik nach Schleswig gebracht. Wegen des Fehlens von Musikveranstaltungen, wie er sie unter anderem aus dem Hamburger Cotton-Club kannte, beschloss Wulf Schady, die damals in Schleswig klaffende Lücke an U-Musik zu schließen.

In dem Bestreben, Musiker und Freunde der Musikrichtungen Jazz, Blues und Folklore zusammenzubringen, organisierte er im November 1984 im Gemeindesaal der Friedenskirche ein erstes Konzert. „Teachers JAZZ Company" hieß passenderweise die Band, die er als Privatmann verpflichtete. Im Januar 1985 folgte das zweite Konzert mit schon vier Bands und am 31. Januar wurde der Schleswiger Musikclub (SMC) in den Räumen der Dannewerkschule offiziell gegründet.

„Das Echo auf unsere Arbeit ist einfach herrlich", schwärmt der Gründer und langjährige Vorsitzende des SMC. Dennoch stand für ihn unumstößlich fest: 2007 sollte Schluss sein mit dem Vorsitz und auch mit der Schulleiterfunktion. „Seid allezeit fröhlich", lautete sein Konfirmationsspruch, und „Wenn Du die Früchte Deiner Arbeit genießen willst, musst Du den Apfel essen, bevor der Wurm in ihm steckt", besagt eine andere Weisheit, die Wulf Schady stets beherzigt hat. Man muss auch aufhören können, sagt er.

Gemeinsam mit seiner heutigen Frau Elke, die er Ende 1994 auf einer Schulleiterfortbildung kennen gelernt hatte, genießt er die Zeit nach der Pensionierung. Die Pflege von farbenfrohen Mohnblumen unterschiedlichster Rottöne, gekonnte Malerei in Pastell und Acryl, das Musizieren und regelmäßige Besuche von Kulturveranstaltungen bereichern den Alltag der Schadys ebenso wie die Ausflüge nach Dänemark oder nach Hamburg, wo die Enkelkinder sich auf gemeinsame Stunden mit den Großeltern freuen. Auch Akkordeonunterricht steht seit der Pensionierung wieder auf dem Plan. Geübt wird auf einem neuen Instrument, auf die ausgedehnten Segeltörns mit seiner Frau aber nimmt Wulf Schady das Akkordeon seiner Kindheit mit.

Übrigens: Die Schüler an Schleswig–Holsteins Schulen werden auch zukünftig von den äußerst praktikablen Ideen des engagierten Schulleiters profitieren: Das an der Dannewerkschule entwickelte System des tabellarischen Zeugnisses, das auch für eine verständliche Bewertung fremdsprachlicher Kinder ein ideales Hilfsmittel darstellt, kommt heute an 2/3 der schleswig-holsteinischen Schulen zum Einsatz und findet selbst an deutschen Schulen im Ausland Anwendung.

Ehemaliger Schulleiter & ehem. Leiter des Schleswiger Musikclubs

Der Schleswiger Musikclub

Jazz in der Kirche, Golden Gate Quartet im Dom, Jazznight im Schloss, Jazztage in der SSC-Bootshalle, Jazz im Rathaus, Shuffles auf dem Schleidampfer, Rockworkshops an Schulen und im Jugendzentrum, Rocktreff im Ela-Ela und vieles mehr hat der Schleswiger Musikclub in den vergangenen knapp 25 Jahren auf die Beine bzw. Bühne gestellt.

Es war das Bestreben, Musiker und Freunde des Jazz, Blues und der Folklore zusammenzubringen, das Wulf Schady bewegte, den Schleswiger Musikclub ins Leben zu rufen. Seit seiner Gründung am 31. Januar 1985 in der Schleswiger Dannewerkschule trägt der SMC entscheidend zur Bereicherung der musikalischen Szene an der Schlei bei. Ein Highlight im Veranstaltungsjahr, das bereits im Sommer 1985 aus der Taufe gehoben wurde, sind die Riverboatshuffles auf der „Wappen von Schleswig". Auch die Schleswiger Jazztage waren von Beginn an fester Bestandteil des Veranstaltungs-Programms. Eine Besonderheit der Jazztage waren die länderspezifischen

Schwerpunkte. So wurde 1988, ein Jahr vor dem Fall der Berliner Mauer, die DDR vorgestellt. Für viele der Künstler war der durch den SMC organisierte Auftritt das erste Konzert auf westdeutschem Boden überhaupt. Bis heute bestehen zahlreiche freundschaftliche Kontakte zu Musikern dieser Zeit. 1989 wurde die Sowjetunion repräsentiert. Die Vorbereitungen der Konzerte, die auch außerhalb Schleswigs stattfanden, hatten so ihre systembedingten Tücken. Direkte Kontakte mit den Künstlern der damaligen UdSSR waren nicht gestattet, alle Anfragen hatten über ein zentrales Büro zu laufen, Telefonate mussten mindestens vier Stunden vorher angemeldet werden, ein Rückruf erfolgte wahlweise gar nicht oder gerne nach Mitternacht. Dennoch ist es dem SMC gelungen, ein Programm mit Künstlern aus der gesamten Sowjetunion auf die Beine zu stellen. Allerdings durften die Künstler selbst nur bis Ostberlin reisen. Dank des pragmatischen Einsatzes von Schleswigs damaligem Bürgermeister Klaus Nielsky wurden die Künstler mit einem Bus der Stadtwerke in den Westen gebracht. Natürlich ließ man es sich nicht nehmen, eine ausgiebige Grenz-Kontrolle durchzuführen, mit einer einstündigen Verspätung und noch im Mantel stürzten die „Leningrad Dixielands" auf die Konzertbühne in Eutin, wo das Publikum íhrer geduldig geharrt hatte. Im Folgejahr gab es die Sowjetunion nicht mehr und auch in Prag herrschte nach den Jazztagen 1990, die unter dem Motto „Jazz aus der Tschechoslowakei" gestanden hatten, Umbruchstimmung. Theorien über den direkten Einfluss des Schleswiger Musikclubs auf das politische Weltgeschehen sind allerdings durch das Fortbestehen von Ländern wie Dänemark oder den Niederlanden als haltlos widerlegt. Mit dem Ziel, die Jazzveranstaltungen etwas zu entzerren, wurde aus den Jazztagen Anfang der 90er Jahre der Jazzherbst, der bis heute zu den festen Terminen in Schleswigs Kulturkalender gehört. Dank rühriger Mitglieder wie Autor und Fernsehmann Peter Baumann gelang es, bekannte Größen an die Schlei zu holen: Paul Kuhn und Hazy Osterwaldt gehörten dazu. Ein Highlight war auch der Auftritt des „Golden Gate Quartet" aus Los Angeles vor 1.100 Zuschauern im Schleswiger Dom und zum 15-jährigen Bestehen kam sogar Gitte Haenning.

Heute hat der Schleswiger Musikclub um die 160 Mitglieder, die Förderer sind an verschiedensten Stellen und Funktionen zu finden, die Kooperationen reichen von der Stadt, dem Landestheater, über kirchliche Einrichtungen bis zur Südschleswigschen Vereinigung (SSF). Nach einer Interimszeit durch Volker Stoll leitet seit 2008 Peter Dernehl den Schleswiger Musikclub. Ihm liegt neben der Förderung des Jazz besonders die Öffnung gegenüber anderen Musikrichtungen am Herzen. Ein festes Zuhause hat der Schleswiger Musikclub zusammen mit dem Schleswiger Kunstverein inzwischen im „Kreativhuus" auf dem Gelände der Fachklinik gefunden.

Kontakt: Schleswiger Musikclub • Peter Dernehl • Telefon: 04625-189648

Henny von Schiller

40 Jahre lang hat Henny von Schiller als Wochenbettpflegerin aus dem Koffer gelebt, heute verlässt sie Schleswig nur noch selten. „Eine Mutter lässt ihr Kind nicht gern allein", sagt die Priörin des St. Johannis-Klosters in Schleswig. Ihr Kind – das ist das Kloster, der Erhalt des alten Gemäuers ist ihr Werk.

Seit 1991 führt sie die inneren Angelegenheiten des Konvents für unverheiratete adelige Damen mit kluger, effizienter Hand.

Henny von Schiller hat die Herzen der Schleswiger im Sturm erobert. „Henny ist Kult", sagen die Jüngeren, „meine Freundin Henny", schwärmen die Älteren und die Offiziellen sprechen respektvoll von der großen Dame „Henny von Schiller". Dabei ist sie eher ein kleines Persönchen, diese handfeste und zugleich zerbrechliche Frau mit dem klaren Blick, den offenen Worten, den klugen Gedanken und der unerschöpflichen Energie und Herzenswärme.

Sie liebt den Blick auf die Schlei aus dem kleinen Wintergarten ihrer heimeligen Wohnung am St.-Johannis-Kloster. Am 30.07.1919 wurde sie auf dem elterlichen Gut Buckhagen geboren, mit Schleiwasser wurde sie getauft. Als zweitälteste von drei Geschwistern lernte sie schon früh anzupacken.

Während ihrer Zeit als Wochenbettpflegerin hat sie junge Mütter betreut, den Haushalt der Familien erledigt, Kälber gezogen und natürlich die Kinder umsorgt. Noch heute hat sie engen Kontakt zu den Familien. Als „Tante Henny" ist sie gern gesehener Gast auf manch Goldener Hochzeit. Die Erinnerung an diese Zeit symbolisiert ein Kette mit 133 Perlen: für jedes Patenkind eine.

Berührungsängste hat Henny von Schiller keine. Mit den Bewohnern der angrenzenden Holmer Fischersiedlung versteht sie sich bestens. Für einen kleinen Schnack op platt an der Ecke ist sie stets zu haben. Selbst die Schützengilden erweisen ihr die Referenz und Henny von Schiller nimmt der Männergesellschaft die Parade ab. Damit bricht sie mit uralter Tradition - und es bereitet ihr sichtliches Vergnügen, dass das traditionsreiche Herrenfrühstück nun um ihretwillen zum Gildefrühstück umbenannt wurde.

Ihre Führungen durch das mittelalterliche Johanniskloster sind legendär – und dauern mitunter schon mal zwei Stunden und mehr. In einem kleinen Weidenkörbchen trägt Henny von Schiller unzählige Schlüssel, die Zugang zu sämtlichen Räumen des Klosters gewähren. In der kühlen Stille des Schwahls, dem altertümlichen Kreuzgang, verblüfft zunächst der Anblick moderner Klingeln und Briefkästen. Sie sind Zeichen des ausgeprägten Pragmatismus der Priörin: Im steten Bemühen, dringend nötige Gelder

für den Erhalt des alten Gemäuers aufzubringen, hat sie kurzerhand untervermietet. 26 Wohnungen gibt es auf dem Gelände, 14 davon im Klostergebäude. Ein ruhiges Leben führen die Mieter allerdings nicht immer, denn Henny von Schiller hat zudem die Kultur als Einnahmequelle entdeckt und so werden Lesungen und Konzerte veranstaltet, Vereinstreffen abgehalten und im Remter, dem ehemaligen Speisesaal des Klosters, kann man sich sogar trauen lassen.

Obgleich Henny von Schiller moderne Wege beschreitet, ist sie Hüterin einer alten Tradition: Das um 1200 gegründete St.-Johannis-Kloster ist die besterhaltene mittelalterliche Klosteranlage in Schleswig-Holstein. Im Zuge der Reformation wurde das ehemalige Benediktinerinnenkloster von der schleswig-holsteinischen Ritterschaft übernommen und zu einem adeligen Damenstift umgewandelt. Hier fanden die unverheirateten Töchter des Adels - wie schon zuvor die Nonnen des Klosters - ein Wohnrecht auf Lebenszeit. Gegen Gebühr wurden die Mädchen häufig schon nach der Taufe für einen Platz im Konvent eingekauft. Und diese Möglichkeit besteht noch heute. Auch wenn die recht großen Ländereien längst verkauft und die Erlöse der Inflation zum Opfer gefallen sind: Das Kloster gehört nach wie vor der Ritterschaft und manch Vater oder Großvater lässt die Tochter des Hauses schon der Tradition halber im Stift eintragen. Neben der Priörin besitzen zurzeit vier Konventualinnen das lebenslange Wohnrecht. Nur zwei Ereignisse können dieses Privileg beenden: der Tod oder die Hochzeit.

„Wer heiratet, fliegt bei mir raus", sagt Henny von Schiller mit dem ihr eigenen burschikosen Charme zu den strengen Regeln des Jungfrauenstifts.

Unermüdlich zeigt Henny von Schiller den Besuchern die Schätze des Klosters. Zu ihrem 80. Geburtstag hat sie sich die Restaurierung der großen Turmuhr und ein neues Ziffernblatt geschenkt. Sie ist ihr ganzer Stolz. Zweimal im Jahr wird diese nun umgestellt und gewartet.

Im Kapitelsaal im Westflügel des Klosters wird die Johannisschüssel mit dem eichenhölzernen Haupt des Täufers aufbewahrt. Sie entstand vermutlich um 1400 und wird noch heute bei der Aufnahmezeremonie von den neuen Konventualinnen geküsst. Daneben sind Stücke des Tafelsilbers aus dem Hause Johann Wolfgang von Goethes zu sehen. Dieses hatte Ulrike von Pogwisch, Schwägerin des einzigen Sohnes des Dichterfürsten, einst als Priörin eingebracht: Sie war die 11. Vorgängerin von Henny von Schiller.

Im Remter, dem ehemaligen Refektorium und Speisesaal steht ein weiteres kulturhistorisches Relikt: Auf der Schrankorgel aus der zweiten Hälfte des 18. Jahrhunderts hat Kantor Carl Gottlieb Bellmann das „Schleswig-Holstein-Lied" komponiert.

In der einschiffigen Kirche sind Reste gotischer Wandmalen zu bewundern, auffällig sind ein spätgotisches, knapp 5 Meter hohes Sakramentshaus und 10 Gebets-Logen für die Stiftsdamen. An den Wänden hängen Gemälde, die von den Bewohnerinnen gestiftet wurden. Ganz besonders angetan ist Henny von Schiller von einem Marienbildnis, das Ida Catharina von Köln im Jahre 1693 einbrachte. Auf dem Epitav ist die Maria als Königin mit Krone und rotem Mantel dargestellt; anders als andere Marienfiguren trägt sie das Kind im rechten Arm, während sie im linken, also am Herzen, das Zepter hält. Darunter hat sich ein weiterer, der Klostervorsteherin besonders lieber Untermieter gemütlich gemacht: Eine Breitohrfledermaus, die nur selten in Erscheinung tritt.

Die zahlreichen Wappen, die an der Wand hinter dem Altar hängen, sind die Totenschilde aller Damen, die hier gelebt haben. „Eines Tages hänge ich hier auch", sagt die 90-Jährige. Ihr Schild hat sie zwar schon anfertigen lassen, doch zunächst soll es ordentlich Patina ansetzen, denn Henny von Schiller hat noch einiges vor.

Übrigens: Auf die beiden Tüddelchen im Wort Priörin, das anderswo Priorin heißt, legt sie äußersten Wert: „In Hamburg sprechen wir ja auch von der Pastörin und der Fotogräfin", schmunzelt die Urenkelin eines Hamburger Reeders.

Priörin St.-Johannis-Kloster • Am St. Johanniskloster 8 • 24837 Schleswig • Telefon: 04621-24236

Das St.-Johannis-Kloster vor Schleswig

Das St.-Johannis-Kloster auf dem Holm vor Schleswig ist die besterhaltene mittelalterliche Klosteranlage in Schleswig-Holstein.

Die Gründung des Benediktinerinnenklosters fällt auf die Zeit um 1200. Seit spätestens 1170 gab es dort eine Pfarrkirche, die zur Klosterkirche wurde.

Mehrere Zerstörungen durch Kriege, Sturm und Brände sind überliefert, nach einem besonders schweren Brand im Jahr 1487 wurde unter anderem der Kreuzgang wieder aufgebaut. Im Zuge der Reformation erfolgte die Umwandlung in ein adeliges Damenstift. Im Kloster wohnten nie mehr als zehn Nonnen, nach der Reformation neun Konventualinnen und die Priörin.

Foto: privat

Die romanische Klosterkirche mit ihrer über Jahrhunderte gewachsenen ungewöhnlichen Ausstattung, der vollständig erhaltene Kreuzgang, der Kapitelsaal und der Remter mit seiner historischen Bellmann-Orgel, auf ihr erklang zum ersten Mal die Landeshymne, das „Schleswig-Holstein-Lied", und seinem reich verzierten Nonnengestühl und den Totenschildern früherer Konventualinnen bilden zusammen mit dem Nordelbischen Bibelzentrum, im früheren Haus des Klosterprobstes, und seinem Bibelgarten ein einmaliges Ensemble. Der recht große Klosterbesitz – mit zahlreichen Dörfern, Bauernhöfen, Mühlen, Klosterkrügen und drei Kirchen - wurde im 19. Jahrhundert verkauft. Der Erlös ging jedoch im Zuge der Inflation verloren, so dass heute die Schleswig-Holsteinische Ritterschaft als Trägerin des Klosters für die vielen notwendigen Sanierungs- und Restaurierungsmaßnahmen auf die Unterstützung des Freundeskreises, des Landesdenkmalamtes und anderer Sponsoren angewiesen ist. Bei durchschnittlich 250 Führungen im Jahr durch die überaus aufgeschlossene, fröhliche und engagierte Priörin, zahlreichen Konzerten und Ausstellungen, aber auch als Kulisse für Film- und Fernsehaufnahmen zeigt das Kloster, dass es nicht totes Denkmal, sondern mit seinen Bewohnern und Gästen auch im 21. Jahrhundert voller Leben ist.

Die Johannisschüssel mit dem Haupt Johannis des Täufers gehört zu den Schätzen des Klosters

Die Schrank-Orgel, auf der Kantor Carl Gottlieb Bellmann das „Schleswig-Holstein-Lied" komponierte, ertönt noch heute bei Trauungszeremonien im Remter

St. Johannis-Kloster • Am St. Johanniskloster 8 • 24837 Schleswig • Telefon: 04621-24236 • www.st-johannis-kloster.de

Detlev von Liliencron

Das Haupt des heiligen Johannes in der Schüssel

(Aus „Adjutantenritte und andere Gedichte", 1883)

Dei gratia Domina,
Wiebke Pogwisch, Abbatissa,
Thront auf ihrem Fürstenstuhle
Vor dem adligen Konvent.

Heilwig Qualen, Mette Tynen,
Abel Rantzow, Geesche Ahlfeldt,
Trienke Bockwoldt, Drud' Rugmooren,
Benedikte Reventlow.

Diese Klosterfräulein lauschen
Sehr andächtig der Äbtissin,
Der Äbtissin Wiebke Pogwisch,
Dei gratia Dominae.

Vor den Schwestern auf der Schüssel,
Und die Schüssel war von Golde,
Liegt das Haupt Johann des Täufers,
Schauderhaft aus Holz geschnitzt.

Eine Stiftung Isern Hinnerks,
Sohn von Geert, dem Großen Grafen.
Als er fromm geworden, ewigt
Isern Hinnerk diesen Kopf.

Doch er machte die Bedingung,
Jedes Fräulein, das zur Nonne
Werden wollte, werden mußte,
Sollte küssen diesen Kopf.

Außerdem noch, wenn die Nonnen
Diesen Kopf behalten wollten,
Gab er sieben große Dörfer
An den adligen Konvent.

Anfangs sträubten sich die Schwestern,
Gar zu scheußlich war das Schnitzwerk,
Doch die Schüssel ist von Golde,
Und die Dörfer bringen Zins.

Vor der Schüssel, vor den Frauen,
Auf den Marmorfliesen knieend,
Betet unter heißen Schauern,
Betet Anna von der Wisch.

Ihre jungen blauen Augen
Streifen jenes Haupt mit Grauen,
Und sie kann sie nimmer küssen
Diese blutbemalte Stirn.

Schauen in die Frühlingsfelder,
Hören wie die Lerchen singen.
Fern am Waldesrand ein Hufblitz
Sendet letzten Gruß zurück.

SCHLEI-Klinikum Schleswig

Das SCHLEI-Klinikum Schleswig ist mit seinem Schwerpunktkrankenhaus MLK und den verschiedenen Einrichtungen der Fachklinik sowie der Fachpflege Schleswig ein besonderer Partner in der medizinischen, psychiatrisch-psychotherapeutischen und pflegerischen Versorgung.

Die Einrichtung Hesterberg&Stadtfeld bietet Menschen mit Behinderung im Rahmen der Eingliederungshilfe Wohnmöglichkeiten mit Unterstützung und Begleitung.

Mit über 350 Betten und rund 30.000 ambulanten und stationären Versorgungsfällen im MLK bietet das SCHLEI-Klinikum Bürgerinnen und Bürgern in und um Schleswig moderne Medizin auf höchstem Niveau. Gesundheit ist nicht nur Nichtkranksein, sondern eine möglichst hohe Qualität des Lebens. Körperliche und psychische Erkrankungen können unsere Lebensqualität leidvoll beeinflussen.

Da ein Krankenhausaufenthalt meist eine unfreiwillige Entscheidung ist und mit so manchen Ängsten und Sorgen um sich und die Angehörigen verbunden ist, sind wir bestrebt, unseren Patienten die Veränderung des normalen Lebensrhythmus und die Umstellung auf die ungewohnte Umgebung bestmöglich zu erleichtern.

Der Mensch als Patient, Angehöriger, Besucher oder Partner unseres Hauses steht im Zentrum unseres Handelns. Hoch qualifizierte Ärzte arbeiten nach neuestem Stand der Wissenschaft und Technik, qualifiziertes Pflegepersonal sorgt mit hoher sozialer Kompetenz für das Wohl unserer Patienten.

Menschen in allen Altersklassen finden in den verschiedenen psychiatrischen Kliniken Hilfe und nutzen die multiprofessionelle Kompetenz eines innovativen Vorreiters im norddeutschen Raum, besonders im psychosomatischen Schwerpunktbereich.

Wir fühlen uns der Region verpflichtet, als Gesundheitsanbieter, als Arbeitgeber und als wichtiger Wirtschaftsfaktor.

Bei uns im SCHLEI-Klinikum Schleswig hat Medizin ein Gesicht.

Einige kompetente Köpfe unseres Teams lernen Sie auf den nächsten Seiten persönlich kennen.

SCHLEI-Klinikum Schleswig • Am Damm 1 • 24837 Schleswig •
Telefon: 04621-830 • www.schlei-klinikum-schleswig.de

Marlies Gliemann

Sie weiß genau, was sie will, ist intelligent, besticht durch Fachkompetenz und Führungsqualitäten; zudem sieht sie gut aus, besitzt Humor und hat neben Erfolg auch noch Spaß im Leben.

Seit September 2008 steht Marlies Gliemann als Geschäftsführerin an der Spitze des SCHLEI-Klinikums. „Mit Frau Gliemann sind Erfahrung und Kontinuität sichergestellt", begrüßte auch Landrat von Gerlach ihre Wahl. Zu diesem Zeitpunkt war die Krankenhausmanagerin längst keine Unbekannte mehr im norddeutschen Raum. Schon seit 2007 ist sie als Regionalgeschäftsführerin für die Akutkrankenhäuser der Damp Holding in Schleswig-Holstein verantwortlich. Zuvor war sie acht Jahre lang Geschäftsführerin der Kreiskrankenhäuser und -senioreneinrichtungen Rendsburg-Eckernförde.

Quasi im Sturm hatte sie sich an ihrer neuen Wirkungsstätte in Schleswig die Herzen und den Respekt des Kollegiums erobert. Schnell hatte sich auch in der Ärzteschaft herumgesprochen: Die neue Chefin weiß, wovon sie spricht. Kein Wunder, schließlich kann sie mittlerweile auf 40 Jahre Erfahrung im Krankenhausbetrieb zurückblicken.

Marlies Gliemann wurde 1952 im thüringischen Reiser geboren. Nach Abschluss der Schule machte sie von 1969 bis 1972 eine Ausbildung zur Krankenschwester in Mühlhausen, anschließend ging sie nach Berlin, wo sie mehrere Jahre im Schichtdienst als Krankenschwester arbeitete. Sie wechselte in den Verwaltungsbereich und absolvierte ein Abendstudium in Betriebswirtschaft und Gesundheitsökonomie, das sie 1988 als Diplomökonom abschloss. Ab 1991 war sie als Verwaltungsangestellte eines Sana-Krankenhauses in Ulm tätig.

Nur zwei Jahre später erhielt sie von der privaten Krankenhausgesellschaft Sana Kliniken AG das Angebot, als Kaufmännischer Direktor am Karl-Olga-Krankenhaus in Stuttgart zu arbeiten; von 1995 bis 1999 war sie Direktor des Kreiskrankenhauses in Helmstedt, bevor sie schließlich nach Schleswig-Holstein kam. Auf die weibliche Form der Berufsbezeichnungen legt die selbstbewusste Erfolgsfrau keinen gesteigerten Wert. „Im Zweifel bin ich eher Männerbeauftragte", lacht sie. Ihren weiblichen Charme weiß sie dennoch einzusetzen. „Die Weiblichkeit gibt einem durchaus Gestaltungsspielräume", formuliert sie mit einem herausfordernden Blitzen in den Augen. Wichtig ist ihr die Zusammenarbeit im Team, gemeinsam mit den Kollegen möchte sie den Standort Schleswig stärken. Gespräche mit Ärzten und Mitarbeitern sind ihr deshalb ebenso wichtig wie die Kooperation mit dem Betriebsrat. „Ich möchte wissen, wo den Mitarbeitern der Schuh drückt. Eine gute Patientenversorgung braucht motivierte Mitarbeiter und dafür ist ein gutes Betriebsklima wichtig", betont sie. Soeben hat sie mit der Wahl des Arztes und Medizin-Controllers Volker Benecke zum neuen ärztlichen Direktor Sinn für ungewöhnliche, aber strategisch kluge und harmonisierende Entscheidun-

Foto: privat

gen bewiesen. Mit der Verantwortung für den Neubau der Schleswiger Kliniken wird sie entscheidend die Zukunft Schleswigs als Medizinstandort prägen.

Dass sie ein Händchen für richtige Entscheidungen hat, zeigt sich auch in ihrem Privatleben. Schon seit 35 Jahren ist sie glücklich mit ihrem Mann Joachim verheiratet; zu ihrer Tochter Claudia, die zur Zeit als Architektin in Australien tätig ist, pflegt sie ein herzliches Verhältnis. Zweimal jährlich gibt es ein Familientreffen, einmal in Deutschland, einmal in Down Under. Und ihr Bruder verwöhnt sie noch heute mit seinen Kochkünsten, wann immer die Gelegenheit sich bietet. Liebe auf den ersten Blick verbindet sie auch mit ihrem Reetdachhaus, das sie in der Nähe der Schlei bewohnt.

„Es ist das schönste Haus in Schleswig-Holstein", schwärmt sie erfrischend unbescheiden und so lebensbejahend, dass man gar nicht glauben mag, dass einer ihrer Lieblingstitel tatsächlich „Paint it black" lautet. Für die Konzerte der Stones nämlich fährt sie überall hin – ganz egal wo, sagt sie. Wenn sie nicht gerade Mick Jagger und Konsorten anfeuert, genießt sie das idyllische Leben an der Schlei. Ebenso schätzt sie aber die Ausflüge in die Großstadt. Die regelmäßigen Arbeitstreffen in der Hamburger Zentrale der Damp-Holding sind ihr eine willkommene Abwechslung. „Das verrückte Großstadtflair finde ich inspirierend", bekennt sie. Für das Erreichen ihrer Ziele bringt sie vollen Einsatz, ihr Büro verlässt sie nur selten vor 20 Uhr. Nach Feierabend schätzt sie ihre Freiheit, dann lässt sie sich in ihrem Cabriolet den Wind um die Nase wehen - dass Marlies Gliemann dafür keine 25 Grad Außentemperatur braucht, versteht sich von selbst.

Geschäftsführerin • SCHLEI-Klinikum Schleswig • Am Damm 1 • 24837 Schleswig • Telefon: 04621-832000

Karin Lorenzen

An die dreitausend Geburten hat Karin Lorenzen als Hebamme begleitet. „Damit ließe sich ein kleines Dorf füllen", lacht sie - und wer in ihrer strahlend blauen Augen sieht, bekommt direkt Lust, mit ihrer Hilfe noch einmal das Licht der Welt zu erblicken.
Dass die am 30.01.1963 in Minden geborene Tochter eines Bundeswehrsoldaten Hebamme wurde, war eher ein glücklicher Zufall. Schon als Achtjährige war sie sich über ihr Berufsziel klar: Sie wollte Lehrerin für Deutsch, Geschichte und Sport werden. Mit der Versetzung des Vaters war die Familie 1968 nach Schleswig zurückgekehrt; gegen die Hauptschul-Empfehlung der Lehrer entschieden die Eltern, ihre Tochter auf die Realschule zu schicken. Mit Recht. Aus dem stillen Mädchen wurde eine aufgeweckte Schülerin, die ohne Probleme die Bruno Lorenzen Schule absolvierte. Nach weiteren eineinhalb Schuljahren auf dem Wirtschaftsgymnasium entschied sich die lebensfrohe Praktikerin ob der damals schlechten Berufsaussichten für Lehrer spontan für eine Ausbildung zur Hebamme, dem Beruf, den auch ihre Tante ausübte. Am 1. Oktober 1981 begann sie ihre Ausbildung an der Kieler Uni-Frauenklinik. An ihren ersten Einsatz im Kreißsaal erinnert sich Karin Lorenzen noch genau: „Das war nichts Kuscheliges, Rosarotes", erzählt sie von einer durch Komplikationen begleitete Geburt.
An den Anblick ungeschönter Geburtsvorgänge war sie durch Kindheitstage auf dem Bauernhof gewöhnt. Hier hatte sie schon zahlreiche Nutztiergeburten gesehen. Dennoch war sie überzeugt: „Das muss für die Frauen besser gehen". Nach der Ausbildung schlug sie ein Stellenangebot in München aus. „Da hätte mich ja niemand verstanden, wenn ich Moin sage", schmunzelt sie. Stattdessen nahm sie eine Aushilfsstelle am Martin-Luther-Krankenhaus in Schleswig an – und blieb. Schon mit 26 Jahren wurde Karin Lorenzen zur Chefhebamme der geburtshilflichen Abteilung. Die Leidenschaft für ihre Arbeit ist unverändert geblieben, auch wenn - oder vielleicht gerade weil - sich in der Geburtshilfepraxis mittlerweile vieles geändert hat. „Heute wird eine Frau nicht mehr entbunden, heute entbindet die Frau selbst", erklärt Karin Lorenzen den Wandel zu Individualität und Selbstbestimmung. Behaglich eingerichtete Räume, die Möglichkeit sämtlicher Geburtspositionen, moderne Methoden wie die Wassergeburt, Akupunktur, Homöopathie, aber auch die sichere medizinische Versorgung durch eine 24-stündige Kinderarztpräsenz auf der pädiatrischen Abteilung machen heute die Geburtshilfe im Schlei-Klinikum aus. Doch ganz egal, für welche Hilfsmittel die Frau sich entscheidet, eines steht bei Karin Lorenzen immer im Mittelpunkt: Menschlichkeit.
„Die Herausforderung ist jedes Mal, in kurzer Zeit einen Draht zur werdenden Mutter herzustellen", definiert sie ihr Selbstverständnis als Partnerin der Entbindenden.
Soziale Kompetenz beweist die Chefin der reinen Frauen-Abteilung auch in der Führung ihres Teams. Nicht nur für die jungen Mütter, sondern auch für die elf Hebammen und drei Beleghebammen ist sie der Fels in der Brandung. Die positive Stimmung macht sich auf der Station angenehm bemerkbar. „Mit nur 12 Betten ist die Abteilung

klein und kuschelig, Anonymität gibt es bei uns nicht", freut sich Karin Lorenzen. Längst geht ihr Tätigkeitsfeld weit über den Kreißsaal hinaus, verstärkt arbeiten die Hebammen mit den Kinderkrankenschwestern zusammen. Auf der Mutter-Kind-Station begegnen sich Schwangere und Wöchnerinnen und im Familienzimmer lassen sich die ersten Stunden und Tage als neue Familie gemeinsam erleben. Im Familientreffpunkt, der seit 2007 besteht, werden Geburtsvorbereitungskurse, Yoga für Schwangere, Babymassage und Rückbildungsgymnastik angeboten, im Stillcafé können junge Eltern sich austauschen und den Rat der Hebamme einholen, im Becken der Fachklinik wird sogar Babyschwimmen angeboten.

Für ihren Beruf hat Karin Lorenzen viel aufgegeben. So zum Beispiel das Handballspiel. „Ich war früher eine Sportskanone, aber dann wurde das Verletzungsrisiko zu hoch", sagt sie. Gerade ihre Hände musste sie schützen. Eigene Kinder wollte Karin Lorenzen nie bekommen. „Das wäre zeitlich mit meinem Job auch gar nicht vereinbar gewesen – außerdem liebe ich meine Freiheit", sagt sie. Immerhin habe sie es aber zu fünf Patenschaften und einem Dackel gebracht, fügt sie fröhlich hinzu. Ihr Hobby ist ihr Beruf, Sprache und Geschichte interessieren sie nach wie vor und ab und zu gönnt sie sich auch mal eine Auszeit im Urlaub. Das klappt allerdings nicht immer. 1986 auf den Malediven klopfte es um 5 Uhr morgens an ihre Hütte: Eine Schwedin hatte eine Frühgeburt und der einzige Tourist mit ärztlicher Bildung war Kieferorthopäde.

In Schleswig hat Karin Lorenzen mittlerweile eine Art Prominentenstatus. „Wenn ich durch die Stadt gehe, gucke ich in jeden zweiten Kinderwagen", erzählt sie. Zu Weihnachten bekommt sie jede Menge Post - auch von Eltern, deren Kinder längst den Windeln entwachsen sind. Kein Wunder, dass sie in so nachhaltiger Erinnerung bleibt. Denn auf die Frage, was das Schönste an ihrem Beruf sei, antwortet sie ohne Zögern: „Das Schönste ist der glückliche Ausdruck im Gesicht der Eltern".

Chefhebamme   •   SCHLEI-Klinikum   Schleswig   MLK   GmbH
Lutherstraße 22 • 24837 Schleswig • Telefon: 04621-8120

Dr. Arndt Michael Oschinsky

„Den Menschen in der Therapie auf Augenhöhe sehen", lautet das Credo von Dr. Arndt Michael Oschinsky. Es sind freundliche, ruhige und klare Augen, in die er sein Gegenüber blicken lässt. Seit dem 01.11.1990 ist der am 13.02.1949 in Frankfurt am Main geborene Psychiater und Psychotherapeut Ärztlicher Direktor der Fachklinik im SCHLEI-Klinikum. Aufgewachsen ist der Sohn eines Internisten im hessischen Bad Salzschlirf, nach der Schule studierte er zunächst Biologie und Physik in Marburg, seine Promotion machte er in Münster, in Würzburg das Examen.

Über eine Annonce im Ärzteblatt wurde er 1975 auf die Klinik in Damp aufmerksam, neben der medizinischen Tätigkeit war es die Nähe zur Ostsee, die den begeisterten Segler lockte. Vor allem sein Mentor Helmut Kropp schärfte ihm während seiner Medizinalassistentenzeit in der neurologischen Abteilung den Blick für die Psychiatrie. Nach Absolvierung seiner Bundeswehrzeit als Truppenarzt begann er am 01.01.1978 seine Facharztausbildung an der Psychiatrischen Uni-Klinik in Lübeck. 1981 wurde er dort zum Oberarzt ernannt, gleichzeitig machte er eine psychotherapeutische Ausbildung in Göttingen. 1988 wechselte er als leitender Oberarzt an die Psychiatrische Klinik Hamburg Ochsenzoll. Die Verankerung der Psychotherapie in der Psychiatrie ist ihm stets ein zentrales Anliegen gewesen, auch Dank seiner Lübecker Lehrer Horst Dilling und Christian Reimer. „Mit den Patienten *ver*handeln statt *be*handeln", ist das Prinzip, das er auch nach seinem Wechsel an das damalige Landeskrankenhaus, heute SCHLEI-Klinikum, konsequent weiter verfolgte. Vor allem der individuelle Zuschnitt in der Behandlung verspreche Behandlungs-Erfolge, betont der Therapeut. „Das gilt auch für Menschen über 65 Jahre. Entwicklung ist zu jeder Zeit möglich", fügt er hinzu.

Als besonders fruchtbar betrachtet er das Zusammenwachsen mit dem Martin-Luther-Krankenhaus. „Auf diese Weise findet die Psychosomatik einen Weg in das Allgemeinkrankenhaus", freut Dr. Arndt Michael Oschinsky sich über erweiterte Behandlungsmöglichkeiten zum Beispiel im Bereich der Depressionen oder Suchterkrankungen bei körperlich Erkrankten.

An der Wand seines Arbeitszimmers hängt ein Gemälde. Darauf zu sehen sind Menschen unterschiedlichster Herkunft, darüber zu lesen sind die Worte von Herbert George Wells: „Wir sind nicht nur Bürger eines Landes, sondern vor allem Menschen dieser Erde". Offenheit, Integration und Mitmenschlichkeit sind Werte, die der Vater von fünf Kindern auch im privaten Bereich beherzigt. Die Wochenenden mit seiner Frau, der Schleswiger Ärztin und Psychotherapeutin Dr. Stephanie Schön-Oschinsky, der großen Tochter, den Drillingen und Adoptivkind Benny sind ihm heilig. Mit der Adoption des aus Vietnam stammenden Hung Benjamin wuchs 1997 die Überzeugung, den Kindern in ihrer Heimat Vietnam und in ihren Familien helfen zu wollen. In zahlreichen Reisen hatten die Oschinskys Kinderheime besucht, Hunger und Krankheit, aber auch ein Land voller Schönheit mit optimistischen und zähen Menschen kennen gelernt. 1999

Foto: privat

wurde unter Vorsitz von Stephanie Schön-Oschinsky in Schleswig der Verein Wolken-pass gegründet, der sich vor allem um Schulbildung und Kindergesundheit kümmert.

Große berufliche Herausforderungen brachte der 1991 begonnene Prozess der Dezentralisierung der psychiatrischen Versorgung mit sich. Schleswiger Behand-lungsplätze wurden zu Krankenhausabteilungen in den umliegenden Kreisstädten. Gleichzeitig wurde die Enthospitalisierung von Langzeitpatienten forciert, von damals 760 Langzeitpatienten wurden 270 Plätze ausgegliedert und die Grundlagen für die heutigen Eingliederungs- und Pflegebereiche, Hesterberg & Stadtfeld und Fachpfle-ge Schleswig geschaffen. Damit war ein entscheidender Schritt der Einrichtung zur Öffnung in die Kommune getan. Integration und gemeindenahe Psychiatrie waren die Stichworte. „Wir begreifen uns als Teil der Stadt", erklärt Dr. Arndt Michael Oschinsky.

Eine entscheidende Rolle im Prozess der Öffnung spielt die Kultur. Veranstaltun-gen, Festivals und Ausstellungen bilden Brücken in das gesellschaftliche Leben der Stadt hinein. So stellen Bewohner der Fachklinik ihre Kunstwerke im „Kreativhuus" auf dem Gelände aus, im „Museum für Outsiderkunst" finden ihre Werke im zentral gelege-nen Graukloster ein breites Publikum auch außerhalb des Klinikgeländes. Der Schles-wiger Kunstverein und der Musikclub nutzen die Räumlichkeiten der Fachklinik für ihre Auftritte. Der traumhafte Innenhof des klassizistischen Verwaltungsgebäudes bietet einen idyllischen Rahmen für Sommerkonzerte. Im Schutze der großen Kastanienbäu-me beginnen die Menschen hier bei klassischen oder jazzigen Tönen zu begreifen: Psychiatrische Behandlung bedeutet nicht mehr „Endstation" sondern *weiter* Leben.

Ärztlicher Direktor • SCHLEI-Klinikum Schleswig FKSL • Chefarzt der Klinik für Psychiatrie & Psychosomatische Medizin • Am Damm 2 • 24837 Schleswig • Telefon: 04621-831300

Karsten Röpstorff

„Wir behandeln Menschen so, wie wir selbst behandelt werden möchten", sagt Karsten Röpstorff. Den Umgang mit Menschen mit besonderem Pflegebedarf empfindet der Geschäftsführer der Fachpflege Schleswig als Bereicherung. „Da gibt es kein Verstellen oder falsche Höflichkeit, diese Menschen sind einfach offen und ehrlich", weiß er das authentische Miteinander zu schätzen.

Der Mann mit den breiten Schultern und dem sanften, aufmerksamen Blick füllt seine berufliche Position so perfekt aus, dass es direkt verwundert zu hören, dass es erst einiger Umwege bedurfte, bevor er im Gesundheitswesen landete. Nach der Schule hatte der am 11.09.1962 in Neumünster geborene Sohn eines Autoverkäufers und einer Näherin zunächst eine Ausbildung bei der Bundesanstalt für Arbeit gemacht. Die Perspektive, hier den Rest seines Berufslebens zu verbringen, ließ den Entschluss in ihm wachsen, nach einer weiteren Qualifizierung zu streben. Ohne fremde Hilfe wollte er dieses Ziel erreichen. „Ich wusste, das war mein Weg – aber ich wollte das alleine schaffen, ohne jemandem zur Last zu fallen", sagt er. Er sparte, wo er konnte, fuhr Fahrrad statt Auto und hatte schließlich genügend Geld zusammen, um über den 2. Bildungsweg sein Abitur nachholen zu können. Nach dem anschließenden Studium zum Diplom-Verwaltungswirt an der Fachhochschule trat er in den gehobenen Dienst im Innenministerium des Landes Schleswig-Holstein ein, wo er für die Bereiche Dienstrecht und Stiftungswesen zuständig war. Die Suche nach einer größeren Wohnung brachte ihn und seine Familie schließlich nach Schleswig. „Es war damals unser viertes Kind unterwegs und wir brauchten mehr Platz", erinnert sich der Vater von mittlerweile sechs Kindern. Das Schicksal wollte es, dass das neue Zuhause im Schleswiger Friedrichsberg gefunden wurde. Ein weiterer guter Geist brachte auf Nachfrage ein Stellenangebot in leitender Funktion in der Rechtsabteilung der Fachklinik Schleswig. „Ich war immer guter Dinge, hier das Richtige zu finden", sagt Karsten Röpstorff gelassen. Zunächst war er als stellvertretender Leiter des Finanzcontrollings tätig, 2003 wurde er Geschäftsführer der Fachpflege Schleswig GmbH und seit 2007 ist er zudem Prokurist der SCHLEI-Klinikum Schleswig FKSL GmbH.

„Ich freue mich, hier eine sinnvolle Tätigkeit gefunden zu haben", sagt er. Es seien die vielen kleinen Entscheidungen im Leben gewesen, die ihn schließlich an den richtigen Platz geführt hätten, ist er überzeugt. Im Mittelpunkt seines Wirkens stehen die Bedürfnisse der Menschen, die in den verschiedenen Einrichtungen der Fachpflege leben. Geeignete Räumlichkeiten zu beschaffen und ein liebevolles, engagiertes Team von zurzeit 145 Mitarbeitern zu leiten, gehört zu seinen Aufgaben. Regelmäßige Fort- und Weiterbildungen sind entscheidende Faktoren in der Personalqualifikation. Als Manager der Fachpflege kümmert Karsten Röpstorff sich um die Umsetzbarkeit hoch anspruchsvoller Ziele. Eindeutigkeit, Durchsetzungsfähigkeit und integratives

Geschick sind Führungsstärken, die ihn die Balance zwischen der Selbständigkeit als eigenständige GmbH und der Einbindung ins Gesamtnetzwerk des SCHLEI-Klinikums halten lassen. Die vertrauensvolle Zusammenarbeit mit den Ärzten des Martin-Luther-Krankenhauses gewährleistet einen schnellen Zugriff auf medizinisches Wissen und eine Kontinuität in der Betreuung der Patienten. Doch nicht nur die Öffnung nach innen, sondern auch nach außen spielt eine wichtige Rolle im Selbstverständnis der Fachpflege. So hat zum Beispiel der Verein „Kiek in de Schlie" auf dem Gelände seine Ausstellungsfläche. „Es ist uns ein Anliegen, Menschen von außen in die Einrichtung zu ziehen. Das ist für die Bewohner wichtig, aber auch für Angehörige, die zum Beispiel einen Wachkoma-Patienten besuchen", erklärt der Verwaltungschef. Authentisch zu leben und mit christlichen Werten zu führen, definiert er sein berufliches wie privates Leitbild. Seit 1984 ist Karsten Röpstorff mit seiner Frau Sabine verheiratet, sechs Kinder und sechs Enkelkinder zählen inzwischen zur Familie. Wenn dann noch die Freunde dazukommen, geht es richtig bunt zu im Hause Röpstorff. „Wir sind eine richtige Großfamilie", sagt der Gesellschaftsmensch froh und genießt das Zusammensein mit Frau und Kindern. Nächstenliebe zu leben und Hilfe zu leisten, wenn sie gebraucht wird, sind für den überzeugten Christen grundlegende Werte. Als im Jahr 2008 für die kleine Rubina, die im Martin-Luther-Krankenhaus behandelt wurde, eine Pflegefamilie auf Zeit gesucht wurde, war es für die Röpstorffs keine Frage, dem aus Afghanistan stammenden Mädchen ein Zuhause zu geben. „Es war eine tolle Erfahrung, wir haben viel voneinander gelernt und uns auch auf islamische Werte eingestellt", erinnert Karsten Röpstorff. Zwischenzeitlich ist die kleine Rubina wieder in ihre Heimat zurückgekehrt. Geblieben sind eine enge Verbindung zum Verein „Kinder brauchen uns" und die liebevolle Erinnerung an eine ganz besondere Begegnung.

Geschäftsführer der Fachpflege Schleswig GmbH • Mühlenredder 12 • 24837 Schleswig • Telefon: 04621-831011

Prof. Dr. Dr. Michael Schöttler

„Für mich war immer klar, dass ich mit Menschen zu tun haben und etwas bewegen wollte", sagt Professor Dr. Dr. Michael Schöttler. Tatsächlich hat er als Ärztlicher Direktor des SCHLEI-Klinikums und als Chefarzt der Abteilung für Innere Medizin viel bewegt.

„Schöttler-Ära geht zu Ende" titelten die Schleswiger Nachrichten am 1. April 2009 anlässlich seiner Verabschiedung in den Ruhestand. Mit herausragenden medizinischen Leistungen und seiner humorvoll-herzlichen Art gab Professor Schöttler der Medizin des SCHLEI-Klinikums über 20 Jahre lang ein äußerst sympathisches Gesicht.

Michael Schöttler wurde am 01.02.1943 als Sohn eines Finanzbeamten in Nienburg an der Weser geboren, seine Kindheit verbrachte er im holsteinischen Oldenburg. Nach Abitur und Wehrdienst hatte er 1963 sein Medizinstudium an der Kieler Christian-Albrechts-Universität begonnen. Seine Medizinalassistentenzeit leistete er an der Medizinischen Universitätsklinik in Kiel (Prof. Dr. A. Bernsmeier) und an der Chirurgischen Abteilung des Kreiskrankenhauses Oldenburg/Holstein (Dr. H. Berg) ab. Sein besonderes Interesse für Erkrankungen des Herzens und des Kreislaufs bestimmten seinen wissenschaftlichen Werdegang. Für seine Doktorarbeit unter Leitung von Prof. Dr. U. Gottstein befasste er sich mit den Auswirkungen chronisch arterieller Verschlusskrankheit; am 31.08.1970 legte er in der Landeshauptstadt seine Approbation ab. Nach Erlangen der Facharztzusatzbezeichnung wurde ihm 1978 die verantwortliche Leitung aller kardiologischen Laboratorien einschließlich Herzschrittmacher-OP und Herzkatheterlabor übertragen. Anfang 1980 erfolgte die Bestellung zum Stellvertretenden Direktor der Abteilung für Spezielle Kardiologie. Zahlreiche Innovationen auf dem kardiologischem Sektor fallen in die Kieler Wirkungszeit von Professor Schöttler, auf dem Sektor der Elektrotherapie hat er mit dem Einsatz der physiologischen Herzschrittmacher neue Akzente gesetzt.

Auch privat war Kiel bald zum Heimathafen des begeisterten Seglers geworden, am 21.08.1970 heiratete er dort seine Frau Ute; 1971 kam Sohn Jan und 1972 Tochter Randi zur Welt.

1987 wechselte der engagierte Mediziner von Kiel nach Schleswig. Als Chef der Inneren Abteilung des Martin-Luther-Krankenhauses setzte er sich insbesondere für eine Verbesserung der diagnostischen Methoden ein. 1995 wurde unter seiner Führung das Herzkatheter-Labor in Schleswig eingerichtet. Und seiner Initiative ist es mit zu verdanken, dass der Zusammenschluss der Fachkliniken und des Martin-Luther-Krankenhauses zum heutigen SCHLEI-Klinikum von Erfolg gekrönt war. Zusammen mit Dr. Arndt Michael Oschinsky, dem ehemaligen Landrat Jörg-Dietrich Kamischke und dem damaligen Schleswiger Bürgermeister Klaus Nielsky hatte er den Prozess im Kieler Ministerium auf den Weg gebracht und den Kontakt zur Damp-Holding

Foto: privat

als heutiger Trägerin hergestellt. „Mit der erfolgreichen Zusammenführung einer psychiatrischen und einer somatischen Klinik haben wir eine Vorreiterrolle übernommen", erklärt Prof. Schöttler eine Maßnahme, die den Notwendigkeiten der Zeit entsprach und den Patienten zahlreiche therapeutische Vorteile bringt.

Aber nicht nur auf fachlicher, sondern auch auf menschlicher Ebene gelang es dem Kardiologen schnell, die Herzen der Patienten für sich zu gewinnen. „Ich habe mich immer bemüht, die von technischen Apparaturen geprägte Welt etwas zu vermenschlichen", sagt der ehemalige Chefarzt. Mit einem fröhlichen „Moin Moin" begann er die Morgenvisite; und wo es passte, wurde die Diagnose auch schon mal auf platt gestellt. Seine „Gute-Nacht-Ansage" gehörte ebenso zu den regelmäßig stattfindenden Patientenabenden wie das wechselnde Kultur-Programm.

Bei aller Anstrengung in diesem arbeitsintensiven Bereich ist es Michael Schöttler gelungen, Frohsinn und Lebenslust zu bewahren. „Wir haben es verstanden, das Berufliche und Private strikt voneinander zu trennen", erklärt der passionierte Italienfreund. Auch wenn die Schöttlers einen „wirklich authentischen" Italiener vermissen, fühlen sie sich in Schleswig besonders wohl. „Die Stadt hat ein Gesicht und ist in Bezug auf die Kultur einzigartig", sind sie sich einig. Umzugspläne in den Süden gibt es deshalb nicht. Und es gibt noch eine tröstliche Nachricht für alle Freunde des Patientenabends: Auch nach seiner Verabschiedung in den Ruhestand wird Prof. Michael Schöttler weiter regelmäßig allen Besuchern eine „Gute Nacht" wünschen.

ehemaliger Ärztlicher Direktor • Martin-Luther-Krankenhaus

Schleswiger Husaren

Wo sie auftreten, gibt es lang anhaltenden Beifall und Bestnoten:
Die Konzerte der „Schleswiger Husaren" sind weit über die Grenzen Schleswigs hinaus bekannte und gern besuchte Veranstaltungen. Das Konzert im Schleswiger Dom mit konzertanter und religiöser Musik und das eher populärmusikalische Theaterkonzert im Landestheater Schleswig sind seit Jahren immer ausgebucht und gehören zu den Highlights des Schleswiger Kulturkalenders.

Längst sind die „Husaren" eine überregional anerkannte Orchestergröße, auf landesweiten Wertungsspielen werden immer wieder beste Plätze belegt. Für die Sommerkonzertreise auf die Nordfriesischen Inseln und nach Flensburg hat sogar der Ministerpräsident des Landes Schleswig-Holstein die Schirmherrschaft übernommen. Die sommerliche Konzertsaison beginnt stets mit den Vorbereitungen im schon traditionell gewordenen Zeltlager in Neukirchen an der Ostsee. Während der folgenden Monate begleiten die Husaren mit ihren Marschauftritten und Platzkonzerten viele öffentliche Veranstaltungen. Dazu gehören auch die traditionellen Umzüge der Gilden in Schleswig.

Die Orchesteruniformen, die zu besonderen Anlässen getragen werden, sind dem ehemals im Schloss Gottorf stationierten Reiterregiment der 16er Husaren nachempfunden. Doch die Schleswiger Husaren sind weit mehr als „nur" ein Orchester - sie sind ein große Gemeinschaft, in der verschiedene Generationen gemeinsam ihrem Hobby nachgehen, voneinander lernen, sich achten und respektieren. Zahlreiche Freundschaften haben sich hier entwickelt, selbst Ehen wurden schon gestiftet.

„Die Schleswiger Husaren sind ein Beispiel für ein intaktes und harmonisches Vereinsleben, das zur Stabilisierung unserer labilen Gesellschaftsstruktur einen extrem wichtigen Beitrag leistet", sagt Dr. Kai Trenktrog, 1. Vorsitzender der Schleswiger Husaren. Wie beim Mannschaftssport sei auch hier der Teamgeist entscheidend.

„Wie nebenbei reift bei jedem schnell die Erkenntnis, dass der eigene Erfolg nur durch viele helfende Hände im Hintergrund möglich ist", erklärt der hauptberufliche Zahnarzt, dessen Frau Regina, Tochter Merle und die Söhne Niels und Sören selbst als Jugendwarte und Musiker aktiv bei den Husaren mitwirken.

Gegründet wurde der Verein 1965 unter dem Namen „Jugendmusikkorps". Sein Ziel war es, Hobbymusikern eine neue musikalische Heimat zu geben und vor allem Jugendliche an die Musik heranzuführen. Unter tatkräftiger Mithilfe aller Mitglieder und derer Familien und Freunde wurde 1975 das Vereinsheim in Schuby gebaut. In den neuen Räumen konnte nun auch Musikunterricht für Kinder und Jugendliche gegeben werden. Immer wieder werden aus Eigenmitteln Instrumente angeschafft und an Mitglieder und Schüler für geringes Entgelt ausgeliehen. Für den Kauf eines Instrumentes stellt der Verein ein zinsloses Darlehen zur Verfügung. Durch die Kooperation

mit der Kreismusikschule in Schleswig und ihrem Leiter Willi Neu als Dirigent gelingt den Husaren seit vielen Jahren die Heranführung von vielen jungen Menschen an die Blasmusik.

Heute gibt es bei den „Schleswiger Husaren" drei Orchester mit cirka 120 Musikern: ein Aufbau-, ein Jugend- und das Hauptorchester. Sieben professionelle Lehrer unterrichten mehr als 50 Schüler im Alter von 5 bis 55 Jahren. Der Etat wird zur Hälfte aus Auftrittsgeldern finanziert, zum geringen Teil aus Beiträgen.

Das mit großem persönlichen Engagement der Mitglieder getragene Vereinshaus in Schuby trägt nicht nur Bereicherung des Gemeindelebens bei, sondern hat sich auch zur Talentschmiede entwickelt: Allein in den letzten vier Jahren gab es über 20 Preisträger beim Wettbewerb „Jugend musiziert".

Das Hauptorchester besteht zurzeit aus Musikern zwischen 8 und 66 Jahren, die meisten aktiven Musiker sind unter 25 Jahre alt, zum Teil spielen ganze Familien im Orchester mit.

Während der Landesgartenschau füllten die Konzerte der „BläserVielHarmonie" der Schleswiger Husaren das Veranstaltungszelt gleich an zwei Abenden. Bei dem unter der schwungvollen Leitung von Willi Neu mitreißend vorgetragenen Programm „Querbeet" sprang die Freude an der Musik schnell auf das Publikum über. Füße wippten auf und ab, Hände klatschten im Takt, zahlreiche Showeinlagen und humorvolle Moderationen sorgten für beste Unterhaltung.

Für das Jahr 2009 haben die Husaren sich große Ziele gesetzt: Sie wollen den nordischen Wind über den Atlantik tragen und an der traditionsreichen Steuben Parade auf der 5th Avenue in New York teilnehmen.

Der Unternehmensverbund Schleswiger Stadtwerke

Bestes Trinkwasser, Strom, Erdgas oder Wärme zu fairen Preisen - die Schleswiger Stadtwerke stehen seit Jahrzehnten für eine zuverlässige Basisversorgung in der Region.

Nachhaltiges Wirtschaften und verantwortungsbewusster Umgang mit ökologischen und ökonomischen Ressourcen prägen das Selbstverständnis des Unternehmensverbundes, der aus Tradition tief mit der Region verwurzelt ist.

Eine gut organisierte Trinkwasserversorgung hat in Schleswig Tradition. Schon im Jahr 1516 werden erste hölzerne Wasserleitungen für die Stadt erwähnt. Heute garantiert modernste Technik die Versorgung mit bestem Trinkwasser rund um die Uhr. Das Schleswiger Wasser kommt aus Grundwasserbrunnen, wird regelmäßig geprüft und lässt sich direkt aus dem Hahn trinken.

Auch die Stromversorgung hat bei den Schleswiger Stadtwerken eine lange Tradition. Am Standort des heutigen Kundenzentrums in der Poststraße entstand vor rund 100 Jahren das erste Elektrizitätswerk Schleswigs. Jahrzehntelange Erfahrung und eine strategische Einkaufspolitik gewährleisten kundenfreundliche Preise und eine zuverlässige Lieferung.

Ein Plus für die Umwelt ist die Gewinnung von Strom aus regenerativen Energiequellen. Dazu tragen unter anderem der Windkraftpark am Haferteich und viele Fotovoltaik-Anlagen in Schleswig bei. Die Erweiterung des Versorgungsgebietes auf den Norden Schleswig-Holsteins ist ein erklärtes Ziel der Schleswiger Stadtwerke.

Der Einsatz von Erdgas beim Kochen oder Heizen ist eine umweltschonende und Geld sparende Alternative. Die günstigen Preise, die garantierte Versorgungssicherheit und ein schneller Vor-Ort-Service sind Gründe für das Vertrauen zahlreicher Kunden in die Schleswiger Stadtwerke.

Die Schleswiger Stadtwerke stehen für besonders effiziente Nutzung von Energie. In fünf Blockheizkraftwerken der Region wird die bei der Stromerzeugung produzierte Abwärme aufgefangen und in ein Wärmenetz umgeleitet. Mit dieser Kraft-Wärme-Kopplung wird ein effizienter Beitrag zur Klimaentlastung geleistet.

Foto: Matzen

Im Jahr 2006 haben die Schleswiger Stadtwerke ein Pilotprojekt gestartet: In Zukunft werden jährlich rund 15.000 Tonnen Speisereste aus Restaurants und Kantinen in den Faultürmen des Schleswiger Klärwerks in umweltfreundliches Biogas umgewandelt.

Breit gefächerte Dienstleistungen wie Abwasserentsorgung, Straßenreinigung und Winterdienst zählen ebenfalls zur Leistungspalette. Mit der Pflege der rund 134 Hektar öffentlichen Grünflächen sorgen die Stadtwerke dafür, dass Schleswig stets ein gutes Bild abgibt. In puncto Verkehrssicherheit sind die Stadtwerke bei der Wegereinigung, Fahrbahnmarkierung sowie der Wartung von Ampelanlagen und Verkehrsschildern aktiv. Darüber hinaus betreiben die Schleswiger Stadtwerke den Stadthafen und bieten mit Schwimmhalle und Sauna attraktive Freizeitangebote.

Schleswiger Stadtwerke GmbH • Postraße 8 • 24837 Schleswig • Telefon: 04621-801-0 • www.schleswiger-stadtwerke.de

Reiner Schmeckthal

Eine Musikstunde am Flensburger Fördegymnasium 1966: Die Schüler sollen den Rhythmus von Ravels Bolero nachklatschen. Am besten gelingt das dem 15-jährigen Reiner Schmeckthal. Zwei Mitschüler sind von seinem musikalischen Talent so begeistert, dass sie ihn nach der Stunde fragen, ob er nicht in einer neuen Band Schlagzeug spielen wolle. Die Antwort lautet „Ja!" und die Geburtsstunde der „Heroes" hat geschlagen. Ein Röhrenradio dient bei den ersten Probestunden als Verstärker und fliegt prompt in die Luft, als die jungen Helden eine E-Gitarre daran anschließen. Nach einigen Auftritten - unter anderem im dänischen Kindergarten in Schleswig - wird die Band 1967 aufgelöst. Grund: Beklagenswerte Leistungen der Bandmitglieder in der Schule.

Reiner Schmeckthal wurde am 29.03.1951 in Flensburg geboren. Nach dem Erwerb der Fachhochschulreife absolvierte er eine Ausbildung zum Großhandelskaufmann, anschließend war er acht Jahre als Zeitsoldat tätig. Sein beruflicher Ehrgeiz motivierte ihn dazu, eine Fortbildung zum Betriebswirt an der Flensburger Wirtschaftsakademie zu machen. Auch hier holte ihn seine musikalische Leidenschaft ein. Von 1978 bis 1980 nahm er Musikunterricht für klassisches Schlagzeug und gründete an der Flensburger Musikschule die Bigband Stage Convention. Beruflich sammelte er von 1981 bis 1988 Erfahrungen als Assistent der Geschäftsführung und Leiter der Finanzplanung bei der Reederei Ernst Jacob.

Und dann führte ihn ein Kontakt dorthin, wo er bis heute geblieben ist: Seit 1988 ist Reiner Schmeckthal Verwaltungsdirektor und Stellvertreter des Geschäftsführers am Schleswig-Holsteinischen Landestheater, seit 1992 lebt er in Schleswig. „Natürlich war gerade der Umgang mit dem künstlerischen Personal etwas anderes als in der Reederei - aber von Beginn an stimmten die Schwingungen", sagt er. Letztlich gälten auch hier die Rahmenbedingungen einer GmbH, doch das Theater sei eben ein besonderes Produkt und eine kulturelle Dienstleistung. Vor allem die Zukunftssicherung des Theaters ist heute seine Aufgabe, die in Zeiten sinkender Abo-Zahlen und steigender Tarifsätze zunehmend zur Herausforderung wird - hier ist die Kooperation von Gesellschaftern und Mitarbeitern gefragt. Dass der Verwaltungschef sich aufs Rechnen versteht, hat 1994 ein Wirtschaftsgutachten über die Theaterstruktur in Schleswig-Holstein gezeigt. Die Prüfung ergab: Am Landestheater werden die Mittel so effizient eingesetzt, dass eine Kooperation mit anderen Theatern in Kiel und Lübeck keinen wirtschaftlichen Nutzen gebracht hätte. Das Theater blieb damit als größte Landesbühne Deutschlands eigenständig erhalten.

Wieder einmal war Reiner Schmeckthals Leistung so überzeugend, dass er anschließend gefragt wurde, ob er selbst als Berater tätig werden wollte. Die Untersuchung der Verwaltungs- und Personalstruktur der Staatsoper in Dresden gehörte zu den spannenden Aufgaben, die sich daraus ergaben. Auch musikalisch ging es voran:

Aus der gemeinsamen Theaterarbeit mit Björn Mummert und Artur Weinbrenner ent-
stand 1994 das B.A.R. Jazz-Trio. Mit Piano, Drums und Bass hat sich das B.A.R.-Jazz-
Trio mittlerweile zu einer festen Größe etabliert, die Programme „Heinrich Heine und
Jazz" und „Swinging Heine" wurden über 120 Mal in ganz Norddeutschland aufgeführt.
Eine weitere Leidenschaft Reiner Schmeckthals gilt dem Bogenschießen. Eine statt-
liche Medaillensammlung an der Wand seines Büros zeugt von Erfolgen auf diversen
Landesmeisterschaften, der bislang größte Triumph war 2007 die Teilnahme an der
Weltmeisterschaft in der Schweiz.

Was es heißt, vom Feuer des künstlerischen Schaffens ergriffen zu sein, hat Reiner Schmeckthal gerade selbst erlebt: Er schrieb das Libretto für das Ballett „Blendend
Schwarz", einer Inszenierung über das Leben der Jazz-Legende Miles Davis.

Die Idee dazu war dem Jazz-Liebhaber 2004 gekommen. Als er im Februar 2008
von Ballettdirektorin Stela Korljan aufgefordert wurde, den Text für ein solches Stück
zu erarbeiten, war er gleichermaßen überrascht wie begeistert. Mit Akribie und Leidenschaft vertiefte er sich in die Biographie des zwischen Kreativität und Abhängig-
keit zerrissenen Künstlers und stellte das Musikprogramm zusammen. „Das war das
spannendste Projekt, das ich bislang erlebt habe. Es war faszinierend zu sehen, wie
die Figuren im Laufe des Prozesses zu leben beginnen, sich wandeln und einen in
Besitz nehmen", schwärmt der Künstler. Wichtige Berater bei diesem Projekt waren
zwei Personen: Seine Ehefrau Erica Hermann-Schmeckthal, die selbst Erfahrung als
Theaterregisseurin hat, und der Verwaltungsdirektor Schmeckthal, der dem Librettisten
Schmeckthal stets über die Schulter geblickt und vor allem bei der Musikauswahl die
Abo-Tauglichkeit des Stückes im Auge gehabt hat.

**Verwaltungsdirektor der Schleswig-Holsteinischen Landestheater und
Sinfonieorchester GmbH • Lollfuß 53 • 24837 Schleswig • Telefon: 04621-20914**

Schleswig-Holsteinische Landestheater und Sinfonieorchester GmbH

Das Schleswig-Holsteinische Landestheater ist mit über 400 Mitarbeitern und bis zu 700 Vorstellungen die größte Landesbühne der Bundesrepublik.

Mit rund 15 Prozent Eigeneinnahmen gehört das Landestheater bundesweit zu den effizient arbeitenden Bühnen. Es wurde am 1. August 1974 aus der Taufe gehoben. Seitdem wird das Schleswig-Holsteinische Landestheater als GmbH geführt, in die 16 Gesellschafter-Städte, -Kreise und -Gemeinden mit unterschiedlichen Anteilen an Stammkapital einzeichneten.

Somit haben die Gesellschafter die jährliche Vorstellungszahl entsprechend ihren Anteilen in den einzelnen Orten feststehend und können eine Auswahl aus dem Repertoire der Spielzeit treffen. Damit ist auf der anderen Seite dem Landestheater die Vorstellungszahl garantiert.

Ausgangspunkt für die Schaffung einer derart gestalteten GmbH waren bereits in den 1960er Jahren die Bemühungen der Städte Flensburg, Rendsburg und Schleswig, die Sitz der Stammhäuser sind, ihre Spielstätten zu rationalisieren, um ihre Kosten zu senken.

Nachdem die Landesregierung Anfang der 1970er Jahre angekündigt hatte, die Zuschüsse für die Theater einfrieren zu wollen, kam erstmals der Gedanke an ein Modell einer vereinigten Landesbühne auf. Dies führte letzten Endes zur Zusammenfassung der drei bis dahin selbständigen Theater in Flensburg, Rendsburg und Schleswig. Alle drei Städte können auf eine eigene Jahrhunderte alte Theatertradition zurück blicken.

Das nach einer umfangreichen Sanierung und Modernisierung im Jahr 2000 modernste der drei Theater, das Stadttheater Flensburg, ist Probenort und Sitz des Musiktheaters und des Ballettensembles. Intendanz, Verwaltung und Dramaturgie und ein Teil des Schauspielensembles sind im Schleswiger Theater untergebracht, während der andere Teil der Schauspieler das Rendsburger Theater als Probenstandort hat. Neu in Schleswig ist die eigens für die Puppenspielsparte errichtete „Trauminsel", ein kleiner Theaterbau, in dem sich junge und jung gebliebene Besucher gleichermaßen wohlfühlen.

Foto: privat

Lollfuß 49-53 • 24837 Schleswig • Telefon: 04621-25989 • www.sh-landestheater.de

Wolfgang Schoofs

„Ich wollte mehr erreichen", sagt Wolfgang Schoofs über seine Motivation, vorzeitig aus der Sicherheit eines Zehn-Jahresvertrages als Geschäftsführer der Gemeindewerke in Lilienthal und Ritterhunde auszusteigen. Seit September 2004 ist der gebürtige Rheinländer Geschäftsführer der Schleswiger Stadtwerke. In Zukunft will er den Unternehmensverbund weiter entwickeln. Dass er etwas von Wachstum versteht, hat er 2008 als Geschäftsführer der Landesgartenschau in Schleswig bewiesen.

Am 04.04.1959 als Sohn eines Schornsteinfegermeisters in Kleve geboren, wuchs Wolfgang Schoofs mit fünf Geschwistern in einem christlich geprägten Elternhaus auf. Der Zusammenhalt der Familie war den Eltern ausgesprochen wichtig. Um die Freizeit im Kreise der Familie verbringen zu können, kaufte der Vater einen Wohnwagen und zwei Segelboote, mit denen die Geschwister auf dem an den Campingplatz angrenzenden Gewässer zahlreiche Regatten bestritten.

Trotz der räumlichen Entfernung hat Wolfgang Schoofs noch heute eine enge Beziehung zur Familie.

Nach dem Hauptschulabschluss besuchte Wolfgang Schoofs die Höhere Handelsschule, die er mit der Fachholschulreife abschloss. Im Anschluss an eine Ausbildung als Groß- und Einzelhandelskaufmann sowie als Bilanzbuchhalter bekleidete er 16 Jahre lang den Posten des Geschäftsführungs-Assistenten der Klever Stadtwerke. Als 1998 die Stelle des Geschäftsführers bei den Gemeindewerken in Lilienthal bei Bremen ausgeschrieben wurde, tat der bis dahin sehr Heimatverbundene den ersten großen Schritt gen Norden. Zwei Jahre später wurde er zusätzlich Geschäftsführer der Gemeindewerke Ritterhude. „Ich bin als Rheinländer offen aufgenommen worden. Von der nordischen Sturheit habe ich nichts gespürt", sagt Wolfgang Schoofs. Heute weiß er: Im Norden dauert es zwar etwas länger, Freundschaften zu schließen, dafür sind sie von tieferer Qualität.

An den grauen Novembertag, an dem er Schleswig das erste Mal sah, erinnert er sich gut: „Trotz des tristen Wetters war ich vom Stadtbild angenehm überrascht, wenngleich ich zugeben muss, dass die hügelige Endmoränenlandschaft mich zunächst irritiert hat. Wenn man dann aber den ersten Frühling und Sommer mit dem prächtigen Farbspiel, den langen hellen Nächten und dem bunten Treiben auf dem Wasser erlebt, weiß man, was man hier hat."

Sofort baute der Segelfreund eine emotionale Bindung zu Schleswig als Standort mit idealen Wassersportbedingungen auf. Er war entschlossen, die Schleistadt zu erobern und so gelang es ihm, sich gegen 100 Mitbewerber um die Stelle des Geschäftsführers der Schleswiger Stadtwerke zu behaupten.

Dank seiner ausgeprägten Kommunikationsfähigkeit knüpfte er schnell Kontakte,

Foto: Matzen

mit der ihm eigenen Zielstrebigkeit und Konsequenz verschaffte er sich die für seine Arbeit notwendige Unterstützung auf politischer Ebene. Der ungewöhnliche Umstand, dass auch der Hafen in das Betriebsfeld der Stadtwerke gehörte, kam seinen Neigungen entgegen. Konsequent hat Wolfgang Schoofs seit Amtsantritt die Entwicklung des Hafens vom Gewerbe- zum Sportboothafen verfolgt. Mit einem attraktiven Serviceangebot mit Gastronomie, sanitären Einrichtungen und Internetanbindung bietet der Hafen heute mehr als nur reizvolle Liegeplätze.

Über seine Arbeit auf der Landesgartenschau sagt er: „Ich bin zu dem Job gekommen wie die Jungfrau zum Kinde. Unter kaufmännischen Aspekten war ich zunächst sehr skeptisch, wie das zu schaffen sein sollte." Die erhoffte informative Unterstützung anderer Gartenschauen blieb aus und so begann Wolfgang Schoofs bei Null. Durch einen zufälligen Kontakt kam es zur Begegnung mit Koordinator Dr. Burkhard Löher aus Oelde, der bereits breite Erfahrungen auf diesem Gebiet hatte. Zusammen bauten sie ein professionelles, engagiertes Team auf, erstellten Pläne, schafften Schwierigkeiten aus dem Weg und machten sich an die Umsetzung des Wagnisses Landesgartenschau. Obgleich Wolfgang Schoofs sich strategisch klug der Unterstützung aller drei Fraktionen des Schleswiger Rates versichert hatte, musste er mehr als einmal mit breiten Schultern kritische Situationen ausstehen. Nach dem - nicht zuletzt auch wirtschaftlichen - Erfolg der Landesgartenschau bilanziert er: „Ich bin stolz auf das, was wir geschafft haben. Und ich habe sehr viel gelernt. Für meine weitere Arbeit als Geschäftsführer der Schleswiger Stadtwerke sind die Kontakte, die ich aus dieser Arbeit knüpfen konnte, optimal." Für die positive wirtschaftliche Entwicklung der Stadt auch nach der Landesgartenschau engagiert sich Wolfgang Schoofs als Vorsitzender der Schleswig-Paten e.V., einem Zusammenschluss namhafter Unternehmen aus der Region, die mit signifikanter finanzieller Beteiligung die Installierung eines Stadtmanagers in Schleswig unterstützen. Mittlerweile ist er auch Vorsitzender des Verbandes der Schleswig-Holsteinischen Wasser- und Energiewirtschaft und kann dort die bei der Landesgartenschau geschaffenen vielseitigen Kontakte zum Wohle der Energiewirtschaft nutzen.

Die private Leidenschaft des Mannes, der auf beruflicher Ebene schon so manchen Sturm wie ein Fels in der Brandung überstanden hat, gehört den Leuchttürmen. „Es gibt weltweit 7500 Leuchttürme. Mich fasziniert das Netz von einfachen Signalen, das sich über die ganze Erde spannt und noch heute, in Zeiten der modernen Technik, der Seeschifffahrt zur Navigation dient", bekennt er. Auf einer 1.500 Kilometer langen Tour durch Mallorca ist er sämtliche Leuchttürme der Insel abgefahren.

Als Geschäftsführer der Schleswiger Stadtwerke will Wolfgang Schoofs das Unternehmen weiter ausbauen. Schon heute liefern die Schleswiger Stadtwerke Strom und Gas in ganz Deutschland. Mit breit aufgestellten Dienstleistungen wie der Straßenreinigung, der Pflege der Grünflächen, der Wasserversorgung, der Instandhaltung von Ampeln und Straßenbeleuchtung, dem Betrieb des städtischen Schwimmbades und des Hafens bedienen die Stadtwerke Schleswig schon heute ein beachtliches Spektrum. Zukünftig will der Unternehmensverbund sich als Multifunktions-Dienstleister für die gesamte Region bis an die dänische Grenze positionieren.

Die privaten Ziele von Wolfgang Schoofs lauten: Die gute Beziehung zu seinen vier Kindern aufrecht erhalten, den offiziellen Sportbootführerschein See machen, eines Tages ein eigenes Segelboot erwerben und stets eine gute Zigarre parat haben.

Geschäftsführung • **Schleswiger Stadtwerke GmbH** • **Poststraße 8** • **24837 Schleswig • Telefon: 04621-801-0**

Die Landesgartenschau

Am 25. April 2008 hieß es in Schleswig „Vorhang auf und Bühne frei!" für ein blühendes Schauspiel: Die erste Landesgartenschau Schleswig-Holsteins öffnete ihre Tore. 164 Tage lang stand Schleswig im Zeichen floraler Pracht. Über 700.000 Besucher ließen sich von schönen Gärten und vielfältigen Angeboten begeistern.

Marianne und Michael, Jürgen Drews, Justus Franz, Helge Schneider und zahlreiche hochkarätige Künstler mehr brachten mit ihren Gastspielen Musik und neues Selbstvertrauen in die Stadt an der Schlei. Mit der erfolgreichen Ausrichtung der ersten Landesgartenschau in Schleswig-Holstein hat sich Schleswig weit über die Landesgrenzen hinaus von seiner attraktivsten Seite gezeigt. Positive Impulse durch die Landesgartenschau konnte auch der Tourismussektor verzeichnen. Vor allem auf dem Sektor der Gruppenreisen konnten signifikante Zuwächse erreicht werden.

Aber die Landesgartenschau hat noch mehr erreicht: Sie hat bewiesen, dass es Sinn macht, in ambitionierten Projekten mit Partnern zu kooperieren. Das Kombiticket, das neben dem Eintritt zur Landesgartenschau auch kostenlosen Zugang zu den Museen der Stiftung Schloß Gottorf gewährte, hat sich als Erfolgskonzept bewährt und auch viele neue Besucher an die Kunst herangeführt, die man sonst nicht erreicht hätte. Der größte Erfolg der Landesgartenschau aber war „die psychologische Umkrempelung der Schleswiger selbst", wie der ehemalige Direktor von Schloß Gottorf, Professor Herwig Guratzsch, sich ausdrückte.

Zu diesem Effekt haben vor allem die Festivalisierung und die Einbeziehung des Umlandes beigetragen. 1.600 Veranstaltungen und die Kombination mit den Museen machten die Landesgartenschau in Schleswig zur kulturträchtigsten, die es bislang gegeben hat. Am großen Festumzug zum Abschluss der Landesgartenschau nahmen allein 1.700 Mitglieder von Vereinen und Organisationen teil.

Wie groß das Interesse der Bürger an der Nachnutzung der Landesgartenschau und der weiteren Entwicklung ihrer Stadt ist, zeigte die riesige Publikumsbeteiligung an einer durch die Bürgervereine initiierten Podiumsdiskussion. 1.200 Menschen waren in das NOSPA-Veranstaltungszelt gekommen, um über Visionen für Schleswig zu diskutieren.

Die unmissverständliche Botschaft lautete: Durch Schleswig ist ein Ruck gegangen und die Bürger sind sich einig: Sie wollen die positiven Impulse der Landesgartenschau für die Zukunft ihrer Stadt nutzen.

Von der Umsetzung eines Nachnutzungskonzept war in 2009 noch wenig zu sehen.

Die Gründung der Stadtmanagement Schleswig-Schlei GmbH im April 2009, die durch den Schulterschluss von regionalen Unternehmen und den Schleswiger Gewerbevereinen möglich wurde, ist jedoch ein wichtiger Schritt in diese Richtung.

Foto: LGS/Matzen

Eckhard Schröder

Wenn Eckhard Schröder in Polizeiuniform ein Lehrerzimmer betritt, geht oft ein Raunen durchs Kollegium: „Was macht denn der Kreispräsident bei uns?", lautet dann die erstaunte Frage an zahlreichen Schulen in Schleswig und Umland. „Er gibt Verkehrsunterricht", ist die Antwort. Die Erklärung dafür liegt in der Doppelfunktion von Eckhard Schröder.

Seit dem 25. Juni bekleidet der aktive Polizeibeamte das Ehrenamt des Kreispräsidenten für den Kreis Schleswig-Flensburg; er wurde einstimmig von den 57 Abgeordneten des neuen Kreistages gewählt.

Er leitet die Sitzungen des Kreistages, nimmt an zahlreichen Arbeitssitzungen teil und repräsentiert den Kreis zu den verschiedensten Anlässen nach außen.

„Als Kreispräsident bin ich das Scharnier zwischen den Beschlüssen des Kreistages und der politischen Umsetzung durch den Landrat", sagt Eckhard Schröder. Ein Bindeglied möchte der neue Kreispräsident auch für die deutsch-dänische Zusammenarbeit und die Kontakte zu Polen sein. Die Weiterentwicklung der im Kreis stattfindenden Wirtschaftsaktivitäten ist ihm ein besonderes Anliegen. „Wir haben hier produzierendes Gewerbe und eine Ernährungswirtschaft, die uns allen Grund zu gesundem Selbstbewusstsein gibt", sagt Eckhard Schröder, der selbst in einem landwirtschaftlichen Betrieb groß geworden ist: Vater und Großeltern waren nach dem Krieg mit tausenden von Flüchtlingsfamilien aus Pommern nach Schleswig-Holstein gekommen. Ihr Weg führte weiter nach Nordrhein-Westfalen, wo der Vater in der Stahlindustrie eine Beschäftigungsmöglichkeit fand.

Doch lange konnte es den Landwirt nicht am Hochofen halten.
1958 kehrte er mit seiner aus Füsing stammenden Frau und dem am 24.08.1954 in Düsseldorf geborenen Eckhard und der Schwester nach Schleswig-Holstein zurück. Auf einem Resthof in Moldenit gründete die Familie eine kleine Landwirtschaft. „Wir haben oft mit der Heuforke auf dem Feld gestanden, während unsere Freunde zum Baden gingen", erinnert sich Eckhard Schröder an die Kindheit, die er zusammen mit seinen zwei Geschwistern auf dem Lande verbrachte.

Noch heute liegen ihm die Belange der Landwirte und die Entwicklung des ländlichen Raumes besonders am Herzen. Schon seit 1998 lenkt er als Bürgermeister die Geschicke seiner Heimatgemeinde Schaalby, seit 1990 bekleidet er ein Kreistagsman-

Foto: privat

dat als direkt gewählter Abgeordneter des Wahlkreises Tolk. „Heimat bedeutet für mich, gerne zurückzukommen, aber auch Verlässlichkeit und den Nächsten einschätzen zu können", sagt Eckhard Schröder über seine tiefe Verbundenheit mit der Region.

Es war die Elternarbeit, die den allein erziehenden Vater in die Politik brachte. Als Elternvertreter setzte er sich für den Erhalt der Dorfschule in Schaalby ein. Eine große Elternversammlung, die konsequente Weiterentwicklung eines schlüssigen Konzeptes und die konstruktive Zusammenarbeit mit dem damaligen Bürgermeister führten Mitte der 80er Jahre zum Erfolg: Die Schule wurde erhalten und 15 Jahre später war die Schülerzahl von 40 auf 140 Kinder angewachsen.

„Das waren gute Jahre", sagt Eckhard Schröder, der sich seit über 20 Jahren auch in kirchlichen Gremien engagiert. Als Vorsitzender der Kirchengemeinde hat er sich ganz besonders für die Themen Familie und Bildung eingesetzt. „Es sind vier neue Kindergärten und der Waldkindergarten entstanden, das war toll!", strahlt er. Von 1997 bis 2004 war er Vorsitzender der Synode des Kirchenkreises Angeln. Am Ende dieser Amtszeit wurde ihm das Ansgarkreuz der Nordelbischen Kirche verliehen.

Die Auseinandersetzung mit Glaubensfragen war für den Sohn christlich denkender Eltern schon früh von besonderer Bedeutung. Es war vor allem der aus Pommern stammende, kirchlich engagierte Großvater, der den jungen Eckhard an den christlichen Glauben heranführte. Noch heute erinnert er sich an Gespräche über die Losungen des Neukirchener Kalenders, die er auf dem Schoße des Großvaters führte; die Arbeitshefte aus dem Konfirmandenunterricht hat er bis heute aufgehoben.

Der soziale Aspekt ist für ihn auch in seiner Arbeit als Polizeibeamter entscheidend: Trotz seiner Vorliebe für die Landwirtschaft entschied sich Eckhard Schröder nach dem Schulabschluss, in den Polizeidienst einzutreten. Einige Einsätze haben sich ihm besonders eingeprägt, dazu gehören die Begegnungen mit den Atomkraftgegnern in Brockdorf. „Wir standen mit der Hundertschaft auf der grünen Wiese und sahen uns als junge Polizisten mit den Sorgen der Menschen konfrontiert. Glücklicherweise stand die Landesregierung voll hinter uns", sagt er rückblickend auf eine Zeit des gesellschaftlichen Umbruchs.

Von 1975 bis 1980 erlebte er auf der Zwei-Mann-Polizeistation in Böklund so ziemlich alles, was den Polizeidienst ausmacht. Von der Familienstreitigkeit bis zum Tötungsdelikt, dem Erstochenen an der Gartenpforte und dem Ertrunkenen, der über den vermeintlich zugefrorenen Langsee spazieren wollte. Die Erinnerung an einen schrecklichen Schulbusunfall mit drei Todesopfern lösen noch heute starke Emotionen in ihm aus. Eines der Kinder starb in seinen Armen.

Mit dem Ziel, den Menschen zu helfen, bevor es zu spät ist, arbeitet er seit 1980 in der Präventionsarbeit. Einsätze an Schulen und Kindergärten, die Erwachsenenbildung, Drogenberatung, Gewaltprävention, Senioren- und Behindertenbetreuung gehören zu seinem Aufgabenfeld. Heute beginnt der ganz normale Arbeitstag des Polizeibeamten um 6.30 Uhr auf der Polizeidienststelle in der Friedrich-Ebert-Straße in Schleswig, anschließend erteilt er in den Schulen des Kreises Verkehrsunterricht.

Gerade dort entstehen häufig wichtige Kontakte zu Kindern und Jugendlichen mit sozialen Problemen. „Der Uniformbonus hält genau eine Doppelstunde", weiß Eckhard Schröder, „danach zählen der persönliche Kontakt. Viele Jugendliche, die sonst nicht zur Polizei gehen würden, nutzen die Möglichkeit, uns ihre Sorgen mit Familie und Umfeld mitzuteilen."

Zuhören, erst mal andere sprechen lassen, sich ein genaues Bild machen, ist die Devise von Eckhard Schröder. Dabei geht es ihm immer darum, eine möglichst gute Lösung zu erarbeiten und diese dann zielorientiert durchzusetzen, für die Belange der Menschen und der Region, die ihm am Herzen liegen.

Kreispräsident • Kreis Schleswig-Flensburg •
Flensburger Straße 7 • 24837 Schleswig • Telefon: 04621-87-224

Caroline Schwarz

„Schleswig ist wie ein kleines Lübeck. Beide Städte haben einen Dom, die Nähe zum Wasser und eine faszinierende Kulturdichte", sagt Caroline Schwarz, die am 29.03.1954 in Lübeck geboren wurde und heute mit ihrem Mann in Schleswig lebt.

Seit dem 20. Mai 2005 ist Caroline Schwarz Beauftragte für Minderheiten und Kultur des Ministerpräsidenten des Landes Schleswig-Holstein. Repräsentative Aufgaben im Namen der Landesregierung gehören ebenso zu ihren Aufgaben wie die Weiterentwicklung der Kulturförderung. „Das ist mein Traumjob", sagt sie mit einem strahlenden Lächeln über ihre Arbeit in Kiel. Peter Harry Carstensen kennt sie bereits seit 1989 und sie schätzt die Arbeit in guter, angenehmer Atmosphäre mit dem Ministerpräsidenten.

Als älteste von vier Geschwistern wuchs Caroline Schwarz im Lübecker Elternhaus als Tochter eines Architekten und einer Kunsthistorikerin auf. Ihr ursprünglicher Berufswunsch lautete: Opernsängerin oder Kellnerin. Nach dem Abitur folgte die damals 17-Jährige dem mütterlichen Rat und bewarb sich auf ein Studium für Zahnmedizin. Den ihr von der Zentralen Vergabestelle zugewiesenen Studienplatz in Würzburg konnte sie nicht annehmen: „Da wäre ich vor Heimweh gestorben", sagt Caroline Schwarz. Sie zog es deshalb vor, Klassische Philologie in Kiel und Marburg zu studieren. Während des Studiums lernte Caroline Schwarz ihren späteren Mann, den Historiker Dr. Hans Wilhelm Schwarz, kennen. Er war es auch, der den Impuls zum Einstieg in die Kommunalpolitik gab. „Wir zogen 1976 nach Schleswig und wohnten schon damals im Friedrichsberg. Als der Stadtteil saniert werden sollte, schlug mein Mann vor, dass ich - als die Praktikerin von uns beiden - an den Versammlungen teilnehmen sollte", erinnert sich Caroline Schwarz. 1982 trat sie in die CDU ein, 1986 wurde sie Vorsitzende der Frauenunion Schleswig und Umland. Im Schatten der Barschel-Affäre stand sie ihre Frau im Straßenwahlkampf. „Da haben wir uns einiges anhören müssen", sagt sie, „aber ich habe auch viel gelernt". Mit weiblichem Charme, Klarheit, Durchsetzungskraft und Intelligenz hat sie in Schleswig als Mitglied der Ratsversammlung und stellvertretende Bürgermeisterin bis 2008 so manches bewegt.

Ohne Caroline Schwarz hätte es die Landesgartenschau in Schleswig vermutlich nicht gegeben. Es war ihre Idee, dieses florale Großereignis in die Schleistadt zu holen. „Ich bin durch einen Zeitungsartikel auf eine Landesgartenschau aufmerksam geworden. Als ich mich ein wenig mit dem Thema beschäftigte, stellte ich fest, dass Schleswig-Holstein das einzige Land war, in dem es bislang keine Landesgartenschau gegeben hatte." Eine Idee war geboren und Caroline Schwarz machte sich an die Umsetzung. Das war im Jahr 2000. Sie gründete einen Initiatorenkreis, erste Tref-

Foto: privat

fen fanden im Schloß Gottorf statt, die Schleswiger Wirtschaft stellte Mittel für eine Machbarkeitsstudie bereit. Danach hieß es Geduld und Hartnäckigkeit beweisen und erst unter Landwirtschaftsminister Klaus Müller gab es grünes Licht für das Projekt. Nun wurden Richtlinien aufgesetzt und landesweite Ausschreibungen auf den Weg gebracht. Ende 2004 war es soweit: Schleswig wurde offiziell als Austragungsort der ersten schleswig-holsteinischen Landesgartenschau bekannt gegeben. Die Landesgartenschau, wie Caroline Schwarz auch, hat sich in Schleswig gegen viele Skeptiker durchsetzen müssen und ist schließlich zum Lieblingskind avanciert. Zahlreiche Kritiker sind zu Freunden geworden und Caroline Schwarz wird liebevoll die „Mutter der Landesgartenschau" genannt. „Ich bin ein typischer Widder. Man holt sich eine Menge Beulen, aber irgendwann kommt man durch die Wand", erklärt sie ihr Durchsetzungsvermögen."

Ihre Schaltzentrale ist ihre Küche mit den taubenblauen Fliesen von 1911, statt Kochrezepten liegen hier Korrespondenzen, auf den roten Küchenstühlen haben schon Staatsminister gesessen.

Beauftragte für Minderheiten und Kultur des Ministerpräsidenten des Landes Schleswig-Holstein • Bahnhofstraße 4 • 24837 Schleswig • Telefon: 04621 - 37378

Dietmar und Steffi Seifert

Am 28. März 2009 schloss das Fleischerfachgeschäft Lietz im Stadtweg zum letzten Mal seine Türen, gleichzeitig wurde der Betrieb im Friedrichsberg eingestellt. Damit hat Schleswig nicht nur ein weiteres Traditionsgeschäft, sondern auch den letzten Schlachter der Stadt verloren.

Die Geschichte der Firma Otto Lietz beginnt am 25. November 1880. Bereits in der Gewerbeordnung von 1869 ist vermerkt, dass Carsten Martin Lietz einen „stehenden Gewerbebetrieb" als Schlachterei im 8. Quartier No. 147 angemeldet hat. Die Eröffnung des Stammhauses und der Produktionsstätte erfolgte in der Friedrichstraße 38. Nach dem frühen Tod des Firmengründers heiratete dessen Witwe den Schlachtergesellen Johannes Möller (Hanne Mo) vom Holm, der in den Betrieb einstieg. Nach seiner Rückkehr aus dem Krieg übernahm Otto Lietz, Enkel des Firmengründers Carsten Lietz, 1946 den Betrieb und führte ihn mit seiner Frau Traute weiter. Bis zur Währungsreform wurde das Schlachtvieh auf der Viehverwertungsstelle am Rathausmarkt, im ehemaligen Straßenbahndepot, angeliefert und von dort per Lebensmittelkarten verteilt. 1955 baute Otto Lietz ein neues Schlachthaus, kurz darauf wurde der Laden umgebaut und erweitert. 1978 übernahm Schwiegersohn Dietmar Seifert mit seiner Ehefrau Steffi, geb. Lietz, den Betrieb. „Das Geschäft war mein Leben", sagt Steffi Seifert heute mit einer Mischung aus Stolz und Wehmut. Seit ihrem 16. Lebensjahr hatte die am 16.03.1942 geborene Fleischereifachverkäuferin im Laden gestanden. Während sie in das Geschäft quasi hineingewachsen war, bedeutete die Entscheidung, den Betrieb zu übernehmen, für ihren Ehemann die Notwendigkeit umzulernen. Nach der Schule hatte Dietmar Seifert zunächst Eisenwarenkaufmann bei Richard Petersen in der Mönchenbrückstraße gelernt. Nach acht Jahren bei der Bundeswehr wurde er schließlich als Vertriebsleiter für Granini tätig. 1965 heiratete er Steffi Lietz. Da deren Bruder Carsten kein Interesse an der Übernahme des elterlichen Betriebs hatte, zögerte Dietmar Seifert nicht, noch einmal von vorne anzufangen, um die Familientradition seiner Frau fortführen zu können.

„Wenn man etwas erreichen will, muss man sich eben durchbeißen", lautete sein Motto.

Schon bald stand er mit in der Schlachterei, baute gegen die anfängliche Skepsis der Schwiegereltern den Laden in der Friedrichstraße um und eröffnete 1984 das Geschäft im Stadtweg. Seitdem hat das Ehepaar wechselvolle Zeiten durchstanden, auch den frühen Tod der Tochter haben sie verkraften müssen, doch Seite an Seite haben sie alle Höhen und Tiefen des Lebens gemeistert. „Nur gemeinsam sind wir stark", sagen die beiden nach 44 Jahren Ehe. Von montags bis samstags haben sie im Geschäft gestanden, zehn bis zwölf Stunden am Tag gearbeitet. „Ich habe mal versucht, zu zählen, wie viele Male ich in meinem Leben Bitteschön und Dankeschön gesagt habe", erzählt Steffi Seifert. Die genaue Zahl hat sie vergessen, aber sie war riesig. Nicht vergessen

haben die beiden viele prägende Erlebnisse. „Nach dem Krieg haben die Menschen bei uns Schlange gestanden, die Flüchtlinge wurden bei meiner Mutter immer bevorzugt behandelt und meine Schwiegermutter brachte den Bewohnern des Stifts jedes Jahr Weihnachtsgeschenke", erinnert sich Steffi Seifert. Auch die Schneekatastrophe von 1978 haben sie in lebhafter Erinnerung. Gemeinsam mit der Feuerwehr holten sie Schweinehälften von einem umgekippten Transporter und konnten so die Bevölkerung versorgen. Ein Würstchen auf die Hand für die Kinder gehörte seit Generationen zum Einkauf bei Lietz und die vielfach prämierte Leberwurst nach Hausrezept schmeckte noch immer wie zu Großmutters Zeiten.

All das gehört jetzt der Vergangenheit an. Die Geschäftsaufgabe haben die Seiferts Jahr für Jahr hinausgeschoben, ein Nachfolger ließ sich nicht finden. „Arbeit kauft sich keiner", bringt Dietmar Seifert das Problem vieler Fachgeschäfte im Zeitalter moderner Supermärkte auf den Punkt.

Trotz dieses Abschiedes liegt Schleswig den Seiferts am Herzen. „Ich weiß noch, wie ich als Junge am Badestrand Flöße gebaut habe und im Winter Schlittschuh gelaufen bin", erinnert Dietmar Seifert sich an prägende Kindheitserlebnisse. „Schade nur, dass das Potenzial der Stadt so wenig genutzt wird", fügt er kritisch hinzu. Tradition und Geselligkeit lebt er auch in der Friedrichsberger Beliebung. Seit 1965 ist er dort Mitglied und seit 1993 der 1. Ältermann.

Wenn nicht gerade eine der drei Schleswiger Gilden zum Schützenfest lädt, werden die Seiferts ihre freie Zeit auf dem Campingplatz in Schuby genießen. Vieles wird sich nach der Geschäftsaufgabe ändern, doch eines bleibt Ehrensache: Die Wurst wird beim Fleischer gekauft und nirgends sonst.

ehem. Fleischereifachgeschäft Otto Lietz • Christian-Albrecht-Straße 29 • 24837 Schleswig • Telefon: 04621-32231

Die Friedrichsberger Beliebung von 1638

Eine Folge der entsetzlichen Verwüstungen des 30-jährigen Krieges war das Überhandnehmen von ansteckenden Krankheiten. Vor allem die Pest raffte viele Millionen Menschen dahin. Da diese Krankheit sehr ansteckend war, wagte kaum einer, seinem Mitmenschen Hilfe zu leisten. Viele starben verlassen in ihren Häusern und es war schwierig, jemand zu finden, der sie zu Grabe geleitete.

Im Jahre 1638 schlossen sich daher 45 Bürger im Friedrichsberg unter den ersten Älterleuten Valentin Koch und Tobias Ingwersen zusammen, um nach dem Vorbild der Alten Beliebung die Friedrichsberger Beliebung zu gründen. Die Vereinigung wurde durch zwei Älterleute und die Zwölfer geleitet. Diese Konstellation existiert bis heute. Ursprünglich führte die Beliebung alle Beerdigungszeremonien durch, ihr gehörten deshalb lange Zeit die Friedrichsberger Pastoren an, die sich verpflichteten, die Toten zu Grabe zu begleiten und die Angehörigen zu trösten. Viele bekannte Namen finden sich im alten Protokollbuch der Beliebung wieder. Der Magister Olearius, Probst Christian Callisen, Prof. Pfingsten und der Senator Wieck.

Auch wenn sich die Aufgaben der Beliebungen im Laufe der Zeit geändert haben, haben sich viele Rituale und Konstellationen über die Jahrhunderte bewahrt. So werden nach alter Sitte auch heute noch die Sargträger aus den Reihen der Beliebung gestellt. Zur Pflege des Brauchtums gehört auch das traditionelle „Grünes holen", um Kränze und Girlanden zu binden. Es ist das Ziel aller Beliebungsmitglieder, diese Traditionen zu pflegen und für die Zukunft zu erhalten. Zurzeit hat die Beliebung 378 Mitglieder. Jeder Bürger ist als Mitglied der Friedrichsberger Beliebung willkommen.

von rechts: 1. Ältermann Dietmar Seifert, der scheidende 2. Ältermann Theo Oelerich, der gewählte 2. Ältermann Dirk Wohler nebst Gattin und der Zwölfer Kassenwart Horst Timmsen vor dem Ältermannstisch bei der Übergabe der Kette

Friechsbager Beleem

Jedes Johr, wenn`t Sommer is freut sick Groot und Kleen: Endlich is dat nu sowiet, Friechsbager Beleem.
Dünnersdag treckt de Twölfer los, holt in Haddeby Grön denn dat hört nu mol dorto bi Friechsbager Beleem.

Fehlt de Kron ok ün`n de Krinck, trotzdem ist se schön, is een Staat vörn Öllernmannsdisch op Friechsbager Beleem.
Twischendörch ward Fröhstück makt, Boddebrod und Köm, aber ok Guirlannen bun vör Friechsbager Beleem.

Denn geiht mit Musik to Hus, Guirlannen hier an` Böhn de hebbt jug de Twölfer makt vör Friechsbager Beleem.
Unsre Frunns sind fleitig west, könt de Kränz ji sehn is dat nich een schöne Schmuck vör Friechsbager Beleem?

Sünndag sind de Kinner dor; oh, wie is dat schön wenn dat Saft und Kringeln gifft op Friechsbager Beleem.
Is de Hauptversammlung dor, süllt je dat mol sehn all goht se mit`n swarten Rock to Friechsbager Beleem.

Dor ward ernste Arbeit leist; Arbeit is ook schön, wenn dat vör een guden Zweck uns Friechsbager Beleem.
Abends mookt wie uns denn fein, stekt uns an een Blom, dat se uns ook lieden mögt, de Deerns von uns Beleem.

Und denn wüllt wi fröhlich sien, smieten fix de Been, alle Truer is denn vörbie bi Friechsbager Beleem.
Nahcts geiht denn dörch Friechsbarg heim. Oh, wie wer dat schön. Harrn wi doch veel öfter noch een Fets von uns Beleem.

Hunnerte Johre is all old, steiht fast op de Been, lang mög de ook noch bestohn uns Friechsbager Beleem.
Staht ji immer fast tohop, den süllt ji mol sehn, gifft ok noch in dusend Johr uns Friechsbager Beleem.

Elke Seltmann

„Vom Wirtschaftswunder zum Weltenbummler", betitelt Elke Seltmann ihren Lebensweg ebenso knapp wie treffend. Schon im Alter von nur einem Jahr habe sie 13 Paar Lederschuhe besessen, das belege ein altes Schwarz-Weiß Foto, lacht die am 19. Juli 1958 in Köln-Altstadt geborene Tochter eines Handelsreisenden. Der Vater habe immer höchsten Wert auf das äußere Erscheinungsbild gelegt, auf Fotos sei er stets mit Hut und Krawatte zu sehen. Einen Schuhtick habe sie dennoch nicht bekommen, versichert Elke Seltmann.

Die Reiselust hingegen ist ihr bis heute geblieben. Die gelernte Reisekauffrau erinnert sich noch gut an ihren ersten Flug: Den trat sie mit sieben Jahren an, als sie alleine mit der PanAm von Köln nach Berlin flog, um dort ihren älteren Cousin zu besuchen.

„Sie hat sich nicht einmal umgedreht", erinnert sich die Mutter noch heute ganz genau an den frühen Reisetrieb der Tochter. Als 9-Jährige habe sie mit Leidenschaft fiktive Reisetickets auf den Quittungsblöcken im Blumengeschäft ihres Cousins ausgestellt. Nach dem Abitur wollte die damals 19-Jährige studieren. Doch auf dem Sterbebett nahm ihr der geliebte Vater das Versprechen ab, etwas Kaufmännisches zu lernen. Und so setzte sich die patente junge Frau in einem Eignungstest gegen 157 Mitbewerber durch und begann eine Lehre als Reiseverkehrskauffrau. Ihre dreieinhalbjährige Ausbildungszeit in einem Kölner Reisebüro hat Elke Seltmann in guter Erinnerung. „Es war eine aufregende Zeit. Zu unserem Kundenstamm zählten viele Prominente. Wir haben damals so manche Nacht zum Tag gemacht."

Auf dem Kölner Karneval lernte sie ihren heutigen Mann kennen, der damals in Schleswig-Jagel als Marineflieger stationiert war. Es folgte eine Phase des Pendelns zwischen Rhein und Schlei, bis Elke Seltmann im Januar 1981 in einem Schleswiger Reisebüro als Angestellte anfing. Am 2. Mai desselben Jahres folgte die Hochzeit.

Im August 1995 entstand der erste Kontakt zu Adolf Deeke, Vorstand der Schleswiger Volksbank, in Kropp, der ihr wenig später ermöglichte selber „Chefin" zu sein. Unter dem Dach der Raiffeisenbank eröffnete Elke Seltmann am 6. Januar 1996 ihr „eigenes" Reisebüro im Schleswiger Stadtweg. Mittlerweile ist Schleswig ihre Heimat geworden. Ihre Kunden schätzen die ausgezeichnete Beratung und den persönlichen Service ihres Reisebüros. Elke Seltmanns Geheimtipps haben schon für Manchen den Urlaub zu einer unvergesslichen Zeit werden lassen.

Legendär sind die von Elke Seltmann organisierten Reisen zu den Paralympics. Aus ganz Deutschland kommen mittlerweile die Reiseteilnehmer zu dieser außerordentlichen Tour. Die deutsche Fangemeinde ist mittlerweile schon so bekannt, dass sie 2008 sogar eine Einladung zum Empfang des Bundespräsidenten während der Paralympics in China bekommen hat.

Elke Seltmanns private Leidenschaft gilt allem, was in den dekorativ-kreativen

Bereich fällt. Als Jugendliche hat sie viel gemalt, heute fertigt sie Objekte aus verschiedensten Materialien. Die Basis dazu liefert ihr ein ausgedehnter Sammeltick. „Wenn ich von einer Fernreise wiederkomme, ist mein Koffer stets mit Kuriositäten wie zum Beispiel Treibholz gefüllt", sagt sie. Ihre erste Fernreise hat Elke Seltmann bei einem Wettbewerb eines Reiseveranstalters in der Türkei gewonnen. In der Disziplin „Kreativität" konnte sie hier mit einem selbst geknüpften Teppich überzeugen. Dafür hatte sie eine Fahne in einem Club „entliehen", in Antalya Wollknäule gekauft, ein halbes Baumwollfeld abgeerntet und Blätter von Bananenstauden gepflückt. Aus den daraus geflochtenen Kordeln wurde ein bunter Teppich, der noch lange die Halle eines Hotels geziert und der Einfallsreichen eine Reise nach Thailand beschert hat. Mittlerweile hat sie fast die ganze Welt gesehen, Asien liegt ihr besonders am Herzen.

Elke Seltmann fackelt nicht lange, sondern handelt. Sie schätzt Teamgeist und Kollegialität. „Schlimm ist sie nur, wenn sie wirklich Hunger hat", wissen die Mitarbeiterinnen und halten für den Notfall immer eine Schokolade in der Schublade bereit.

Die Kontakte zu alten Freunden pflegt sie und auch Mutter und Bruder sind ihr noch heute wichtige Ratgeber in beruflichen und privaten Dingen.

Köln vermisst sie nicht wirklich, doch eines bleibt ihr heilig: Am Rosenmontag sitzt sie gemütlich mit ihrem Mann auf dem Sofa und genießt die Fernsehübertragung des Kölner Karnevals.

Reisekauffrau und Büroleitung • Raiffeisen-Reisen • „mein-reisespezialist" •
Stadtweg 10 • 24837 Schleswig • Telefon: 04621-3040-0

Jürgen & Meike Simon

„Im Kieler Rathaus erhalten 1000 Türen eine neue Schließtechnik." Das Erstaunliche an dieser Meldung ist nicht nur die Vielzahl der Türen, die es in dem Gebäude gibt, sondern vor allem die Tatsache, dass Einbau und Service von einem Friedrichsberger Familienunternehmen realisiert werden. Und nicht nur hier, sondern auch in der Rheuma-Klinik Bad Bramstedt, der Asklepios-Klinik auf Sylt oder im Musterhaus auf der Freiheit ist die Firma Elektro-Simon kompetenter Partner in allen Fragen rund um die Elektrotechnik. Kein Wunder, denn Kundenservice, Kompetenz und Zuverlässigkeit haben hier Tradition.

Schon im Jahr 1926 wurde der Elektrofachbetrieb Bannick im Schleswiger Friedrichsberg gegründet. Die Installation von Stromanschlüssen in der ländlichen Region rund um Schleswig gehörte zu den Aufgaben des Unternehmens, das in der Folge schnell wuchs. 1931 zog das Unternehmen in die Friedrichstraße 89, schon bald wurden die Räume des benachbarten Friseursalons ins Geschäft integriert. 1971 kam das Haus Friedrichstraße 87 hinzu. 1991 haben Jürgen Simon und seine Frau Meike das Fachgeschäft für Elektroinstallationen, Hi-Fi- und Fernsehtechnik übernommen und weiter ausgebaut. Zur Zeit umfasst das Team der Firma Simon 16 Mitarbeiter in den Bereichen Verkauf, Kundendienst und Elektroinstallation, darunter drei Auszubildende für die Handwerksberufe des Elektroinstallateurs und Informationselektronikers.

Jürgen Simon wurde am 05.12.1955 in Schleswig geboren. Nach dem Volksschulabschluss absolvierte er ab 1972 eine Lehre zum Elektroinstallateur. Nach zweijähriger Bundeswehrzeit sammelte er in einem Silberstedter Elektrounternehmen umfangreiche Praxis-Kenntnisse, bevor er 1985 seine Meisterprüfung ablegte. 1986 stieg er dann er als angestellter Meister im Traditionsunternehmen Bannick ein. Als die Eigner-Familie sich fünf Jahre später aus dem Geschäftsleben zurückziehen wollte, war es für Jürgen Simon keine Frage, den Betrieb zu übernehmen. Wichtige Partnerin bei allen Unternehmungen war von Beginn an Ehefrau Meike. Seit 1980 sind die beiden verheiratet, 1985 kam Tochter Kathrin und 1990 Sohn Mathias auf die Welt. Als gelernte Damen-Schneiderin hat Meike Simon ein geübtes Auge für schöne Dinge und ein zeitgemäßes Erscheinungsbild, das sich auch in der ansprechenden Gestaltung des Ladengeschäfts wieder findet. Auf der großzügigen Ausstellungsfläche findet der Kunde neben der großen Lampenabteilung, Haushaltsmarkenwaren und Hifi-Geräte in großer Auswahl. Vor allem aber findet er eins: Kundennähe. Neben dem guten Geschmack und der ausgezeichneten Beratung ist es vor allem die herzliche Art von Meike Simon, die die Kunden zu schätzen wissen. „Man muss eben mit Herzblut dabei sein", sagt sie voller Begeisterung. Ihr Rezept, um frisch und gut gelaunt durch den Tag zu kommen, sind die frühmorgendlichen Spaziergänge mit dem Hund und ein erfrischendes Bad in der Schlei.

Jürgen Simon ist vor allem von der morgendlichen Lichtstimmung an der Schlei begeistert. Als Lichtberater weiß er, richtiges Licht am richtigen Platz einzusetzen. Perfektion in Technik und Licht können auch die Besucher von Schloß Gottorf in den Ausstellungsräumen erleben – hier ist Jürgen Simon Partner für das Beleuchtungskonzept. Auch für zahlreiche andere Installationen wie die Kabel für Einbruchmelde- und Brandschutzanlagen oder die Pumpenanschlüsse für die Springbrunnen im Fürstengarten ist das Unternehmen verantwortlich – schließlich sind die Friedrichsberger seit über 50 Jahren „Hauselektriker" im Schloss. Und es spricht einiges dafür, dass das die nächsten 50 Jahre so bleiben kann, denn Sohn Mathias absolviert gerade seine Lehre zum Elektrotechniker für Gebäude- und Systemtechnik.

Doch nicht nur die Zukunft des eigenen Unternehmens, sondern auch der Friedrichsberg selbst liegt Jürgen Simon am Herzen. Seit über 20 Jahren ist er Mitglied der Friedrichsberger Schützengilde, darüber hinaus engagiert er sich als Vorsitzender des Vereins Schleswig-Friedrichsberg e.V. für die positive Entwicklung des Stadtteils.

Simon Elektrotechnik • Friedrichstraße 87 - 89 • 24837 Schleswig • Telefon: 04621-9395-0 • www.simon-elektrotechnik.de

Schleswig-Friedrichsberg e.V.

„Herzlich willkommen im freundlichen Stadtteil Friedrichsberg!" heißt es auf der Internetseite des Vereins Schleswig-Friedrichsberg e.V.

Bereits vor über 35 Jahren schlossen sich einige engagierte Unternehmer und Bürger des Stadtteils zusammen, um den gemeinnützigen Verein zu gründen. Ziel des Vereins ist bis heute die Steigerung der Attraktivität des Stadtteils und die Belebung des Geschäftsverkehrs. Mitglied des Vereins kann jeder unbescholtene Schleswiger Bürger werden, vornehmlich die Bewohner und Geschäftsleute des Stadtteils Friedrichsberg.

Zahlreiche Aktivitäten der Mitglieder haben von der Vergangenheit bis heute den Friedrichsberg geprägt und bereichert. So trägt die jährliche Blumenpflanzaktion zum positiven Erscheinungsbild der Friedrichstraße bei, und in der Winterzeit kümmert sich der Verein um Sponsoring und Montage der Weihnachtsstraßenbeleuchtung in der Friedrichstraße. Auch das Sponsoring des Tannenbaumschmückens durch die fünf Friedrichsberger Kindergärten sorgt jedes Jahr zum Nikolaustag für leuchtende Kinderaugen. Ebenfalls aus einer Aktion für Kinder ist vor rund 30 Jahren eine wahre Institution entstanden: Der Friedrichsberger Flohmarkt.

Ursprünglich war dieser als Kinderflohmarkt am Samstagnachmittag vor dem 1. Advent geboren worden. Die Idee fand so großen Zuspruch, dass aus ihr bald ein richtiger Flohmarkt wurde. Wegen des stetig steigenden Interesses wurde die Veranstaltung ab Ende der 90er Jahre ausgeweitet und begann schon am Freitagabend. Bis zu 30.000 Menschen besuchten dieses mittlerweile weit über die Landesgrenzen hinaus bekannte Event. Die Abwicklung eines Flohmarktes dieser Größe machte eine professionelle Organisation notwendig; Wachdienst und Müllentsorgung wurden zu kostspieligen Faktoren, die in der Folge die Einführung von Standgebühren bedingten. Mit den zunehmend nassen Wintern fiel der Flohmarkt jedoch immer häufiger ins Wasser, immer größer wurden die Lücken zwischen den Marktständen, so dass im Jahr 2008 schweren Herzens Abschied von dieser jahrzehntelangen Tradition genommen wurde: Der Friedrichsberger Flohmarkt wurde eingestellt.

Doch der Friedrichsberg wäre nicht der Friedrichsberg, wenn in Veränderungen nicht immer auch Chancen stecken würden: Seit kurzem gibt es nun unter Leitung von Geschäftsmann Tim Stöver wieder einen Kinderflohmarkt, der monatlich stattfinden soll. Und wer weiß: Vielleicht ist das wie vor 30 Jahren erst der Beginn einer heute noch ungeahnten Entwicklung?

Paul Sindram

Voller Begeisterung zeigt Paul Sindram vergilbte Fotos des Schleswiger Marienbades. Sie zeigen Damen mit hochgeschlossenen Blusen und langen Röcken beim sonntäglichen Familienausflug vor dem Café, eine Gesellschaft in Festkleidung am gedeckten Tisch und junge Männer und Frauen im großzügigen Schwimmtrikot beim sommerlichen Bade am Südufer der Schlei.

Es ist die Vorstellung all der Episoden und Geschichten, die sich an diesem Ort abgespielt haben, die den Architekten fasziniert. „Man muss den genius loci, den atmosphärischen Geist des Ortes, verstehen, um zu einem stimmigen Bebauungskonzept zu kommen", sagt der Schleswiger Ausnahmearchitekt. Vor zwei Jahren hat er das Marienbad gekauft und mit einer Investition von rund 300.000 Euro aus dem Dornröschenschlaf geweckt. Tradition und Nostalgie verbinden sich hier harmonisch mit den Elementen der Moderne, Ehefrau Katrin Sindram kümmert sich um das Wohl der Gäste und zaubert köstliche Torten nach den Original-Rezepten von einst.

„Das Marienbad ist ein Projekt des Herzens", sagt der am 07.01.1973 geborene Schleswiger. Schon als Kind hatte der Sohn eines Bauunternehmers hier gebadet.

Nach dem Abschluss der Domschule 1992 standen für Paul Sindram zwei Berufsziele zur engeren Auswahl: Schauspieler oder Architekt. Er entschied sich für letzteres und begann ein Architekturstudium an der Technischen Universität in Berlin. „Für die Schauspielerei war ich damals wohl auch etwas zu schüchtern", erklärt er zurückhaltend. Mit seiner Gabe, die Umwelt zu beobachten, dem Talent Visionen umzusetzen, seinem Hang zum Perfektionismus und nicht zuletzt seinem smarten Lächeln hätte er allerdings gute Anlagen für eine erfolgreiche Bühnen- oder Filmkarriere gehabt. Die Blicke des Publikums sind dennoch auf ihn gerichtet. Denn die Gebäude, die Paul Sindram als Architekt verantwortet, sind niemals willkürlich, sondern ziehen stets die Aufmerksamkeit des Betrachters auf sich.

Die Leidenschaft für das Formen von Ideen hatte den Studenten schnell gepackt. Unzählige Nächte zeichnete er zusammen mit Kommilitonen an den Entwürfen für unterschiedlichste Projekte. „Wir hätten am liebsten Tag und Nacht gearbeitet", erinnert er sich an eine Faszination, die ihn bis heute nicht losgelassen hat. Und dann kam im siebten Semester der Glücksfall, auf den Viele ihr Leben lang warten: Paul Sindram erhielt den Auftrag für die Planung der Mobilcom-Zentrale in Büdelsdorf, die zum Arbeitsplatz für über 1000 Menschen werden sollte.

Den Kontakt zu Ex-Mobilcom-Chef Schmid hat er seiner Mutter, der Immobilien-kauffrau Sybille Schmid-Sindram, zu verdanken. Trotz dieses hilfreichen Türöffners ist er überzeugt: „Herr Schmid als versierter Geschäftsmann hätte sich bei einem Projekt dieser Größenordnung niemals von privaten Erwägungen leiten lassen, wenn er nicht von der Qualität der Arbeit überzeugt gewesen wäre." Profitiert habe er auch von der extrem harten Berliner Schule sowie den zahlreichen Inspirationen, die die Metropole zur Zeit des großen Umbruchs in städtebaulicher Hinsicht bot, fügt er hinzu.

Nur ein Jahr, nachdem Paul Sindram in Berlin sein Examen mit Prädikat bestanden hatte, folgte ein zweiter Paukenschlag: Im Verbund mit zwei Kollegen bekam der Jungarchitekt den spektakulären Auftrag, den ersten und wichtigsten Bauabschnitt in der Kieler Kai-City zu gestalten. Um das Projekt hatten sich internationale Architekten-büros bemüht.

„Wir hatten damals großen Respekt vor dem Projekt", sagt Paul Sindram; im Rahmen dieses Vorhabens wagte er im Jahre 2000 letztlich den Schritt in die Selbständigkeit und gründete sein eigenes Architekturbüro.

Lebendig wie die Ideen der jungen Architekten ist auch das Ergebnis:
Der Germaniatower, Büro-, Wohn- und Geschäftshaus mit einer Bruttogeschoss-fläche von über 37000 Quadratmetern ist ein durch verschiedene Architekturformen pulsierendes Quartier, das die Umgebung und das Panorama von Innenstadt und In-

nenförde einbezieht. Hingucker des Gebäudeensembles ist die so genannte „Bluebox", die aus einer innovativen Konstruktion mit bläulich schimmernder Verglasung besteht. Durch die ausstellbaren Fenster erhält das Gebäude eine dynamische Fassade, die sich mit den Befindlichkeiten der Bewohner ändert. „Architektur ist immer etwas Persönliches und spiegelt die Philosophie ihrer Nutzer wider", sagt Paul Sindram.

Ideen und Konzepte müssen deshalb immer begründbar und nachvollziehbar sein, lautet seine Philosophie, die sich auch in dem Verwaltungsgebäude der VR-Bank an der Schleswiger Königstraße wieder findet: Hier entspricht das ausgewogene Verhältnis von soliden Strukturen und transparenter Ästhetik der Firmenphilosophie des Bauherrn.

Das anspruchsvolle Gebäude setzt ganz bewusst großstädtische Akzente – und nimmt das Zusammenspiel mit den Gegebenheiten des Raumes auf. So sind die Gebäudeseiten zur Königstraße und Altstadt klassisch, die Südfassade in Richtung Naturraum Schlei bewusst spielerisch gehalten. „Die Ideen kommen in der Regel vom Bauherren, für die kreative Umsetzung ist der Architekt verantwortlich", sagt Paul Sindram.

Seiner Mutter und ihrem Ehepartner Gerhard Schmid ist Paul Sindram für die Starthilfe dankbar. „Ich habe von beiden auf familiärer und auch unternehmerischer Ebene immer große Unterstützung erhalten. Mit ihrer großen Erfahrung waren sie mir in allen Belangen wichtige Ratgeber", betont er. Dennoch ist es ihm wichtig, auf eigenen Füßen zu stehen. Längst ist aus dem jungen Dynamiker ein erfahrener Architekt geworden, der an seinen Projekten gereift ist. Ehrgeiz und Perfektion kennzeichnen seinen Arbeitsstil. Mit dem Bau des VR-Bank-Gebäudes und auch der modernen VR-Bank-Passage im Stadtweg hat er sich in Schleswig ein eigenes Profil geschaffen. Folgeaufträge wie der Ausbau des Firmengebäudes der renommierten Steuerkanzlei Weitkamp, Hirsch und Kollegen im Schleswiger Gewerbegebiet St. Jürgen sprechen für sich.

Die Vielfältigkeit seines Talentes hat Paul Sindram mit dem gelungenen Umbau des Marienbades gezeigt. Seit Sommer 2009 betreibt er zusätzlich das Schleswiger Luisenbad. Anspruchsvolle und doch legere Atmosphäre lautet hier das Konzept, bei dem wie im Marienbad Kinderfreundlichkeit eine große Rolle spielt.

Was Kinder mögen, wissen Paul Sindram und seine Frau bestens aus eigener Erfahrung - dafür sorgen Sohn Till und Tochter Leni. Am Ende einer turbulenten Sommersaison steht noch ein ganz besonders freudiges Ereignis an: Schon bald soll Sohn Max das Licht der Welt erblicken.

Foto: privat

architekturbüro p. sindram • Heinrich-Hertz-Straße 9 • 24837 Schleswig • Telefon: 04621-9990600 • www.sindram.net

Das Strandcafé Marienbad

Am Südufer der Schlei legt ein Kleinod, das Architekt Paul Sindram und seine Frau Katrin 2008 aus dem Dornröschenschlaf geweckt haben: Das traditionsreiche Marienbad ist wieder geöffnet.

Aus dem verglasten Wintergarten bietet sich dem Besucher ein überwältigender Blick auf die Schlei und das Panorama von Schleswig. Im Sommer lassen sich traumhafte Sonnenuntergänge auch von der Terrasse oder aus den lauschigen Strandkörben genießen, nach Anbruch der Dunkelheit setzen große weiße Leuchtkugeln gemütliche Lichtakzente.

Stellvertretend für die zahlreichen Gäste, die die einzigartige Atmosphäre des Marienbades genießen, schreibt Ivar Radowitz, Stammgast & Künstler aus Riga, in einer Widmung:

»Ich denke an das berühmte »Deux Magots« am St. Germain in Paris, an den Pub in der Mitte des großen BBC-Senders in London … Und nun besuche ich jede Woche - wie magisch angezogen - das »Strandcafé Marienbad« gegenüber vom Schleswiger Dom, direkt an der wunderschönen Schlei … Meine geliebte Ostsee streckt hier den schlanken Arm, die Schlei, aus und streichelt mit dem kleinen Finger mich und Dich und jeden Gast auf der freien Terrasse mit feinem Café und Duft des zärtlichen Schleswig und Holstein.«

Vom sonntäglichen Frühstück bis zum romantischen Dinner bei Kerzenschein bietet das Café Marienbad kulinarische Genüsse für besondere Momente zu jeder Tageszeit, selbst Käse- und Fleischfondue stehen auf der vielfältigen Speisekarte. Eine Berühmtheit waren schon zu Großmutters Zeiten die selbstgebackenen Torten des Marienbades – und sind es heute wieder.

Denn Katrin Sindram backt nach den Originalrezepten der Familie Junge, die den Betrieb beinah 100 Jahre lang führte. „Wir wollen Tradition und Nostalgie wiederbeleben", sind die neuen Besitzer sich einig.

Das Backbuch mit den wohl gehüteten Familiengeheimnissen bekamen sie zur Einweihung von der Familie Junge überreicht.

Fotos: privat

**Strandweg 1A • 24866 Busdorf b. Schleswig • Telefon: 04621-305033 •
www.strandcafe-marienbad.de**

Die Geschichte des Marienbades

Ende des 19. Jahrhunderts hatte Adolf Junge das Grundstück in Busdorf mit kleinem Sommerhäuschen erworben. Was zunächst mit einer »Badekarre« begann, entwickelte sich schnell zu einer beliebten Badestätte. Die Aufteilung in Herren- und Damen-Bad mit hölzernen »Schamwänden« hatte eher provisorischen Charakter. Am Standort des heutigen Wintergartens wurden in der kalten Jahreszeit die Boote repariert und während der Sommermonate Kaffee und Kuchen serviert.

Als der Bootswerftbesitzer verstarb, zog seine Frau Sophie Junge mit ihrem »Dreimädelhaus« ins »Marienbad«, mit dem Café verdienten sie ihren Lebensunterhalt. Schon bald darauf wurde ein solider Baukörper direkt an der Uferzone errichtet. 1926 komplettierten zwei dazugehörige und nach Geschlechtern getrennte Bootsstege das Gesamtensemble des »Marienbades«.

Aber nicht nur die Badeanstalt zog die Besucher an. Es war vor allem das »Café-Marienbad«, das den Ruf genoss, die besten Kuchen weit und breit anzubieten.

In der angebauten Veranda mit dem Blick auf die Schlei servierten die Junges Kaffee und Kuchen, aber auch vor dem Bade »Bommerlunder«.

Die drei Kinder führten den Betrieb selbst während des Krieges im Sinne der Mutter fort. Ende der 70er Jahre wurde der Badebetrieb eingestellt, um sich auf das gastronomische Geschäft zu konzentrieren. Am 26. Februar 1997 wurde das Café aus Altersgründen von den Schwestern Ingeborg Junge und Henriette Völker geb. Junge geschlossen.

Fotos: privat

Axel Sörensen

Es sind besonders die großen, zur Südseite ausgerichteten Dächer, die die Blicke von Axel Sörensen auf sich ziehen. Denn sie sind es, die die besten Voraussetzungen für eine Fotovoltaikanlage mitbringen. „In Schleswig gibt es einen erfreulichen Trend zur Nutzung von Solarenergie – und es gibt noch großes ausbaufähiges Potenzial", weiß der diplomierte Energietechniker. Seit er 1996 die Firma Solar-Technik Nord (stn) gründete, hat er zahlreiche Gebäude mit Anlagen zur Nutzung von Sonnenenergie ausgestattet.

Auch in seinen eigenen vier Wänden sorgt die Kraft der Sonne für Wärme. Eine Fotovoltaik-Anlage, eine Solarwärme-Anlage und ein Pellet-Ofen, der die im Holz gespeicherte Sonnenenergie nutzt, sorgen auf zeitgemäße und umweltschonende Art für angenehme Temperaturen in dem mehrere hundert Jahre alten Haus im Lollfuß.

Mit dem Lollfuß, speziell mit der Hausnummer 26, wo sich heute die Büroräume von stn befinden, verbindet Axel Sörensen zahlreiche Erinnerungen. Denn hier ist der 1968 geborene Sohn eines Goldschmiedemeisters und einer Buchhalterin aufgewachsen.

Schon früh erlernte er neben dem Orgelspiel auch Saxophon und Klarinette, als Kind musizierte er bei den Schleswiger Husaren. Neben der Musik war es vor allem der Fischertechnik-Baukasten, der die Aufmerksamkeit des Jungen fand. Diese Begeisterung für die Technik war Ausschlag dafür, dass Axel Sörensen nach dem Besuch der Domschule 1987 in Flensburg ein Maschinenbaustudium, Fachrichtung Energietechnik, absolvierte.

„Mich hat schon damals speziell die regenerative Technik fasziniert", erklärt er. Nach dem Abschluss der Diplomprüfung und einem parallelen Studiengang in Verfahrenstechnik beschloss Axel Sörensen, den Schritt in die Selbständigkeit zu wagen. „Ich suchte nach einem eigenen Verantwortungsbereich und mir wurde schnell klar, dass das Thema Sonnenenergie in Schleswig und Umgebung ein gutes Arbeitsfeld bot", sagt er. Der Erfolg spricht für sich. Heute beschäftigt das Unternehmen 15 Mitarbeiter in Montage, Büro und Beratung.

Eine eigene Fahrzeug- und Lagerhalle garantiert die termingerechte Ausführung aller Aufträge. Der Kundenstamm reicht von Hamburg bis nach Flensburg. Für den höchsten Mitarbeiter-Zuwachs wurde stn 2006 im Rahmen der von der IHK und der Handwerkskammer initiierten Jobmotor-Kampagne mit dem 1. Preis ausgezeichnet.

Ein Blick in das Gästebuch auf der Firmen-Homepage zeigt, was das Erfolgsrezept von stn ausmacht: Ausgezeichnete Beratung, zuverlässige und saubere Ausführung sowie die Leistungsfähigkeit der Anlagen sorgen für höchste Kundenzufriedenheit. „Unser guter Ruf ist uns ausgesprochen wichtig", betont Axel Sörensen und achtet sorgfältig darauf, dass sich auch zukünftig kein Wölkchen vor die strahlende Sonne im Firmenlogo schieben wird.

Solar-Technik Nord GmbH • **Lollfuß 26** • **24837 Schleswig** • **Telefon: 04621-25011** • **www.energie-natürlich.de**

Interessengemeinschaft Pro Lollfuß e.V.

Seit Januar 2007 ist Axel Sörensen Vorsitzender der Interessengemeinschaft Pro Lollfuß e.v. Cirka 30 Mitglieder haben sich hier zusammengeschlossen, um gemeinsam etwas für den einst so belebten Straßenzug zu bewegen. Die Schaffung eines ansprechenden Straßenbildes und die Gestaltung der Flächen rund ums Landestheater gehören ebenso zu den Aufgaben wie die Weihnachtsbeleuchtung oder die Aufhängung von Wimpelketten zu feierlichen Anlässen.

Das besondere an der Interessengemeinschaft Pro Lollfuß e.v. ist die Zusammensetzung ihrer Mitglieder. Denn hier kommen nicht nur Geschäftsleute zusammen sondern auch Anwohner und Personen, die im Lollfuß ihre Arbeitsstätte haben. Eben alle Menschen, denen der Lollfuß besonders am Herzen liegt. In den vergangenen Jahren hat die Interessengemeinschaft viel Energie in gesamtstädtische Aktivitäten wie die Unterstützung der Landesgartenschau oder die Entwicklung des Integrierten Stadtentwicklungskonzeptes gesteckt.

Auch als Mitglied der 2009 gegründeten Wirtschaftvereinigungen Schleswigs GbR übernimmt die Initiative Verantwortung für die Entwicklung der Stadt. Mit einem verhältnismäßig großen finanziellen Aufwand unterstützen die Lollfußer die Installierung eines Stadtmanagers und damit die Zukunftsfähigkeit Schleswigs. Nach diesen wichtigen Aufgaben für den Standort Schleswig will man sich zukünftig wieder intensiv um die eigenen Belange kümmern.

Mit gezielten Aktionen soll vor allem die Vermarktung der freien Flächen vorangetrieben werden. Jeder, der sich mit eigenen Ideen aktiv für die Belebung des Lollfußes einsetzen möchte, ist als Mitglied herzlich willkommen.

Dr. Friedrich Walter Stoll

„Das Spannende an der Sozialgerichtsbarkeit ist, dass man oft schwierige rechtliche Fragen zu klären hat, die eng mit gesellschaftspolitischen Umständen verbunden sind", sagt Dr. Friedrich Stoll, seit 2004 Präsident des Landessozialgerichts in Schleswig.

Mit der Justiz war der am 23.09.1944 im Hessischen Gettenau geborene Bruder von drei Geschwistern schon früh in Berührung gekommen, bereits sein Vater war als Vorsitzender Richter am Hessischen Landessozialgericht tätig. Den Großteil seiner Schulzeit hat Friedrich Stoll am Nordsee-Gymnasium in St. Peter-Ording verbracht. „Ich bin schon während meiner Jugend zum Schleswig-Holsteiner geworden", sagt er heute. Nach dem Abitur verspürte er - wie viele seine Mitschüler - jedoch zunächst das Bedürfnis nach einem Klimawechsel. Berliner Luft statt Nordseebrise lautete das Motto und so begann er 1964 in Berlin das Studium der Rechtswissenschaften.

Als die sich anbahnende Studentenrevolution die Vorlesungen in Berlin immer stärker behinderte, wechselte Friedrich Stoll an die Christian-Albrechts-Universität in Kiel, wo das neue juristische Seminar beste Studienbedingungen bot. 1968 absolvierte er dort das erste Staatsexamen. Schon während seines Referendariats hatte er verschiedene Stationen der schleswig-holsteinischen Justiz durchlaufen, das Richteramt überzeugte ihn. Nach seiner Promotion bei Prof. Hattenhauer und dem 2. Staatsexamen trat er 1972 ins Kieler Sozialgericht ein, wo er Streitigkeiten aus dem Sozialversicherungsrecht und dem sozialen Entschädigungsrecht bearbeitete.

Nach der üblichen neunmonatigen Probezeit wurde er 1979 an das Landessozialgericht in Schleswig berufen. 1980 zog er mit seiner Frau und den drei Kindern nach Fahrdorf.

Als besonders prägend hat Dr. Friedrich Stoll das Jahr 1990/91 in Erinnerung: Zusammen mit 10 Richtern aus Westdeutschland hatte er im September 1990 das Bezirksgericht in Schwerin übernommen, wo damals alle Landesobergerichte für Mecklenburg-Vorpommern konzentriert waren. „Natürlich hat es gewaltig im Getriebe geknirscht, aber die Rechtspflege stand nicht einen Tag still", erinnert sich der Jurist an die Herausforderung, das westdeutsche Rechtssystem in der ehemaligen DDR einzuführen. Nach einem Jahr „Aufbauhilfe" kehrte er an das Schleswig-Holsteinische Landessozialgericht zurück, 1995 wurde er zum Vorsitzenden Richter gewählt.

Problembewusstes Abwägen, die Beobachtung gesellschaftlicher Hintergründe und der Blick über den eigenen Tellerrand hinaus sind für Dr. Friedrich Stoll entscheidende Faktoren seiner Arbeit. Durch die jahrelange Beschäftigung mit Rentenansprüchen aller Art hat der Jurist sich nebenbei sozialmedizinische Kenntnisse angeeignet. „Ärzte wollen heilen, wir Juristen suchen nach Kausalitäten", erklärt er zu den unterschiedlichen Denkweisen von Ärzten und Juristen. Es sei aber wichtig, sich letztlich auf die eigenen Kompetenzen zu beschränken, betont er.

Wie sehr gesellschaftspolitische Veränderungen sich auf das Aufgabenfeld der Sozialgerichte auswirken, zeigte sich mit der Einführung der Hartz IV-Regelungen.

Die neuen Leistungsbestimmungen brachten eine Lawine von Verfahren mit sich: Von 2005 bis 2008 ist die Zahl der eingegangenen Fälle auf weit mehr als das Doppelte gestiegen, die Zahl der Richter ist von 41 auf 71 erhöht worden.

Aber nicht nur die Quantität, auch die Qualität der richterlichen Arbeit hat sich dadurch verändert. „Ein Großteil der Verfahren sind Eilverfahren. Wenn jemandem der Strom abgestellt wurde oder er sich nichts mehr zu essen kaufen kann, müssen wir schnell handeln", erklärt der Chef des Landessozialgerichts die veränderte Arbeitsweise, die zunehmend telefonische Ermittlungen einschließt.

Soziale Verantwortung ist für Friedrich Stoll ein Thema, das sich nicht auf den Sitzungssaal beschränkt. Als Mitglied des Schleswiger Lions Clubs setzt er sich aktiv für die Litauen-Hilfe ein. Seit 15 Jahren begleitet er persönlich die LKW-Transporte mit Hilfsgütern in die bedürftigen Regionen, mittlerweile hat er dort viele enge Kontakte aufgebaut.

Ehrenamtliches Engagement zeigt der promovierte Rechtshistoriker auch als Mitglied im Schleswiger Verein für Justiz und Kultur, im Verein für Schleswig-Holsteinische Geschichte und als Schatzmeister im Förderverein des Landesarchivs. Für die Erhaltung der Geschichte seines Heimatortes setzt er sich in der Fahrdorfer AG für Dorfgeschichte ein - und natürlich genießt er den täglichen Gang durch das historische Treppenhaus im Roten Elefanten, dessen Wand- und Deckengemälde die Geschichte Schleswig-Holsteins erzählen.

**Präsident des Landessozialgerichts • Gottorfstraße 2 • 24837 Schleswig •
Telefon: 04621 86-0**

Das Landessozialgericht in Schleswig

Schleswig-Holstein hat ein Landessozialgericht mit Sitz in Schleswig und vier Sozialgerichte in Itzehoe, Kiel, Lübeck und Schleswig.

Die Sozialgerichte sind als erste Instanz für unterschiedliche Gebiete des Landes zuständig. Für Verfahren der Grundsicherung für Arbeitsuchende, der Sozialhilfe und des Asylbewerberleistungsgesetzes sind die Sozialgerichte Lübeck und Schleswig sowie ab 1. Juli 2007 das Sozialgericht Itzehoe zuständig. Der Zuständigkeitsbereich des Sozialgerichts Schleswig erstreckt sich für diese Verfahren auch auf den Bezirk des Sozialgerichts Kiel.

Das Landessozialgericht ist als zweite Instanz für ganz Schleswig-Holstein zuständig. In den 12 Senaten des Gerichts wirken 18 Berufsrichterinnen und -richter sowie ehrenamtliche Richterinnen und Richter an der Rechtsprechung mit.

Das Schleswig-Holsteinische Landessozialgericht hat seinen Sitz in dem Gebäude der früheren preußischen Provinzialregierung in Schleswig.

Das zwischen 1876 und 1878 errichtete Gebäude heißt im Volksmund „Roter Elefant" und hat einen ganz besonderen rechtsgeschichtlichen Bezug: Hier residierte 1876 der erste preußische Regierungspräsident von Bötticher. Im Auftrag des damaligen Reichskanzlers von Bismarck hat er die deutsche Sozialversicherung entworfen. Nach Inkrafttreten der Reichsversicherungsordnung war im „Roten Elefanten" ab 1912 das Oberversicherungsamt als Teil der Provinzialregierung untergebracht. Das Landessozialgericht hat 1954 die rechtsprechende Funktion des Oberversicherungsamtes übernommen.

In der Bücherei des Landessozialgerichts, wo sich früher der Kabinettssaal befand, stehen heute rund 10.000 Bände mit dem Schwerpunkt Sozialrecht und Sozialversicherungsrecht zur Verfügung.

Tim Arne Stöver

Schwarz-Weiß, Rot und Blau oder doch eher Beere und Türkis? Wer wissen will, was der aktuelle Trend bringt, ist im Modehaus „Postel & Diercks" in der Friedrichstraße 69 an der richtigen Adresse.

Inmitten der historischen Gebäude der Friedrichstraße führt Textilbetriebswirt BTE Tim Stöver das Familienunternehmen schon in dritter Generation. 1921 hatte Großvater Hermann Diercks das Geschäft hier gegründet. Nach seinem frühen Tod übernahm 1950 sein Sohn Ernst Günter zusammen mit seiner Mutter das Geschäft. Am 01.01.1996 hat Tim Stöver das Geschäft von seinem Onkel übernommen und mit neuem Konzept auf den Stand der Zeit gebracht. Dass auch Ehefrau Bettina Stöver ein sicheres Gespür für die passende Auswahl hat, beweist das ansprechende Sortiment ebenso wie die zahlreichen Kunden. Längst ist aus dem einstigen Textilgeschäft ein ansprechendes Modehaus für Sie und Ihn geworden.

„Wir ziehen Sie an", lautet der passende Slogan der Firma, der durchaus doppeldeutig gemeint ist. Denn der Friedrichsberg mit seiner Mischung aus Alt und Neu strahlt eine ganz spezielle Anziehungskraft aus. Seine besondere Attraktivität machen auch die vielen inhabergeführten Geschäfte aus, davon ist Tim Stöver überzeugt. Als Vorstandsmitglied der Interessengemeinschaft Schleswig-Friedrichsberg e.V. setzt er sich für die Belebung des Stadtteils ein. „Einen Weinhändler, einen Goldschmied oder auch einen Antiquitätenhändler könnten wir hier gut gebrauchen", lautet seine Anregung.

Dass das Herz des geborenen Kappelners für Schleswig schlägt, zeigt sich auch in zahlreichen Aktivitäten in verschiedensten Institutionen und Vereinen der Stadt. Als überzeugter Friedrichsberger ist er Mitglied der Friedrichsberger Schützengilde und der Friedrichsberger Beliebung sowie des Friedrichsberger Bürgervereins. Traditionsreiches Miteinander pflegt er auch im Schleswiger Bürgerclub, seit 2007 als Kassenwart; und soziales Engagement zeigt er im Schleswiger Lions Club, seit kurzem als neuer Sekretär. Bis zu seinem vierzigsten Lebensjahr war er zudem bei den Schleswiger Wirtschaftsjunioren aktiv, mehrere Jahre im Vorstand, davon drei als Vorsitzender.

Seinen Sinn für`s Kaufmännische hatte der am 01.06.1968 geborene Sohn eines Rechtsanwaltes früh entdeckt. Schon als Kind verkaufte er mit überzeugender Leidenschaft Artikel aus dem elterlichen Geschäfts-Sortiment eines Schulfreundes. Dass er dabei einen kleinen Apparat zum manuellen Annähen von Knöpfen als „Urlaubsnähmaschine" handelte, beweist nicht nur Verkaufstalent, sondern auch ein gehöriges Maß an Kreativität. „Ich wäre auch gerne Schauspieler geworden, habe mich aber für die kaufmännische Laufbahn entschieden", lacht Tim Stöver.

Nach dem Abschluss der 10. Klasse an der Kappelner Klaus-Harms-Schule absolvierte er eine Ausbildung zum Einzelhandelskaufmann. In Flensburg holte er sein Fachabitur nach und schloss anschließend an der LTD in Nagold sein Studium zum Textilbetriebswirt BTE ab. Nach einem halbjährigen Volontariat in einem norddeutschen Einzelhandelsgroßunternehmen stieg er schließlich als Angestellter in den Friedrichsberger Betrieb seines Onkels ein, bevor er zwei Jahre später selbst zum Inhaber wurde. Tim Stöver genießt es, in Schleswig seinen beruflichen und privaten Lebensmittelpunkt gefunden zu haben. Trotz aller unternehmerischen Seriosität hat der aktive Geschäftsmann sich seine Fantasie bewahrt und auch die Träume seiner Kindheit nicht vergessen. Seinem persönlichen Einsatz ist es zu verdanken, dass seit 2009 wieder ein Kinderflohmarkt im Friedrichsberg veranstaltet wird. Es versteht sich fast von selbst, dass auch Tochter Lara zu den begeisterten Verkäuferinnen zählt.

Dass Tim Stöver auch als Schauspieler Erfolgspotenzial hat, beweist übrigens das Lob von TV-Regisseurin Judith Kennel für seinen Komparseneinsatz im Schleswig-Krimi „Unter anderen Umständen". Und wer weiß: Bei Tim Stövers Energie und seiner Freude am Umgang mit Menschen ist es nicht ausgeschlossen, dass aus dem Kinderflohmarkt wieder ein großes Friedrichsberger Event und aus der Komparsenrolle unversehens eine Hauptrolle wird.

**Modehaus Postel & Diercks • Friedrichstraße 69 • 24837 Schleswig •
Telefon: 04621-32116**

Wolfgang Tenhagen

Er ist Ur-Schleswiger und vielfacher deutscher Meister im Hochsprung: Sage und schreibe 15 Jahre lang hat Wolfgang Tenhagen an deutschen Meisterschaften teilgenommen und eine einmalige Erfolgsbilanz hingelegt: Von 1978 bis 1987 war er deutscher Meister im Hochsprung, von 1988 bis 1990 belegte er Platz zwei, zweimal wurde er Meister im Weitsprung. 1997 erhielt der heutige Vorsitzende des Landesverbandes für Rehabilitations- und Behindertensport für sein Engagement das Bundesverdienstkreuz. Das eigene Schicksal hat Wolfgang Tenhagen zum Behindertensport geführt.

Mit zwei Jahren erkrankte der am 05.01.1948 in Schleswig geborene Wolfgang Tenhagen an Kinderlähmung. Die heimtückische Epidemie, der damals 24 Kinder in Schleswig zum Opfer fielen, wurde zunächst als Grippe verkannt. Es war schließlich Hausarzt Doktor Drews, der Vater von Sänger Jürgen Drews, der die Krankheit erkannte und den Jungen sofort ins Krankenhaus einwies. Es folgten eineinhalb Jahre Krankenhaus mit der „eisernen Lunge", einer Unterdruck erzeugenden Apparatur, die die Ausbreitung des Virus im Rückenmark verhindern sollte. Für das linke Bein von Wolfgang Tenhagen kam diese Hilfe zu spät. Mit dreieinhalb Jahren musste er ganz neu laufen lernen, eine acht Zentimeter lange Beinverkürzung ist die lebenslange Folge. „Es war nicht immer leicht", sagt Wolfgang Tenhagen über seine Kindheit. Seinem Schulsportlehrer ist er noch heute dankbar, dass er ihn gefördert und im Rahmen seiner Möglichkeiten in den Unterricht integriert hat. In besonders guter Erinnerung hat Wolfgang Tenhagen die Donnerstage seiner Kindheit. Dann machten die Großeltern, Inhaber der Schlachterei Werth, Würstchen fürs Wochenende.

Nach der Schule absolvierte er bis 1971 eine Bürokaufmannlehre, 1978 begann er nach einigen Jahren bei Bundeswehr und Standortverwaltung beim Kreiswehrersatzamt. Seit 2005 ist Wolfgang Tenhagen im Vorruhestand.

Mit der Anmeldung zum Kegeln im damaligen Versehrtensportverein begann 1968 das sportliche Engagement Wolfgang Tenhagens. Schon im Sommer desselben Jahres wurde er zum Verbandsvorsitzenden gewählt. Die Erweiterung des Angebotes und die Änderung der Strukturen waren ihm von Anfang an ein großes Anliegen. Schon bald wurde ein zusätzliches Gymnastikangebot aufgenommen, mit Eröffnung der Schwimmhalle wuchs die Mitgliederzahl sprungartig, denn jetzt nahmen auch die Ehefrauen der Versehrten am Sport teil.

Das integrative Konzept wurde schnell ausgebaut, die Satzung so geändert, dass jedermann in den Verband aufgenommen werden konnte. Der Behindertensport wurde durch Rehabilitationssport ergänzt. Heute bietet der „Sportverein für Gesundheit und Rehabilitation Schleswig" Sport für alle von Kegeln, Gymnastik über Herzsport und Venensport bis zu Aqua-Jogging, Kinderschwimmen und Wassergymnastik.

„Behindertensport ist mehr als Bewegung – er ist gelebte Integration", sagt Wolf-

gang Tenhagen. Jedes Jahr in den Sommerferien nutzen zwischen 60 und 80 behinderte und nicht behinderte Kinder die Gelegenheit, gemeinsam das Sportabzeichen
zu machen. Miteinander lernen sie so den sportlichen, fairen und offenen Umgang.
Über den Sport hat Wolfgang Tenhagen 1975 auch seine Frau Dagmar kennen gelernt,
die heute als Angestellte und Übungsleiterin beim Verein arbeitet. Auch für Tochter
Anja und Sohn Stephan gibt es keinerlei Hemmschwellen im Umgang mit behinderten
Menschen. „Die beiden haben schon als Kinder bei den Meisterschaften auf den Knien
der Rollstuhlfahrer gesessen. Das ist für sie ganz normal", erzählt Dagmar Tenhagen.

Stolz ist Wolfgang Tenhagen darauf, dass er während seiner Zeit von 1995 bis
2006 als Vizepräsident des Behindertensportverbandes das „Sportabzeichen für Menschen mit geistiger Behinderung" auf den Weg gebracht hat. Denn für diese Menschen
gab es bis zu diesem Zeitpunkt keine Leistungskriterien. Bis heute gibt es übrigens
keine Punktebewertung für Behinderte bei den Bundesjugendspielen.

Einen großen Wunsch möchte Wolfgang Tenhagen noch während seiner Amtszeit
als Landesvorsitzender umgesetzt sehen: Ein Ferien- Sport- und Freizeitzentrum in
Kappeln für Behinderte, Mobilitätseingeschränkte und Nichtbehinderte. Die Projektpla-
nung ist in vollem Gange, die Landesregierung hat bereits eine Förderzusage erteilt
und auch ein holländischer Investor ist begeistert von dem Projekt, das neben einem
Sportplatz Möglichkeiten zum Segeln, Freeclimben, Indoorgolfen und Schwimmen bietet. Zum Konzept gehört neben einer Ferienanlage und einem Vier-Sterne-Hotel auch
eine paralympische Akademie.

**Deutscher Meister im Hochsprung • Vorsitzender des SGR Schleswig und des
Rehabilitations- und Behinderten-Sportverbandes Schleswig-Holstein e.V. •
Schubystraße 89 c • 24837 Schleswig • Telefon: 04621-27689**

Vitalien

Wo andere erste Ideen haben, haben sie ein fertiges Konzept, wofür andere ein halbes Leben brauchen, benötigen sie ein gutes Jahr, wo andere auf Metropolen ausweichen, bleiben sie in Schleswig und wo andere allein sind, sind sie zu siebt:

Im Herbst 2008 hat in Schleswig das Fitness- und Freizeitcenter Vitalien eröffnet. Mit einem ganzheitlichen Konzept, das Wellness, Sport und Ernährung in schönem Ambiente vereint, ist Vitalien nicht nur ein Sportstudio, sondern ein Treffpunkt für Menschen jeden Alters, die eines verbindet: Spaß und Freude an Fitness und Gesundheit.

„Vitalien ist eine Wortschöpfung aus vital und Italien und steht für Kraft und Lebensfreude – oder einfach einen Ort, an dem man zusammen eine tolle Zeit verbringt", erklärt Ulrike Dramsch, die als kreativer Part für Namensfindung und die Gestaltung der Räume verantwortlich ist. Sie und Agenturpartner Christian Peters sind zwei von sieben Köpfen, die hinter Vitalien stehen. Mit im Team sind außerdem IT-Spezialist Sven Hering und Fitness-Fachwirt Reza Goodarzy. Dass IT, Marketing und Sport sich perfekt ergänzen, bewies die Vitalien-Crew schon lange vor Eröffnung.

Auf der Internetseite informierte ein bebildertes Tagebuch über die täglichen Fortschritte auf der Baustelle, während Studioleiter Reza Goodarzy mit den Hörern von Radio Vitalien Gehirn-Jogging trainierte. „Wir haben hier unternehmerische Mechanismen auf ein Sportstudio übertragen", beschreibt Geschäftsführer Sven Hering das Erfolgsrezept von Vitalien. Individuelle Vertragsgestaltung, Einchecken per Fingertip, ein topmoderner Gerätepark auf rund 700 Quadratmeter Grundfläche, das trendige Sportcafé im Wintergarten und der große asiatische Wellnessbereich machen Fitness zum Vergnügen.

Entspanntes und offenes Miteinander schafft Wohlbefinden auf allen Ebenen. Regelmäßige Events wie Barbecues, Afterwork-Parties oder gemeinsames Formel 1 und Bundesliga-Gucken sorgen für Fun und geselliges Beisammensein auch außerhalb der Trainingszeiten.

Vitalien - Fitness- und Wellness GmbH • Am Stadtfeld 2 •
24837 Schleswig • Telefon: 04621- 305088 • www.vitalien-schleswig.de

Reza Goodarzy

Geschäftsführer & Studioleiter

Wer das Vitalien betritt, wird mit einem strahlenden Lächeln begrüßt – und hat sofort das Gefühl, unter guten Freunden zu sein. Immer zur Stelle, immer in Bewegung und immer persönlich ansprechbar ist Reza Goodarzy. „Das Zusammenspiel funktioniert hier großartig. Während die anderen mir den Rücken von betriebswirtschaftlichen Dingen frei halten, kann ich mich vollständig um mein Team und die sportliche Betreuung unserer Gäste kümmern", freut sich der Studioleiter und langjährige Fitnesstrainer.

Mit der Eröffnung des Vitalien ist für den am 09.06.1975 in Kiel geborenen Sohn eines persischen Vaters und einer deutschen Mutter ein Traum in Erfüllung gegangen. Manch schlaflose Nächte nimmt er dafür gern in Kauf.

Schon als Kinder verloren er und seine beiden Brüder den Vater durch einen Herzinfarkt. „Seitdem weiß ich, es kann jederzeit vorbei sein", sagt er. Ein Grund mehr für ihn, das Leben bewusst zu genießen. Nach der Hauptschule schloss er die Realschule ab und erwarb schließlich die Fachholschulreife mit Schwerpunkt Elektrotechnik, nebenbei arbeitete er bereits in verschiedenen Fitnessstudios. Über Würzburg, Hamburg und Elmshorn führte ihn sein Weg schließlich als Fitnesstrainer in ein Schleswiger Sportstudio. Hier lernte er schließlich Sven Hering kennen. „Sven war mir aufgefallen, weil er immer mit kiloschweren Computerbüchern zum Training kam", erinnert er sich schmunzelnd an den IT-Mann mit Grips und Bizeps. Aus diesem Kontakt entstand im Frühjahr 2007 die Idee, ein eigenes Fitnesstudio aufzubauen, das mehr bieten sollte als das Stemmen von Gewichten. „Fitness fängt im Kopf an und geht beim Essen weiter", weiß der Vater von drei Kindern, das gemeinsame Frühstück am Morgen ist fester Bestandteil des Familienlebens – ebenso wie die gemeinsamen Wochenenden.

Die Geschichte seines Lebens schreibt Reza Goodarzy auf - prägende Ereignisse finden sich als Tätowierungen auf seiner Haut wieder. Auch der Unfalltod seiner früheren Verlobten und Mutter seiner ersten beiden Kinder ist dort festgehalten. Als nächstes soll die Eröffnung des Vitalien verewigt werden. „Ich bin vor lauter Arbeit nur noch nicht nach Hamburg ins Tattoo-Studio gekommen", sagt Reza. Welchen Platz an seinem durchtrainierten Body er für das Vitalien reserviert hat, wird nicht verraten.

Sven Hering

Geschäftsführer Vitalien

Dienstagmorgen, 05 Uhr. Während das Stadtfeld noch in frühmorgendlicher Dunkelheit dämmert, brennt im Vitalien bereits das Licht. Im Café bereitet Geschäftsführer Sven Hering das Handwerkerfrühstück, das besonders bei den Arbeitern der benachbarten Baustelle beliebt ist. Zeitgleich kommen schon die ersten Sportsfreunde zum Training, um fit in den Tag zu starten. Zwei Stunden und zwei Stockwerke höher wird Sven Hering vom Sportsmann zum IT-Spezialisten.

„Effiziente Leistung mit maximalem Erfolg verbinden", lautet das private wie berufliche Motto des am 09.09.1972 in Reichenbach im Vogtland geborenen Sohnes einer Bürogehilfin und eines Maschinenbaumeisters.

Noch vor Grenzöffnung hatten seine Eltern einen Ausreiseantrag aus der damaligen DDR gestellt. Mit acht Koffern beladen, fand die vierköpfige Familie nach einem Zwischenstop im Aufnahmelager schließlich Unterkunft bei Verwandten in Bayern.

„Ich habe schon früh gelernt, dass es nicht schlimm ist, nichts zu haben", sagt Sven Hering. Mit zahlreichen Gelegenheitsjobs hielt er sich als 16-Jähriger über Wasser. Eine Lehre als Gas-, Wasser- und Heizungsinstallateur gewährleistete zwar den fehlerfreien Umgang mit der Rohrzange, erwies sich aber nicht als seine Berufung. Er entschied sich für eine Laufbahn als Zeitsoldat bei der Luftwaffe, die ihn schließlich zur Flugsicherheitsüberwachung in den Tower von Schleswig Jagel führte. Den ersten Schritt in die Selbständigkeit machte der Dynamiker mit der Gründung eines IT- und Seminarzentrums in Busdorf. Mit der ihm eigenen Zielstrebigkeit baute er das Unternehmen aus, mittlerweile betreut seine IT-Firma „AccXess" mit 13 Angestellten über 450 Kunden in ganz Norddeutschland.

Aber nicht nur auf virtueller, sondern auch auf ganz realer Ebene ist Sven Hering Spealist im Herstellen von Netzwerkverbindungen. Im Jahr 2007 schlossen sich die AccXess IT-Systems GmbH und die Werbeagentur Novagraphix zur IMT Holding Gruppe zusammen. An das kreative Chaos der Werbeleute habe er sich zwischenzeitlich als Randerscheinung gewöhnt, lacht Sven Hering.

IT müsse nicht schön sein, sondern einfach nur perfekt funktionieren, sagt er.

Geschäftsführer AccXess IT-Systems GmbH • Stadtfeld 2 • 24837 Schleswig • Telefon: 04621-994900 • www.access-it.de

Ulrike Dramsch

Gesellschafterin Vitalien

Fotos: (3) privat

Aufregung in der Schleswiger Fußgängerzone. „Ist das nicht Otto?", tuschelt man hinter vorgehaltener Hand. Ja, es ist Otto. Bleibt noch die Frage: Wer ist eigentlich die Frau neben Otto? Haben wir die neulich nicht gerade mit Ralph Schmitz gesehen?

Die Frau, derentwegen Deutschlands Promi-Männer nach Schleswig kommen, ist Ulrike Dramsch von der Werbeagentur Novagraphix. Zusammen mit Christian Petersen hat sie den Webauftritt des populären Ostfriesen gestaltet. Aber nicht nur den: „Kleinohrhase", „Sieben Zwerge" und „Dr. House" sind von Schleswig aus Online gegangen. Im Büro über dem Vitalien hängen ein Originalticket von „X-Man" und ein von Anthony Hopkins handsigniertes Hannibal Lecter Poster.

Eigentlich hatte die am 14.07.1977 in Greifswald geborene Ulrike Dramsch nach der Wende eine Ausbildung zur Bürokauffrau gemacht. Die Materie war der kreativen Macherin allerdings zu trocken. Trotz einer Studienplatzzusage entschied sie sich spontan, ein Jobangebot in einer neuen Medienagentur in Flensburg anzunehmen.

Nach nur einem Jahr wagte die damals 20-Jährige den Schritt in die Selbständigkeit und eröffnete in Kiel eine Bürogemeinschaft. Als Mediengestalterin lernte sie schließlich per Zufall Christian Petersen kennen. Zu diesem Zeitpunkt hatte der FLASH-Spezialist gerade die Web-Auftritte für „Akte X" und „Terminator" fertig gestellt. Die beiden beschlossen, zusammen etwas auf die Beine zu stellen. Der erste gemeinsame Job war die Erstellung und Pflege der Internetseite von „American Heroes". Mit diesem Universal-Auftrag begann das Wachstum. 2002 wurde die Novagraphix Petersen & Dramsch GmbH gegründet.

„Nova wuchs so schnell, dass wir immer weniger Zeit hatten, uns um wirtschaftliche und strukturelle Belange zu kümmern. Da war ein Zusammenschluss mit AccXess ideal", erinnert Ulrike Dramsch. Gedacht - getan, die IMT Holding wurde gegründet. Als durch den Kontakt zu Reza Goodarzy die Idee des Fitnesstudios entstand, war schnell ein konkreter Plan gefunden: „Da wir sowieso gerade auf der Suche nach neuen Geschäftsräumen für die Holding waren, beschlossen wir, das Studio einfach unter unsere Büros zu bauen." Gesagt - getan. Oben Hollywood und unten ein Stück Italien - das gibt`s nur am Schleswiger Stadtfeld.

Gesellschafterin Vitalien • & Geschäftsführerin Novagraphix GmbH & Co. KG •
Stadtfeld 2 • 24837 Schleswig • Telefon: 04621-994406-0 • www.novagraphix.de

Frauke und Horst Vorpahl

„Mein Vater ist noch heute im Betrieb allgegenwärtig", sagt Frauke Vorpahl, geborene Hagge. Und nicht nur den Mitarbeitern der Stadtbäckerei, sondern auch vielen Schleswigern ist Hans Peter Hagge in lebhafter Erinnerung geblieben.

Tatsächlich war der Bäckermeister und langjährige Vorsitzende des Bürgervereins eine Art Schleswiger Original. „Verschlossene Türen existierten für ihn nicht, er spazierte stets direkt ins Bürgermeisterbüro – manches Mal auch unter dem Protest der Vorzimmerdamen. Aber irgendwie konnte ihm nie so recht jemand böse sein", berichtet die Tochter von den beherzten Auftritten und der positiven Ausstrahlung ihres Vaters.

Schon im Jahr 1921 hatte Heinrich Peter Hagge die Bäckerei am Gallberg gegründet, 1954 hatte er sie an seinen einzigen Sohn weitergegeben. Zu dieser Zeit war die Geschäftslage günstig. 1963 stand Hansi Hagge einem Betrieb mit 16 Mitarbeitern vor, während seine Frau Helga sich um den Laden kümmerte.

Schon als Kind half die am 19.10.1954 geborene Frauke Vorpahl mit ihren Geschwistern im elterlichen Betrieb. „Wir fuhren morgens vor der Schule mit dem Fahrrad Brötchen aus und am Wochenende schrubbten wir die Körbe", erinnert sich die älteste von drei Schwestern. „Allerdings haben wir dafür immer ein kleines Entgelt bekommen, denn mein Vater wusste stets Privates von Geschäftlichen zu trennen." Ein Grundsatz, den auch Frauke Vorpahl als Geschäftsfrau beherzigt. Schon als Zehnjährige war für die leidenschaftliche Bäckerin klar, dass sie eines Tages den Betrieb übernehmen würde. Nach dem Besuch der Gallbergschule besuchte sie die Handelsschule und begann 1971 eine Ausbildung in einer Bäckerei in Neumünster. Obgleich sie die Backstube liebte, machte sie einen kurzen Abstecher in die Arbeits-Welt der Sparkasse. „Ich wollte gern einmal morgens schnieke und mit frisch gemachten Nägeln zur Arbeit gehen", begründet sie das Experiment, das ihr nach einem halben Jahr klarmachte: Ihr Platz war nicht am Schreibtisch. Im April 1978 legte sie in Hannover ihre Prüfung zur Bäckermeisterin ab. Während dieser Zeit hatte Bäcker Horst Vorpahl bei Hans Peter Hagge begonnen und ein Zimmer über dem Betrieb bezogen. „Wir wohnten zusammen auf demselben Flur, wir gingen zusammen Biertrinken und haben im alten Baumhof manche Nacht zum Tag gemacht, ehe wir frühmorgens wieder in die Backstube mussten", erinnert sich Frauke Vorpahl an die Begegnung mit ihrem Mann. Am 25.06.1981 heirateten beide, in nur fünf Wochen hatte die Dynamikerin die Hochzeit organisiert und wenig später kam Sohn Tim zur Welt. 1985 wurde Tochter Sabine geboren und im selben Jahr übernahmen Frauke und Horst Vorpahl den elterlichen Betrieb. „Trotzdem hat mein Vater bis zum Schluss gearbeitet. Noch bis zum letzten Tag ist er um 4 Uhr morgens aufgestanden und es verging kein Heiligabend, an dem er nicht am Gallberg übernachtet hätte, um ein Auge auf die Bäckerei zu haben", erzählt Frauke Vorpahl.

Ein Charaktermerkmal von Hans Peter Hagge war seine Aufgeschlossenheit Neuem gegenüber. So stand bereits 1981 der erste PC im Betrieb und nach einer Japan-

Reise bekam das Geschäft nach asiatischem Vorbild eine elektrische Tür. Noch als 79-Jähriger unternahm der Amerika-Freund mit seinen Töchtern eine USA-Reise. „Wir machten 10 Städte in 14 Tagen und wir konnten uns überhaupt nicht vorstellen, dass das unsere letzte gemeinsame Reise mit ihm sein würde", berichtet Frauke Vorpahl. Hansi Hagge war immer überzeugt gewesen, 100 Jahre alt zu werden, denn er hatte in Japan gleich zwei Schwefeleier gegessen, die dem dortigen Glauben nach ein langes Leben bescheren sollten. Am Ende wurde er 80 Jahre alt und es scheint, als hätte er jeden einzelnen Tag seines Lebens genossen.

Die positive Lebenseinstellung und eine gehörige Portion Dynamik hat Frauke Vorpahl unübersehbar von ihrem Vater geerbt. „Ich muss unter Strom stehen", sagt sie. Und als vor einigen Jahren die Marktbeschicker so gar nicht unter Strom standen, weil auf dem Ausweichplatz an der Friedrich-Ebert-Straße immer wieder die Sicherungen überlastet waren, setzte sie sich vehement bei der Stadt um Abschaffung dieses Missstandes ein. Ein Jahr hat das Ganze gedauert - sie hat schließlich gewonnen.

Wo Frauke Vorpahl ist, ist Power. Für die Belebung von Schleswigs Innenstadt setzt sich die Geschäftsfrau als Vorstandsmitglied der IGL ein, zudem ist sie im Prüfungsausschuss der Bäckerinnung und in der neu gegründeten Interessengemeinschaft Wochenmarkt. Auf einem Zettel an der Wand ist ihr Leitsatz zu lesen: „Die Spielregeln des Lebens verlangen nicht, dass wir immer siegen, wohl aber, dass wir den Kampf nie aufgeben." Aufgegeben hat sie auch nicht, als der Gallberg durch die neue Verkehrsführung der langen Straße zunehmend ruhiger wurde. Auf die ausbleibende Fahr- und Laufkundschaft reagierten sie und ihr Mann unternehmerisch klug mit der Eröffnung von Filialen an belebteren Plätzen der Stadt. Heute findet sich die Stadtbäckerei am Gallberg, in verschiedenen Einkaufsmärkten der Stadt und auf dem Wochenmarkt. Auch die Zukunft des Unternehmens scheint bereits gesichert: Sohn Tim hat 2008 seine Meisterprüfung im Bäckerhandwerk bestanden und aus seinem Büdelsdorfer Ausbildungsbetrieb seine Lebensgefährtin, die Bäckereifachverkäuferin Stefanie Andresen, mitgebracht. Sofern er auch nur einen Teil der großväterlichen und der mütterlichen Gene geerbt hat, dürfte dem Erfolg nichts im Wege stehen.

Bäckerei Vorpahl • Gallberg 26 • 24837 Schleswig • Telefon: 04621-96990

Horst-Jürgen Waldmann

„Als Jungs haben wir oft auf der Schützenkoppel gespielt. Damals weidete dort das Jungvieh und im Winter konnte man dort herrlich Schlitten fahren", erinnert sich Horst-Jürgen Waldmann an eine Zeit, als die Schlei im Winter noch regelmäßig zufror und der Lollfuß eine belebte zweispurige Straße war. Lebensmittelläden, Drogerie, Schlachter, Juwelier, Spedition, Kürschner, Friseur, Eisenwarenhandel, Fischladen und viele Geschäfte mehr machten den Lollfuß damals zu einer belebten Einkaufsstraße. Besonders der Kiosk mit dem köstlichen Softeis ist dem am 21.04.1950 in Schleswig geborenen Bankkaufmann in Erinnerung geblieben.

24 Jahre lang wohnte Horst-Jürgen Waldmann in der Schleswiger Gutenbergstraße, nach dem Besuch der Realschule machte er sein Fachabitur in Flensburg und begann nach seiner Bundeswehrzeit eine Ausbildung bei der damaligen Stadtsparkasse, die später mit der Kreissparkasse zur Sparkasse Schleswig-Flensburg vereinigt wurde und 2003 mit der Sparkasse Nordfriesland zur NOSPA fusionierte.

Dort war er als Leiter der Personalabteilung und als Vertriebsdirektor sowie zudem 22 Jahre lang als Vertreter des Vorstandes tätig, seit 2008 ist er im Vorruhestand. Die damit gewonnene Freizeit genießt er zusammen mit seiner Ehefrau Karin, die er 1974 geheiratet hatte. Walken, Joggen und Schwimmen gehören ebenso zur neuen Lebensqualität wie regelmäßige Besuche der beiden erwachsenen Töchter in Lübeck und Büdelsdorf, wo demnächst das erste Enkelkind erwartet wird.

Auch das ehrenamtliche Engagement steht weiter im Mittelpunkt. Schon als seine Töchter noch im Kindergarten waren, war Horst-Jürgen Waldmann dort als Elternvertreter aktiv, sein Engagement setzte er im Schulelternbeirat fort und nach wie vor ist er Vorsitzender im Förderverein der Bruno-Lorenzen-Schule, wo er schon selbst die Schulbank gedrückt hatte. Über seine Tätigkeit bei der Sparkasse war auch der Kontakt zum Berufsbildungszentrum entstanden, dort ist er ebenfalls im Förderverein engagiert.

Seine ganz besondere Bindung zu Schleswig und insbesondere zum Lollfuß zeigt sich auch in seiner bereits seit 1984 bestehenden Mitgliedschaft in der Lollfußer Schützengilde. Seit 2003 nimmt er als 1. Ältermann die repräsentativen Aufgaben der Gilde wahr. Und alle drei Jahre, wenn Schützenfest gefeiert wird, spielt ein Ort seiner Kindheit eine ganz besondere Rolle: Die Schützenkoppel, die noch heute im Besitz der Gilde ist.

ehemaliger Vorstandsvertreter der Nord-Ostsee Sparkasse & 1. Ältermann Lollfußer Schützengilde • Kastanienallee 12 • 24837 Schleswig • Telefon: 04621-51434

Die Lollfußer Schützengilde

„Und wieder sind vorbei drei Jahr, wo unsre brave Schützenschar nach hundertjahre altem Brauch zur Schützenkoppel zieht hinauf", ist auf den Fest-Plakaten zu lesen, die an vielen Orten der Stadt auf das bevorstehende Schützenfest hinweisen.

Alle drei Jahre im Sommer ist es wieder soweit: Die Lollfußer Schützengilde begeht turnusmäßig ihr Schützenfest und lädt alle Bürger und Gäste der Stadt zum Mitfeiern auf der Schützenkoppel ein.

Die Gründung der jüngsten der drei Schleswiger Gilden erfolgte am 20. Juli 1699 als Schützenbruderschaft, die das Scheibenschießen übte. Die Stiftungsurkunde mit diesem Datum wurde von 70 Bürgern aus dem Lollfuß unterschrieben. 1702 wurde die Gildegründung vom Gottorfer Amtmann Friedrich von Rantzau bestätigt und am 7. Mai 1705 als Schützen- und Brandgilde bekannt gemacht. Dem alljährlichen Scheibenschießen folgte nunmehr ein „Vogelschießen". Das allererste Vogelschießen wurde im Jahr der Bestätigung, 1705, abgehalten. Der erste Schützenkönig war der damalige Amtmann Geheimrat Christian August von Berkenthin. Er stiftete einen Silberschild, der mit denen, die später hinzukamen, an der schweren silbernen Kette getragen wurde. Die Kette war ein Geschenk des damaligen Schützenkönigs Baron von Goertz.

Schützenkönig zu werden, war damals besonders verlockend. Denn der Schützenkönig war ein Jahr lang von Steuern und Abgaben befreit. Eine Vergünstigung, die heute nicht mehr existiert. Ein anderes, königliches Geschenk von Christian VI. ist aber noch heute im Besitz der Gilde: Die Schützenkoppel, die noch heute als Festplatz dient. Aber die Gilde erhielt nicht nur Zuwendungen, sondern gab auch ihrerseits: 1848 stiftete die Gilde 40 Thaler als Beitrag zur Gründung der Deutschen Flotte. Den gleichen Betrag gab sie zur Unterhaltung der Bürgerwehr. Die im gleichen Jahr eröffnete Schleswiger Realschule erhielt 25 Thaler und ab 1853 einen jährlichen Unterstützungsbetrag von 40 Thalern.

Ein großer Wohltäter und eifriger Besucher der Lollfußer Schützenfeste war der Landgraf von Hessen. Herzog Carl von Glücksburg, sowie Herzog Friedrich VIII., Vater der letzten deutschen Kaiserin, waren Ehrenmitglieder der Lollfußer Gilde.

Zum Schützenfest 1865 hatte die Gilde eine blau-weiß-rote Fahne beschafft und 1873 stiftete Carl von Glücksburg, der 1869 Schützenkönig gewesen war, ein prächtiges silbernes Trinkhorn. Alle Gildeakten und Silbersachen sind bis heute erhalten und

Vorstand und Offiziere der Lollfußer Schützengilde im Jahr 2009

werden teils im Landesarchiv und teils im Stadtmuseum aufbewahrt.

Eine Besonderheit ist der Ältermannstab, der im Jahre 1840 durch den damaligen Schützenkönig Justizrat Triller gestiftet wurde und noch heute während der Sitzungen oder zur Eröffnung des traditionellen Gildefrühstücks benutzt wird.

Das Bewahren alter Traditionen spielt neben der Geselligkeit eine entscheidende Rolle im Gildeleben. Ausgelassenes Feiern und ein strenges Abhalten der Regularien zeichnen die Schützenfeste aus und geben ihnen einen würdigen und emotionalen Charakter. Freundschaft, Zuverlässigkeit, Gemeinsinn und gegenseitige Hilfeleistung sind die ideellen Werte, die in der Gildegemeinschaft gepflegt und gelebt werden. Trotz der Wahrung von Traditionen zeigt die Gilde sich in modernem Bewusstsein. In den vergangenen Jahren konnten etliche neue Mitglieder aufgenommen werden.

Annelen Weiss

Heute eine Goldene Hochzeit, morgen eine Vernissage, in der kommenden Woche die Teilnahme an einer Podiumsdiskussion, Fraktionssitzung, ein Grußwort zur Lichterlesung, dann der Kreis-Landfrauentag, das Konzert der Schleswiger Husaren, die Verabschiedung des Bischofs: Der Terminkalender von Annelen Weiss ist dicht mit roter Tinte beschrieben. „Das sind die politischen Termine", sagt Annelen Weiss.

Als Bürgervorsteherin ist die gebürtige Westfalin seit 2003 Vorsitzende der Schleswiger Ratsversammlung und oberste Repräsentantin der Stadt. Schon seit 1990 gehört sie der Ratsversammlung an, von 1994 bis 2003 war sie erste stellvertretende Bürgervorsteherin. Der direkte Kontakt zu den Bürgern ist Annelen Weiss wichtig. Sie schätzt die Begegnungen mit den Menschen auf der Straße. Für ein Gespräch ist sie stets offen, die zahlreichen an sie gerichteten E-Mails werden ausführlich beantwortet.

Als Annelen Weiss 1983 zusammen mit ihrem Mann Wolfram und den drei Kindern Carolin, Jan Hendrik und Jochen nach Schleswig kam, spielte Politik noch keine nennenswerte Rolle in ihrem Leben. „Mein Mann wurde damals Vorstand der Stadtsparkasse in Schleswig. Für mich drehte sich zunächst vieles um die Kinder, das Haus und den Garten", erinnert sich Annelen Weiss an ihren ersten Sommer an der Schlei. „Die Kinder trafen sich mit Gleichaltrigen aus der Nachbarschaft und konnten gefahrlos draußen spielen. Das war paradiesisch."

Als schließlich auch der jüngste Sohn Jochen in die Schule kam, nahm Annelen Weiss ihre Berufstätigkeit wieder auf. Seit Ende 1987 ist sie als Lehrerin an der staatlichen Internatsschule für Hörgeschädigte in Schleswig tätig.

Das Thema „Schwerhörigkeit" hatte die am 14.11.1946 in Rheine geborene Tochter eines Hals-Nasen-Ohrenarztes schon früh beschäftigt. „Wir waren als Kinder fasziniert von der Gebärdensprache der gehörgeschädigten Kinder, die in die Praxis meines Vaters kamen", erzählt Annelen Weiss. An das Pädagogik-Studium mit den Fächern Deutsch, Musik und katholische Religion im Münster und Freiburg im Breisgau - wo sie auch ihren heutigen Mann kennen lernte - schloss sie deshalb ein Aufbaustudium zur Schwerhörigen-, Gehörlosen- und Sprachheillehrerin in Heidelberg an.

An ihre Kindheit und Jugend erinnert sich die Kulturliebhaberin an eine Zeit „voller Musik". Die barocke Hausmusik war ein fester Bestandteil des Familienlebens. Regelmäßig wurde im Kreise der Familie musiziert: Annelen Weiss spielte Klavier und Querflöte, ihre zwei Schwestern Oboe und Klarinette, der Vater das Cembalo, hinzu kamen häufig Freunde mit weiteren Instrumenten. Schon als zehnjähriges Mädchen genoss sie die regelmäßigen Konzertbesuche mit den Eltern in Münster und noch heute gilt ihre Vorliebe der klassischen Musik; neben Bach schätzt sie vor allem Komponisten wie Schubert, Mendelssohn und Bruckner.

Regelmäßige Besuche der Festspiele in Bad Hersfeld oder gelegentlich der Staatsoper in Hamburg, wo heute auch ihre beiden Schwestern leben, genießt sie ebenso wie die vielen kulturellen Veranstaltungen in Schleswig. Als Mitglied des Freundeskreises Schloss Gottorf und Abonnentin des Landes-Theaters weiß sie: „Schleswig bietet ein einmaliges kulturelles Angebot für eine Stadt dieser Größe." Das Landes-Theater verdiene ein großes Lob, vor allem die schauspielerische Leistung sei oft beeindruckend, betont sie.

Für die Zukunft der Stadt Schleswig sei es wünschenswert, dass das kulturelle Angebot erhalten bleibe und sich der neue Stadtteil „Auf der Freiheit" so wie geplant entwickle. Vor allem sei die Ansiedlung weiterer Wirtschaftsbetriebe wichtig, um auch den jungen Menschen eine Perspektive in Schleswig zu bieten.

Im Jahr 2010 endet für Annelen Weiss der Schuldienst, 2013 soll der planmäßige Abschied als Bürgervorsteherin folgen, danach möchte sie mehr Zeit für das Privatleben haben. Statt roter Eintragungen sollen blaue Termine den Kalender füllen. Vor allem der lang vernachlässigten Musik und der Familie möchte sie sich widmen. Denn die Familie liegt ihr ganz besonders am Herzen. „Bei Familienfeiern wird bei uns immer viel gelacht", lächelt sie. Und nach einem besonders schönen Erlebnis gefragt, nennt Annelen Weiss ohne zu zögern ihren 60. Geburtstag und die damit verbundenen Geschenke: Ein Konzertbesuch in der Dresdner Frauenkirche und ein - im erweiterten Familienkreis mit Mann, Kindern und deren Partnern verbrachtes - Adventswochenende in Berlin.

Bürgervorsteherin • Rathausmarkt 1 • 24837 Schleswig • Telefon: 04621-814-104

Wolfram Weiss

„Anfänglich war es schon etwas ungewöhnlich, meine Frau zu den zahlreichen repräsentativen Anlässen zu begleiten. Jetzt kann ich es genießen", sagt Wolfram Weiss über seine Rolle als Ehemann an der Seite von Bürgervorsteherin Annelen Weiss. Schließlich hatte er als Vorstandsvorsitzender der Stadtsparkasse Schleswig jahrelang selbst in verantwortungsvoller Position gestanden.

Den Beruf des Bankkaufmanns hat der am 14.05.1943 in Cuxhaven geborene Bruder von drei Geschwistern von der Pike auf gelernt. Nach dem Abitur 1964 absolvierte er zunächst eine Sparkassenlehre, bevor er sich für das Studium der Volkswirtschaftslehre in Hamburg einschrieb. Um eigene Erfahrungen zu sammeln und sich „in Selbständigkeit zu üben", wechselte er wenig später nach Freiburg, wo er auch seine heutige Frau Annelen kennen lernte, die er 1972 heiratete. Nach erfolgter Diplomprüfung 1971 war Wolfram Weiss zunächst zwei Jahre beim Badischen Sparkassen- und Giroverband in Freiburg tätig. Weitere Stationen seiner beruflichen Laufbahn waren Villingen-Schwenningen, Oldenburg in Holstein, Warendorf und Rahden in Westfalen, wo er Vorstandsvorsitzender der Volksbank war. Die Ausschreibung der Vorstands-Stelle bei der ehemaligen Stadtsparkasse in Schleswig traf bei dem mittlerweile dreifachen Vater auf besonders großes Interesse.

Schleswig kannte er bereits aus Kindheitstagen: Nachdem die Engländer 1945 das Cuxhavener Elternhaus konfisziert hatten, zog die Familie zur Tante und deren Ehemann, dem Zahnarzt Dr. Werner Buchholz, in den Schleswiger Stadtweg. „Mein Bewegungsradius reichte bis 1949 von der Ecke Bismarckstraße bis zur Bäckerei Kehden heute Jaich. Das Haus Stadtweg 22, in dem damals meine Tante lebte, gibt es heute nicht mehr. Es wich einem Zweckbau, in welchem heute die Buchhandlung Liesegang angesiedelt ist", erinnert sich Wolfram Weiss an Zeiten, als der Stadtweg noch für den Autoverkehr freigegeben war.

Als 1992 die Stadtsparkasse mit der Kreissparkasse fusionierte, schied Wolfram Weiss nach zehnjähriger Vorstandtätigkeit in Schleswig aus, um anschließend die gleiche Position in Emsdetten bei Münster zu bekleiden. 2000 trat er die Pensionierung an, nicht zuletzt auch wegen seiner Familie. „Jetzt sollte endlich Schluss mit dem Umziehen sein. Schließlich hatte meine Frau in Schleswig mittlerweile beruflich Fuß gefasst", begründet er seinen Entschluss.

Die Nähe zum Wasser und der Weitblick sind für den an der Nordsee Aufgewachsenen zu prägenden Faktoren geworden. Noch heute findet Wolfram Weiss in seinem Heimatort Cuxhaven Ruhe und Entspannung in einem engagierten Alltag, der auch nach dem Ausscheiden aus dem Berufsleben zahlreiche Termine aufweist.

Der Vorsitz im Betreuungsverein Schleswig und Umgebung, seine Mitgliedschaft im Kirchenvorstand der Domgemeinde und im Landesvorstand des Paritätischen Wohlfahrtsverbandes sind nur einige der ehrenamtlichen Aktivitäten von Wolfram Weiss. Schon während seiner Berufstätigkeit hatte er zahlreiche Ehrenämter bekleidet. So war er von 1984 bis 1989 Vorsitzender des TSV Schleswig und noch heute ist er bei den „TSV Jedermännern", einer kombinierten Gymnastik- und Hallenfußballgruppe, aktiv. Die Wahl zum Vorsitzenden der Interessengemeinschaft Ladenstraße (IGL) bedingte eine Einschränkung der TSV-Tätigkeit. Als Mitinitiator der „Initiative 2000 Plus" setzte er sich für die Weiterentwicklung Schleswigs ein. Und es waren Interessierte aus dem Kreis der TSV „Jedermänner", die sich zur Rettung des kurz vor der Einstellung stehenden Schleswiger Bürgervereins zusammentaten. Seit dem Jahr 2000 ist Wolfram Weiss Vorsitzender des Schleswiger Bürgervereins, der mittlerweile wieder an die 250 Mitglieder zählt.

Sparkassendirektor i.R. • Vorsitzender Schleswiger Bürgerverein • Hermelinhof 8 • 24837 Schleswig • Telefon: 04621-53569

Der Schleswiger Bürgerverein

„Sich Zeit nehmen für die Stadt, in der wir leben", lautet das Motto des Schleswiger Bürgervereins, der sich für das Wohl der Stadt und die Belange seiner Bürger einsetzt. Mit Informationsabenden, Vorträgen, Besichtigungen und Diskussionen tritt dieser Zusammenschluss von Bürgerinnen und Bürgern aktiv zur Verbesserung der Lebensqualität in Schleswig ein. Parteiungebunden versteht sich der Verein als Bindeglied zwischen Bürgern und Verwaltung sowie als Sprachrohr zu den öffentlichen staatlichen Stellen in allgemeinen Bürgerangelegenheiten.

So war es der Schleswiger Bürgerverein, der im Jahr 2008 die Podiumsdiskussion mit der größten Bürgerbeteiligung in der Geschichte Schleswigs initiierte. Im voll besetzten Veranstaltungszelt diskutierten mehr als 1200 Bürger mit Verantwortlichen über die Nachhaltigkeit der Landesgartenschau und Visionen zur weiteren Entwicklung der Stadt. Auch war der Schleswiger Bürgerverein Initiator des Neujahrsempfangs, welcher gemeinsam mit dem Friedrichsberger Bürgerverein und der Stadt Schleswig jährlich stattfindet.

Die Bürgervereine sind ein Ergebnis der Umwälzungen aus den Märztagen des Jahres 1848. Sie spielen eine gewichtige Rolle im Demokratisierungsprozess der jüngeren deutschen Geschichte.

Man schrieb das Jahr 1866, als der erste Schleswiger Bürgerverein von Dr. Steindorff gegründet wurde. 1904 sprach Pastor Sieveking über Ziele und Aufgaben des Bürgervereins. Er trat dabei den Äußerungen eines höheren Beamten entgegen, der den Bürgerverein als eine „nutzlose Nebenregierung" bezeichnet hatte. Stattdessen wies er auf die Pflicht eines jeden Bürgers hin, sich um die Aufgaben der Selbstverwaltung zu kümmern. Die Verantwortung solle nicht allein der gewählten Körperschaft überlassen werden, vielmehr solle der Bürgerverein als „eine Vorschule für eine ordnungsmäßige und fruchtbare Betätigung in der Selbstverwaltung" sein. Der Bürgerverein solle „als Sprachrohr die Meinung der Bürger zum Ausdruck bringen ohne sich in Kleinigkeiten zu verlieren". Auch die Heimatliebe solle im Bürgerverein gepflegt werden, das große Ziel müsse sein „einen echten, gemeinnützigen Bürgersinn zu entwickeln".

Im Laufe seines Bestehens hat der Verein wechselvolle Zeiten erlebt, unter den Nationalsozialisten war er verboten, gegen Ende des 20. Jahrhunderts musste er wegen Mitgliedermangels um seine Existenz bangen und dennoch ist er seinen Grundsätzen immer treu geblieben. Bis heute hat das Zitat des ehemaligen Vorsitzenden

Hansi Hagge nicht an Gültigkeit verloren: „Der Bürgerverein ist der Wachhund auf der Rathaustreppe". Seit einigen Jahren kann sich der Bürgerverein über regelmäßige Zuwächse freuen und ist heute mit annähernd 250 Mitgliedern stärker denn je.

Uwe Weitkamp

„Ich habe mit einem Bleistift und einem Radiergummi angefangen", erzählt Uwe Weitkamp, Senior in der Steuerberaterpraxis Weitkamp, Hirsch & Kollegen.

Ursprünglich hatte der am 28.12.1934 geborene Sohn eines Obersteuerrates Förster werden wollen, doch dann begann er mit 18 Jahren seine Ausbildung bei dem Schleswiger Steuerberater Noelle. Nach dem unerwarteten Herztod des Kanzleichefs beschloss Uwe Weitkamp, sich nach Ablegung der Prüfung selbständig zu machen. Mit der Gründung seines eigenen Büros am 01. April 1962 legte er den Grundstein für eine Kanzlei, die heute zu den renommiertesten Praxen in Schleswig gehört.

„Heute würde ich jedem raten, in eine bestehende Praxis einzusteigen", sagt Uwe Weitkamp rückblickend. Denn die Anfänge waren schwer: Ein Tisch in der elterlichen Küche diente dem Unternehmensgründer als Arbeitsplatz, der Backofen dort wärmte ihm die kalten Füße. Wärme und Unterstützung fand er von Anfang an bei seiner Frau Edith, die er am 12.08.1960 geheiratet hatte. Besonders die Schreib- und Buchhaltungskenntnisse der zweimaligen Norddeutschen Meisterin in Stenographie waren eine unbezahlbare Hilfe. „Ohne sie hätte ich das nie geschafft", sagt Uwe Weitkamp - und man spürt: Dieser Satz ist nicht einfach eine Floskel, sondern kommt aus tiefstem Herzen.

Mit viel Fleiß, Durchhaltevermögen und einem ausgeprägten Dienstleistungsverständnis gelang es Uwe Weitkamp nach und nach, einen festen Mandantenstamm aufzubauen. An seinen ersten Mandanten erinnert er sich noch genau: Es war ein Textilingenieur, der ihm bis heute die Treue hält. Ein guter Kontakt zu den Klienten ist Uwe Weitkamp immer wichtig gewesen. „Obgleich stets das formelle ´Sie´ gewahrt wurde, hatten wir großes Vertrauen zueinander. Man arbeitete ja viel im Hause des Mandanten. Irgendwann gehörte man quasi zur Familie", erzählt er. Zweimal habe er sogar erfolgreich als Eheberater fungiert, fügt er schmunzelnd hinzu. In seinem ersten Firmenwagen, einem Fiat 500, fuhr er zu Klienten bis nach Kappeln, wo er oft tagelang über riesige Folianten gebeugt die Journalbuchführung machte. Dennoch reichten die Einnahmen der ersten Jahre gerade für das Nötigste - und es war ein großer Tag, als für 150 D-Mark schließlich die erste Additionsmaschine angeschafft werden konnte.

Am 22.01.1961 war Sohn Volkmar zur Welt gekommen, doch erst im Jahr 1964 ließ es die finanzielle Situation zu, dass Uwe Weitkamp und seine Frau aus den jeweiligen Elternhäusern in ihre erste gemeinsame Wohnung ziehen konnten.

Dort, am Rathausmarkt 12, wo die Familie über 20 Jahre lang wohnte, war endlich auch Platz für das erste eigene Büro.

Nach und nach wuchs aus einem noch bescheidenen Mandantenstamm eine stattliche Klientel, im Jahr 1964 wurde der erste Mitarbeiter angestellt; und die Anschaffung der ersten Buchführungsmaschine mit Lochstreifen bedeutete eine große Arbeitserleichterung. Ab 1970 war Uwe Weitkamp in der Lage, jedes Jahr einen Auszubildenden einzustellen und irgendwann musste er den ersten Klienten absagen, weil er die Menge an Aufträgen nicht mehr bewältigen konnte. Seitdem hat sich das Unternehmen stetig weiterentwickelt.

Der Eintritt von Sohn Christoph in das väterliche Unternehmen eröffnete 1993 neue Möglichkeiten und seit dem Jahr 2000 leiten Armin und Christoph Weitkamp als Juniorpartner an der Seite ihres Vaters die Steuerberaterkanzlei.

Da die Räume am Rathausmarkt für das mittlerweile zehn Mitarbeiter starke Praxisteam zwischenzeitlich zu klein geworden waren, wurde mit dem Bau eines größeren Gebäudes begonnen, das alle Anforderungen eines modernen Unternehmens erfüllte.

1997 erfolgte der Umzug in die heutigen Geschäftsräume im Gewerbegebiet St. Jürgen.

Armin Weitkamp

„Wir leben den Service-Gedanken, der weit über die Beratung zur Erfüllung steuerlicher Pflichten hinausgeht", umschreibt Armin Weitkamp den Dienstleistungscharakter, den schon sein Vater geprägt hat. Auch in seinem Denken stehen die Interessen der Mandanten im Mittelpunkt, Zuverlässigkeit und persönliche Betreuung sind ihm besonders wichtig. Bereits 1999 hatte der jüngste der drei Weitkamp-Brüder sein Steuerberaterexamen abgelegt, im folgenden Jahr stieg er zusammen mit seinem Bruder Christoph als Juniorpartner in die Kanzlei des Vaters ein.

Anders als bei seinem älteren Bruder hatten die Interessen des am 11.08.1969 geborenen Armin Weitkamp zunächst eher konstruktiven Tätigkeiten gegolten. Für den Modellbau konnte er sich ebenso begeistern wie für sein erstes Moped. Nach dem Abschluss der Domschule hatte er deshalb zunächst probehalber einige Vorlesungen im Bereich Maschinenbau angesehen. Dort wurde ihm schnell klar: Hier konnte er nicht in dem gewünschtem Maße kreativ und konstruktiv tätig sein. Also entschloss er sich zu einem Studium der Betriebswirtschaftslehre. Im Rahmen einer dualen Ausbildung verbrachte er wechselweise drei Monate an der Berufsakademie im baden-württembergischen Villingen-Schwenningen und in der Kanzlei eines Flensburger Steuerberaters und Wirtschaftsprüfers. Während er an der Berufsakademie bei dem Meinungsbildner und Publizisten Professor Dr. Ulrich Sommer die theoretischen Fragen der Steuergesetzgebung behandelte, lernte er in Flensburg die praktischen Aspekte einer Kanzleitätigkeit kennen. „Der Kanzleichef war der 4. Angestellte meines Vaters gewesen und kannte mich noch als Baby", erzählt Armin Weitkamp.

Ein Umstand, der ihn aber keinesfalls davor bewahrte, dort auch die eine oder andere Nachtschicht einlegen zu müssen.

1995 verfasste er seine Diplomarbeit zum Thema der vorweggenommenen Erbfolge im Betriebsvermögen. Damit behandelte er ein Thema, das gerade heute wieder höchste Aktualität hat und nach wie vor zu den Beratungsschwerpunkten von Armin Weitkamp gehört. Nach dem Studienabschluss folgten drei weitere Praxisjahre in Flensburg, bevor er 1999 das Steuerberaterexamen ablegte.

Wenngleich sein Aufgabenfeld auch nur bedingt mit Kreativität zu tun hat, ist Armin Weitkamp heute fasziniert vom Beruf des Steuerberaters.

„An dem sich wandelnden Anforderungsprofil an den Steuerberater lässt sich die gesellschaftliche Entwicklung verfolgen. Scheidungsraten spiegeln sich in der Zuordnung der Kinderfreibeträge, die Globalisierung bringt neue Herausforderungen mit sich, Zeitarbeitsfirmen, aber auch der Internetverkauf werfen ganz neue steuerliche Fragen auf", erklärt er.

Weltoffenheit und der Blick über die Grenzen Schleswigs hinaus sind für Armin Weitkamp wichtige Aspekte, gleichzeitig fühlt sich der Vater von zwei Kindern in Schleswig zu Hause. Als Mitglied der Altstädter St. Knudsgilde pflegt er Schleswiger Traditionen, als Vorstandsmitglied des Gewerbevereins St. Jürgen setzt er entscheidende Impulse und als Beiratsmitglied unterstützt er die Weichenstellung für eine positive wirtschaftliche Entwicklung der Stadt.

Christoph Weitkamp

„Wir setzen Traditionen in einem modernen Kontext fort", sagt der am 28.12.1965 geborene Christoph Weitkamp. Die Übernahme der väterlichen Kanzlei entsprach der Erfüllung eines bereits seit Kindertagen gehegten Traumes. Schon als Kleinkind krabbelte er durch die Büroräume und verstrahlte dort - damals wie heute - seinen Sunnyboy-Charme. Zahlen waren seine Welt, mit Leichtigkeit merkte er sich Telefonnummern und wann immer die Mutter es zuließ, tauschte er den Kindergartenbesuch gegen Mandantenfahrten mit dem Vater. „Ab und zu steckte Oma mir einen Geldschein für uns Kinder zu. Ich hatte ruck zuck bis auf den Pfennig den Anteil für jeden von uns ausgerechnet", erinnert sich Christoph Weitkamp an seine ausgeprägte Leidenschaft für monetäre Angelegenheiten.

Folgerichtig absolvierte er nach dem Abitur an der Schleswiger Domschule eine duale Ausbildung zum Betriebswirt. Nach dem Studium zum Diplomkaufmann in Kiel trat er 1993 als Angestellter in den väterlichen Betrieb ein. Im Jahr 2000 machte er das Steuerberaterexamen und stieg als Juniorpartner in die Steuerkanzlei Weitkamp ein.

Ein Schwerpunkt seiner Tätigkeit ist die Beratung im Bereich der Heilberufe. An der Fachhochschule in Kiel bekleidete er zudem einen Lehrstuhl für Steuerrecht, für die Deutsche Apotheker- und Ärztebank ist er als Dozent tätig.

Ein weiterer Schwerpunkt seiner Tätigkeit ist die Betreuung in Kapitalanlagefragen. Hierzu gehört die Orientierung sowohl auf dem deutschen als auch auf den internationalen Märkten. Als Experte in Sachen Kapitalanlage vertritt Christoph Weitkamp seine Mandanten deutschlandweit auch in Beiräten und Gesellschafterversammlungen. Dennoch bleibt er seiner Heimatstadt treu. Als Mitglied der Altstädter St. Knudsgilde pflegt er zusammen mit seinem Bruder Armin Schleswiger Traditionen, soziales Engagement ist ihm als überzeugter Rotarier selbstverständlich.

„Wir sind tief mit Schleswig verwurzelt und gleichzeitig suchen wir die Herausforderung auch über die Grenzen der Stadt hinaus", formuliert er das gleichermaßen traditionsbewusste wie polyglotte Selbstverständnis der Kanzlei.

Steuerberatungsgesellschaft Weitkamp, Hirsch & Kollegen

Die Steuerberatungsgesellschaft Weitkamp ist heute ein modernes Dienstleistungsunternehmen. Vieles hat sich geändert seit den Zeiten, in denen Uwe Weitkamp seine ersten Berechnungen am Küchentisch durchführte. Doch sowohl seine, als auch die Handschrift seiner Frau sind noch heute deutlich erkennbar. Neben dem erstklassigen Service für die Mandanten wird auch die soziale Komponente innerhalb des Betriebes groß geschrieben. Ganz selbstverständlich gibt es noch heute - wie schon damals unter Edith Weitkamp - regelmäßige Betriebsausflüge und kleine persönliche Präsente für die Mitarbeiter zu den Feiertagen. Beim Betriebssport im neuen Schleswiger Fitnesscenter Vitalien gerät das Team gemeinsam ins Schwitzen - das hält zusammen.

„Wir freuen uns, dass wir fast keine Fluktuation im Team haben. Wer bei uns ist, identifiziert sich mit dem Unternehmen und bleibt gerne hier. So baut sich auch ein großes Vertrauensverhältnis zwischen unseren Mitarbeitern und unseren Mandanten auf", erläutert Christoph Weitkamp den doppelt positiven Effekt eines gesunden Betriebsklimas.

Das Jahr 2009 bringt einen weiteren wichtigen Abschnitt in der Unternehmensentwicklung. Durch den Zusammenschluss mit der Schleswiger Kanzlei Hildebrandt, Hildebrandt & Hirsch werden die Kapazitäten nochmals erweitert. Für die Mandanten bedeutet das ein Plus an Schnelligkeit, Schlagfertigkeit und Spezialisierung. Mit Rechtsanwältin Steffanie Hildebrandt erweitert die Kanzlei ihr Dienstleistungsspektrum auch auf Fachberatung in Sachen Wirtschaftsrecht. Unter der Überschrift „Berater mit Klasse" zeichnete das Wirtschaftsmagazin Focus-Money die Kanzlei im August 2009 als einzige in Schleswig-Holstein als Top-Steuerberater aus.

„Diese Spitzenposition als Nummer eins im Norden wollen wir beibehalten. Wir werden deshalb weiterhin in Schulungen investieren, um unseren Mandanten jederzeit höchste Fachkompetenz und perfekten Rundumservice bieten zu können", sind Armin und Christoph Weitkamp sich einig. Trotz der Größe, die das Unternehmen mittlerweile erreicht hat, bleiben sie auch zukünftig persönlich für jeden Klienten ansprechbar, versichern die beiden Juniorchefs.

Uwe Weitkamp hingegen ist froh, nicht mehr in erster Reihe zu stehen. Das Fortleben seiner Firmenphilosophie weiß er bei seinen beiden Söhnen in besten Händen. „Die beiden sind die ideale Ergänzung: Christoph ist der optimistische Dynamiker, der stets neue Türen öffnet, und Armin ist der zuverlässige, joviale Part, der den Laden zusammenhält", charakterisiert der Vater seine beiden Nachfolger.

Ganz wird der Firmengründer sich nicht aus dem Geschäft zurückziehen können. Denn auch der Textilingenieur aus den ersten Tagen besteht weiter auf persönliche Beratung durch den Senior - komme, was wolle.

**Steuerberatungsgesellschaft mbH • Weitkamp, Hirsch & Kollegen •
Werner-von-Siemens-Straße 16 • 24837 Schleswig • Telefon: 04621-95540**

Dr. Monika Winkler
Prof. Dr. Rainer Winkler

„Ich habe mich in einem einzigen Tag in Schleswig verliebt. Hamburg und der Alster habe ich nicht eine Träne nachgeweint", erinnert sich die am 28.12.1944 in Obernkirchen geborene Dr. Monika Winkler. Seit ihrem fünften Lebensjahr hatte sie mit ihrer Mutter in der Hansestadt gelebt und nach dem Abitur dort auch Medizin studiert. Während ihrer Doktorarbeit an der Chirurgischen Universitätsklinik Eppendorf lernte sie ihren heutigen Mann, den Chirurgen Professor Dr. Rainer Winkler, kennen. „Eigentlich wollten wir beide keine Mediziner heiraten", waren die beiden sich einig. Doch schon nach einer Woche stand fest, dass sich die idealen Partner gefunden hatten, die Hochzeit erfolgte 1971.

Der in Husum als Sohn eines Chirurgen aufgewachsene Rainer Winkler promovierte 1968 mit „summa cum laude" über die Morphologie von zellulären Stoffwechselvorgängen auf dem damals neuartigen Gebiet der Elektronenmikroskopie. 1968 wechselte er an die Chirurgische Universitätsklinik Hamburg-Eppendorf und wurde 1973 Facharzt für Chirurgie, während Dr. Monika Winkler als Assistenzärztin in der Chirurgie und Gynäkologie tätig war.

1976 verfasste Dr. Rainer Winkler seine Habilitationsschrift zum Thema Darmkrebs, im selben Jahr adoptierte das Mediziner-Ehepaar Tochter Anna Christina, 1977 wurde Sohn Nils Alexander geboren. 1981 erfolgte die Ernennung zum Professor. Trotz einer glänzenden Karriere entschied Professor Winkler, sich von der Universitätslaufbahn zur Klinikarbeit hinzuwenden. „Chirurgie ist mehr als nur operieren. Ich wollte nah an den Patienten sein, sie ganzheitlich betrachten und suchte ein Klinikum, das groß genug war, um auf meinem Spezialgebiet weiterarbeiten zu können. Gleichzeitig sollte es so überschaubar sein, dass ich mich verantwortlich um jeden Patienten kümmern konnte."

Die idealen Bedingungen hierzu fanden sich am Martin-Luther-Krankenhaus in Schleswig, vor allem war auch die Stadt Schleswig ein Wunschziel und so zog die Familie 1985 von der Alster an die Schlei. „Ich wollte immer nach Schleswig-Holstein zurück. Ich erinnere mich genau, dass ich die wunderschöne Straße, in der wir heute wohnen, auf einer Klassenreise gesehen und gedacht hatte: Wenn Du hier eines Tages wohnen könntest ... Dieser Traum hat sich für uns erfüllt", erzählt Prof. Dr. Rainer Winkler.

Auch für Dr. Monika Winkler stand fest: Hier hatte sie den richtigen Ort zum Leben gefunden. Um sich aktiv in das Geschehen der Stadt einzubringen, engagierte sie sich von Beginn an auf politischer Ebene. 1989 wurde sie als Spitzenkandidatin der FDP gewählt, vier Jahre lang kämpfte sie als fraktionsloses Mitglied im Schleswiger Rat für

ihre Ziele. Während ihrer Zeit als Ratsfrau setzte sie sich entschlossen für die Belange der Kinder und Jugendlichen ein. So richtete sie unter anderem ein Jugend-Konto ein, von dem zum Beispiel bedürftige Schüler bei der Finanzierung von Klassenfahrten unterstützt wurden. „Insgesamt konnte ich aber in der Politik viel zu wenig bewegen", bilanziert die engagierte Macherin. Am dritten Tag nach ihrem politischen Ausscheiden erhielt sie einen Anruf des Kinderspielzentrums, das eine neue Vorsitzende brauchte. Auch auf Anraten ihres Mannes, der einen dringenden Bedarf in der Jugendarbeit sah, sagte sie zu und blieb damit einmal mehr ihrem Lebensmotto treu: „Ehe Du andere um Hilfe fragst, krempele Deine Ärmel auf und mache es selbst."

Als das ehemalige Sparkassengebäude, in dem das Kinderspielzentrum unterge-bracht war, zum Verkauf stand, fassten die Winklers einen mutigen Entschluss: Um die Einrichtung erhalten zu können, kauften sie aus eigenen Mitteln die Immobilie, bauten sie zum vielfach nutzbaren „Kinderhaus" aus und brachten sie in die im Dezember 1995 gegründete Jugendstiftung Winkler ein. „Viele haben uns anfänglich für verrückt gehalten, aber wir wollten einfach etwas von dem Glück zurückgeben, das wir in unse-rem Leben gehabt haben", erklärt Professor Rainer Winkler. 2005 schied der Chefarzt der Chirurgie aus Altersgründen am Martin-Luther-Krankenhaus aus; einen Monat zu-vor hatte seine Frau nur knapp eine immunbedingte lebensbedrohliche Blutvergiftung überlebt. Die Krankheit hat sie schwer gezeichnet, eine Beinamputation war die unum-gängliche Folge. „Damit ist mir mein halbes Leben genommen - ich wollte doch immer alles selber machen", sagt Monika Winkler, während ihr Mann ihr fürsorglich etwas Tee nachschenkt. Die Tasse nimmt sie mit starren Fingern entgegen. Ihre Hände sind steif vom schlimmen Rheuma, ein Leben im milden Mittelmeerklima könnte Linderung ver-schaffen, doch sie ist entschlossen, dem rauen Nordwetter zu trotzen und sich weiter für ihr Projekt und die Kinder des Kinderspielzentrums einzusetzen.

Ärzte und Kinderhaus-Stifter • Thiessensweg 12 • 24837 Schleswig • Telefon: 04621-28384

Die Jugendstiftung Winkler

„Kinder sind die Fortführung unseres Lebens auf dieser Welt. Deshalb müssen wir sie auf ihrem Weg in ein verantwortliches Leben unterstützen", sagt Dr. Monika Winkler. Und belässt es nicht nur bei Worten, sondern handelt: Seit 1994 ist sie Vorsitzende des Kinderspielzentrums im Schleswiger Stadtteil Friedrichsberg. Hier finden Kinder der ganzen Stadt ein Haus, in dem sie sich wohl fühlen dürfen, wo sie betreut werden und neben gesundem Essen auch wichtige Hilfe bei den Hausaufgaben bekommen. In kindgerecht gestalteten Räumen können Kinder von 6 bis 13 Jahren spielen und voneinander lernen. Ausflüge, Feste und zahlreiche Aktivitäten wie Backen, Kochen, Musizieren oder Basteln geben Freude und Anregungen, Erzieher stehen als Bezugspersonen zur Verfügung, geben den Kindern Tag für Tag Halt und Geborgenheit. Das Kinderspielzentrum ist Ort der Begegnung, Anlaufstelle und manchmal auch Zufluchtsort. 2007 ist im Haus zusätzlich eine Krippe für die ganz Kleinen eingerichtet worden, die 13 bis 17 Jahre alten Jugendlichen können sich zweimal pro Woche von 18 bis 21 Uhr treffen. „Wir wollen die Kinder von der Straße holen und ihnen eine sinnvolle Freizeitbeschäftigung bieten", erklärt Professor Rainer Winkler, der zusammen mit seiner Frau durch den privat finanzierten Erwerb des Hauses den Grundstein für den Fortbestand des heutigen Kinderspielzentrums legte. Die Einrichtung wird bis heute mit geringen Unkostenbeiträgen und überwiegend privaten Spendengeldern aus der 1995 vom Ehepaar Winkler gegründeten Jugendstiftung Schleswig finanziert und getragen.

Im Jahr 1997 erhielt die Schleswiger Jugendstiftung Winkler für ihr Engagement den Anerkennungspreis des Hanse-Merkur-Preises für Kinderschutz, Monika Winkler zudem im Jahr 1999 den mit 20.000 D-Mark dotierten „Sparkassenpreis für soziales Engagement" der Sparkassenstiftung Schleswig-Holstein. „Das sind wichtige Auszeichnungen, wir sind froh über das Geld, das dadurch über die Stiftung den Kindern zugute kommt", sagt Dr. Monika Winkler.

Das wichtigste jedoch sei die Anerkennung der Institution durch die Gesellschaft. Als die Winklers sich mit hohem finanziellen Einsatz privat für den Erwerb und Umbau des Hauses einsetzten, trafen sie auf äußerste Skepsis, dass ein solches Privatprojekt zu realisieren und in der Folge zu halten sei. Es ist dem unermüdlichen Einsatz von Dr. Monika Winkler und natürlich den Unterstützern der Stiftung zu verdanken, dass dieser wichtige Beitrag zur Familien- und Stadtteilpolitik bislang erhalten bleiben konnte. Das Ringen um Spendengelder jedoch geht Jahr für Jahr weiter. Immer wieder stellt die Bezahlung der Betreuer und Erzieher die Stiftung vor finanzielle Nöte. Eine Kontinuität in der Beschäftigung zu erreichen und damit den Kindern und Jugendlichen feste Bezugspersonen zu bieten, ist ein erklärtes Ziel der Stiftung. Dafür sind Spenden wichtiger denn je. Mit festen Patenschaften, die der Stiftung eine monatliche Kalkuierbarkeit ermöglichen würden, wäre den Kindern der Stadt nachhaltig geholfen. Eine Patenschaftsurkunde kostet nicht mehr als ein Blumenstrauß.

Fotos: privat

**Jugendstiftung Winkler e.V. • Erikastraße 5 • 24837 Schleswig •
Telefon: 04621-934792 • www.jugendstiftung-winkler.de •
Spendenkonto: 31046 • Nord-Ostsee Sparkasse, BLZ: 217 500 00**

Prof. Dr. Reimer Witt

Wenn Prof. Dr. Reimer Witt von den Verbindungen Gottorfs zu Russland erzählt, erwachen sie zum Leben: die schöne Anna Petrowna, Tochter von Katharina I. und Zar Peter dem Großen, und ihre Schwester, die blonde Elisabeth.

Es ist das Jahr 1721, als sich der Gottorfer Herzog Karl Friedrich in Anna verliebt. 1725 heiratet er ins Haus Romanow ein. Nach dem Tode der Mutter, Zarin Katharina I., müssen Anna und ihr Gatte in die Kieler Residenz zurückkehren. 1728 wird dort Sohn Karl Peter Ulrich geboren. Doch ein schwerer Schicksalsschlag beendet das Glück der jungen Familie: Noch während der Wochenbettzeit besucht die lebenslustige Anna einen Ball – und bezahlt dieses Vergnügen am 15. Mai 1728 mit dem Leben.

Noch ahnt niemand, dass der halbverwaiste Knabe später einmal als Zar Peter III. in die Geschichte eingehen wird. Zu verdanken hat er das seiner Tante: Elisabeth hat zunächst weniger Liebesglück als ihre Schwester Anna. Sie liebt den Lübecker Fürstbischof Karl, der zur jüngeren Gottorfer Linie zählt. Doch bevor es zur Hochzeit kommt, verstirbt dieser an Pocken.

Als 1742 Elisabeth noch immer unverheiratet und ohne Erbfolger ist, beschließt sie, ihr Schicksal selbst in die Hand zu nehmen. Sie initiiert eine Palastrevolution und wird Zarin von Russland. Zu ihrem Nachfolger bestimmt sie ihren Neffen Karl Peter Ulrich. Der tritt zum orthodoxen Glauben über und wird Zar Peter III., Ehemann von Katharina der Großen. Somit wurde die Linie Romanow-Holstein-Gottorf begründet, aus der bis 1918 die russischen Zaren hervorgingen.

Viele Schriftstücke liegen heute als Zeugnisse dieser bewegten Geschichte im Landesarchiv Schleswig-Holstein in Schleswig: darunter ganz persönliche wie das Testament von Anna Petrowna, das sie kurz vor ihrer Niederkunft gemacht hatte, oder ein kleines Notizbüchlein in Moiré-Einband der späteren Zarin Katharina der Großen.

Neben der Bewahrung solch einzigartiger Dokumente geht es dem ehemaligen Leiter des Landesarchivs vor allem darum, Darstellungen in den zeitlichen Kontext zu setzen und ihre Entwicklung zu verfolgen. „Es ist fesselnd zu sehen, wie Schriften manipuliert werden. Mit jeder neuen Ausgabe der Memoiren von Katharina der Großen wird ihr Ehemann in ein schlechteres Licht gerückt", meint Professor Dr. Reimer Witt.

Es war vor allem die Historie Dithmarschens, die den am 01.08.1941 in Heide geborenen Sohn eines Kaufmännischen Angestellten schon früh faszinierte. Auch das besondere Interesse am Schicksal gesellschaftlich benachteiligter Frauen sieht Reimer Witt nicht zuletzt in der eigenen Geschichte begründet. Als der Vater im Krieg fiel, sorgte die Mutter allein für das Auskommen der Familie, mit ihrem Einkommen als Putzmacherin und Fachverkäuferin bestritt sie Unterhalt und Schulgeld für die Kinder. „Wir hatten dennoch eine vergnügte Kindheit", sagt er von sich und seiner Schwester.

Besonders gerne erinnert er sich an die ausgelassenen Spiele im Sägewerk des Groß-vaters.

Nach dem Abitur im Jahr 1961 studierte Reimer Witt zunächst Latein, Geschichte, Philosophie und Pädagogik an den philosophischen Fakultäten in Kiel und Freiburg. Sein Ziel, in den Schuldienst einzutreten, änderte sich im Laufe der Arbeiten für sein Staatsexamen. Im fensterlosen Tresorraum der ehemaligen Landesbank in Heide vertiefte er sich in die Quellen des Landschaftsarchivs Norderdithmarschen. Im spärlichen Schein einer Schreibtischlampe entwickelte sich aus der Beschäftigung mit den alten Akten eine intensive Leidenschaft für die Wissenschaft.

Für seine Promotion befasste er sich mit den Privilegien der Landschaft Norder-dithmarschen in gottorfischer Zeit und noch heute referiert der überzeugte Dithmar-scher über Themen wie die Schlacht von Hemmingstedt.

1970 holte der Schleswiger Archivchef Prof. Dr. Kurt Hector den knapp Dreißig-jährigen an das damals auf Schloss Gottorf ansässige Landesarchiv. 14 Jahre später übernahm Reimer Witt die Leitung, wurde 1999 zum Ehrenprofessor des Landes ernannt und führte das Haus als Chef bis zu seiner Verabschiedung im Juli 2006. In seine Amtszeit fällt der Umzug von der Schlossinsel in die restaurierten Räume des geschichtsträchtigen Schleswiger Prinzenpalais' kombiniert mit einem modernen Ar-chivzweckbau. Hinzu kommt die Einrichtung und Gründung des Landesfilmarchivs, für das der Erwerb des einzigartigen Filmmaterials der Kieler Nordmark-Film den Grundstock bildete.

Nicht nur die Entwicklung des Archivwesens ist Prof. Dr. Reimer Witt stets ein großes Anliegen gewesen. Knapp 10 Jahre lang hat er sich als Schriftführer der Gesellschaft für schleswig-holsteinische Geschichte engagiert und bis 2009 in Beirat und Vorstand des Landeskulturverbandes mitgewirkt. Von 1972 bis zum Ende seiner Amtszeit wurden im Rahmen der AG Landesforschung regelmäßig Ortschronisten ausgebildet.

Als Vorstandsmitglied des Verbandes deutscher Archivarinnen und Archivare hat er zudem die BRD im internationalen Archivwesen vertreten. China, Kanada, Island, Mexiko, Moskau, Namibia und USA sind nur einige der weltweiten Stationen, die er im Auftrag des Internationalen Archivrats von 1992 bis 2000 bereist hat. „Die Beziehungen zu anderen Ländern sind im Archivwesen ganz entscheidend. Denn hier gilt das Provenienzprinzip, das Entstehungsprinzip. Im eigenen Archiv liegt meistens nur das Konzept, der Empfänger hat die schönere Ausführung", weiß der Quellenforscher. Ein Beispiel dafür ist der im Landesarchiv in Schleswig erhaltene Reisepass des russischen Zaren Michail Fedorovič. Er genehmigte 1638 die Durchreise einer Gottorfer Persienexpedition, an der Adam Olearius als Gesandtschaftssekretär im Auftrag von Herzog Friedrich III. teilnahm. Der fein säuberlich mit Goldtinte in kyrillischer Schrift geschriebene und mit dem russischen Doppeladler besiegelte Pass ist die Antwort auf einen Antrag Herzog Friederichs. Diese Urkunde, die auf Gottorf auf Pergament verfasst wurde, liegt heute wohl bewahrt im „Russischen Staatsarchiv der Alten Akten" in Moskau. Ergebnis der ausgezeichneten, Länder übergreifenden Archivkooperation war die im Jahr 1996 in Schleswig und 2000 in Moskau gezeigte Ausstellung „Die Gottorfer auf dem Weg zum Zarenthron", in der diese Quellen wieder gemeinsam präsentiert werden konnten.

Es war das Jahr 1977, als Reimer Witt mit seiner Frau und dem damals vierjährigen Sohn Ole Marten aus der Dienstwohnung in der Beletage des sog. „Kavaliershauses" auf Schloss Gottorf in sein heutiges Haus im Stadtteil Friedrichsberg zog. Hier erblickte nicht nur Tochter Sötje die Welt, sondern auch die endgültige Fassung des im Jahr 1996 auf dem Pekinger Archivkongress international verabschiedeten „Code of ethics for archivists". Dieser „Kodex ethischer Grundsätze für Archivare" legt bis heute weltweit Prinzipien archivarischen Handelns fest.

Der Friedrichsberg ist Reimer Witt mittlerweile zur zweiten Heimat geworden. Als Vorsitzender des Fördervereins des Landesarchivs, der Arbeitsgemeinschaft Ochsenweg und vor allem des Friedrichsberger Bürgervereins setzt er sich aktiv für die Belange des Stadtteils ein.

Ehemaliger Direktor des Landesarchivs und Vorsitzender des Friedrichsberger Bürgervereins • Kolonnenweg 97 • 24837 Schleswig • Telefon: 04621-34109

Der Friedrichsberger Bürgerverein

Im Jahr 2008 feierte der Friedrichsberger Bürgerverein seinen 125-jährigen Geburtstag. Die Wahrung von Traditionen ist dem Verein wichtig. Unter dem Motto „Im Friedrichsberg zu Hause!" werden regelmäßig Identität stiftende Aktionen wie die Vorstellung Stadtteil prägender Institutionen durchgeführt. „Integration" ist ein wichtiger Bestandteil der Vereinsarbeit und zwar nach innen und nach außen. Innerhalb des Friedrichsbergs wird das interkulturelle Miteinander gefördert und als „Südportal Schleswigs" pflegt der Verein die Kontakte zu benachbarten Gemeinden.

Im Laufe seiner Geschichte hat sich der Verein zum „Anwalt für den Friedrichsberg" entwickelt, der seine Finger auch in offene Wunden legt. Schon zur Gründung vor 125 Jahren konnten die Mitglieder ihre schriftlich formulierten Fragen und Probleme einem „Fragekasten" anvertrauen. Schon damals beschäftigte die Bürger zum Beispiel das Thema Straßenausbau und -beleuchtung – ein Thema, das an Aktualität nicht verloren hat. Weitere Themen aus jüngster Vergangenheit und Gegenwart sind zum Beispiel die Diskussion um das Einkaufszentrum im Friedrichsberg, die Gestaltung des Bahnhofes oder das Stadtentwicklungskonzept nach der Landesgartenschau.

„Wir setzen auf den Konsens und wollen die Lebensqualität im Friedrichsberg verbessern", umreißt Vorsitzender Professor Dr. Reimer Witt die Ziele des Vereins, der im Jubiläumsjahr stolze 235 Mitglieder verzeichnen kann. Gesellschaftliches Highlight ist die jährliche Mitgliederversammlung, die stets als „Grogabend" zelebriert wird. An dieser Veranstaltung nimmt traditionell auch der amtierende Bürgermeister teil und berichtet über aktuelle Entwicklungen, die Schleswig und besonders den Friedrichsberg betreffen.

Die Bürger nehmen diese Gelegenheit auch lebhaft wahr, ihre Sorgen und Anregungen zu Gehör zu bringen. Denn Mitbeteiligung und Einmischung bei dem gesellschaftlichen Leben des Stadtteils sind ihnen wichtig.

Dafür steht der Friedrichsberger Bürgerverein!

Zahnmedizin im Zentrum -
Frank + Trenktrog + Frank

„Wir möchten bewusst anders sein. Unsere Patienten sollen sich bei uns rundum wohl fühlen und das fängt beim ersten Schritt in die Praxis an", sagt Dr. Kai Trenktrog, Mitbegründer der Gemeinschaftspraxis „Zahnmedizin im Zentrum".

Wer im ersten Stock des alten Schleswiger Postgebäudes im Stadtweg 53-55 aus dem breiten Aufzug tritt, steht deshalb nicht etwa in einem zugigen Treppenhaus, sondern direkt in den Praxisräumen von „Zahnmedizin im Zentrum". Großzügige Räume, edler Holzboden, ein Terrarium und ein weiter Empfangstresen lassen vergessen, dass ein Zahnarztbesuch nicht unbedingt zu den schönsten Dingen der Welt gehört. Im Wartezimmer gibt es frischen Kaffee und Wasser, in einem Portfolio stellen sich die einzelnen Mitarbeiter vor, ein moderner Flachbildschirm informiert über die Leistungen der Praxis. Den Stadtweg, wo sich die heutigen Praxisräume von „Zahnmedizin im Zentrum" befinden, kennt Dr. Kai Trenktrog seit frühester Kindheit. In der Altstadtapotheke hatte schon sein Vater gelernt und im Stadtweg stand das Haus der Großmutter, in dem der am 08.03.1959 geborene Schleswiger seine ersten drei Lebensjahre verbrachte. 1962 zog die junge Familie in den Schleswiger Stadtteil St. Jürgen, 1969 nach Rendsburg, wo die Eltern eine eigene Apotheke eröffneten.

Schon während der Schulzeit stand für Kai Trenktrog fest, dass er Zahnarzt werden wollte; während eines Ferienbesuches in der Praxis eines befreundeten Zahnarztes war er auf den Geschmack gekommen. Nach dem Abitur studierte er Zahnmedizin in Kiel, wo er 1986 die Approbation erhielt. 1988 kehrte er nach Schleswig zurück und stieg dort in die bestehende Praxis von Dr. Riedel ein. In den Jahren 1996 bis 1998 erwarb er eine Zusatzqualifikation für Kieferorthopädie an der Universität in Ulm.

Seiner Heimatstadt und deren reicher Tradition fühlt er sich eng verbunden, seit 1986 ist er leidenschaftliches Mitglied der Altstädter St. Knudsgilde. „Wenn ich mich nicht gerade – zusammen mit meinen Kollegen – um die Zahngesundheit meiner Patienten oder die Verschönerung unserer Praxisräume kümmere, treibe ich Sport, tanze oder musiziere auf dem Tenorhorn", sagt der Vorsitzende des Blasorchesters „Schleswiger Husaren". Das musikalische Engagement teilt der Vater von vier Kindern mit seiner Frau Regina, mit der er 2009 silberne Hochzeit feierte. Und mit seinen Kollegen.

„Ich spiele Klavier und höre Jazz, mit meiner Frau tanze ich am liebsten Tango Argentino. Also bin ich Zahnarzt, der bei der Arbeit gerne Jazz hört und Design im Kopf hat", sagt Bernhard M. Frank, zweiter Zahnarzt im Bunde. Dass das ein schönes Ergebnis gibt, zeigt sich an den Praxisräumen, die maßgeblich er eingerichtet hat.

In Hamburg studierte der im Sommer 1967 geborene Vater von zwei Kindern Graphik-Design, in Kiel Zahnmedizin. 1998 eröffnete er in Schleswig seine eigene Praxis.

Foto: privat

Ein Zufall führte ihn im Jahr 2002 mit dem Schleswiger Zahnarzt Dr. Kai Trenktrog zusammen, der - ebenso wie er - seine Praxis erweitern wollte. Beide verstanden sich auf Anhieb so gut, dass sie einen mutigen Entschluss fassten: Sie schlossen kurzerhand ihre bestehenden Praxen und gründeten zusammen mit Dr. Martin Frank, dem jüngeren Bruder von Bernhard Frank, eine neue. „Das war total riskant und ungewöhnlich", erinnert sich Kai Trenktrog an die Anfänge. Zu den von Bernhard Frank im alten Postgebäude bereits angemieteten 250 Quadratmetern wurden weitere Praxisräume hinzugemietet, zwei Monate später stieg planmäßig Dr. Martin Frank als dritter Zahnarzt ein.

„Ich bin seit 1979 überzeugter Schleswig-Holsteiner", sagt der 1971 im hessischen Marburg geborene Vater von zwei Kindern. Mit acht Jahren kam Martin Frank nach Eutin, verbrachte dort seine Schulzeit und ungezählte Stunden beim Windsurfen. Seine Leidenschaft gilt auch der Musik. Schon als Kind spielte er Violine und noch heute ist er in verschiedenen Orchestern aktiv. Bis 1998 studierte er in Kiel und war anschließend als Zahnarzt sowie wissenschaftlicher Mitarbeiter und Ausbilder am Kieler Universitätsklinikum tätig. Seine Doktorarbeit wurde 2001 mit dem Jahrespreis der Schleswig-Holsteinischen Gesellschaft für Zahn-, Mund- und Kieferheilkunde ausgezeichnet.

„Zahnmedizin im Zentrum" findet sich mittlerweile auf knapp 700 Quadratmetern mit einer eigenen Prophylaxe- und Zahntechnikabteilung. Insgesamt 28 Mitarbeiter betreuen mehrere tausend Patienten pro Quartal. Eine Zahnärztin und ein weiterer Zahnarzt unterstützen inzwischen das Behandlungsteam. Zahnarzt Hauke Hellriegel aus Hannover kümmert sich seit Januar 2009 um das Wohl der Patienten.

Zahnärzte • Stadtweg 53-55 • „Alte Post" • 24837 Schleswig • Telefon: 04621-99120

Tom Zilch

Z wie Zukunft, Zil wie JaZil, Zilch wie garantiert gut und garantiert anders.

Es ist kurz vor Mitternacht - die Gäste des Abends strömen ins Freie, gefüllte Sektgläser stehen bereit, um 24 Uhr zischt ein Feuerwerk gen Himmel. Es herrscht Silvesterstimmung, doch trotz sommerlicher Kleidung muss niemand frieren, denn es ist der 6. Juni 2008. Schleswigs Club Lounge Jazil wird ein Jahr alt und das wird gefeiert. Dafür, dass die Uhren in Schleswig - jedenfalls zeitweise - anders gehen, sorgt Gastronom Tom Zilch. Die Bar mit Großstadtcharme im Herzen der Kleinstadt Schleswig ist das neueste Projekt der Gastronomen Tom Zilch und Kaj-Uwe Dammann. Hier finden die Nachtschwärmer der Region ein Stück Spree- oder Elbmetropole an der Schlei.

Hochgeklappte Bürgersteige sind nichts für Tom Zilch. Das umgedrehte Z im Schriftzug des Jazil steht für irgendwie anders - und wenn es danach ginge, müsste auch das Z in Zilch andersherum stehen. Der kreative Macher und hat schon vieles auf die Beine und einiges auf den Kopf gestellt. Und das stellt in Schleswig eine besondere Herausforderung dar. „Ich habe früh gelernt, eigene Wege zu gehen", erzählt der am 23.03.1966 geborene Bruder von Zwillingsschwestern. Die beiden Mädchen waren unzertrennlich und interessierten sich wenig für das Spiel mit dem Bruder. Im dänischen Kindergarten und auf der dänischen Schule lernte Tom Zilch fließend dänisch, die übrigen wichtigen Dinge des Lebens hat er sich selbst beigebracht. Schon als 14-Jähriger hatte er sein erstes Geschäft aufgebaut: Mit einem Bollerwagen räumte er Omas Keller aus und verkaufte seine Beutestücke auf Flohmärkten. Sein Sortiment passte er den Trends an. Mit 18 verkaufte er Modeschmuck, eine Saison hatte er im Siebdruckverfahren hergestellte T-Shirts für Touristen im Angebot, später Surfer-Klamotten.

Auch sein Talent als Entertainer zeigte sich früh: Im Schleswiger Jugendzentrum schweißte er Tandems und Freundschaften in der Fahrrad AG und er veranstaltete die monatliche Jugenddisko. Seine Sommer verbrachte er als Jugendgruppenleiter im Zeltlager des Kreisjugendrings in Weseby.

Und dann tat Tom Zilch tatsächlich etwas, das alle tun: Er machte eine Ausbildung. Als 1985 für die kurz vor der Eröffnung stehende Diskothek Ela Ela Personal gesucht wurde, bewarb sich der angehende Kfz-Mechaniker als DJ. Auch wenn`s zunächst mit dem Plattenauflegen nichts wurde - er war vom ersten Spatenstich an dabei. Er half mit bei den Aufbauarbeiten und am Eröffnungsabend räumte er Gläser ab.

Nach seiner Gesellenprüfung blieb der unermüdliche Nachtarbeiter dem Ela treu. Das war nicht ganz einfach, zwischenzeitlich war er als Zeitsoldat und Flugzeugmechaniker in Husum stationiert. Sein morgendliches Zuspätkommen nach den Nachtschichten in der Disko zog zwar manchen Rüffel, aber nie ernstere Konsequenzen nach sich. Schließlich waren die Staffelfeste dank seiner Organisation stets ein großer Erfolg - das hielt auch die Vorgesetzten bei Laune. Seit 2002 ist der einstige Tellerwäscher bzw. Gläserabräumer zwar nicht Millionär, aber zusammen mit Geschäftspartner Kaj-Uwe

Dammann Inhaber des Ela Ela. Gastronomie-Erfahrung hatte er schon reichlich gesammelt: z.B. mit dem „Cocteau", seiner ersten eigenen Kneipe im Lollfuß. Die Idee für diese Szene-Kneipe mit Live-Musik hatte er während seiner Bundeswehraufenthalte in Portugal bekommen. Ein Jahr später stieg der Gastronom als freier Mitarbeiter in die neu eröffnete Brauerei in Schleswig ein und brachte jede Menge Gäste mit.

Mit mobilen Ständen sorgt der Partymacher seit Jahren für Schwung im Schleswiger Veranstaltungs-Leben. Ob Punsch auf dem Friedrichsberger Flohmarkt oder Caipirinha auf der Swiniging-City: Bei Tom Zilch tummeln sich die gutgelaunten Gäste. In den Sommern 2006 und 2007 gab es sogar Palmen am Strand des Schleswiger Luisenbades. Es gibt ungefähr 1.000 Dinge mehr, die er schon gemacht hat. Ob Mutzenbäckerei oder die Herstellung von Designerbetten und Kleiderständern aus Stahl - Multitalent Tom Zilch hat seine Ideen in die Tat umgesetzt, indem er höchste Ansprüche gestellt und immer selbst angepackt hat.

Zusammen mit seiner Frau Anja und Tochter Anna lebt Tom Zilch in Flensburg. Das Forsthaus am Waldrand mit Rehen und Wildschweinen im Garten ist mittlerweile gegen ein stadtnäheres Heim getauscht worden – dennoch bleibt Flensburg für Tom Zilch der Ort, wo er den Schleswiger Gastronomen draußen lassen kann. Andere Menschen, neue Impulse und die Weltoffenheit der Hafenstadt inspirieren ihn. So richtig entspannen kann er auf dem Wasser. „Wenn ich mit dem Segelboot rausfahre, ist ruckzuck der Kopf frei." Über seine Aktivitäten in anderen Städten wie Flensburg oder Rendsburg wird in einem anderen Band der „Profile" berichtet werden müssen. Und während die großen Konzerne in die Pleite gehen, macht Tom Zilch seine eigenen Marktstudien. Gerade hat er drei Stunden lang in der Fußgängerzone mögliche Kunden gezählt. Schließlich muss er sich für seine zwei Imbissbetriebe in den von der Schließung bedrohten Kaufhaus-Filialen etwas ausdenken. Eins ist klar: „Wenn`s eng wird, hat sich noch immer von irgendwo eine neue Möglichkeit aufgetan", sagt Tom Zilch optimistisch. Z wie Zupacken, Zuversicht und zu guter letzt.

Gastronom • Jazil • Lornsenpark • 24837 Schleswig • Telefon: 04621-989217

DIE AUTORIN

Kirsten Schultz,
geboren am 19.06.1967 in Hamburg, nach dem Abitur Studium der Literatur- und Theaterwissenschaften in München, anschließend Tätigkeit als Aufnahme- und Produk-tionsleiterin für zahlreiche Film- und Fernsehproduktionen in München und Hamburg, Dozentin in der hamburger und nordrhein-westfälischen Medienlandschaft, Konzep-tion, Drehbuch und Realisation diverser Image- und Industriefilme, unter anderem für Microsoft, Siemens, Deutsche Post AG. Filmische Dokumentationen und Ausstellungsgestaltung für die Sturmfluterlebniswelt Blanker Hans in Büsum.

Seit 2005 außerdem freie Journalistin, Copywriterin, PR-und Pressearbeit, 2009 Initiierung des Filmbüros Ostseefjord Schlei Region.

Kirsten Schultz • Galgenredder 12 • 24837 Schleswig • Telefon: 04621-382800

Der Verleger

Elmar Zinke,
geboren am 4. Januar 1958 in Apolda (Thüringen), nach dem Abitur Volontariat bei der Berliner Tageszeitung Junge Welt, Journalistikstudium an der Karl-Marx-Universität in Leipzig, Arbeit beim Rundfunk in Leipzig, danach als Journalist mehrere Jahre in der damaligen Sowjetunion, stellvertretender Chefredakteur der Berliner Zeitschrift „jugend und technik"/"vision und technik".

Ab 1992 Redakteur/Lokalchef bei der Tageszeitung „nordkurier"- Neubrandenburg, von 1995 bis 1998 Pressesprecher im Sozialministerium des Landes Mecklenburg-Vorpommern Schwerin, seit 1999 Inhaber des Verlages Elmar Zinke.

Verlag Elmar Zinke • Tannhöfer Allee 21 • 19061 Schwerin • Telefon: 0385-5727651

INHALTSVERZEICHNIS